Karate Kata 2

Wolf-Dieter Wichmann

Karate Kata 2

Jion, Empi, Kanku-Dai, Hangetsu

FALKEN

Vom selben Autor stammen die zwei anderen Bände dieser Reihe:
»Karate Kata 1. Heian 1 – 5, Tekki 1, Bassai-Dai« (Nr. 683)
»Karate Kata 3. Bassai-Sho, Kanku-Sho, Nijushiho, Sochin« (Nr. 1120)
Weitere interessante Bücher zum Thema »Budo« finden Sie in den Anzeigen am Schluß des Bandes.

Im Buchhandel ist auch das FALKEN Video »Karate« erhältlich. Spieldauer ca. 45 Minuten, in Farbe, mit Begleitbroschüre (Nr. 6037)

ISBN 3 8068 0723 X

Reihengestaltung: Zembsch' Werkstatt, München
Titelbild: Aglaia Wichmann, Eversen
Fotos: Reinhard Neukam, Gladbeck; Aglaia und Wolf-Dieter Wichmann
Zeichnungen: Brigitte Braun, Bad Schwalbach

Gesamtherstellung: Wiesbadener Graphische Betriebe GmbH, Wiesbaden

04072386X817 2635 44

Inhalt

Karate-Do

Anni Gaser in voller Konzentration

Karate-Do ist eine der japanischen Budo-Sportarten, die in zunehmendem Maße auch im Westen trainiert werden. Da sich wohl kaum einer mit Kata – dem Thema dieses Buches – beschäftigt, ohne schon etwas über Karate zu wissen, soll sich diese Einführung auf einige wichtige Punkte beschränken.

Karate-Do besteht in seinen körperbezogenen Trainingsformen aus 3 Elementen: Kihon (Grundschule), Kumite (Partnertraining, Kampf) und Kata (Perfektionstraining im Raum). Alle 3 Formen sind etwa gleich wichtig, und ein Training von Karate unter Auslassung einer dieser Formen ist schlechterdings nicht denkbar.

Über allen 3 Formelementen steht die geistige Einstellung sowohl zum Karate an sich als auch zum Gegner als auch schließlich zu sich selbst. Gichin

Funakoshi, ein Begründer des modernen Karate, hat gesagt, daß das Hinführen zu einem erhabenen Geist und zu einer Haltung der Demut das eigentliche Ziel des Karate sei.
So problematisch die Übertragung – der Transfer – von geistig-körperlichen Eigenschaften aus dem Sport auf den Charakter des Ausübenden ist, so wenig darf man Karate nur als reine Körperschulung betrachten. Ein gutes Training im Sinne des Karate-»Do« (»Weg des Karate«) beinhaltet immer auch eine Hinleitung des Schülers zu solchen moralischen Werten wie Achtung vor dem Gegenüber, Selbstdisziplin und Bescheidenheit.
Wie schwer diese Worte mit Leben zu erfüllen sind, weiß jeder selbst am besten. Wie wenig in einem Training davon vermittelt werden kann, haben wohl alle Trainer inzwischen erfahren. Das Bemühen darum aber ist gerade der Weg, der zu dem Namen Karate-»Do« führt und zugleich immerwährendes Ziel des Karatetrainings sein soll.
Die heutige Entwicklung des Karatesports läßt es angeraten erscheinen, noch ein paar Worte zur Bedeutung der Kata im modernen Karate zu verlieren. Die internationale Entwicklung scheint immer mehr zu einem »sportlichen Karate« zu tendieren. Das heißt, die Grundgedanken des Karate werden immer mehr einer kurzfristigen Zielsetzung wie zum Beispiel »Wettkampferfolg«, »Publikumswirksamkeit«, »Verbreitung der Sportart« geopfert. Dies mag für die sportliche Tätigkeit einzelner gut und richtig sein – den ursprünglichen Zielen des Karate-Do entsprechen sie damit nicht mehr. So übernimmt vielleicht das Katatraining in Zukunft die Rolle, die eigentlich dem ganzen Karate zugedacht war: mehr Inhalt in das Üben zu geben als nur »jemanden früher getroffen zu haben«.
Es ist Aufgabe des Trainers, in dem Schüler das Bedürfnis zu wecken, mehr im Karate zu lernen als Kraft, Schnelligkeit und Kampftechnik. Jeder kennt das große Wort: »Sich selbst zu besiegen, ist das schwerste!« In der Kata kämpfen wir gegen uns selbst. Fangen wir an!

Kata

Im Kihon (Grundschule) lernt der Übende das Handwerkszeug des Karate. In tausendfacher Wiederholung schleifen sich die Bewegungen ein und entwickeln sich zu den typischen blitzschnellen Karatetechniken.
Im Kumite (Partnertraining) wird der Schüler in die Lage versetzt, zum richtigen Zeitpunkt und mit dem richtigen Abstand seine Techniken auszuführen. Erst jetzt bekommen die Techniken einen anwendbaren Wert. In der Praxis wird eine Vervollkommnung der Technik immer auch mit einer Verbesserung im Partnertraining einhergehen.
Kata wird wörtlich mit »Form« übersetzt. Sie beinhaltet einen Kampf gegen mehrere Gegner. Dabei existieren diese freilich nur in der Vorstellung des Ausübenden oder des Beobachters. Ziel ist es, in einer Folge festgelegter Abwehren und Angriffe eine Art Rundumverteidigung auszuführen.
Das moderne Karate, das um die Jahrhundertwende zur heutigen Sportform entwickelt wurde, kennt erst seit Mitte der 30er Jahre den »freien Kampf«, also die heute übliche Form des Wettkampfs. Bis dahin gab es nur Kataturniere, mit denen man das Ziel verfolgte, den besten Karateka herauszufinden. Vielleicht ist daran die Bedeutung der Kata als Gradmesser des Karatekönnens besser abzuschätzen.

Je nach Ausbildungsgrad stehen unterschiedliche Übungsziele im Vordergrund: korrekte Technik, richtige Atmung, guter Stand, perfektes »Timing« oder auch Rhythmus und exakte Bewegung entlang der vorgegebenen Linien im Raum.
Man kennt etwa 30–50 verschiedene Kata (je nachdem, ob man die Kata anderer Stilrichtungen hinzuzählt). Im Shotokan-Karate, auf dessen Techniken sich dieses Buch bezieht, unterscheiden wir 4 verschiedene Gruppen von Kata (dabei werden Vorübungsformen wie beispielsweise die Taikyoku-Kata ausgelassen):

1. Gruppe: Heian 1–5, Tekki 1
als Grundkata der Schülergrade

2. Gruppe: Bassai-Dai, Jion, Empi, Kanku-Dai, Hangetsu
als fortgeschrittene Kata bis zum Meister

3. Gruppe: Bassai-Sho, Kanku-Sho, Jitte, Mekyu, Sochin usw.
als Meisterkata der 1. Stufe

4. Gruppe: Unsu, Gojushiho-Dai, Gojushiho-Sho
als Spezialkata für hohe Meister und Kataspezialisten

Jeder Ausbildungsstufe werden somit bestimmte Kataformen zugeordnet. Das erklärt auch, warum die Bewertung einer hohen Kata, wird sie von einem Schüler mit niedrigerem Niveau ausgeführt, immer so schlecht ausfällt. Hohe Kata verlangen eine derartige Bewegungspräzision und einen derart ausgefeilten Rhythmus, wie sie ein Schüler noch nicht erreichen kann. Deshalb dies als Grundsatz und Rat:

Besser eine niedrigere Kata perfekt,
als eine höhere Kata
nur ausreichend beherrschen!

In den Grundkata werden grundsätzliche Übungsziele wie starker Stand, gute Abwehr und sichere Bewegung trainiert und gefordert.
In späteren Kataformen – hervorragendes Beispiel ist die Empi – stehen blitzschnelle Bewegungen und variationsreiche Reflexe im Vordergrund.
Die Entstehung der einfacheren Grundkata ist aus der Aufteilung der ursprünglich allein vorhandenen höheren Kataformen zu erklären. Diese höheren Kata erwiesen sich für den Anfänger als zu schwer, so daß man sie in Einzelkomponenten zerlegte. Interessant ist in diesem Zusammenhang, daß Funakoshi von 3 Jahren spricht, die man vom Beginn des Erlernens einer Kata bis zu ihrer Beherrschung brauche. Auch wenn die Vorführung einer Kata durchaus nach einigen Wochen intensiven Trainings gelungen erscheinen mag: Von Beherrschen – im Sinne des Karate – kann dann noch nicht die Rede sein.
Bei der Ausführung der höheren Kata kommt eine Besonderheit hinzu. Anders als bei den Grundkata werden einzelne Techniken veränderbar, interpretierbar. Sie werden mehr von dem individuellen Stil des Vortragenden geprägt, als das bei den Grundkata der Fall sein kann. Mit der Zeit verändern sich auch Teile der Kata. Wer kennt nicht das Problem der Kataänderungen? Ebenso wie im ersten Band ist diesen Variationen und Änderungen wiederum ein besonderes Augenmerk gewidmet. Trotzdem wird es immer wieder zu Veränderungen oder anderen Auslegungen kommen. Das sollte den Übenden aber nicht irritieren. Nach ausreichender Information sollte er sich für *eine* Form entscheiden und diese üben. Dabei ist ein wichtiges Kriterium für die Entscheidung der Sinn, die Anwendung der Technik. Ohne den Sinn dieser Technik zu kennen, ist eine Entscheidung inhaltslose Formsache. Leichtfertig ist es, von einer einzigen richtigen Form zu sprechen. Andere Länder, andere Sitten – und andere Kataformen.

Übungshinweise

E. Karamitsos bei der EM in Istanbul

Beim Erlernen der Kata sollte man folgendermaßen vorgehen:
Zuerst wird der grobe Ablauf anhand des Schrittdiagramms (Embusen) geübt. Dabei sind Kraft, Schnelligkeit und Rhythmus noch nebensächlich. Auch Feinheiten der Technik können vernachlässigt werden. Wird der Ablauf im groben beherrscht, so kommen alle fehlenden Punkte hinzu. Dabei ergibt sich dann aus dem Ziel der Techniken, den Anspannungs- und Lockerungszeiten und dem schnellen und langsamen Ablauf der Techniken der Sinn der Kata. Ohne das exakte Wissen um den Sinn der ausgeführten Technik bleibt eine Kata gewissermaßen immer nur Ballett. Bei sehr guten Katavorführungen indes wird sogar Laien die Bedeutung der Aktionen unmittelbar klar. Die Kata beginnt formal immer mit dem »Angrüßen« im Stand. Dabei sind die Fersen geschlossen (Musubi-Dachi), die Hände liegen an den Oberschenkeln an, und es wird nur in der Hüfte abgeknickt. Der Blick sollte nach vorne gerichtet sein. Dies symbolisiert die Achtung und Zurückhaltung, die ein Karateka bei der Ausübung seiner Kampfkunst zeigen soll. Nach dem

Gruß steht der Ausführende im Shizentai, in Hachiji-Dachi mit schulterbreit geöffneten Füßen. Er befindet sich im Zanshin – das heißt soviel wie »erwartungsvolle Bereitschaft«.
Jede Kata beginnt grundsätzlich mit einer Abwehr. Dies zeigt den friedvollen Zweck des Trainings, das ja nicht auf Aggression beruht, sondern auf Beherrschung abzielt. Die Kata beginnt immer mit der Blickwendung hin zum »Gegner«. Dann läßt man die Ausholbewegung folgen, um nunmehr zügig, explosiv, aber nicht überhastet in die neue Stellung zu gehen. Jede Bewegung wird mit starker Anspannung (Kime) beendet. Dabei unterscheidet man sehr kurze Anspannungszeiten (beispielsweise in der 1. Kata die 8. Bewegung [Age-Uke links] oder in der 2. Kata die 2. Bewegung [Nagashi-Uke mit Ura-Ken]), normal starke Zeiten (zum Beispiel in der 1. Kata die 2. Bewegung [Oizuki] oder in der 2. Kata die 1. Bewegung [Doppelarmblock]) und sehr starke, lang angehaltene Zeiten (wie bei jedem Kiai).
Bei den Bildern werden die unterschiedlichen Anspannungszeiten wie folgt symbolisiert:

◀ kürzestmögliche Anspannungszeit

■ kurze Anspannungszeit (etwas weniger als 1 Sekunde)

▬ normale Anspannungszeit (etwa 1 Sekunde)

maximale Anspannung (etwa 2 Sekunden mit Kiai)

~ fließender Übergang ohne Anspannung

langsame, in der Spannung steigende Bewegung über etwa 3 Sekunden hin, mit 1 Sekunde Anspannung zum Abschluß

Fotos, die ein eigenes Kommando beim Zählen der Kata darstellen, sind größer und durchnumeriert. Aus ihnen ergeben sich die einzelnen festgelegten Schritte.
Die Bewegungsabläufe auf den numerierten Bildern sind grundsätzlich von vorn gesehen, das heißt von einem Betrachter aus, der dem Vorführenden zu Beginn der Kata gegenübersteht. Entsprechend sind Angaben wie »von der linken Seite aus gesehen« auf die linke Seite des *Betrachters* bezogen!
Am Ende der Kata wird der Ablauf noch einmal in einer kurzen Bildfolge und mittels des Schrittdiagramms dargestellt.
Dieses Schrittdiagramm (Embusen) soll nur im groben den räumlichen Verlauf der Kata wiedergeben. Der Deutlichkeit halber sind Stellen, die wiederholt eingenommen werden, versetzt gezeichnet, so daß auch Start- und Endpunkt (im Diagramm) nicht übereinstimmen. Die Zahlen entsprechen denen der Bilder. Es folgt eine Zusammenfassung der bisherigen Ausführungen.

Die wichtigsten Punkte des Katatrainings

- Erst die einwandfreie Beherrschung des Ablaufes erlaubt ein Kata»training«.

- Jede Technik soll zunächst einmal einwandfrei und ausgeprägt – mit langen Pausen und großen Ausholbewegungen – gefestigt werden.

- Der Rhythmus ist die »Seele« der Kata. Das heißt, daß mit dem für die Kata typischen Wechsel von Anspannung und Entspannung, langsamen und schnellen Techniken, Einatmen und explosivem Ausatmen bis hin zum Kiai die Kata zum Leben erweckt wird.

- Kata ist Kampf!
Jede Bewegung ist einer spezifischen Situation zugeordnet. Nur wer diese Situation (den Angriff) kennt, wer an dieser Stelle »kämpft«, wer seinen Gegner und dessen Technik »sieht« und *darauf* reagiert, betreibt Kata richtig.

- Kata heißt »Form«. So ist auch dem formellen Ablauf der Kata – wie Antreten, Angrüßen, Ansagen, Konzentration und Beginn, Start und Ankommen am gleichen Punkt, Zanshin und Abgrüßen zum Abschluß – besondere Bedeutung zuzumessen.

KATA JION

Handel, Willrodt und Strauch beim Länderkampf in Schottland

Die Herkunft und der Name der Kata sind etwas unklar. Gerne werden sie auf chinesische Boxtechniken bzw. auf den Namen eines chinesischen Tempels zurückgeführt, aber das bleibt fraglich.

Meist wird die Kata als zweite höhere Kata nach der Bassai-Dai gelernt. Das ist sinnvoll. Sie ist nicht so anspruchsvoll wie etwa Empi oder auch Kanku-Dai. Jedoch verlangt sie mehr Rhythmusgefühl und vielseitigere Bewegungen als die Bassai-Dai. Besonders den häufigen Stellungswechseln – ähnlich wie in der 4. Kata – ist besonderes Augenmerk und häufiges Üben zu widmen. Sie ist gut geeignet für große, kräftige Karateka und auch nicht zu schwer als Synchronkata.

Die Kata hat 47 Stellungen (Positionen).

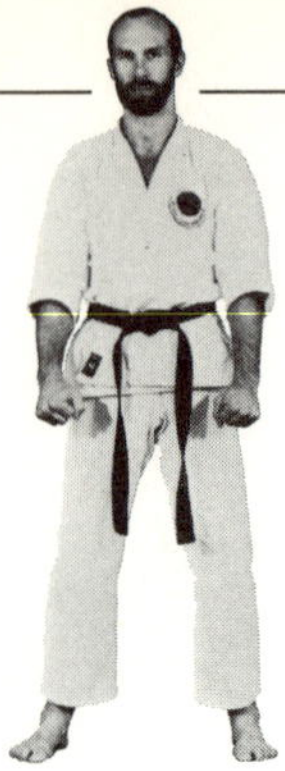

Shizentai

Nach dem Angrüßen, das zu jedem Katabeginn und -ende gehört, wird Shizentai in Hachiji-Dachi eingenommen.

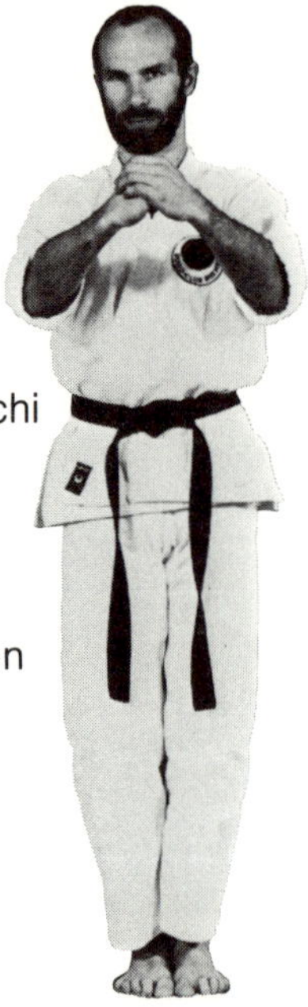

Aufstellung zur Kata Jion in Heisoku-Dachi

Die Ellbogen sind nahe am Körper.
Die rechte Faust liegt in der geöffneten linken Hand.
Der linke Daumen liegt auf dem seitlichen Faustzentrum.
Die Knie sind (wie in der 3. Kata) nicht ganz durchgedrückt.
Der Blick ist über die Faust hinweg in die Augen des Gegners gerichtet.

Ausgangsstellung, von der rechten Seite aus gesehen

Beginn der Ausholbewegung zum Doppelblock

Die Ausholbewegung ist kurz und schnell,
aber deutlich, um den beiden Blöcken
die notwendige Kraft zu verleihen (wie 3. Kata).

(1)

Doppelblock Uchi-Ude-Uke und Gedan-Uke

Der Blick geht
durch die Arme etwa 4–5 m
nach vorn zum Boden.

Seitliche Ansicht von rechts

Erklärung: Abwehr zweier Gegner oder eines Doppelangriffs

(A)

Ausholbewegung
zum Kaki-Wake-Uke

Es gibt zwei verschiedene Formen:
Entweder wird der Block von der Seite her gegen den Angriff geführt (A).
Dabei muß der linke Arm vorn sein, wenn der Block auf der linken Seite geführt wird,
der rechte, wenn der Block auf dieser Seite geführt wird.
Oder aber der Block wird (wie in der 4. Kata) von der Mitte her in den Angriff hineingedrückt (B).
Dabei ist es nicht wichtig, welcher Arm vorn ist.

(B)

Kaki-Wake-Uke in
Zenkutsu-Dachi

(2)

Erklärung:

Block eines fassenden Gegners

Jodan Mae-Geri Keage

Erklärung:

Gegenangriff

1. Technik:
Chudan-Oizuki
gleichzeitig mit dem
Absetzen des Mae-Geri

2. Technik:
Chudan-Gyaku-Zuki

3. Technik:
Chudan-Zuki

Bei der Ausführung ist darauf zu achten, daß die Hüfte tief und fest bleibt!

Umsetzbewegung (A und B)
Der umsetzende Fuß wird 30 cm am Standbein vorbei im Halbkreis in die neue Stellung gesetzt.

(A)

Achtung!
Bei der Ausführung von A muß der rechte Arm vorn sein!

(B)

7

Kaki-Wake-Uke in Zenkutsu-Dachi

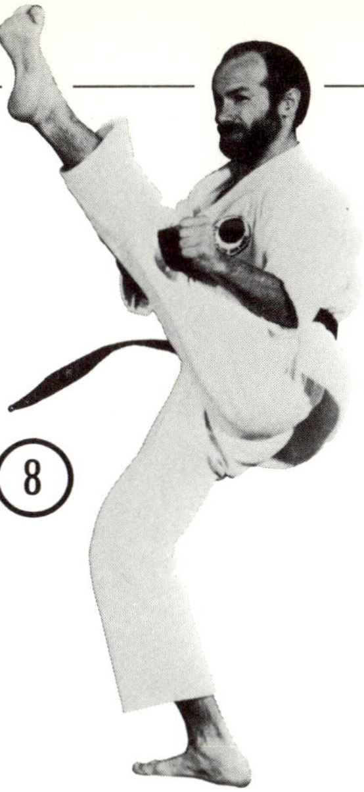

8

Jodan Mae-Geri Keage

Sanbon-Zuki in Zenkutsu-Dachi

9

Chudan-Oizuki

10

Chudan-Gyaku-Zuki

11

Chudan-Zuki

Umsetz- und Ausholbewegung zum Age-Uke

Die Hand ist (in der Regel) geöffnet.
Die linke Hand soll unbedingt bis zur linken Hüfte zurückgeführt werden,
um den Hüftschub im Age-Uke zu verstärken.

◀

(12)

Age-Uke in Zenkutsu-Dachi

Der Age-Uke wird gleichzeitig mit dem Absetzen in Zenkutsu-Dachi ausgeführt.

■

(13)

Gyaku-Zuki in Zenkutsu-Dachi

■

Vorwärtsgehen
mit der Ausholbewegung

⑭

Age-Uke in
Zenkutsu-Dachi

⑮

Gyaku-Zuki in
Zenkutsu-Dachi

Ausholbewegung zum 3. Age-Uke

Age-Uke in
Zenkutsu-Dachi

16

Oizuki in
Zenkutsu-Dachi
mit Kiai

17

Der Rhythmus der Bewegungen 12/13 und 14/15 sollte möglichst gleich schnell in 16 und 17 beibehalten werden, ohne daß der 3. Age-Uke zu sehr überlaufen wird.

Wendung in Kokutsu-Dachi eng am vorderen Standbein vorbei mit gleichzeitiger Ausholbewegung

Seitenansicht von rechts

18

Gedan-Uke mit Uchi-Ude-Uke in Kokutsu-Dachi

■

Erklärung:

Gleichzeitige Abwehr zweier Gegner aus zwei Richtungen

19

Kagi-Zuki in Kiba-Dachi

Bei entsprechend dynamischer Ausführung rutscht man aus dem Kokutsu-Dachi leicht in den Kiba-Dachi hinein.

Ansicht von gegenüber

Erklärung:

Nach der Abwehr rutscht man mit dem Gegenangriff in den Gegner hinein.

(20)

Wendung in Kokutsu-Dachi mit Gedan-Uke und Uchi-Ude-Uke

Dabei wird das hintere, rechte Bein umgesetzt und der Schwerpunkt auf das linke Bein verlagert.

(21)

Rutschen in Kiba-Dachi mit Kagi-Zuki

Der Blick bleibt rechts!

Ansicht von gegenüber

Umsetzen zur nächsten Abwehr
Das linke Bein wird bis
unter den Schwerpunkt gezogen,
um dann explosiv in die nächste Technik
abgesetzt zu werden.

Gedan-Barai in
Zenkutsu-Dachi

22

Seitenansicht von rechts

Beginn der Schrittbewegung in Teisho-Uke

Die rechte Faust an der Hüfte öffnet
sich sehr früh und dreht *ein,*
um dem folgenden Stoß Dynamik zu verleihen.
Der linke Arm streckt sich
zur Unterstützung nach vorn.

Seitenansicht
von rechts

23

Teisho-Uke (-Uchi)
in Kiba-Dachi

Man kann die Technik als Teisho-*Uke* (A) – als Abwehr gegen einen Chudan-Angriff (Faust, Fuß, Stock) – oder als Teisho-*Uchi* (B) – als Gegenangriff zum Körper des Gegners – ausführen.

Ursprünglich als Abwehr gedacht, wird sie heute bei uns, vor allem von den weniger Fortgeschrittenen, meist gestreckt als Gegenangriff ausgeführt.

Teisho-Uke (A)

Erklärung

Teisho-Uchi (B)

Erklärung

Übergang zur
nächsten Abwehr

Teisho-Uke links
in Kiba-Dachi

(24)

(Seitenansicht wie
vorhergehende Seite)

Teisho-Uke rechts
in Kiba-Dachi

(25)

Der Rhythmus der Dreiertechniken ist
immer (wie in der 1. Kata):
1 stark, 2 und 3 schneller zusammen.

Wendung in Kokutsu-Dachi
Eng am Standbein vorbei mit früher,
großer Ausholbewegung

(26)

Gedan-Uke mit Uchi-Ude-Uke in Kokutsu-Dachi

Ausholbewegung zur nächsten Abwehr (Die Ausholbewegung kann auch kleiner ausgeführt werden, wenn sie trotzdem mit starkem Kime ausgeführt wird.)

(27)

Jodan-Morote-Uchi-Ude-Uke in Heisoku-Dachi

Seitenansicht von rechts

Erklärung:

Starker Block, eventuell mit gleichzeitigem Gegenangriff in den Gegner hinein

Frühe, vollständige Ausholbewegung
zum folgenden Block

Gedan-Uke mit
Uchi-Ude-Uke
in Kokutsu-Dachi

28

Morote-Uchi-Ude-Uke
in Heisoku-Dachi

29

Ausholbewegung
zum Doppelblock

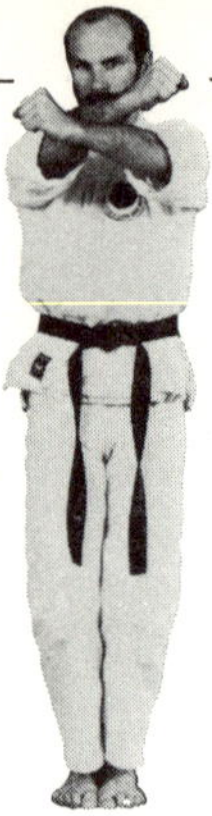

Übergang zur nächsten Technik
Die Aushol- und Kreuzbewegung sollte nicht zu hoch und übertrieben ausgeführt werden.

30

Ryowan-Kamae in Heisoku-Dachi

Man sollte diese Stellung mehr als Vorbereitungs- und Konzentrationshaltung denn als Abwehr verstehen.

Ausholbewegung zum Juji-Uke
Die Arme werden stark an die Hüfte zurückgerissen, während das Knie hochgerissen wird.
Man kann das als Befreiung (Herausreißen) mit Kniestoß zum Leib des Gegners verstehen.

Seitenansicht von rechts

31

Juji-Uke in Kosa-Dachi

Kosa-Dachi (Kreuzstellung):
Wie der Name sagt, müssen die Füße gekreuzt werden. Dabei empfiehlt es sich, den vorderen Fuß gerade abzusetzen, um den Vorwärtsschwung abzufangen.
Der hintere setzt etwa 45° gekreuzt hinter den vorderen so ab, daß das Schienbein gegen die vordere Wade abstützt.
Die Höhe der Hüfte ergibt sich dabei aus der normalen Hüfthöhe im Zenkutsu-Dachi.
Also nicht so extrem tief, wie man das manchmal sieht, da sonst der Mae-Geri-Angriff über den Block getreten würde!

Seitenansicht

Erklärung:

Block eines starken Fußangriffs

32

Kakiwake-Uke in Zenkutsu-Dachi

In einer besonders dynamischen Ausführung kann die Stellung ein wenig zurückrutschen.

Seitenansicht

Es ist darauf zu achten, daß die Abwehr bis hinter die Körpergrenze geführt wird.

Erklärungen:

A: Abwehr eines Fußangriffs, am Körper vorbeileitend

B: Gleichzeitige Abwehr zweier Angreifer

Vorwärtsgehen mit kräftiger
Ausholbewegung zur folgenden
Doppelabwehr

Doppel-Uchi-Ude-Uke
in Zenkutsu-Dachi

33

Juji-Uke in
Zenkutsu-Dachi

Den Block nicht zu hoch
ausführen!
Wegen der Folgetechnik
muß der rechte Arm
unbedingt vorn sein!

34

Seitenansicht von rechts

Erklärung:

Jodan-Block eines Faustangriffs

35

Seitenansicht von links

Uraken rechts
Nagashi-Uke links

Erklärung:

Gleichzeitig mit der Abwehr geht man mit Uraken-Gegenangriff in den Gegner hinein.

Dies ist die bei uns übliche Form.

In Japan wird der linke Arm entweder unverändert, ohne Bedeutung, gehalten (Nakayama, Enoeda) oder als Age-Uke hochgeführt (Kanazawa).
Die Bedeutung von gleichzeitiger Abwehr beim Gegenangriff bleibt gleich.

Seitenansicht

Uraken rechts
Age-Uke links

Erklärung

Erklärung (A):

Die linke Hand blockt den nächsten Angriff vor, während die rechte mit Nagashi-Uke abblockt.

Uke-Zuki mit Nagashi-Uke in Zenkutsu-Dachi

Erklärung (B):

Die linke Hand blockt mit Uke-Zuki, während die rechte zum Ura-Zuki ausholt.

Je nach Form (A oder B) wird der rechte oder linke Angriff gleichzeitig heruntergedrückt und mit Ura-Zuki-Gegenangriff beantwortet.

Ura-Zuki in Zenkutsu-Dachi

Ausholbewegung zum Uchi-Ude-Uke

Der Uchi-Ude-Uke wird ausgeholt, indem der abwehrende Arm direkt – während der Drehung – unter die Achsel geführt wird.

38

Uchi-Ude-Uke in Zenkutsu-Dachi

39

Oizuki in Zenkutsu-Dachi

40

Uchi-Ude-Uke in
Zenkutsu-Dachi

41

Oizuki in
Zenkutsu-Dachi

Wendung in Gedan-Barai

Seitenansicht von rechts

42

Gedan-Barai
in Zenkutsu-Dachi

Ausholen zum Otoshi-Uke
(oder Tettsui-Uchi)

Fuß und Hand sollen gleichzeitig ankommen. Es ist daher leichter, die Ausholbewegung auch gleichzeitig auszuführen.

Seitenansicht von links

43

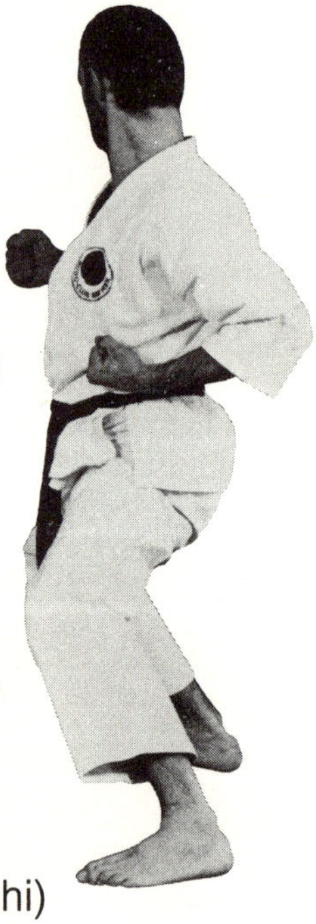

Seitenansicht von links

Otoshi-Uke
(oder Tettsui-Uchi)
in Kiba-Dachi

Wenn man die Technik als Abwehr (wie im Beispiel) ausführt, ist es Otoshi-Uke; als Gegenangriff ist es Tettsui-Uchi. Die Ausführung ist gleich.

Erklärung

Ausholbewegung

Otoshi-Uke in
Kiba-Dachi links

■

44

Ausholbewegung

45

■

Otoshi-Uke
in Kiba-Dachi rechts

Wendung in die nächste Abwehr

Bereits in der Mitte der Bewegung beginnt die Abwehr:
Fassen des Angriffs, Vorbereiten des Chudan-Zuki in den Gegner.

Erklärung:

Abwehr gegen Stockangriff

(Form A)

46

Chudan-Zuki
in Kiba-Dachi

Weitergleiten in den Gegner

Erklärung

Eine andere (übliche) Form schlägt statt des Chudan-Zuki einen Uke-Zuki oder Tettsui-Uchi gegen den Gegner. Dabei wird wie folgt ausgeholt:

Ausholen (Form B)

Weitergleiten

Seitenansicht von rechts

Endstellung (wie 46)

Ausholbewegung mit Abwehr zur anderen Seite (Form A)

Ausholbewegung (Form B)

Erklärung:

Gegen Faustangriff

Chudan-Zuki
(oder Tettsui-Uchi)
in Kiba-Dachi mit Kiai

Die abschließende Bewegung wird kurz und nachdrücklich ausgeführt, wobei der Kiai etwas länger als normal (heutzutage etwa 1 Sek.) gezogen wird.

Erklärung

Yame
in die Kata-
Ausgangsposition

Shizentai

Fotomäßiger Ablauf der 47 Positionen der Kata Jion

16
17
18
19
20
21
22
23
24
25
26
27
28
29
30
31
32

33
34
35
36
37
38
39
40
41
42
43
44
45
46
47

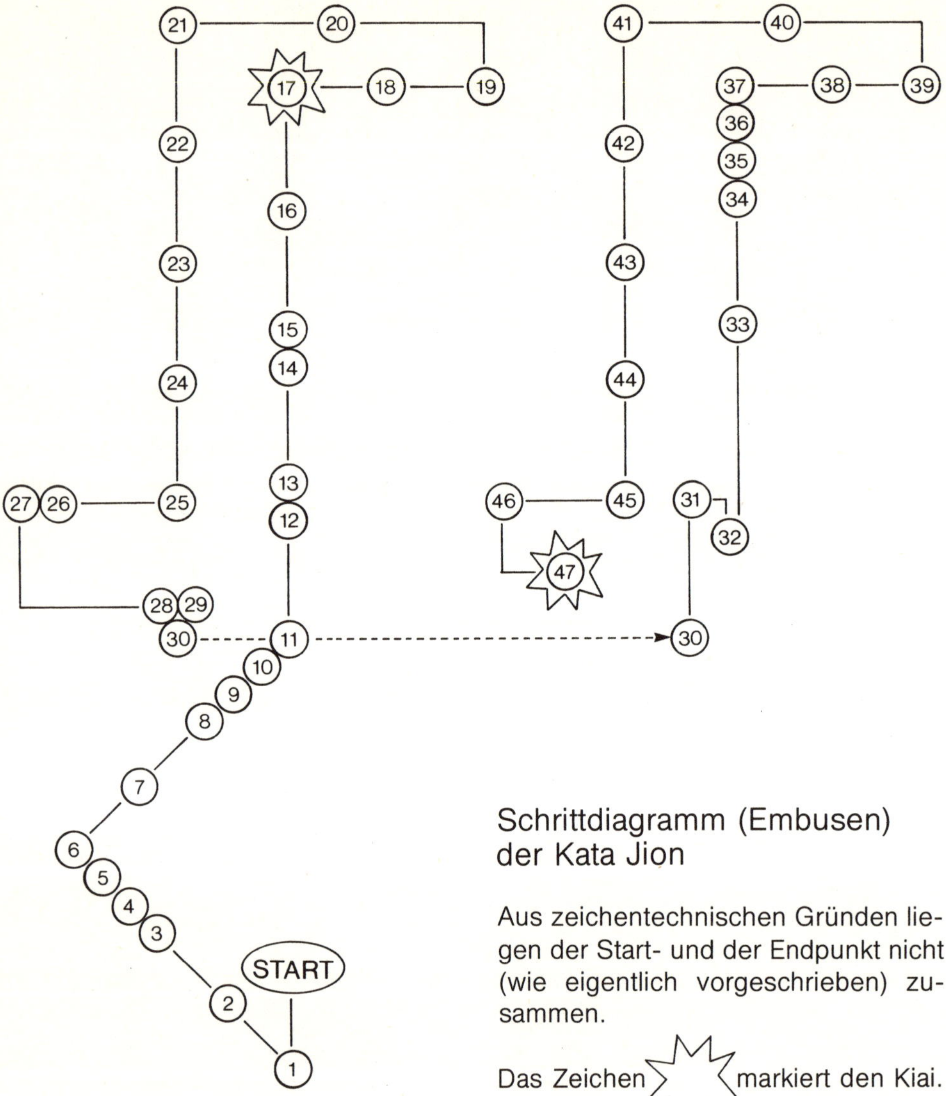

Schrittdiagramm (Embusen) der Kata Jion

Aus zeichentechnischen Gründen liegen der Start- und der Endpunkt nicht (wie eigentlich vorgeschrieben) zusammen.

Das Zeichen markiert den Kiai.

KATA EMPI

Birgit Schweiberer, mehrfache Kata-Europameisterin

Der Name dieser Kata – »Empi« – bedeutet soviel wie: »Flug der Schwalbe«. Damit werden die flüssigen, schnellen Bewegungen, vor allem das Eintauchen und Herauskommen aus den Stellungen, das an den lebhaften Flug einer Schwalbe erinnert, charakterisiert.
Sie ist von den Kata der 2. Gruppe die schwierigste – dies vor allem wegen ihres Rhythmus. Jeder muß selbst entscheiden, wo er bei seinem Vortrag die Akzente setzen will, da er weder durch die Kata »fliegen« kann noch ein einzelnes, festes Vortragen der Stil dieser Kata ist.
Besonders kleinere Karateka brillieren häufig mit dieser Kata. Da – ähnlich wie in der Tekki – nicht so sehr große, weiträumige Schritte, sondern blitzschnelle Aktionen am Ort das Wesen dieser Kata ausmachen, stellt der gute Vortrag hohe Anforderungen an den Wechsel von Spannung und Bewegung. Erst mit der Beherrschung dieser Elemente kann die Kata überzeugen.
Die Kata besteht aus 37 Schritten.

Shizentai

Aufstellung zur Empi

Die rechte Hand liegt eng am Bauch, die linke Hand stützt mit geöffneter Handfläche seitlich ab.

Beginn der Abwehrbewegung

Der linke Fuß wird schulterbreit nach links gesetzt. Etwa 30 cm hinter den rechten.

①

Abwehr und Blick sind 45° seitwärts gerichtet.

Gedan-Barai rechts ◀

Linke Hand in Kamae vor dem Bauch

Seitenansicht der 1. Technik
von rechts

Erklärung:

Ausweichen und Abwehr eines Fußangriffs

2

Aufstehen in Koshi-Kamae
(ohne die Füße zu versetzen)

3

Gedan-Barai
in Zenkutsu-Dachi
(nach rechts)

Umsetzen des linken hinteren Fußes in Kiba-Dachi mit Ausholbewegung zum Kagi-Zuki

4

■

Kagi-Zuki in Kiba-Dachi

5

◀

Links vor Gedan-Barai in Zenkutsu-Dachi

6

■

Jodan Gyaku-Age-Zuki in Zenkutsu-Dachi

Seitenansicht
(Die Technik geht leicht schlagend aufwärts.)

Erklärung zu (6):

Gleichzeitig mit der Abwehr durch Hochschlagen des angreifenden Arms wird der Fauststoß Jodan ausgeführt.

Erklärung zur Drehbewegung:

Der Gegner faßt die Hand von oben.

Die Drehbewegung der Hand beginnt mit einer Öffnung nach links oben . . .

. . . und wird durch leichtes Herabdrükken mit Auswärtsdrehung beendet.

Durch die Drehbewegung löst man den Griff des Gegners . . .

. . . um ihn selbst greifen zu können.

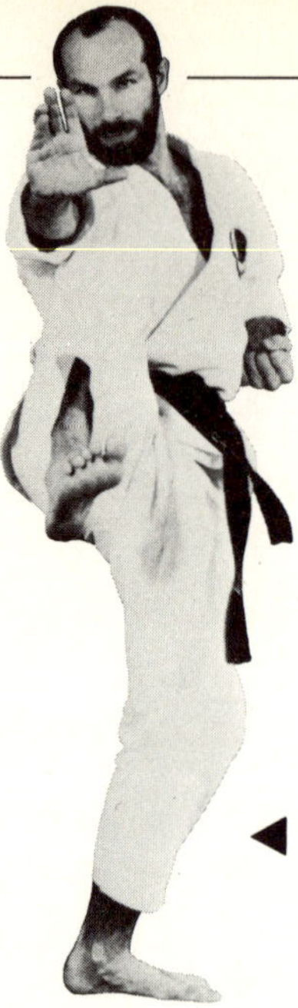

Seitenansicht

Hiza-Geri
(oder Ausholbewegung zum
folgenden Stampfschritt)

Erklärung:

Führt man mit dem Kniestoß eine Angriffstechnik aus, so ist er gegen die Brust des Gegners gerichtet, der mit der Hand heruntergezogen wird.

⑦

■

Gedan-Zuki mit Nagashi-Uke
in Kosa-Dachi

Seitenansicht:

Wichtig:
Hüftstellung nicht zu tief,
Oberkörper aufrecht,
Tsuki etwas abwärts gerichtet!

Erklärung:

Nach dem Kniestoß gegen den ersten Gegner geht man tief in den zweiten Angriff hinein, wehrt den Angriff Jodan mit Nagashi-Uke ab und vollzieht einen Gedan-Zuki als Gegenangriff.

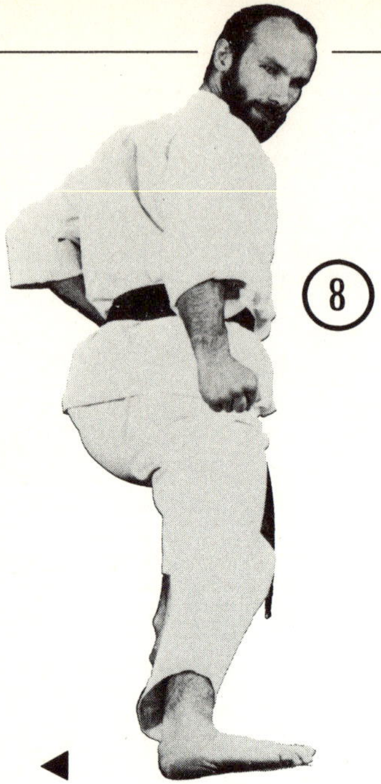

◀

Gedan-Barai
in Zenkutsu-Dachi

Seitenansicht

Erklärung:

Ein weiterer Gegner – diesmal mit Fußangriff – wird abgewehrt.

(9)

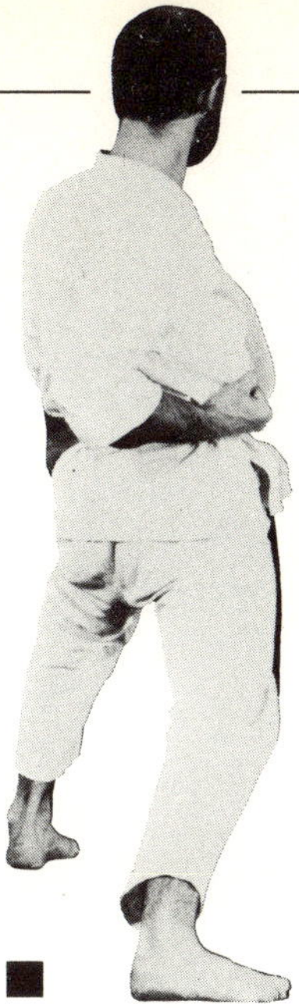

Seitenansicht

■

Gedan-Barai
in Zenkutsu-Dachi

(10)

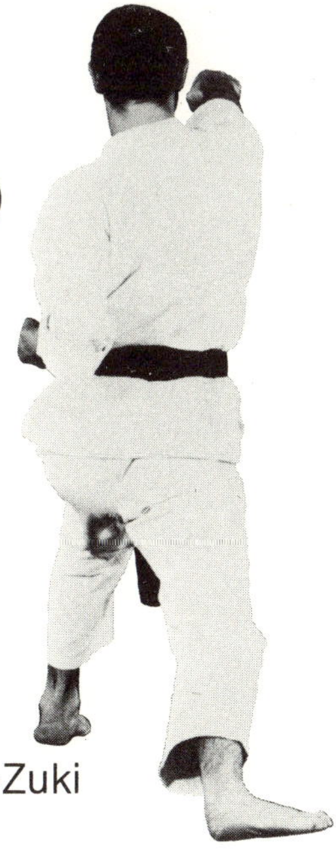

Seitenansicht

■

Jodan-Gyaku-Age-Zuki
in Zenkutsu-Dachi

Befreiung aus dem Griff

Anmerkung:
Alle Techniken sind wie auf S. 52–54 gezeigt auszuführen.

◄

Hiza-Geri

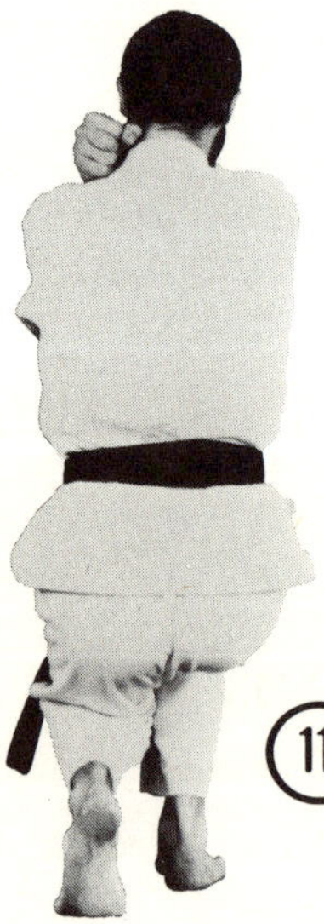

(11)

■

Gedan-Zuki mit Nagashi-Uke

(12)

◄

Gedan-Barai in Zenkutsu-Dachi

Gedan-Barai in Zenkutsu-Dachi

(13)

Führung des Beins in den Kiba-Dachi (in schneller Ausführung als Ausholbewegung zum Fumikomi [Stampfschritt] anzuwenden)

(14)

Jodan-Haishu-Uke in Kiba-Dachi

Erklärung:

Abwehr – Jodan mit Fumikomi – Gegenangriff

Jodan Empi mit Kataashi-Dachi (Einbein-Stand) mit Kiai

Wichtig:
Beim Kiai geht der Empi links in die geöffnete Hand,
während der Blick nach vorn
– auf den nächsten Gegner –
gerichtet wird!

Erklärung:

Gegenangriff

Absetzen mit
Tate-Shuto-Uke in Kiba-Dachi

16

17

Im Stand:

Chudan-Renzuki
(Doppelfauststoß)

18

19

Gedan-Barai in Zenkutsu-Dachi

20

Im Stand:

Jodan-Gyaku-Age-Zuki

21

Schritt vor

Shuto-Uke in Kokutsu-Dachi

Wechsel zur nächsten Stellung

Den Fuß ganz bis zum hinteren Bein zurückziehen und dabei ausholen.

22

Links vor

Shuto-Uke in Kokutsu-Dachi

23

Im Stand (Kokutsu-Dachi!)

Gyaku-Zuki-Chudan

(24)

Schritt vorwärts

Shuto-Uke in Kokutsu-Dachi

Wendung zum Gedan-Barai

Frühe Blickwendung und frühes Ausholen!

(25)

Gedan-Barai
in Zenkutsu-Dachi

(26)

Jodan-Gyaku-Age-Zuki in
Zenkutsu-Dachi

Grifflösen

Hiza-Geri

27

Gedan-Gyaku-Zuki
mit Nagashi-Uke

28

Gedan-Barai in Zenkutsu-Dachi

Gedan-Barai in Zenkutsu-Dachi

(29)

Beginn der
Ausholbewegung

(30)

Gyaku-Teisho-Uke

Blick und Technik im Winkel von 45°!

Erklärung:

Abwehr eines Faustoßes

Umsetzbewegung:
Den Fuß halb heransetzen und in einer Gegenbewegung rechts unten und links oben ausholen.

Erklärung:

Gleichzeitiger Block zweier Angreifer

Weitergleiten unter Verstärkung in die endgültige Stellung

(31)

Doppel-Teisho-Uke in Zenkutsu-Dachi

Wichtig für eine gelungene Kata ist gerade hier die Gleichzeitigkeit von Arm-, Hand- und Hüftbewegung. Das Kime – die Endspannung – soll gleichzeitig in der Hüfte und in den Händen erreicht werden.

Seitenansicht

Erklärung:

Doppelabwehr

Übergang zur nächsten Abwehr

32

Teisho-Uke links vor

33

Teisho-Uke rechts vor

Umsetzen zur nächsten Abwehr
Frühes, vollständiges Ausholen!

(34)

◀

Gedan-Barai in Kokutsu-Dachi

(Leichtes Vorrutschen,
um die Dynamik des Blocks zu verstärken)

Erklärung:

In den Gegner hineinblocken

Ausholen zum Fassen

35

Kiba-Dachi mit Greifblock

Seitenansicht

Erklärungen:

Fassen des Gegners

Aufladen zu Kata-Guruma

Vor die Füße werfen (um anschließend – bei der nächsten Abwehr – darüber zu springen)

Sprung mit Ausholbewegung

Das rechte Bein wird um das linke
herum hochgerissen,
so daß es bei der Landung wieder vorn ist.

Seitenansicht

Wichtig:
Anziehen der Füße im Sprung!

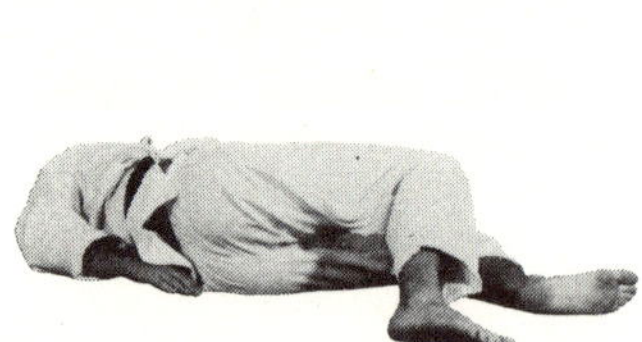

Erklärung:

Überspringen des geworfenen Gegners

36

Achtung!
Der Kiai kann sowohl im Sprung beim Ausholen (Kanazawa-Form) als auch bei der Landung ausgeführt werden!

Landung mit Kiai in
Shuto-Uke in Kokutsu-Dachi

37

Schritt zurück in
Shuto-Uke in Kokutsu-Dachi

Zurückgleiten in die Ausgangsstellung

Yame (der Kata Empi)

Shizentai

Fotomäßiger Ablauf der 37 Positionen der Kata Empi

11
12
13
14
15
16
17
18
19
20
21
22
23
24

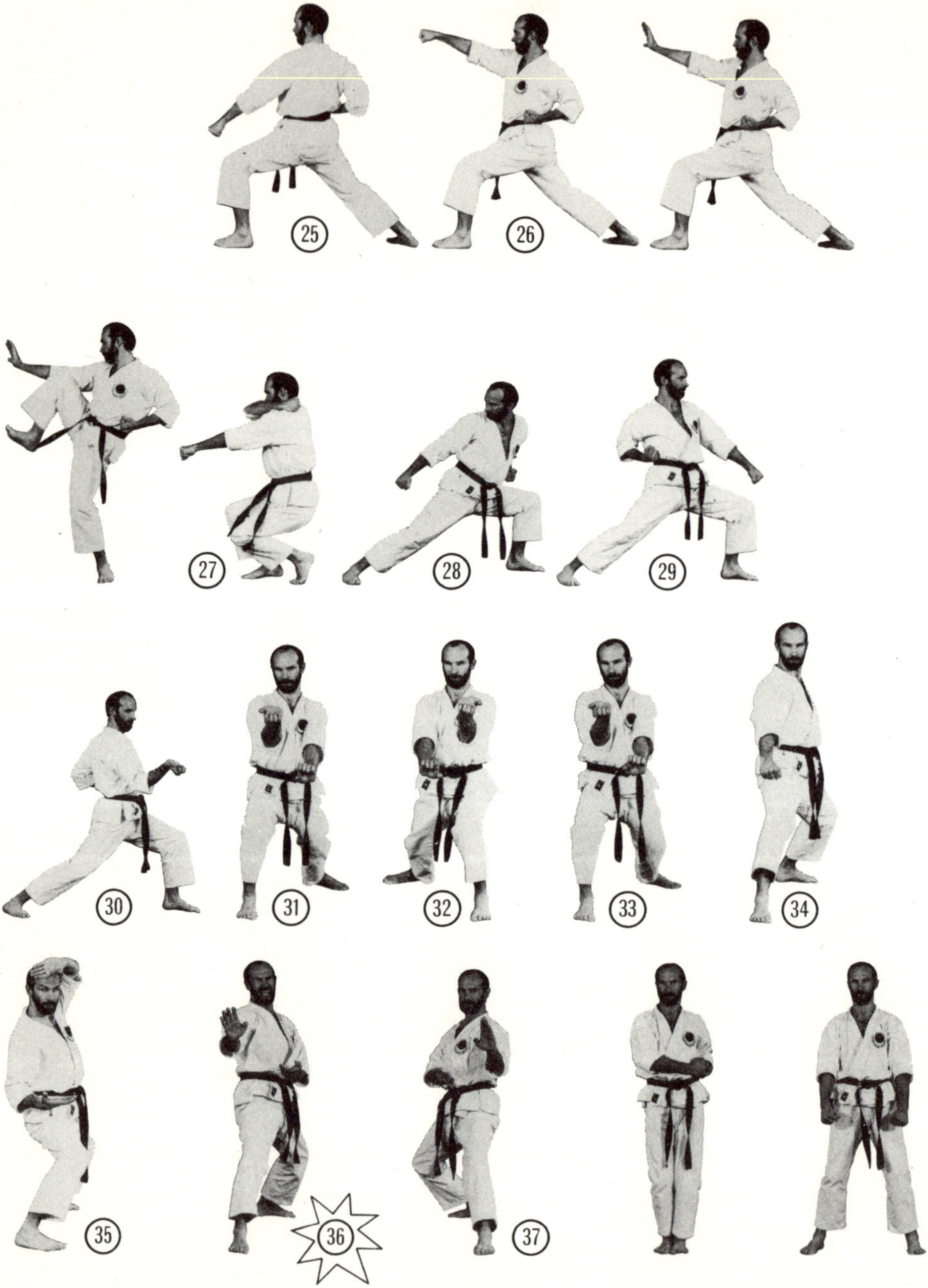
25
26
27
28
29
30
31
32
33
34
35
36
37

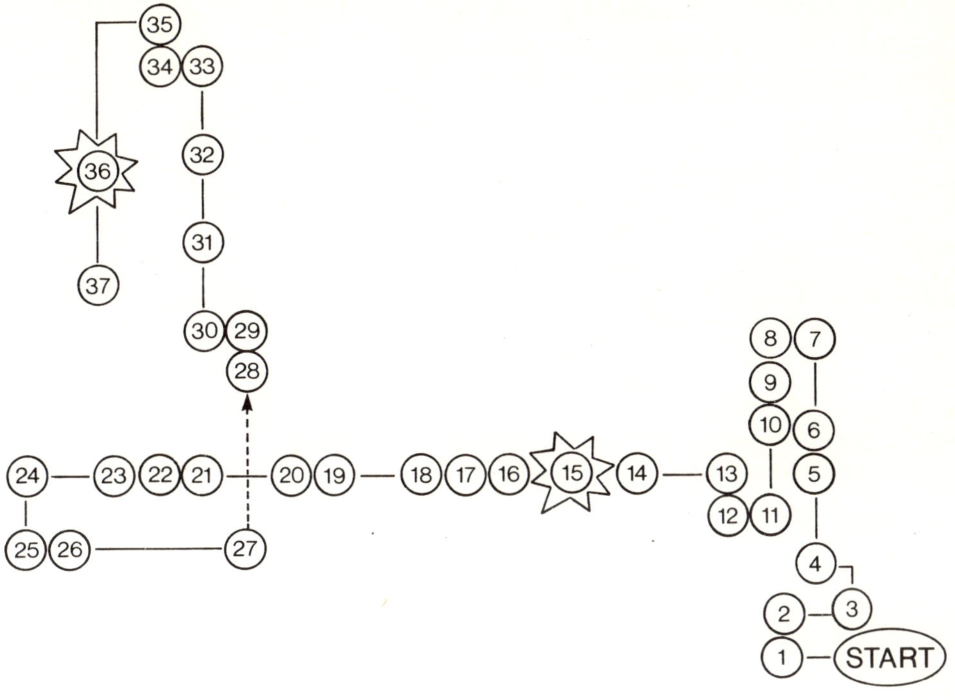

Schrittdiagramm der Kata Empi

(Erläuterungen siehe Schrittdiagramm zur Kata Jion, S. 48)

KATA KANKU-DAI

Toribio Osterkamp, Kata-Shotokan-Cup-Sieger

Die Kata Kanku-Dai ist die längste Shotokan-Kata. Der Name bedeutet soviel wie »Zum Himmel schauen« und leitet sich von der ersten Bewegung ab. Diesen Namen gab erst Gichin Funakoshi dieser Kata. Vorher hieß sie wohl nach einem chinesischen Gesandten Kushanku oder Kwanku.

Fast alle Elemente dieser Kata finden wir in den Heian Kata wieder, so daß nach deren intensivem Studium die Ausführung der Kata Kanku-Dai nicht schwer fallen sollte.

Der häufige Wechsel der Stellungen, das Springen und Abducken macht sie zu einer der vielseitigsten Kata und stellt einen Kampf gegen acht Gegner dar. Sie sollte von Kämpfern mit sauberen, eleganten Bewegungen vorgeführt werden, die es auch konditionell verstehen, die Kata bis zum Ende stark vorzuführen. Sie sollte einen Höhepunkt in der Kataentwicklung des Schülers zum Meister darstellen, bevor sich dieser einer höheren Spezialkata zuwendet.

Die Kata umfaßt 65 Schritte.

Shizentai

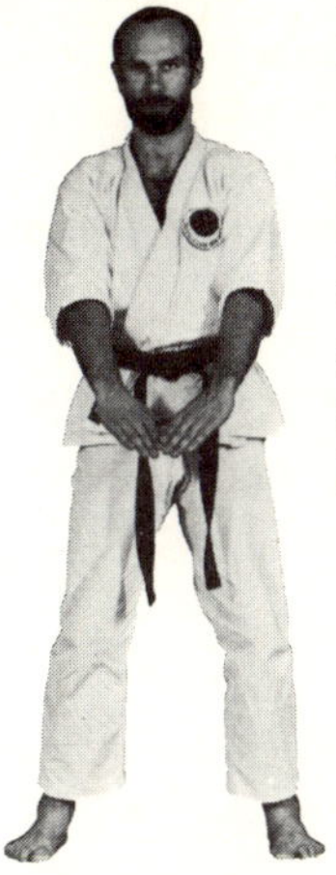

Ausgangsstellung zur Kanku-Dai

Die Füße bleiben schulterbreit geöffnet. Die Hände werden mit den Fingerspitzen und den Daumen zusammengelegt. Der Blick ist geradeaus gerichtet.

Die Arme werden langsam gehoben, bis der Blick durch das Dreieck der Hände geht.

1

Anschließend folgt der Blick den sich weiter hebenden Armen, bis er etwa 45° aufwärts (»in die Sonne«) gerichtet ist.

(2)

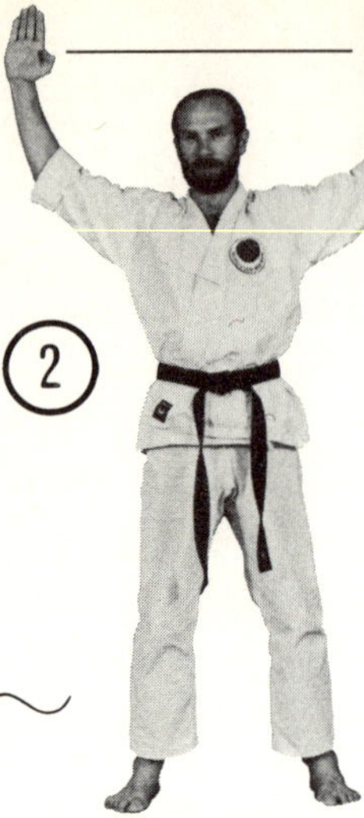

In dem Moment, da der oberste Punkt der Bewegung erreicht ist, reißt man die Arme auseinander, um sie dann ohne Pause flüssig, aber nicht zu schnell zusammenzuführen.

Erklärung

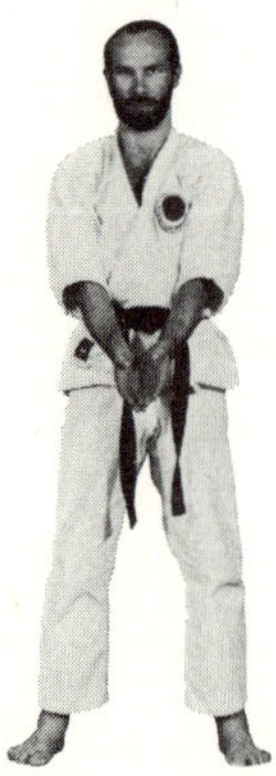

Endpunkt der kreisförmigen Bewegung

Gleitbewegung in die nächste Abwehr, ohne auszuholen

③

Jodan-Haiwan-Uke in Kokutsu-Dachi ■

Der Handrücken steht flach nach hinten.

Erklärung:

Entweder als Abwehr mit der flachen Hand oder als gleichzeitiger Gegenangriff gedacht

④

Jodan-Haiwan-Uke in Kokutsu-Dachi ■■

Der Wechsel zur anderen Seite erfolgt ebenfalls ohne besondere Ausholbewegung, nur durch die Hüftarbeit verstärkt.

Ausholbewegung

Aus dem Aufstehen heraus, das langsam von unten nach oben erfolgt, wobei der linke Fuß herangezogen wird, direkt ausholen, so daß das Erreichen des endgültigen Standes mit dem Strecken des Armes zusammenfällt.

5

Tate-Shuto-Uke
in Heiko-Dachi

6

Chudan-Zuki

7

Uchi-Ude-Uke

Dabei wird die Schrittöffnung nicht verändert, nur die Hüfte auf das linke Bein gedreht.

Ausholbewegung
zum Uchi-Ude-Uke
von der linken
Schulter aus

Chudan-Zuki

Uchi-Ude-Uke

Wie in der 2. Kata wird das linke Bein unter den Schwerpunkt gesetzt, um rechts Yoko-Geri treten zu können. Der Blick geht gleichzeitig mit der Ausholbewegung der Hände nach rechts.

In der japanischen Form wird hierbei bereits der rechte Fuß zum Knie hochgezogen.

Yoko-Geri mit Ura-Ken

Anmerkung:
Da die meisten Bewegungen dieser Kata in ihren Grundelementen denen der Heian-Kata gleichen, wird bei diesen Techniken auf eine besondere Erklärung und seitliche Darstellung verzichtet. Sie sind in Band 1 bei den Heian-Kata nachzulesen.

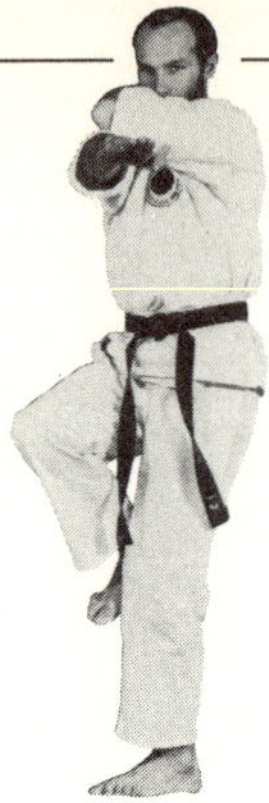

Ausholbewegung
zum Absetzen

(12)

Absetzen mit
Shuto-Uke in
Kokutsu-Dachi

(13)

Schritt vor
mit Shuto-Uke in
Kokutsu-Dachi

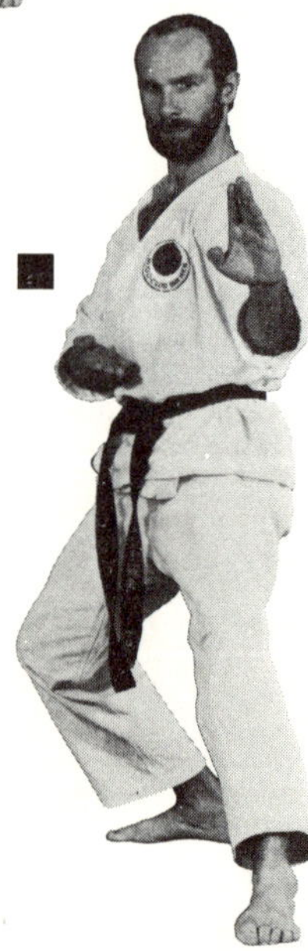

(14)

Vor mit Shuto-Uke in
Kokutsu-Dachi

(15)

Nukite in
Zenkutsu-Dachi
mit Kiai

Ausholbewegung
zur Wendung

Seitenansicht
Der rechte Arm holt aus, während der linke eine Gedan-Abwehr ausführt.

16

Age-Uke (mit geöffneter Hand) mit Gyaku-Shuto-Uchi in Zenkutsu-Dachi

Seitenansicht

Erklärung:

Gleichzeitige Abwehr mit Gegenangriff

Jodan-Mae-Geri

ohne die Hände
zu bewegen

(17)

Seitenansicht

(18)

Erklärung

Absetzen in Kokutsu-Dachi mit Gedan-Barai und Uchi-Ude-Uke

Dabei muß aus der Luft heraus, nach dem Mae-Geri, frühzeitig ausgeholt und der Körper gedreht werden.

Erklärung:

Gleichzeitige Abwehr (z. B. Stock- und Faustangriff)

19

Eintauchen mit Nukite und Nagashi-Uke

Statt Nukite kann auch Gedan-Shuto-Uchi ausgeführt werden. Dabei schlägt die Handkante im Halbkreis zum Ziel.

Erklärung:

Gleitabwehr mit Gegenangriff – Gedan

20

Zurückziehen des Beines in Renoji-Dachi mit Gedan-Barai

(eine gleichmäßige, kraftvolle Aufstehbewegung)

Erklärung:

Heranziehen des abgewehrten Gegners (oder Gedan-Barai gegen einen erneuten Angriff)

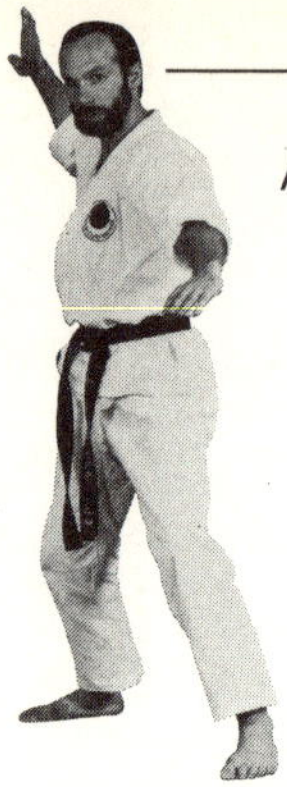

Ausholbewegung mit Abwehr

21

Age-Uke mit Shuto-Uchi
in Zenkutsu-Dachi

22

Mae-Geri Jodan

ohne die Hände
zu bewegen

Seitenansicht

23

Absetzen in Kokutsu-Dachi
mit Gedan-Barai und
Uchi-Ude-Uke

24

Eintauchen mit Nukite
in Zenkutsu-Dachi

25

Aufstehen mit
Gedan-Barai in Renoji-Dachi

26

Das Kommando Nr. 26
(Anziehen des Fußes) wird in
Deutschland nicht gezählt und gleich
als Yoko-Geri ausgeführt.

27

Wendung nach rechts
mit Yoko-Geri mit Uraken

28

Absetzen in Zenkutsu-Dachi
mit Mae-Empi

(Die linke Hand dient als Ziel für den Empi.)

(29)

Das Kommando Nr. 29 (Anziehen des Fußes) wird in Deutschland nicht gezählt und gleich als Yoko-Geri ausgeführt.

(30)

Yoko-Geri
mit Uraken

(31)

Absetzen mit Mae-Empi
in Zenkutsu-Dachi

(32)

Wendung um 180°nach links
mit Shuto-Uchi
in Kokutsu-Dachi

(33)

Rechts vor 45°
Shuto-Uke in Kokutsu-Dachi

Wendung nach rechts in
Shuto-Uke mit Kokutsu-Dachi

34

Wendung mit Ausholbewegung

35

Wendung 45° mit
Shuto-Uke in Kokutsu-Dachi

36

Age-Uke mit
Gyaku-Shuto-Uchi
in Zenkutsu-Dachi

Jodan Mae-Geri

37

Ausholbewegung
zum Uraken

Seitenansicht
Dabei wehrt die linke Hand noch einen Angriff nach unten ab.

38

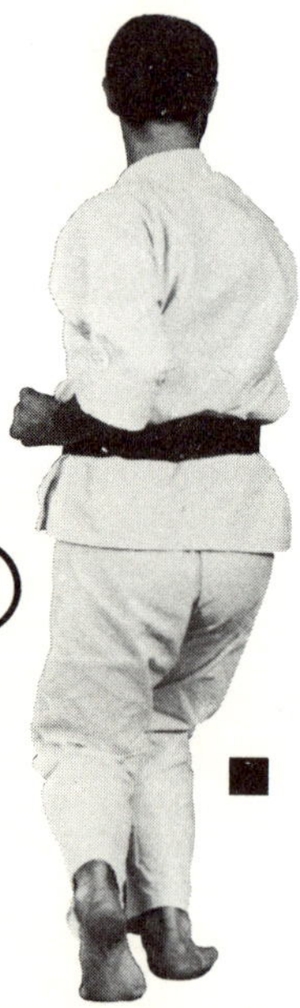

Uraken rechts
in Kosa-Dachi

Seitenansicht

Zurücksetzen des linken Beins in Zenkutsu-Dachi mit Uchi-Ude-Uke

39

Seitenansicht

Im Stand Chudan-Renzuki

40

Seitenansicht

41

Seitenansicht

Beginn der Wendung in die folgende Technik mit Blickwendung und Drehung der Hüfte.

Zusammen mit der Hüfte beginnt der rechte Arm, unterstützt von der linken Hand, sich auf den Gegner zuzubewegen.

Seitenansicht

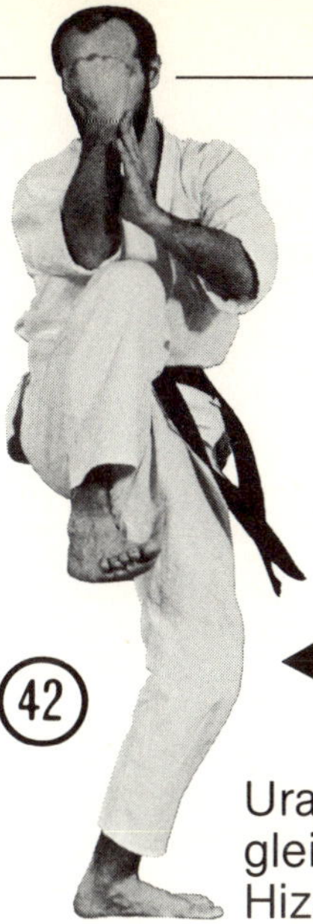

(42)

Ura-Zuki gleichzeitig mit Hiza-Geri

Die Technik lebt von ihrem bedingungslosen Hineingehen in den Gegner.

Seitenansicht

Erklärung:

Beide Techniken können hierbei sowohl Block- als auch Angriffsfunktion übernehmen.

(43)

Abducken zum Boden.
Der linke Fuß steht in einer Linie hinter dem rechten *flach* auf dem Boden. Die Hände bilden ein offenes Dreieck. Der Blick ist etwa 3–4 m nach vorn zu Boden gerichtet.

Seitenansicht

Erklärung:

Unter einem Stockangriff abducken

(44)

Wendung, ohne die Füße zu versetzen, in Gedan-Shuto-Uke in Kokutsu-Dachi

Seitenansicht

Erklärung

(45)

Schritt vor in Shuto-Uke in Kokutsu-Dachi

Seitenansicht

46

Wendung nach rechts in
Uchi-Ude-Uke in
Zenkutsu-Dachi

47

Im Stand
Gyaku-Zuki in Zenkutsu-Dachi

48

Wendung auf der Stelle
mit Uchi-Ude-Uke
in Zenkutsu-Dachi

49

Gyaku-Zuki

50

Choku-Zuki

51

Ausholbewegung zum Yoko-Geri (wie Bewegung 11)

(In Japan wird der rechte Fuß, ohne den linken zu bewegen, ganz zurückgezogen.)

52

Yoko-Geri mit Uraken

53

Absetzen in
Kokutsu-Dachi mit Shuto-Uke

Schritt vor mit Nukite in Zenkutsu-Dachi

54

Seitenansicht

Beginn der Eindrehbewegung

Fortsetzung

Erklärung:

Der Gegner faßt den Nukite-Angriff.

Erklärung:

Der Verteidiger dreht um den gefaßten Arm ein zum Gegenangriff.

Tate-Uraken in Kiba-Dachi

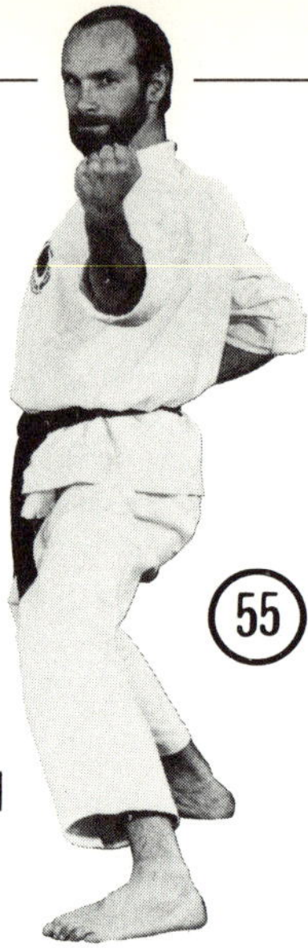

55

Seitenansicht

Erklärung:

Unter Lösen des Griffs Gegenangriff mit Uraken

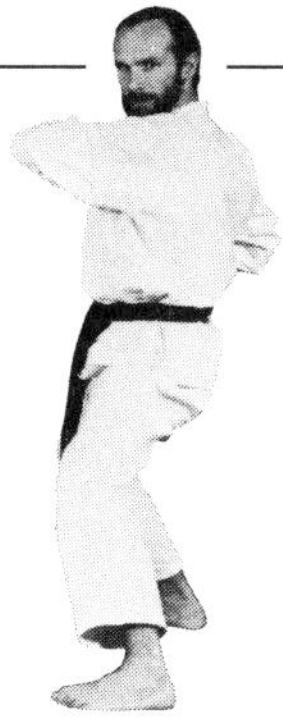

Ausholbewegung zum Tettsui-Uchi

Die Ausholbewegung ist kurz, der rechte Arm wird nicht benutzt.

Seitenansicht

56

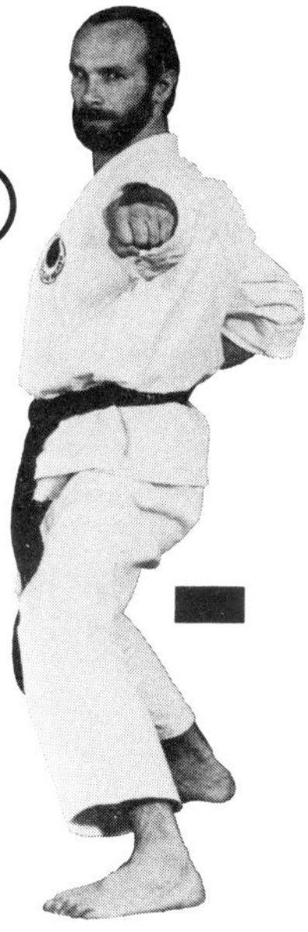

Tettsui-Uchi in Kiba-Dachi

Seitenansicht

Erklärung:

Zweiter Gegenangriff

Mae-Empi in Kiba-Dachi

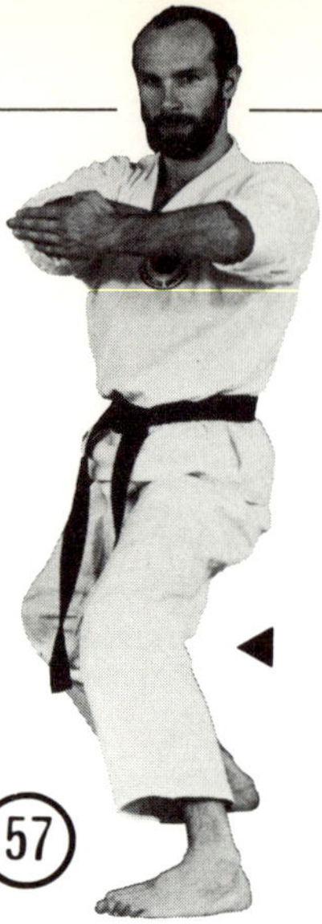

(57)

Seitenansicht

Erklärung:

Gegenangriff

(58)

Koshi-Kamae in Kiba-Dachi

Seitenansicht

(59)

Gedan-Barai in Kiba-Dachi

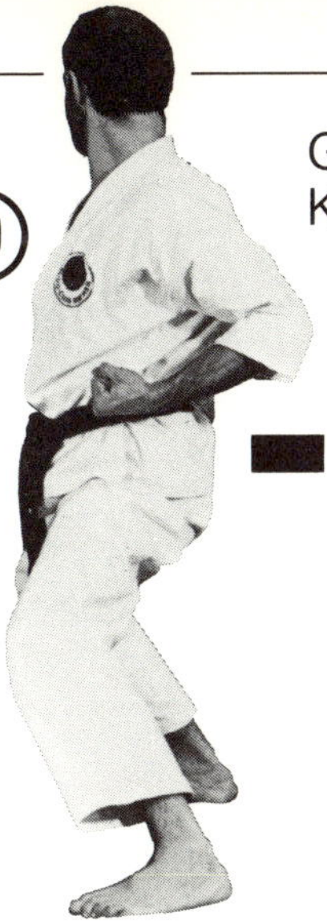

Seitenansicht

Erklärung

Ausholbewegung zur nächsten Abwehr

Seitenansicht

60

◀

Abwehr Gedan-Mawashi-Uke
in Kiba-Dachi

Seitenansicht

Erklärung:

Mae-Geri-Abwehr durch Unterfassen des Angriffs

61

■

Gedan-Otoshi-Zuki

Seitenansicht

Erklärung:

Das gefaßte Bein wird mit Otoshi-Zuki angegriffen.

(62)

Juji-Uke in Hachiji-Dachi

Dabei werden beide Füße durch die Dynamik des Hochreißens der Arme je etwa 20 cm zusammengezogen.

■

Seitenansicht

Erklärung:

Abwehr eines neuen Angriffs

Beginn der Drehbewegung nach rechts vorwärts um das rechte Bein

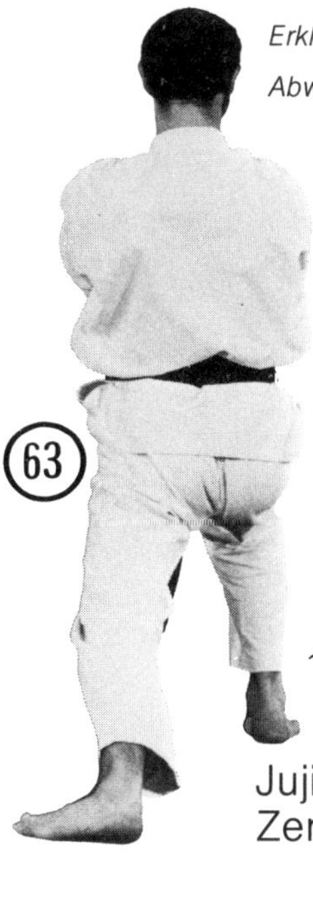

(63)

Seitenansicht

Juji-Kamae in Zenkutsu-Dachi

Erklärung:

Der abgewehrte Gegner wird gefaßt, und durch die Drehung wird ein Armhebel angesetzt.

64

Mae-Tobi-Geri mit Kiai

Doppelfußstoß links
rechts mit Ausholen zum Uraken

Seitenansicht

Erklärung

Landung mit Uraken in Zenkutsu-Dachi

(65)

Seitenansicht

Ausholbewegung zur Endstellung mit Gedan-Mawashi-Uke

Shizentai

Zu dieser Bewegung gibt es viele verschiedene Ausführungen. Zwei wichtige Bestandteile sollten enthalten sein: Mit dem rechten Arm muß ein Mawashi-Uke (Ausheben) ausgeführt werden, und nur der linke Fuß wird zur Endstellung herangezogen.

Anders als in den anderen höheren Kata endet diese Kata nicht in der Anfangsstellung!

Fotomäßiger Ablauf der 65 Positionen der Kata Kanku-Dai

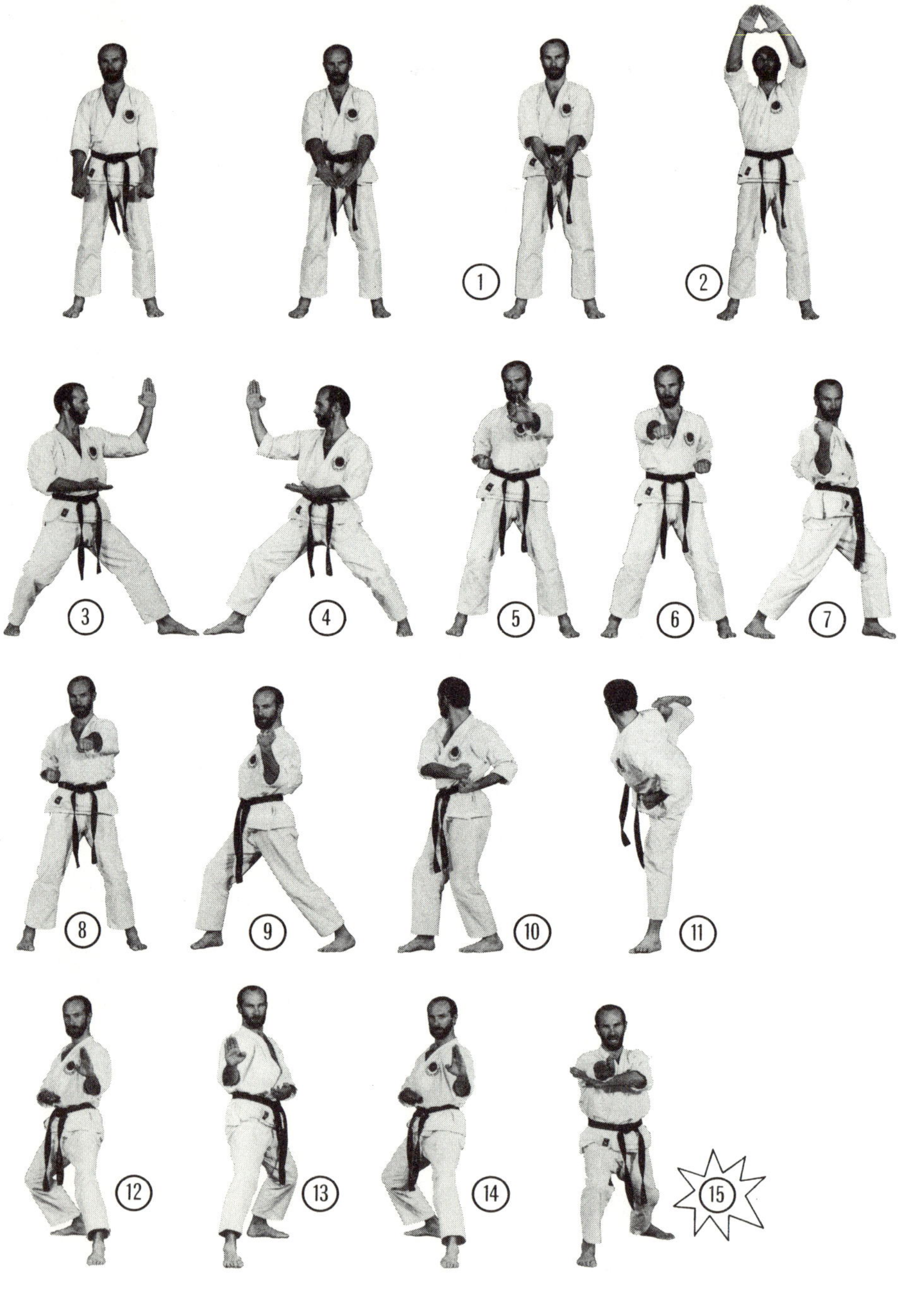

16 17 18 19 20

21 22 23 24 25

26 27 28 29

30 31 32 33

34
35
36
37
38
39
40
41
42
43
44
45
46
47
48
49
50

51
52
53
54
55
56
57
58
59
60
61
62
63
64
65

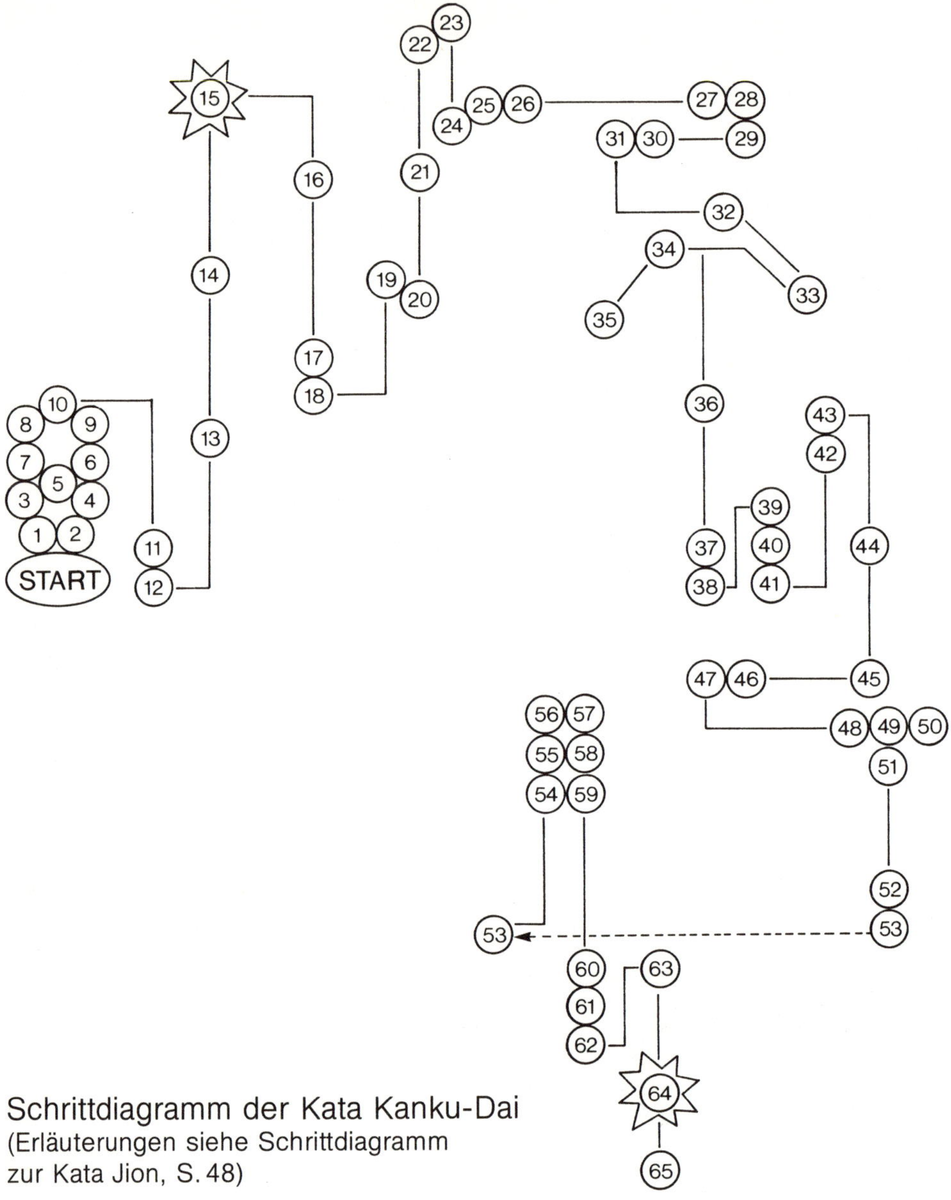

Schrittdiagramm der Kata Kanku-Dai
(Erläuterungen siehe Schrittdiagramm zur Kata Jion, S. 48)

KATA HANGETSU

Katatraining

Der Name der Kata Hangetsu (»Halbmond«) leitet sich aus den halbkreisförmigen Bein- und Armbewegungen her. In anderen Stilrichtungen wird sie »Seishan« genannt.

Die Stellung Hangetsu-Dachi dient vor allem dem Schutz des Unterleibes und soll mit viel Spannung nach innen ausgeführt werden. Die ersten 16 Bewegungen der Kata werden immer im Hangetsu-Dachi ausgeführt. Im weiteren Verlauf liegt es an der Vorstellung und Einstellung des Ausführenden, ob er im Zenkutsu-Dachi oder im Hangetsu-Dachi steht. Eine verteidigende, kurze Stellung mit defensiven Blöcken führt zu Hangetsu-Dachi, eine aggressive, in den Gegner hineingehende Blocktechnik zu Zenkutsu-Dachi. In der Regel wird der Anfänger, der diese Kata zu studieren beginnt, mehr zu Zenkutsu-Dachi neigen, da er so leichter kraftvolle Techniken ausführen kann. In einer starken, ausgereiften Form ist es ohne weiteres möglich, alle Stellungen (mit Ausnahme des

Kokutsu-Dachi) im Hangetsu-Dachi auszuführen. Zumal die Kata gerade das Kämpfen auf engem Raum mit dicht stehenden Gegnern trainieren soll. Verschiedene Techniken sind sowohl als Block- wie auch als Angriffstechniken denkbar, ohne daß sich die Ausführung ändert (näheres im Text). Das hervorstechendste Element dieser Kata ist die spezielle Atemtechnik, die ganz anders ist als in den anderen Shotokan-Kata. Anlehnungen an Goju-Ryu-Kata sind unverkennbar. Gerade weil dies die einzige Shotokan-Kata in dieser Form ist, ist ihr Training um so wichtiger, auch wenn sie im Shotokan etwas belächelt und vernachlässigt wird.

Gleichmäßige, tiefe Atmung, koordiniert mit langsam steigender Muskelspannung bis hin zum Spannungsmaximum (Kime), ist das schwierige Ziel. Dabei soll keinesfalls das Ende oder Erreichen des Spannungshöhepunkts durch einen Ruck dargestellt werden. Wie in allen Karatetechniken (hier nur in langsamer Form) wird vor der Technik eingeatmet und mit der Technik ausgeatmet. Dies ist einer der wesentlichsten Faktoren für eine starke, explosive, typische Karatetechnik. Ebenso wie die Atemtechnik ist die Technik der Muskelspannung hervorragend in dieser Kata zu üben.
Die Kata hat 41 Stellungen.

Shizentai

Beginn der Ausholbewegung
Der linke Fuß wird leicht von innen nach außen, gleichzeitig mit der Armbewegung, geführt.

1

Uchi-Ude-Uke in Hangetsu-Dachi

Bis zur Endspannung wird die Bewegung langsam über etwa 4–5 Sek. geführt.
Der Hangetsu-Dachi wird mit fast parallelen Füßen, die etwas enger als im Kiba-Dachi stehen, ausgeführt. Die Knie haben einen Abstand von etwa 30 cm, und ihre Spannung ist nach *innen* gerichtet, um den Unterleib zu schützen.

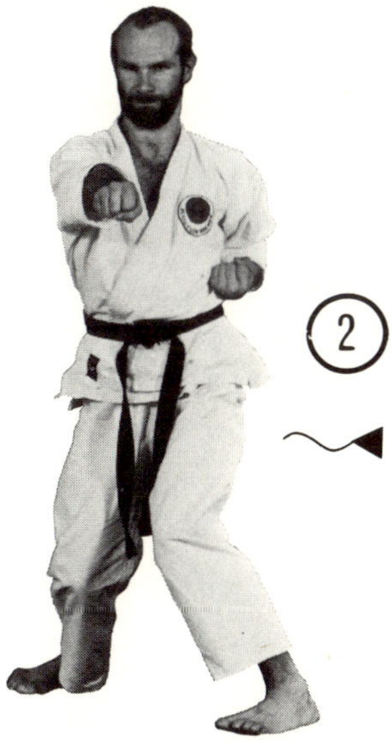

2

In der gleichen Stellung über 3–4 Sek.

Gyaku-Zuki in Hangetsu-Dachi

3

Rechts vor in Uchi-Ude-Uke
in Hangetsu-Dachi

4

Gyaku-Zuki
in Hangetsu-
Dachi

5

Links vor in Uchi-Ude-Uke
in Hangetsu-Dachi

6

Gyaku-Zuki in Hangetsu-Dachi

Beginn der Ausholbewegung zum Ippon-Ken

Der linke Arm geht von der Hüfte aus vor, bis er dem rechten, zurückgehenden Arm begegnet, ungefähr 30 cm vor der Brust. Von da an gehen beide Fäuste gemeinsam zur Brust zurück.

Yoko-Ippon-Ken-Uchi in Hangetsu-Dachi

(Ippon-Ken:
Der Zeigefinger wird etwas vorgeschoben, so daß der Daumen in die Beugung paßt und dadurch den Knöchel des Zeigefingers fixiert. Hier wird der Schlag mit dem Knöchel des Daumens als Yoko-Ippon-Ken-Uchi nach hinten ausgeführt.)

7

Erklärung:

Mit dem Knöchel des Daumens auf die umfassenden Hände des Gegners schlagen, um sich zu befreien.

8

Ippon-Ken-Zuki in Hangetsu-Dachi

Die Faust wird wie zuvor gebildet. Diesmal stößt man mit dem Knöchel des Zeigefingers nach vorn.

Erklärung:

Gegenangriff gegen Gegner von vorn

Ausholbewegung zur nächsten Abwehr

Yama-Kamae in Hangetsu-Dachi

9

Der Name Yama (jap. »Berg«) rührt von der Ähnlichkeit mit dem japanischen Schriftzeichen für Berg her.

Seitenansicht und Erklärung siehe nächste Seite

Seitenansicht

des Yama-Kamae

Erklärung:

Lösen der Umklammerung

Ausholbewegung

(10)

Morote-Gedan-Shuto-Uchi
in Hangetsu-Dachi

Seitenansicht

Erklärung:

Abwehr
oder – wie hier – Gegenangriff zum Unterleib

Beginn der Aushol- und Drehbewegung
zur nächsten Technik

Nach dem langsamen Spannungsaufbau über die ersten zehn Techniken erfolgt jetzt geradezu eine Explosion in den Kiai hinein.

Chudan-Shuto-Uke und
Gedan-Shuto-Uke
in Hangetsu-Dachi mit Kiai

Seitenansicht

Erklärung:

Gleichzeitige Abwehr zweier Gegner

Im Stand:
Tsukami-Uke rechts

(ohne die linke Hand zu bewegen)

⑫

Seitenansicht

Erklärung:

Nach der Abwehr den Gegner ergreifen und kontrollieren

⑬

■

Rechts vor
Chudan-Shuto-Uke und
Gedan-Shuto-Uke in
Hangetsu-Dachi

Seitenansicht

Tsukami-Uke in
Hangetsu-Dachi

14

Seitenansicht

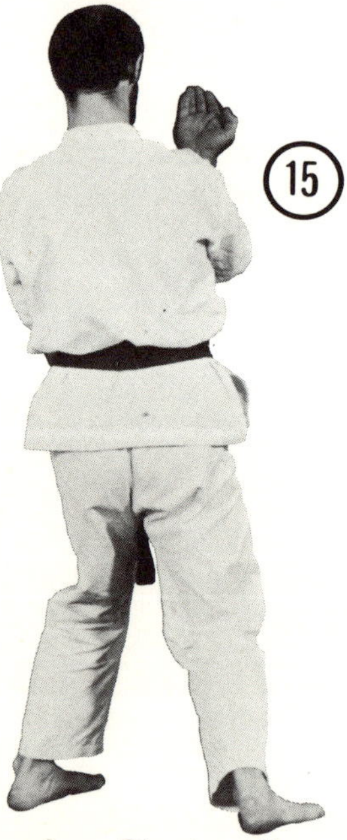

15

Chudan-Shuto-Uke und
Gedan-Shuto-Uke in
Hangetsu-Dachi

16

Tsukami-Uke in
Hangetsu-Dachi

Wendung mit Ausholbewegung in den nächsten Block um 90° nach rechts

17

Uchi-Ude-Uke in Hangetsu-Dachi

Anmerkung: Die Frage, ob hier Hangetsu-Dachi oder Zenkutsu-Dachi ausgeführt werden soll, ist in den Eingangsbemerkungen zu dieser Kata erörtert.

18

19

Gyaku-Zuki in Hangetsu-Dachi

Choku-Zuki in Hangetsu-Dachi

Wendung um 180° zurück in
Uchi-Ude-Uke in
Hangetsu-Dachi

(20)

(21)

Gyaku-Zuki in Hangetsu-Dachi

(22)

Choku-Zuki in Hangetsu-Dachi

Rechtswendung um 90°
Uchi-Ude-Uke in
Hangetsu-Dachi

23

Seitenansicht

Choku-Zuki in
Hangetsu-Dachi

24

Seitenansicht

25

Gyaku-Zuki in
Hangetsu-Dachi

Seitenansicht

Beginn der Umsetzbewegung
Das linke Bein wird bis vor das Standbein gezogen.
Gleichzeitig wird der linke Arm von der Hüfte nach vorn geführt, um dann parallel mit dem Bein in die neue Stellung bewegt zu werden.

Seitenansicht

Fortführung der Umsetzbewegung

26

Uchi-Ude-Uke in Kokutsu-Dachi

Seitenansicht

(In gleicher Ausführung auch als Uraken-Uchi erklärbar)

Erklärung nächste Seite

Erklärung der Technik 26:

Der Gegner hat das hintere Bein angegriffen. Durch Wegziehen und Eng-am-Körper-Vorbeiführen erfolgt daraufhin eine Abwehr des Faustangriffs (oder ein Gegenangriff mit Uraken).

27

Rechtes Bein übersetzen, um die Distanz zum zurückweichenden Gegner zu überbrücken.

Seitenansicht

Erklärung

(28)

Mae-Geri-Keage
mit Ausholbewegung

Seitenansicht

Erklärung:

Gegenangriff

(29)

Gedan-Barai in
Zenkutsu-Dachi

(oder Hangetsu-Dachi, siehe Vorwort)

Erklärung:

Den zweiten Angriff des Gegners im Absetzen abwehren

30

Gyaku-Zuki in Zenkutsu-Dachi

Erklärung

31

Age-Uke
in Zenkutsu-Dachi

Erklärung

Umsetzbewegung
zum Kokutsu-Dachi

Uchi-Ude-Uke in
Kokutsu-Dachi
(wie 26)

32

33

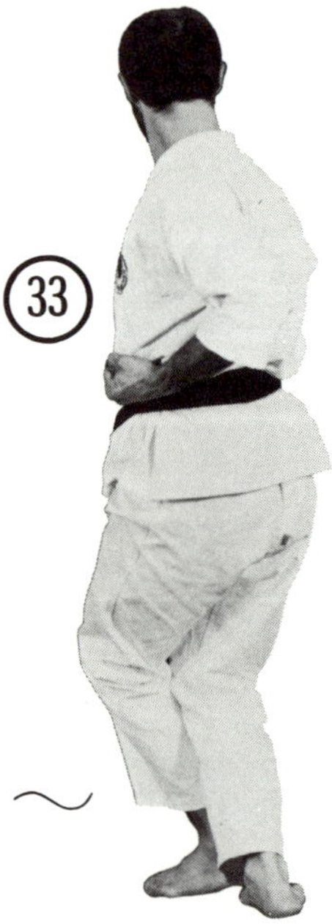

Übersetzen (wie 27)

34

Mae-Geri-Keage
mit Ausholen
(wie 28)

35

Gedan-Barai in
Zenkutsu-Dachi
(wie 29)

36

Gyaku-Zuki
in Zenkutsu-
Dachi
(wie 30)

37

Age-Uke in
Zenkutsu-Dachi
(wie 31)

Umsetzen

38

Uchi-Ude-Uke in
Kokutsu-Dachi

Mikazuki-Geri

39

Seitenansicht

Erklärung:

Abwehr mit der Fußinnenseite

Erklärung:

Der nach der Abwehr nach vorn fallende Gegner wird angegriffen.

40

K

Gedan-Zuki in Hangetsu-Dachi mit Kiai

Seitenansicht

Ausholbewegung und Zurückziehen des Fußes zur nächsten Abwehr

41

Gedan-Morote-Teisho-Uke in Neko-Ashi-Dachi

(Neko = jap. »Katze«; das Gewicht ruht fast gänzlich auf dem hinteren Bein.)

Erklärung:

Nach der letzten Abwehr ist nur noch ein Zurückweichen in Neko-Ashi-Dachi möglich, um noch abwehren zu können

Das linke Bein wird zurückgezogen in Shizentai

Fotomäßiger Ablauf der 41 Positionen der Kata Hangetsu

13

14

15

16

17

18

19

20

21

22

23

24

25

26
27
28
29
30
31
32
33
34
35
36
37
38
39
40
41

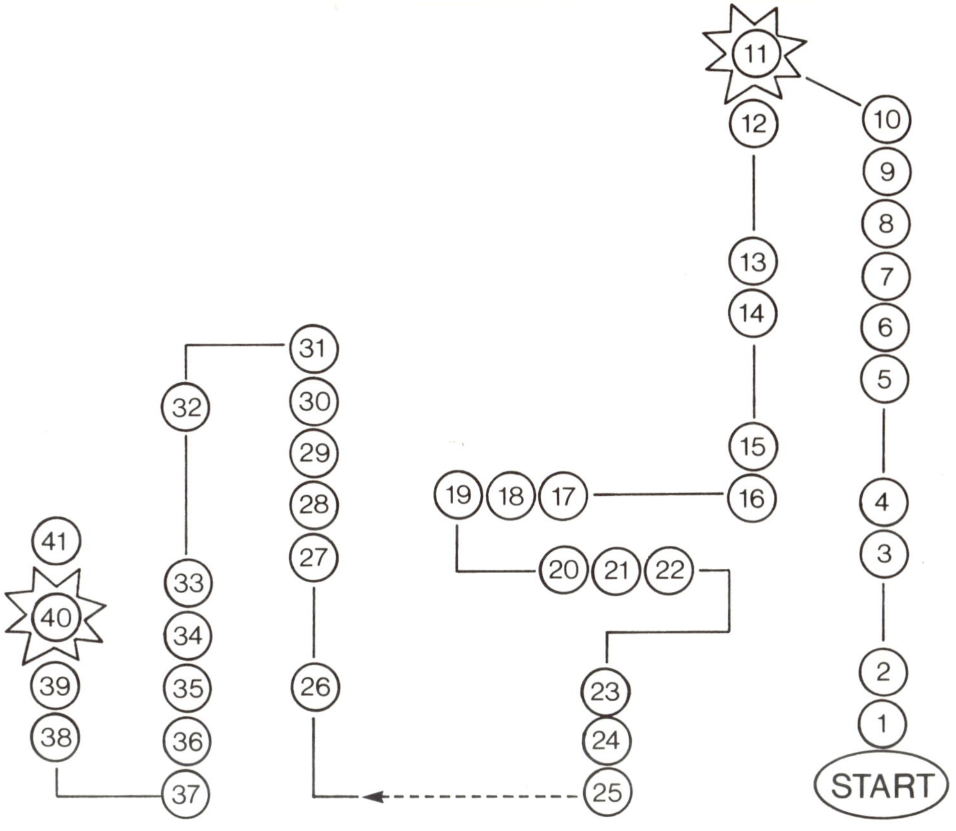

Schrittdiagramm
der Kata Hangetsu

(Erläuterungen siehe Schrittdiagramm zur Kata Jion, S. 48)

Schlußwort

Mit dem vorliegenden zweiten Band ist die Reihe der Kata abgeschlossen, die zum selbstverständlichen Repertoire eines Schwarzgurts gehören sollten. Leider ist dies selten der Fall. Dabei ist es nur eine Sache des Fleißes! Jede der vorliegenden Kata wurde bestimmt schon einmal gelernt, jedoch – ohne Übung – wieder vergessen. So sei an dieser Stelle nur geraten, die Kata der 1. und 2. Stufe regelmäßig zu trainieren – vielleicht mit Hilfe dieses Buches – und so zu einer umfassenden Beherrschung des Karate zu kommen, die über die Minimalbewegungen von Kizami-Zuki und Mae-Geri hinausgeht.
Wichtig für den verständlichen Vortrag der Kata – das heißt, daß auch der Laie erkennen kann, was mit den einzelnen Angriffen und Abwehren erreicht werden soll – ist das Wissen um den Sinn der Techniken. Nicht einfache Ausführung von Muskelbewegungen in bestimmten Winkeln und Richtungen, sondern zielgerichtete Aktionen, angewandte Techniken sind Voraussetzung für einen guten Katavortrag.
Als Test- und Trainingsmöglichkeit sei einmal die Ausführung der Kata seitenverkehrt empfohlen. Hierbei zeigt sich, wie tief das Anwendungsdenken innerhalb der Kata verankert ist. Geht man von den Angriffen (der gedachten Gegner) aus, fällt es leicht, rechts oder links zu reagieren. Denkt man nur in »Körperwinkeln«, so kommt man in den höheren Kata nicht mehr weit.

Viel Spaß und Erfolg beim Training!

Wolf-Dieter Wichmann

UNSER TIP

Ninja 2
Die Wege zum Shoshin
(0763) Von S. K. Hayes, übers. von J. Schmit, 160 S., 309 s/w-Fotos, 2 Zeichn., kart.,
DM 16,80, S 139,–, SFr 16,80

Ninja 4
Das Vermächtnis der Schattenkämpfer
(0807) Von S. K. Hayes, übers. von J. Schmit, 196 S., 466 s/w-Fotos, kart.,
DM 16,80, S 139,–, SFr 16,80

Nakayamas Karate perfekt 1
Einführung
(0487) Von M. Nakayama, 136 S., 605 s/w-Fotos, kart.,
DM 19,80, S 159,–, SFr 19,80

Ju-Jutsu 1
Grundtechniken
Moderne Selbstverteidigung
(0276) Von W. Heim, F. J. Gresch, 164 S., 450 s/w-Fotos, 8 Zeichn., kart.,
DM 9,80, S 79,–, SFr 9,80

Ju-Jutsu 2
Für Fortgeschrittene und Meister
(0378) Von W. Heim, F. J. Gresch, 160 S., 798 s/w-Fotos, kart.,
DM 19,80, S 159,–, SFr 19,80

Taekwondo
Koreanischer Kampfsport
(0347) Von K. Gil, 152 S., 408 Abb., kart.,
DM 12,80, S 99,–, SFr 12,80

FALKEN
Der Spezialist für nützliche Bücher.

Falls durch besondere Umstände Preisänderungen notwendig werden, erfolgt Auftragserledigung zu dem bei der Lieferung gültigen Preis.

NÜTZLICHE RATGEBER

EINE AUSWAHL

Stand: Herbst 1993

Hobby und Freizeit

Falken-Handbuch
Zeichnen und Malen
(**4167**-5) Von B. Bagnall, 336 S., 1154 Farbabb., Pappband. ●●●●●

Kreativ Zeichnen
(**4688**-X) Von B. Bagnall, 176 S., zahlr. Farbabb., Pappband. ●●●●

Punkt, Punkt, Komma, Strich
Zeichnen leicht gemacht
(**4721**-5) Von H. Witzig, 144 S., 512 s/w-Zeichnungen, Pappband. ●●

Punkt, Punkt, Komma, Strich
Zeichenstunde für Kinder
(**0564**-4) Von H. Witzig, 144 S., über 250 Zeichnungen, kart. ●

Einmal grad und einmal krumm
Zeichenstunde für Kinder
(**0599**-7) Von H. Witzig, 144 S., 363 Abb., kartoniert. ●

Figürliches Zeichnen
leicht gemacht
(**1010**-9) Von H. Witzig, 112 S., 462 Figuren, kartoniert. ●

Airbrush
Kreatives Gestalten mit dem Luftpinsel
(**1133**-4) Von C. M. Mette, 80 S., 145 Farbfotos, 40 Farbzeichnungen, kartoniert. ●●

Kalligraphie
Die Kunst des schönen Schreibens
(**4263**-9) Von C. Hartmann, 120 S., 44 Farbvorlagen, 29 s/w-Vorlagen, 2 s/w-Zeichnungen, 38 Farbfotos, Pappband. ●●●●

Gestalten mit Schrift
Kalligraphie
(**1044**-3) Von I. Schade, 80 S., 2 Farb- und 1 s/w-Foto, 143 Farbzeichnungen, kart. ●●

Hobby Aquarellmalen
Landschaft und Stilleben
(**0876**-7) Von I. Schade, A. Brück, 80 S., 111 Farbabb., kart. ●●

Hobby Ölmalerei
Landschaft und Stilleben
(**0875**-9) Von H. Kämper, I. Becker, 80 S., 93 Farbabb., kart. ●●

FALKEN
Lexikon der Seidenmalerei
Mit großer Farbmischtabelle
(**4737**-1) Von K. Huber, 192 S., ca. 250 Farbfotos, Pappband. ●●●●

Seidenmalerei in Vollendung
(**4414**-3) Hrsg. von R. Smend, 160 S., 227 Farbfotos, 36 s/w-Fotos, geprägter Leineneinband mit Schutzumschlag, im Schuber. ●●●●●

Seidenmalerei und Modedesign
Modelle · Techniken · Schnittmuster
(**4476**-3) Von B. Hansen, 176 S., 140 Farbf.93 Farb-, 68 s/w-Zeichn., Pappband. ●●●●

Seidenmalerei Exklusive Tücher
(**1303**-5) Von E. Schwinge, 80 S., 79 Farbfotos, 6 Zeichnungen, kart. ●●

Kreative Seidenmalerei
Motive · Muster · Farbenspiel
(**4720**-7) Von M. Neubacher-Fesser, ca. 136 S., zahlr. Farbabb., Pappband. ●●●●

Seidenmalerei
Muster über Muster
20 Künstlerinnen präsentieren 120 Ideen
(**4744**-4) 128 S., 188 Farbabbildungen, Pappband. ●●●●

Seidenmalerei
Die wichtigsten Techniken Schritt für Schritt
(**1357**-4) Von B. Hansen, 64 S., zahlr. Farbabb., kartoniert. ●●

Seidenmalerei als Kunst und Hobby
(**4264**-7) Von S. Hahn, 136 S., Farbabb., 1 s/w-Foto, Pappband. ●●●●

Neue zauberhafte Seidenmalerei
Motive und Anregungen aus der Natur
(**0924**-0) Von R. Henge, 80 S., 148 Farbfotos, 27 s/w-Zeichnungen, kart. ●●

Krawatten, Tücher und Fliegen individuell gestalten
Seidenmalerei
(**1242**-X) Von A. Reichmann, 64 S., durchgehend vierfarbig, kart. ●●

Aquarellieren auf Seide
Materialien · Techniken · Motive
(**0917**-8) Von I. Demharter, 32 S., 41 Farbfotos, Pappband. ●

Airbrush auf Seide
(**1342**-6) Von I. Demharter, 64 S., zahlreiche Farbabbildungen, kart. ●●

Airbrush Seidenmalerei
Mit Vorlagen für Schablonen
(**1356**-6) Von C. M. Mette, ca. 80 S., zahlr. Farbabbildungen, kartoniert. ●●●

Seidenmalerei Bäume und Blätter
(**5249**-9) Von D. Kosik, 32 S., 5 Farbfotos, 23 Farb- u. 13 s/w-Zeichungen, kart. ●

Seidenmalerei Landschaften
(**5153**-0) Von D. Kosik, 32 S., 50 Farbfotos, 12 Zeichnungen, mit Vorlagebogen in Originalgröße, kart. ●

Seidenmalerei Kissen
(**5151**-4) Von I. Demharter, 32 S., 42 Farbfotos, 2 Zeichnungen, mit Vorlagebogen in Originalgröße, kart. ●

Seidenmalerei Blusen und T-Shirts
(**5184**-0) Von A. Keller, 32 S., 28 Farbfotos, 12 Zeichnungen, mit Vorlagebogen in Originalgröße, kartoniert. ●

Seidenmalerei Tücher und Schals
(**5152**-2) Von R. Henge, 32 S., 36 Farbfotos, 1 Zeichnung, mit Vorlagebogen in Originalgröße, kart. ●

Seidenmalerei Tiermotive
(**5204**-9) Von A. Keller, 32 S., 37 Farbfotos, mit Vorlagebogen in Originalgröße, kart. ●

Serti Designo
Seidenmalerei mit Kreidestiften
(**5208**-1) Von S. Tichy-Gibley, 32 S., 46 Farbfotos, mit Vorlagebogen in Originalgröße, kart. ●

Seidenmalerei Lampenschirme
(**5154**-9) Von I. Walter-Ammon, 32 S., 47 Farbfotos, 1 Zeichnung, mit Vorlagebogen in Originalgröße, kart. ●

Seidenmalerei Blüten, Blätter, Ranken
(**5165**-4) Von D. Kosik, 32 S., 35 Farbfotos, 4 Zeichnungen, mit Vorlagebogen in Originalgröße, kart. ●

Seidenmalerei Schmuckkarten und Miniaturbilder
(**5166**-2) Von I. Walter-Ammon, 32 S., 37 Farbfotos, 2 Zeichnungen, mit Vorlagebogen in Originalgröße, kart. ●

Akzente mit Perlen, Pailetten und Straß
Seidenmalerei
(**5248**-0) Von A. Keller, 32 S., ca. 50 Farbf., mit Vorlagebogen in Originalgröße, kart. ●

Seidenmalerei Bilder in Konturentechnik
(**5182**-4) Von I. Demharter, 32 S., 28 Farbfotos, 2 Zeichnungen, mit Vorlagebogen in Originalgröße, kart. ●

Seidenmalerei Applikationen
(**5224**-3) Von J. Bressau, 32 S., 50 Farbfotos, mit Vorlagebogen in Originalgröße, kart. ●

Malen auf Seide
kinderleicht
(**5218**-9) Von R. Henge, 32 S., 11 Farbfotos, 44 Farbzeichn., Vorlagebogen, kartoniert. ●

Moderne Stoffmalerei
(**1358**-2) Von H. Sander, 64 S., 73 Farbf., 50 s/w-Zeichn., kart. ●●

Perfekt Stricken
Mit Sonderteil Häkeln.
(**4250**-7) Von H. Jaacks, 256 S., 703 Farbfotos, 169 Farb- und 121 s/w-Zeichnungen, Pappband. ●●●●

Das moderne Standardwerk
Nähen
(**4709**-6) Von S. von Rudzinski, 176 S., vierfarbig, Pappband. ●●●●

Marionetten
selbst bauen und führen
(**1043**-5) Von D. Köhnen, 80 S., 150 Farbfotos, mit Schnittmusterbogen, kartoniert. ●●

Hampelmänner
Basteln mit Kindern ab 5 Jahren
(**5240**-5) Von F. Michalski, 32 S., ca. 50 Farbabb., mit Vorlagebg. in Originalgröße, kart. ●

Künstlerpuppen
im 20. Jahrhundert
(**4719**-3) Hrsg. R. Höckh, 160 S., 192 Farbfotos, 26 s/w-Fotos, Pappband. ●●●●●

Charakterpuppen
aus Cernit und Porzellan selbst gestalten
(**1156**-3) Von S. Becker, 64 S., 143 Farbfotos, 30 Zeichnungen, 13 Vignetten, mit Schnittmusterbogen, kartoniert. ●●

Puppen zum Liebhaben
(**5199**-9) Von B. Wehrle, 32 S., 27 Farbfotos, 9 s/w-Zeichnungen, mit Vorlagebogen in Originalgröße, kartoniert. ●

Neue zauberhafte Salzteig-Ideen
(**0719**-1) Von I. Kiskalt, 80 S., 324 Farbfotos, 12 Zeichnungen, Schablonen, kart. ●●

Die hier vorgestellten Bücher, Videokassetten und Software sind in folgende Preisgruppen unterteilt:

● Preisgruppe bis DM 10,–/S 79,–/SFr 11,–
●● Preisgruppe über DM 10,– bis DM 20,– S 80,– bis S 160,– SFr 10,– bis SFr 21,–
●●● Preisgruppe über DM 20,– bis DM 30,– S 161,– bis S 240,– SFr 21,– bis SFr 30,–
●●●● Preisgruppe über DM 30,– bis DM 50,– S 241,– bis S 400,– SFr 30,– bis SFr 50,–
●●●●● Preisgruppe über DM 50,–/S 401,–/SFr 50,–
* (unverbindliche Preisempfehlung)

Die Preise entsprechen dem Status beim Druck dieses Verzeichnisses (s. Seite 1) – Änderungen, im besonderen der Preise, vorbehalten –

Falken-Verlag GmbH · Postfach 1120 FALKEN D-65521 Niedernhausen/Ts. · Tel.: 0 61 27 / 70 20

Salzteig kinderleicht
(**0973**-9) Von I. Kiskalt, 80 S., 224 Farbfotos, 8 Zeichnungen, kart. ●●

Hobby Salzteig
(**0662**-4) Von I. Kiskalt, 80 S., 150 Farbfotos, 5 Zeichnungen und Schablonen, kart. ●●

Kreatives gestalten mit Ton
Töpfern ohne Scheibe – Aufbaukeramik
(**0896**-1) Von A. Riedinger, 80 S., 207 Farbfotos, 16 Zeichnungen, 7 Vignetten, kart. ●●

Kreatives Gestalten mit Ton
Töpfern auf der Scheibe
(**0971**-2) Von A. Riedinger, 80 S., 28 Farb- und 3 s/w-Zeichnungen, 178 Farbf., kart. ●●

Kneten und Modellieren
kinderleicht
(**5217**-0) Von V. Ettelt, 32 S., 12 Farbtafeln, 72 Farbzeichnungen, Vorlagebogen, kart. ●

Hobby Glaskunst in Tiffany-Technik
(**0781**-7) Von N. Köppel, 80 S., 194 Farbfotos, 6 s/w-Abb., kart. ●●

Tiffany-Lampen selbermachen
Arbeitsanleitung · Materialien · Modelle
(**0684**-5) Von I. Spliethoff, 32 S., 60 Farbfotos, 19 Zeichnungen, Pappband. ●

Fensterbilder in Tiffany-Technik
(**5168**-9) Von P. Matz, 32 S., 43 Farbfotos, mit Vorlagebogen in Originalgröße, kart. ●

Tiffany-Technik
und andere kunstvolle Arbeiten in Glas
(**0972**-0) Von D. Köhnen, 80 S., 176 Farbfotos, 5 s/w-Zeichnungen, kart. ●●

Rocailles
Perlenschmuck
(**5209**-X) Von L. und E. Weiler, 32 S., 45 Farbfotos, 2 Zeichnungen, mit Vorlagebogen in Originalgröße, kartoniert. ●

Masken
phantasievoll dekorieren
(**5155**-7) Von Chr. Familler, 32 S., 48 Farbf., mit Vorlagebg. in Originalgröße, kart. ●

Laubsägearbeiten für das Kinderzimmer
(**5245**-6) Von H.-P. Krafft, 32 S., ca. 50 Farbf., mit Vorlagebg. in Originalgröße, kart. ●

Schwingtiere aus Holz gestalten
(**5222**-7) Von der Arbeitsgem. Werken, 32 S., 50 Farbfotos, mit Vorlagebogen in Originalgröße, kartoniert. ●

FALKEN Video
Drachen
bauen und fliegen
(**6141**-2) VHS, ca. 45 Min., in Farbe, mit Broschüre. ●●●●*

Drachen
bauen und steigen lassen.
(**0767**-1) Von W. Schimmelpfennig, 80 S., 1 dreiseitige Ausklapptafel, 55 Farbfotos, 139 Zeichnungen, kart. ●●●

Lenkdrachen
bauen und fliegen
(**1011**-7) Von W. Schimmelpfennig, 64 S., 51 Farbf. und 126 Zeichnungen, kart. ●●

Neue Lenkdrachen und Einleiner
bauen und fliegen
(**1353**-1) Von W. Schimmelpfennig, 80 S., zahlr. Farbabbildungen, kart. ●●●

Drachen
Einfache Modelle für Kinder
(**5156**-5) Von W. Schimmelpfennig, 32 S., 11 Farbfotos, 31 Zeichnungen, mit Vorlagebogen, kart. ●

Das große farbige
Bastelbuch für Kinder
(**4254**-X) Von U. Barff, I. Burkhardt, J. Maier, 224 S., 157 Farbf., 430 Farb- und 60 s/w-Zeichn., m. Schnittmusterbg., Pappband. ●●●

Origami
Tiere aus aller Welt
(**5250**-2) Von J. Maier, 32 S., 19 Farbfotos, 68 Farb- u. 16 s/w-Zeichnungen, kart. ●

Hobby Origami
Papierfalten für groß und klein
(**0756**-6) Von Z. Aytüre-Scheele, 80 S., 820 Farbfotos, kart. ●●

Neue zauberhafte Origami-Ideen
Papierfalten für groß und klein
(**0805**-8) Von Z. Aytüre-Scheele, 80 S., 720 Farbfotos, kart. ●●

Zauberwelt Origami
Tierfiguren aus Papier
(**1045**-1) Von Z. Aytüre-Scheele, 80 S., 660 Farbfotos, kartoniert. ●●

Kreatives Gestalten mit **Papiermaché**
(**5246**-4) Von B. Jetzek-Berkenhaus, 32 S., ca. 50 Farbf., mit Vorlagebg. in Originalgröße, kartoniert. ●

Marmorieren
Muster · Techniken · Gestaltungsideen
(**5247**-2) Von T. Hartel, 32 S., ca. 50 Farbf., mit Vorlagebg. in Originalgröße, kart. ●

Heut basteln wir mit Pappe und Papier
(**4413**-5) Von U. Barff, J. Maier, 224 S., 117 Farbfotos, 480 Farbzeichn., 25 s/w-Abb., mit Schnittmusterbogen, Pappband. ●●●

Das große farbige Bastel- und Werkbuch
(**4439**-9) Von D. Rex, 256 S., 999 Farbfotos, 33 Farbzeichnungen, Pappband. ●●●●

Mein liebstes Spiel- und Bastelbuch
Die Welt der Dinosaurier
Tiere und Landschaften zum Selbermachen
Ausbrechen, aufstellen, spielen
(**4478**-X) Von B. Burkart, 8 Blatt mit herauslösbaren Motiven, 280-g-Karton mit Stanzung, 8 S. Bastelanleitung und Sachinformation. ●●

Das große farbige
Dinosaurierbastelbuch
(**4686**-3) Von S. Koter, ca. 128 S., zahlr. Farbabb., Vorlagebogen, Pappband. ●●●

Fensterbilder in Scherenschnitt
(**5169**-7) Von A. Hahn, 32 S., 52 Farbfotos, 3 s/w-Fotos, mit Vorlagebogen in Originalgröße, kartoniert. ●

Fensterbilder
Meine Lieblingstiere
(**5197**-2) Von Y. Thalheim, H. Nadolny, 32 S., 38 Farbfotos, mit Vorlagebogen in Originalgröße, kartoniert. ●

Fensterbilder Lustige Tiere
(**5210**-3) Von F. Michalski, 32 S., 47 Farbfotos, mit Vorlagebogen in Originalgröße, kart. ●

Fensterbilder Bauernhof
(**5264**-2) Von D. Köhnen, 32 S., zahlr. Farbabb., Vorlagebogen, kartoniert. ●

Fensterbilder Dinosaurier
(**5260**-X) Von C. Hüfner, 32 S., 8 Farbfotos, 47 Farbzeichnungen, Bastelbogen, kart. ●

Mit Farben und Papieren
Fenster dekorieren
(**5255**-3) Von K. Groß, 32 S., 8 Farbfotos, 59 Farbzeichnungen, kart. ●

Originelle Fensterbilder
aus Tonpapier und Tonkarton
(**1305**-1) Von D. Köhnen, 64 S., 70 Farbfotos, kartoniert. ●●

Die schönsten Fensterbilder
(**1066**-4) Von C. Kimmerle, 64 S., 100 Farbfotos, 7 Zeichnungen, kartoniert. ●●

Das Fensterbilder-Alphabet
Basteln mit Kindern ab 5 Jahren
(**5242**-1) Von E. Bohne, 32 S., ca. 50 Farbabb., mit Vorlagebogen in Originalgröße, kart. ●

Märchenhafte Fensterbilder
(**5185**-9) Von J. Maier, 32 S., 37 Farbfotos, mit Vorlagebogen in Originalgröße, kart. ●

Fensterbilder Blumen und Tiere
(**5186**-7) Von M. Twachtmann, 32 S., 41 Farbfotos, 3 Zeichnungen, mit Vorlagebogen in Originalgröße, kartoniert. ●

Fensterbilder rund um die Welt
(**1411**-2) Von D. Köhnen, ca. 64 S., 2 Vorlagebogen, kartoniert. ●●

Fensterbilder Zahlen
(**5268**-5) Von E. Bohne, 32 S., zahlr. Farbabbildungen, Vorlagebogen, kartoniert. ●

Fensterbilder Strand und Meer
(**5266**-9) Von B. Alex, 32 S., 57 Farbfotos, Vorlagebogen, kartoniert. ●

Fensterschmuck
Originelle Ideen für Dekorationen und Fensterbilder
(**1241**-1) Von D. Köhnen, 64 S., ca. 70 Farbfotos, Vorlagebogen, kart. ●●

Papierflieger
(**5157**-3) Von T. Gött, 32 S., 73 Farbfotos, 19 Zeichnungen, mit Vorlagebogen in Originalgröße, kart. ●

Windspielzeug
Bastelspaß mit Kindern ab 5 Jahren
(**5241**-3) Von D. Köhnen, 32 S., ca. 50 Farbabb., mit Vorlagebogen in Originalgröße, kartoniert. ●

Flieger und Schiffe aus Papier
falten, ausbalancieren und steuern
(**1410**-4) Von C. Hüfner, ca. 80 S., zahlr. Farbabb., kartoniert. ●●

Faltschnitte
(**5257**-X) Von B. Blankenburg, 32 S., 12 Farbfotos, 42 Farbzeichnungen, Vorlagebogen, kartoniert. ●

Laternen und Lampions
(**5206**-5) Von C. Hüfner, 32 S., 60 Farbfotos, mit Vorlagebogen in Originalgröße, kart. ●

Mobiles aus Papier
(**5183**-2) Von J. Maier, 32 S., 17 Farbfotos, 35 Farbzeichnungen, mit Vorlagebogen in Originalgröße, kartoniert. ●

Tiermobiles
(**5258**-8) Von C. Hüfner, 32 S., 57 Farbzeichnungen, Vorlagebogen, kart. ●

Bastelideen für Indianerspiele
(**5252**-9) Von B. Nelich, D. Velte, 32 S., 38 Farbfotos, Vorlagebogen, kart. ●

Der große Verkleidungsspaß
Kinderkostüme
(**1304**-3) Von C. Baumgarten, 53 Farbfotos, 183 Farbzeichn., Vorlagebogen, kart. ●●

Schachteln basteln und dekorieren
(**5170**-0) Von Chr. Adjano, 32 S., 55 Farbfotos, mit Vorlagebogen in Originalgröße, kart. ●

Lustige Geschenk- und Schultüten
(**5263**-4) Von F. Michalski, 32 S., 26 Farbfotos, Vorlagebogen, kartoniert. ●

Deco Art
Die Kunst, Geschenke zu verpacken
(**0949**-6) Von B. Niermann, 80 S., 78 Farbfotos, 191 Zeichnungen, kart. ●●

Geschenke wunderschön verpacken
(**1113**-X) Von P. Jansen, 80 S., 79 Farbfotos, 166 Farbzeichnungen, kart. ●●

Geschenke umweltfreundlich verpacken
(**1240**-3) Von P. Jansen, 64 S., vierfarbige Fotos und Illustrationen, kart. ●●

Geldgeschenke
phantasievoll gestalten
(**5251**-0) Von P. Jansen, 32 S., 49 Farbfotos, Vorlagebogen, kart. ●

Geldgeschenke · Gutscheine · Geschenkanhänger
originell gestalten und verpacken
(**1115**-6) Von S. Haenitsch-Weiß, A. Weiß, 80 S., 176 Farbfotos, kart. ●●

Geschenke verpacken für Kinderfeste
(**5195**-6) Von C. Netolitzky, 32 S., 43 Farbf., mit Vorlagebogen in Originalgröße, kart. ●

Originelles Ambiente für Gäste
Festdekorationen
(**1049**-4) Von B. Niermann, 80 S., 125 Farbfotos, 59 Farbzeichn., kartoniert. ●●

Dekorative Schleifen
aus Bändern und Papier
(**5205**-7) Von M. Schorege, 32 S., 28 Farbfotos, 31 Farbzeichnungen, mit Vorlagebogen in Originalgröße, kartoniert. ●

Dekorieren und Arrangieren mit
Seidenblumen
(**5200**-6) Von M. L. Sprang, 32 S., 37 Farbfotos, 14 Farbzeichnungen, mit Vorlagebogen in Originalgröße, kartoniert. ●

Schmuck- und Glückwunschkarten
Papierarchitektur · Collagen · Faltschnittkarten
(**1114**-8) Von C. Sanladerer, 64 S., 55 Farbfotos, 31 Zeichnungen, kart. ●●

Einladungs-, Tisch- und Menükarten
selbst gestalten
(**1302**-7) Von S. Haenitsch-Weiß, 80 S., zahlreiche Farbabbildungen, kart. ●●

Der neue Bastelspaß
Moosgummi
(**1354**-X) Von S. Boczkowski-Sigges, 64 S., zahlr. Farbabb., kartoniert. ●●

Osterschmuck
Neue Ideen für Kränze, Sträuße, Gestecke
(**5267**-7) Von I. Gleim, ca. 32 S., zahlreiche Farbabbildungen, kartoniert. ●

Ostereier originell dekorieren
(**5219**-7) Von W. Velte, 32 S., 44 Farbfotos, mit Vorlagebogen in Originalgröße, kart. ●

Dekorationen für Ostern
(**5198**-0) Von Y. Thalheim, H. Nadolny, 32 S., 48 Farbfotos, mit Vorlagebogen in Originalgröße, kartoniert. ●

Fensterbilder für die Osterzeit
(**5244**-8) Von R. Lübke, D. Lübke, 32 S., ca. 50 Farbfotos, mit Vorlagebogen in Originalgröße, kart. ●

Basteln für Ostern
(**5164**-6) Von Chr. Adjano, 32 S., 47 Farbfotos, mit Vorlagebogen in Originalgröße, kart. ●

Ostereier
Basteln mit Kindern ab 5 Jahren
(**5243**-X) Von Vera Ettelt, 32 S., mit Spielebogen, kartoniert. ●

Tischdekorationen für Ostern
(**5220**-0) Von Chr. Adjano, 32 S., 49 Farbfotos, mit Vorlagebogen in Originalgröße, kartoniert. ●

Basteln und dekorieren für
Advent und Weihnachten
(**4446**-1) Von G. Teusen, C. Netolitzky, 176 S., 285 Farbfotos, mit Bastelvorlagebogen, Pappband. ●●●

Kinderbastelbuch
für Advent und Weihnachten
(**4687**-1) Von S. Wetzel-Maesmanns, 104 S., ca. 120 Farbfotos, ca. 300 Anleitungsillustrationen, Vorlagebogen, Pappband. ●●

Lustige Bastelideen für die
Weihnachtszeit
(**5256**-1) Von B. Löschenkohl, 32 S., 8 Farbf., 69 Farbzeichn., Vorlagebogen, kart. ●

Basteln für Weihnachten
(**5162**-X) Von Chr. Adjano, 32 S., 44 Farbfotos, mit Vorlagebogen in Originalgröße, kart. ●

Fensterbilder Winter und Weihnachten
(**5275**-8) Von F. Michalski, 48 S., ca. 28 Farbfotos, Vorlagebogen, kartoniert. ●

Fensterdekorationen für die Weihnachtszeit
(**5181**-6) Von Y. Thalheim, H. Nadolny, 32 S., 33 Farbfotos, mit Vorlagebogen in Originalgröße, kartoniert. ●

Fensterbilder für Advent und Weihnachten
(**5211**-1) Von M. Schorege, 32 S., 24 Farbfotos, 15 Zeichnungen, mit Vorlagebogen in Originalgröße, kartoniert. ●

Strohsterne
in bunter Vielfalt
(**5273**-1) Von M. Schorege, 48 S., zahlr. Farbabb., Vorlagebogen, kartoniert. ●

Adventskalender
(**5178**-6) Von Y. Thalheim, H. Nadolny, 32 S., 35 Farbfotos, mit Vorlagebogen in Originalgröße, kartoniert. ●

Duftender Weihnachtsschmuck
aus Tonpapier und Potpourris
(**5254**-1) Von S. Wetzel-Maesmanns, 32 S., 38 Farbfotos, Vorlagebogen, kartoniert. ●

Duftsträuße und Potpourris
(**1239**-X) Von A. Effelsberg, 80 S., ca. 200 vierfarbige Abb., kartoniert. ●●

Potpourris
Rezepturen und Geschenkideen
(**5265**-0) Von U. Altmann, 32 S., zahlr. Farbabb., kartoniert. ●

Trockenblumenideen
Gewürzsträuße, Gestecke, Kränze, Buketts
(**0643**-8) Von R. Strobel-Schulze, 88 S., 170 Farbfotos, kartoniert. ●●

Phantasievolles Schminken
Verzauberte Gesichter für Maskeraden, Laienspiele und Kinderfeste
(**0907**-0) Hrsg.: H. u. Y. Nadolny, 64 S., 227 Farbfotos, kartoniert. ●●

Schminken für Kinder
(**5177**-8) Von Y. Thalheim, H. Nadolny, 32 S., 68 Farbfotos, mit Vorlagebogen in Originalgröße, kartoniert. ●

Do it yourself und Technik

Moderne Fotopraxis
(**4401**-1) Von G. Koshofer, Prof. H. Wedewardt, 224 S., 363 Farbfotos, 106 s/w-Fotos, 5 Farb- und 24 s/w-Zeichnungen, Pappband. ●●●●

Mach dir ein Bild
Praxistips für Foto, Film und Video
(**4410**-0) Von G. Staab, 208 S., 202 Farbfotos, 175 s/w-Fotos, 1 Zeichnung, Pappband. ●●●●

So macht man bessere Fotos
(**1158**-X) Von G. Koshofer, 144 S., 259 Farbfotos, 25 s/w-Fotos, kartoniert. ●●

Videografieren
Filmen mit Video 8. Technik – Bildgestaltung – Schnitt – Vertonung.
(**0843**-0) Von M. Wild, K. Möller, 120 S., 101 Farbfotos, 22 s/w-Fotos, 52 Zeichnungen, kart. ●●●

Videografieren perfekt
Profitricks für Aufnahmetechnik und Nachbearbeitung
(**0969**-0) Von W. Schild, 120 S., 144 Farbabb., 5 s/w-Zeichnungen, kart. ●●●

Videofilmen wie ein Profi
Technik · Motive · Filmaufbau · Nachbearbeitung
(**4506**-9) Von T. Pehle, 232 S., 444 Farbfotos, 61 zweifbg. Zeichnungen, Pappband. ●●●●

Do it yourself
Heimwerken
(**4117**-9) Von T. Pochert, 456 S., 1103 Farbfotos, 100 Farbabb., Pappband. ●●●●

Drechseln
Material · Technik · Beispiele
(**1306**-X) Von O. Maier, 72 S., 195 Farbabbildungen, 14 s/w-Zeichnungen, kart. ●●

Do it yourself
Dachgeschoß- und Innenausbau
(**1243**-8) Von M. Maurer, 96 S., 314 Farbf., 35 Zeichn., kartoniert. ●●

Do it yourself
Sanitärinstallationen
(**1118**-0) Von W. Kawlath, 96 S., 214 Farbabbildungen, kartoniert. ●●

Do it yourself
Metall bearbeiten
(**1119**-9) Von O. Maier, 96 S., 230 Farbfotos, 6 s/w-Zeichnungen, kartoniert. ●●

Do it yourself
Elektroarbeiten
(**0975**-5) Von K. H. Schubert, 120 S., 193 Farbfotos, 40 Zeichnungen, kartoniert. ●●

Möbel im Designer-Stil
entwerfen und bauen
(**1360**-4) Von H.-W. Bastian, ca. 64 S., zahlr. Farbabb., kartoniert. ●●●

Schnitzen
Hölzer · Muster · Werkzeuge
(**1414**-7) Von O. Maier, ca. 64 S., zahlr. Farbabb., kartoniert. ●●

Modellbauelektronik
Fernsteuerungen für Autos, Schiffe, Flugzeuge
(**1361**-2) Von W. Kawlath, 80 S., zahlr. Farbabbildungen, kartoniert. ●●

Alarmanlagen
für Wohnung, Haus, Auto
(**1308**-6) Von H.-W. Bastian, 64 S., 81 Farbf., 32 Zeichn., kartoniert. ●●

Hifi-Boxen
(**1307**-8) Von U. Hilgefort, 96 S., 160 Farbf., 49 Zeichn., kart. ●●

Technik im Garten
Pumpen · Filter · Beleuchtung
(**1238**-1) Von H.-W. Bastian, 64 S., 90 Farbf., 17 Farbzeichnungen, kartoniert. ●●

Restaurieren von Möbeln
Stilkunde, Materialien, Techniken, Arbeitsanleitungen in Bildfolgen.
(**4120**-9) Von E. Schnaus-Lorey, 152 S., 37 Farbf., 75 s/w-Fotos, 352 Zeichnungen, Pappband. ●●●●

Elektronik als Hobby
Von der Grundlagenschaltung zum integrierten Schaltkreis
Mit 8 wichtigen Universalplatinen
(**4293**-0) Von W. Priesterath, 264 S., 80 s/w-Fotos, 128 Zeichn., Pappband. ●●●●

Die Super-Sportwagen der Welt
(**4423**-2) Von H. G. Isenberg, 194 S., 184 Farbfotos, 4 farbige Ausklapptafeln, 32 s/w-Fotos, Pappband. ●●●●

Die Super-Rennwagen der Welt
(**4707**-X) Von H. G. Isenburg, 194 S., 189 Farbfotos, 31 s/w-Fotos, Pappband. ●●●●

Die Super-Trucks der Welt
(**4257**-4) Von H. G. Isenberg, 194 S., 205 Farbfotos, 87 s/w-Fotos, 7 Farbzeichnungen, 4 farb. Ausklapptafeln, Pappband. ●●●●

Die Super-Motorräder der Welt
(**4193**-4) Von H. G. Isenberg, 192 S., 170 Farb- und 100 s/w-Fotos, 8 Zeichnungen, Pappband. ●●●●

Die Super-Eisenbahnen der Welt
(**4287**-6) Von W. Kosak, H. G. Isenberg, 224 S., 269 Farbfotos, 79 s/w-Fotos, 8 Vignetten, 5 farb. Ausklapptafeln, Pappband. ●●●●

Die Super-Dampfloks der Welt
(**4480**-1) Von H. Faust, H. G. Isenberg, 194 S., 193 Farbfotos, mit vier Ausklapptafeln, Pappband. ●●●●

Plastikmodellbau
Autos, Schiffe, Flugzeuge in vollendeter Technik.
(**1116**-4) Von W. Kawlath, 96 S., 272 Farbabbildungen, kartoniert. ●●

Spiele und Denksport

Spielbare Witze für Kinder
(**0824**-4) Von H. Schmalenbach, 112 S., 30 Zeichnungen, kart. ●

Neue spielbare Witze für Kinder
(**1173**-3) Von H. Schmalenbach, 96 S., 31 Zeichnungen, kart. ●

Scherzfragen, Drudel und Blödeleien
gesammelt von Kindern.
(**0506**-7) Hrsg. von W. Pröve, 80 S., 57 Zeichnungen, kart. ●

Kinderspiele
die Spaß machen
(**2009**-0) Von H. Müller-Stein, 104 S., 28 Abbildungen, kart. ●

Kinderspiele mit Buchstaben und Wörtern
(**1041**-9) Von Dr. U. Vohland, 96 S., 54 Zeichnungen, kartoniert. ●

Spiel und Spaß am Krankenbett
für Kinder und die ganze Familie
(**2035**-X) Von H. Bücken, 96 S., 97 Zeichnungen, kart. ●

Spiele im Freien
(**2038**-4) Von G. Wagner, 88 S., 20 zweif. Zeichnungen, kartoniert. ●

Spiel und Spaß zu Hause
(**2039**-2) Von U. Geißler, 80 S., 90 zweifbgAbbildungen, kartoniert. ●

Spiel und Spaß auf Reisen
Für Kinder und die ganze Familie
(**1085**-0) Von U. Geißler, 80 S., 107 zweifbg.-Zeichnungen, kartoniert. ●

Kleine Spiele ganz groß
(**1330**-2) Von U. Vohland, 80 S., 93 s/w-Zeichnungen, kart. ●

Entdeckungsspiele für die ganze Familie
Rallyes zu Fuß und mit dem Fahrrad
(**1393**-0) Von U. Vohland, 96 S., 117 Zeichnungen, kartoniert. ●●

Kinder spielen Theater
(**4696**-0) Von G. Walter, 160 S., zahlr. Farbabb., Pappband. ●●●

Guten Tag, Kinder!
Neue Texte mit Spielanleitungen fürs Kasperletheater.
(**0861**-9) Von U. Lietz, 96 S., 18 s/w-Zeichnungen, kart. ●

Kasperletheater
Spieltexte und Spielanleitungen · Basteltips für Theater und Puppen.
(**0641**-1) Von U. Lietz, 114 S., 4 Farbtafeln, 12 s/w-Fotos, 39 Zeichnungen, kart. ●

Kindergeburtstage, die keiner vergißt
Planung, Gestaltung, Spielvorschläge.
(**0698**-5) Von G. und G. Zimmermann, 104 S., 80 Vignetten, kart. ●

Kindergeburtstag
Vorbereitung, Spiel und Spaß.
(**0287**-4) Von Dr. I. Obrig, 136 S., 40 Abb., 11 Zeichn., 9 Lieder mit Noten, kart. ●●

Unvergeßliche Kindergeburtstage
(**4705**-3) Von G. Hennekemper, 176 S., 116 Farbfotos, 134 Farbzeichn., Pappband. ●●●

Unvergeßliche Kinderfeste
Tolle Dekorationen, Spiele, Sketche für drinnen und draußen
(**4457**-7) Von Dr. G. Hennekemper, 192 S., 111 Farbfotos, 214 Farb- und 14 s/w-Zeichn., 4 S. Schnittmuster, Pappband. ●●●

Spielen mit den Allerkleinsten
(**4691**-X) Von S. Horak, ca. 112 S., zahlr. Farbabb., Pappband. ●●●

Lauter tolle Sachen, die Kinder gerne machen
(**4731**-2) Hrsg. U. Barff., 352 S., 117 Farbf., 778 Farbzeichn., Pappband. ●●●

Das große bunte Spielebuch
für Kinder von 2 bis 6 Jahren
(**4543**-3) Von R. Grabbet, 160 S., 312 Farbabbildungen, Pappband. ●●●

Neues Buch der siebzehn und vier Kartenspiele
(**0095**-2) Von K. Lichtwitz, 96 S., kartoniert. ●

Alles über Pokern
Regeln und Tricks.
(**2024**-4) Von C. D. Grupp, 112 S., 29 Kartenbilder, kart. ●

Rommé und Canasta
in allen Variationen.
(**2025**-2) Von C. D. Grupp, 88 S., 24 Zeichnungen, kart. ●

Doppelkopf, Schafkopf, Binokel, Cego, Tarock und andere Stammtischspiele.
(**2015**-5) Von C. D. Grupp, 112 S., kart. ●

Black Jack
Regeln und Strategien des Kasinospiels.
(**2032**-3) Von K. Kelbratowski, 88 S., kart. ●

Das Skatspiel
Eine Fibel für Anfänger
(**0206**-8) Von K. Lehnhoff, 96 S., kartoniert. ●

Spielend Skat lernen
unter freundlicher Mitarbeit des Deutschen Skatverbandes
(**2005**-8) Von Th. Krüger, 120 S., 181 s/w-Fotos, 22 Zeichn., kart. ●●

Patiencen
in Wort und Bild. (**2003**-1) Von I. Wolter-Rosendorf, 120 S., kart. ●

Neue Patiencen
(**2036**-8) Von H. Sosna, 160 S., 43 Farbtafeln, kart. ●●

Spielend Bridge lernen
(**2012**-0) Von J. Weiss, 96 S., 58 Zeichnungen, kartoniert. ●

Spieltechnik im Bridge
(**2004**-X) Von V. Mollo und N. Gardener, dt. Adaption von D. Schröder, 152 S., kart. ●●●

Neue Kartentricks
(**2027**-9) Von K. Pankow, 104 S., 20 Abb., kart. ●

Das japanische Brettspiel Go
(**2020**-1) Von W. Dörholt, 104 S., 182 Diagramme, kart. ●

Spielend Go lernen
(**2041**-4) Von H. Otake, S. Futakuchi, ca. 186 S., kartoniert.

Mah-Jongg
Das chinesische Glücks-, Kombinations- und Gesellschaftsspiel. (**2030**-9) Von U. Eschenbach, 80 S., 30 s/w-Fotos, 5 Zeichn., kart. ●

Backgammon
für Anfänger und Könner. (**2008**-2) Von G. W. Fink und G. Fuchs, 104 S., 41 Abb., kart. ●

Einführung in das Schachspiel
(**0104**-5) Von W. Wollenschläger und K. Colditz, 112 S., 116 Diagramme, kart. ●

Schach, das königliche Spiel
Von den Grundzügen zum strategischen Spiel.
(**1105**-9) Von T. Schuster, 192 S., 302 Diagramme, kart. ●●

Spielend Schach lernen
(**2002**-3) Von T. Schuster, 96 S., , kartoniert. ●

Kinder- und Jugendschach
Offizielles Lehrbuch des Deutschen Schachbundes zur Erringung der Bauern-, Turm- und Königsdiplome.
(**0561**-X) Von B. J. Withuis, H. Pfleger, 144 S., 220 Zeichnungen und Diagramme, kart. ●●

Zug um Zug
Schach für jedermann 1
Offizielles Lehrbuch des Deutschen Schachbundes zur Erringung des Bauerndiploms.
(**0648**-9) Von H. Pfleger, E. Kurz, 80 S., 24 s/w-Fotos, 8 Zeichnungen, 60 Diagramme, kart. ●

Zug um Zug
Schach für jedermann 2
Offizielles Lehrbuch des Deutschen Schachbundes zur Erringung des Turmdiploms.
(**0659**-4) Von H. Pfleger, E. Kurz, 128 S., 7 s/w-Fotos, 13 Zeichn., 78 Diagr., kart. ●●

Zug um Zug
Schach für jedermann 3
Offizielles Lehrbuch des Deutschen Schachbundes zur Erringung des Königsdiploms.
(**0728**-0) Von H. Pfleger, G. Treppner, 128 S., 4 s/w-Fotos, 84 Diagr., 10 Zeichn., kart. ●●

Schach für Fortgeschrittene
Taktik und Probleme des Schachspiels
(**0219**-X) Von R. Teschner, 88 S., 85 Diagramme, kartoniert. ●

Neue Schacheröffnungen
(**0478**-8) Von T. Schuster, 104 S., 100 Diagramme, kart. ●

Würfelspiele
für jung und alt. (**2007**-4) Von F. Pruss, 112 S., 21 s/w-Zeichnungen, kart. ●

Roulette richtig gespielt
Systemspiele, die Vermögen brachten.
(**0121**-5) Von M. Jung, 96 S., zahlreiche Tabellen, kart. ●

Spiele für Party und Familie
(**2014**-7) Von Rudi Carrell, 80 S., 22 Zeichnungen, kart. ●

Neue Spiele für Ihre Party
(**2022**-8) Von G. Blechner, 120 S., 54 Zeichnungen, kartoniert. ●

Lustige Tanzspiele und Scherztänze
für Partys und Feste.
(**0165**-7) Von E. Bäulke, 80 S., 53 Abb., kart. ●

Das Spiel mit der Schwerkraft
Jonglieren
Mit Bällen, Keulen, Ringen und Diabolo.
(**1009**-5) Von S. Peter, 80 S., 149 Farbfotos, kartoniert. ●

Zaubern
einfach – aber verblüffend.
(**2018**-X) Von D. Bouch, 84 S., 41 Zeichnungen, kart. ●

Tips, Tricks und Gewinnstrategien für Game-Boy-Spiele
(**1235**-7) Von René Zey, 176 S., 100 Zeichnungen, kart. ●●

Neue Game-Boy-Spiele
Sport, Action und Adventure
(**1325**-6) Von R. Zey, 176 S., 21 s/w-Zeichnungen, kart. ●●

Alles über Super-Nintendo-Spiele
Technik, Tips und Facts
(**1340**-X) Von D. Mark, 104 S., zahlreiche Farbabbildungen, kart. ●●

Das 3. Glücksrad Rätselbuch
(**1391**-4) Ca. 176 S., kartoniert. ●●

Rätselspiele
Quiz- und Scherzfragen für gesellige Stunden
(**1270**-5) Von K. H. Schneider, ca. 80 S., ca. 80 s/w-Abb., kart. ●

Knobeleien und Denksport
(**2019**-8) Von K. Rechberger, 142 S., 105 Zeichnungen, kart. ●

So feiert man Feste fröhlicher
Heitere Vorträge und Gedichte
(**0098**-7) Von Dr. Allos, 96 S., 15 Abb., kart. ●

Die große Lachparade
Neue Texte für heitere Vorträge und Ansagen
(**0188**-6) Von E. Müller, 80 S., kart. ●

Rat und Wissen

Der gute Ton
in Gesellschaft und Beruf.
(**0063**-4) Von I. Wolter, 80 S., 42 s/w-Fotos, 7 Zeichnungen, kartoniert. ●

Der gute Ton
im Privatleben.
(**1111**-3) Von I. Wolter, bearbeitet von Wolf Stenzel, 104 S., 42 s/w-Abb., kart. ●

Umgangsformen heute
Die Empfehlungen des Fachausschusses für Umgangsformen.
(**4015**-6) 252 S., 108 s/w-Fotos, 17 Zeichnungen, Pappband. ●●●

Benehmen bei Tisch
(**0988**-7) Von I. Cording, 80 S., 90 Farbfotos, 5 s/w-Zeichnungen, kartoniert. ●●

Krawatten
Fliegen, Schals und Tücher gekonnt binden
(**1072**-9) Von Y. Thalheim, H. Nadolny, 48 S., 129 Farbfotos, 1 s/w-Foto, Pappband. ●

freundin
Farbberatung
Alle Farben, die Ihnen wirklich stehen
(**4520**-4) Von Chr. Buscher, 128 S., 175 Farbfotos, Pappband. ●●●●

freundin
Das perfekte Make-up
(**4727**-4) Von M. Rüdiger, H. Kirchberger, G. Mergenburg, 128 S., 271 Farbfotos, Pappband. ●●●●

freundin Ratgeber
Hochzeit feiern
(**4702**-2) Von C. von Hoerner-Nitsch, I. Weber, K. Riebartsch, C. von Bernuth, 128 S., 188 Farbf., 28 s/w-Fotos, Pappband. ●●●●

freundin
Typ & Frisur
(**4695**-2) Von E. Bolz, 128 S., zahlr. Farbabb., Pappband. ●●●●

Gedichte, Reden und Sketche
für grüne, silberne u. goldene Hochzeitstage
(**1269**-1) Von F. Rieder, 160 S., durchgehend vierfarbig, Pappband. ●●

Wir heiraten
Ratgeber zur Vorbereitung und Festgestaltung der Verlobung und Hochzeit.
(**4188**-8) Von C. Poensgen, 216 S., 8 s/w-Fotos, 30 s/w-Zeichnungen, 8 Farbtafeln, Pappband. ●●●

Von der Verlobung zur Goldenen Hochzeit
(**0393**-5) Von E. Runge, 112 S., kartoniert. ●

Hochzeitszeitungen
Tolle Ideen für Leute von heute
(**1379**-5) Ca. 80 S., zahlr. zweifbg. Abbildungen, kartoniert. ●●

Die Silberhochzeit
Vorbereitung · Einladung · Geschenkvorschläge · Dekoration · Festablauf · Menüs · Reden · Glückwünsche. (**0542**-3) Von K. F. Merkle, 112 S., 41 Zeichnungen, kart. ●

Geburtstagsfeiern für jedes Alter
Planung und Festgestaltung
(**1382**-5) Von S. Ahrndt, 120 S., 145 Farbfotos, 28 Farbzeichnungen, kart. ●●

Geburt und Taufe feiern
Planung und Festgestaltung
(**1443**-0) Von S. Ahrendt, ca. 128 S., ca. 90 Farbabb., kartoniert. ●●

Wie soll es heißen?
(**0211**-4) Von D. Köhr, 136 S., kartoniert. ●

Unsere beliebtesten Vornamen
(**1023**-0) Von A. F. W. Weigel, 160 S., 75 s/w-Fotos, Pappband. ●●

Kindergedichte, Lieder und Sketche für Hochzeitsfeiern
(**1112**-1) Von B. Lins, 72 S., 26 farbige Abbildungen, 15 Lieder, kartoniert. ●

Neue Kindergedichte und Lieder für Hochzeitsfeste
(**1431**-7) Von A. Schweiggert, ca. 80 S., kart. ●

Kindergedichte rund ums Jahr
(**1040**-0) Von A. Schweiggert, 80 S., 49 Zeichnungen, 6 Vignetten, kartoniert. ●

Ins Gästebuch geschrieben
(**0576**-8) Von K. H. Trabeck, 96 S., 24 Zeichnungen, kartoniert. ●

Der Verseschmied
Kleiner Leitfaden für Hobbydichter.
(**0597**-0) Von T. Parisius, 96 S., 28 Zeichnungen, kartoniert. ●

Mach' dir einen Reim
Der moderne Verseschmied
(**1433**-3) Von G. Rudorf, ca. 160 S., Pappband. ●●

Die schönsten Volkslieder
(**0432**-X) Hrsg. D. Walther, 128 S., mit Noten und Zeichnungen, kartoniert. ●

Alte und neue
Wanderlieder
(**1268**-3) Von P. G. Walter, 96 S., zweifarbig, kartoniert. ●●

Neue Glückwunschfibel
für groß und klein.
(**0156**-8) Von R. Christian-Hildebrandt, 96 S., 13 Vignetten, kartoniert. ●

Großes Buch der Glückwünsche
(**0255**-6) Hrsg. von O. Fuhrmann, 176 S., 77 Zeichnungen und viele Gestaltungsvorschläge, kartoniert. ●●

Wetter und Wind ändern sich geschwind
Beliebte Bauernregeln
(**1267**-5) Von G. Haddenbach, ca. 80 S., ca. 30 zweifarbige Illustrationen, kart. ●

Beliebte Verse fürs Poesiealbum
Rosen, Tulpen, Nelken ...
(**0431**-1) Von W. Pröve, 96 S., 11 Faksimile-Abb., kartoniert. ●

Verse fürs Poesiealbum
(**0241**-6) Von I. Wolter, 120 S., 20 Abbildungen, kartoniert. ●

Heiter und besinnliche
Verse fürs Poesiealbum
(**1069**-9) Von B. H. Bull, 160 S., 70 zweifarbige Illustrationen, Pappband. ●●

Klassische Verse und Zitate
Für Glückwünsche, Briefe, Reden und Poesiealben
(**1223**-3) Von P. Motzan, 224 S., 40 Abbildungen, Pappband. ●●

Die Kunst der freien Rede
Ein Intensivkurs mit vielen Übungen, Beispielen und Lösungen.
(**4189**-6) Von G. Hirsch, 232 S., 11 Zeichnungen, Pappband. ●●●

Trinksprüche, Gästebuchverse, Richtsprüche
(**0224**-6) Von D. Kellermann, 96 S., kart. ●

Glückwünsche, Toasts und Festreden zu Polterabend und Hochzeit
(**0264**-5) Von I. Wolter, 112 S., 18 Zeichnungen, kartoniert. ●

Trinksprüche und Festreden
(**1321**-3) Von L. Metzner, 144 S., 13 zweifarbige Zeichnungen, Pappband. ●●

Grußworte
für Gemeindefeiern, Vereinsjubiläen und andere offizielle Anlässe
(**4741**-X) Von M. Adam, 192 S., ca. 15 Illustrationen, Pappband. ●●

Moderne Reden und Ansprachen
(**4742**-8) Von M. Adam, 464 S., Pappband. ●●●●

Reden zu Familienfesten
Musteransprachen für viele Gelegenheiten
(**0675**-6) Von G. Georg, 112 S., kartoniert. ●

Reden im Verein
Musteransprachen für viele Gelegenheiten
(**0703**-5) Von G. Georg, 112 S., kartoniert. ●

Reden zum Jubiläum
Musteransprachen für viele Gelegenheiten
(**0595**-4) Von G. Georg, 112 S., kartoniert. ●

Reden und Sprüche zu Grundsteinlegung, Richtfest und Einzug
(**0598**-0) Von A. Bruder, G. Georg, 96 S., kartoniert. ●

Die überzeugende Rede
Mehr Erfolg durch bessere Rhetorik
(**0076**-6) Von K. Wolter, G. Kunz, 96 S., kartoniert. ●

Moderne Korrespondenz
Handbuch für erfolgreiche Briefe
(**4014**-8) Von H. Kirst und W. Manekeller, 544 S., Pappband. ●●●●

Musterbriefe
für alle Gelegenheiten.
(**0231**-9) Hrsg. von O. Fuhrmann, 240 S., kartoniert. ●●

Der moderne Brief
Geschäfts- und Privatkorrespondenz empfängerorientiert schreiben
(**1440**-6) Von Dr. G. Reinert-Schneider, ca. 144 S., ca. 15 s/w-Zeichn., kartoniert. ●●

Geschäftsbriefe
zeitgemäß und stilsicher
(**1323**-X) Von G. Briese-Neumann, 152 S., kartoniert. ●●

Geschäftliche Briefe
für Privatleute, Handwerker und Kaufleute
(**0041**-3) Von G. Briese-Neumann, ca. 120 S., kartoniert. ●

FALKEN-Software
Musterkorrespondenz in Deutsch, Englisch, Französisch, Italienisch, Spanisch
(**7041**-1) Diskette 5 1/4" für IBM-PC + Kompatible, mit Begleitbroschüre. ●●●●*
(**7051**-9) Diskette 3 1/2" für IBM-PC + Kompatible, mit Begleitbroschüre. ●●●●*

Privatbriefe
Muster für alle Gelegenheiten.
(**0114**-2) Von I. Wolter-Rosendorf, 112 S., kartoniert ●

Erfolgstips für den Schriftverkehr
Briefgestaltung · Rechtschreibung · Zeichensetzung · Stil. (**0678**-0) Von U. Schoenwald, 112 S., kart. ●

Behördenkorrespondenz
Musterbriefe · Anträge · Einsprüche
(**0412**-5) Von E. Ruge, 112 S., kart. ●

Worte und Briefe der Anteilnahme
(**0464**-8) Von E. Ruge, M. Adam, 88 S., mit vielen Abb., kart. ●

Briefe zu Geburt und Taufe
Glückwünsche und Danksagungen. (**0802**-3) Von H. Beitz, 96 S., 12 Zeichnungen, kart. ●

FALKEN Rechtsberater
Fallbeispiele · Musterbriefe · Gerichtsurteile
(**4734**-7) Hrsg. S. von Hasseln, 756 S., Pappband. ●●●●

Alles, was man über Erziehungsgeld, Mutterschutz, Erziehungsurlaub wissen muß
Das neue Recht für Eltern
(**0835**-X) Von K. Möcks, A. Schmitt, 144 S., kartoniert. ●

Alles, was man über die nichteheliche Lebensgemeinschaft wissen muß
(**1071**-0) Von T. Drewes, 104 S., 8 s/w-Zeichnungen, kartoniert. ●●

Scheidung und Unterhalt
nach dem neuen Eherecht.
(**0403**-6) Von T. Drewes, 112 S., mit Kosten und Unterhaltstabellen, kart. ●

Alles, was man über Scheidung und Unterhalt wissen muß
(**1264**-0) Von T. Drewes, 128 S., kart. ●●

Alles, was man über Renten wissen muß
Mit Rentenreformgesetz 1992
(**1265**-9) Von K. Möcks, A. Schmitt, 112 S., kartoniert. ●●

Wolfgang Büsers Erfolgstips
Rentenreform '92
(**1244**-6) Von W. Büser, 80 S., kartoniert. ●

Wolfgang Büsers Erfolgstips
Teilzeitarbeit
(**1266**-7) Von W. Büser, 80 S., kart. ●●

Wolfgang Büsers Erfolgstips
(Lohn-) Einkommensteuer '92
Aktuell: Zinssteuer '93
(**1324**-8) Von W. Büser, 176 S., kart. ●●

Vermögensbildung mit System
Anlageformen · Strategien · Praxistips
(**1445**-7) Von W. Schwanfelder, ca. 160 S., kartoniert. ●●

Alles, was man über BAföG wissen muß
(**1387**-6) Von A. Mengeringhausen, 144 S., kartoniert. ●●

Testament und Erbschaft
Erbfolge, Rechte und Pflichten der Erben, Erbschafts- und Schenkungssteuer, Mustertestamente. (**4139**-X) Von T. Drewes, R. Hollender, 304 S., Pappband. ●●●

Erbrecht und Testament
(**0046**-4) Von H. Wandrey, 124 S., kart. ●

Alles, was man über Testament und Erbschaft wissen muß
(**0939**-9) Von T. Drewes, 136 S., 9 s/w-Zeichnungen, kart. ●●

Mietrecht
Leitfaden für Mieter und Vermieter
(**0479**-6) Von J. Beuthner, 196 S., kart. ●●

Haushaltstips
praktisch und umweltfreundlich
(**1046**-X) Von K. Winkell, 96 S., 36 Zeichnungen, kartoniert. ●

Texte für den Anrufbeantworter
(**1389**-2) Von G. Kunz, 80 S., 12 s/w-Zeichnungen, kartoniert. ●

Alles, was man über den Umgang mit Behörden wissen muß
(**1390**-6) Von K. Möcks, A. Schmitt, 132 S., kartoniert. ●●

Wege zum Börsenerfolg
Aktien · Anleihen · Optionen
(**4275**-2) Von H. Krause, 252 S., 4 s/w-Fotos, 86 Zeichnungen, Pappband. ●●●●

FALKEN-Software
Börsenfieber
Spielend spekulieren mit Geld und Aktien
(**7016**-0) IBM-PC und Kompatible, Diskette 5 1/4", mit Begleitheft, ●●●●●*
(**7044**-6) für IBM-PC + Kompatible, Diskette 3 1/2", mit Begleitheft. ●●●●●*

FALKEN Software
Broker King
Cash und crash an der Terminbörse. Mit Warentermingeschäft und Optionshandel
(**7058**-6) Diskette 3 1/2" für IBM-PC + Kompatible, mit Begleitbroschüre. ●●●●●*

Wörter und Unwörter
Sinniges und Unsinniges der deutschen Gegenwartssprache
(**1401**-7) Hrsg. Gesellschaft für deutsche Sprache, 176 S., kartoniert. ●●●

Richtige Groß- und Kleinschreibung
durch neue, vereinfachte Regeln. Erläuterungen der Zweifelsfragen anhand vieler Beispiele.
(**0897**-X) Von Prof. Dr. Ch. Stetter, 96 S., kartoniert. ●

Gutes Deutsch schreiben und sprechen
(**4432**-1) Von W. Manekeller, Dr. G. Reinert-Schneider, 416 S., durchgehend zweifarbig, Pappband. ●●●●

Mehr Erfolg in der Schule
Deutsche Rechtschreibung und Grammatik
Übungen und Beispiele für die Klassen 5–10.
(**4407**-0) Von K. Schreiner, 256 S., durchgehend zweifarbig, Pappband. ●●●●

Diktate besser schreiben
Übungen zur Rechtschreibung für die Klassen 4 bis 8
(**0469**-9) Von K. Schreiner, 152 S., 31 Zeichnungen, kartoniert. ●●

FALKEN Software
Deutsche Grammatik
Mit fremdsprachiger Bedienerführung
(**7079**-9) Disk. 5 1/4" für IBM-PC + Kompatible, mit Begleitheft. ●●●●●*
(**7080**-9) Disk. 3 1/2" für IBM-PC + Kompatible, mit Begleitheft. ●●●●●*

Deutsche Grammatik
Ein Lern- und Übungsbuch
(**0704**-3) Von K. Schreiner, 122 S., kart. ●●

Aufsätze besser schreiben
Förderkurs für die Klassen 4 – 10
(**0429**-X) Von K. Schreiner, 144 S., 31 Abb., kartoniert. ●●

Mehr Erfolg in der Schule
Der Deutschaufsatz
Übungen und Beispiele für die Klassen 5 – 10.
(**4271**-X) Von K. Schreiner, 240 S., 4 s/w-Fotos, 51 Zeichnungen, Pappband. ●●●●

Mehr Erfolg in der Schule
Deutsch
Textinterpretation, Literaturgeschichte und Stilkunde
(**4483**-6) Von K. Schreiner, 272 S., 43 zweifarbige Zeichnungen, Pappband. ●●●●

Mehr Erfolg in der Schule
Deutsche Rechtschreibung und Grammatik
(**4407**-0) Von K. Schreiner, 256 S., Pappband.●●●●

Gedächtnistraining mit Eselsbrücken
(**1388**-4) Von W. Ettig, 96 S., 36 s/w-Zeichnungen, kartoniert. ●

Geschichte
Von der Französischen Revolution bis zur Gegenwart
(**4723**-1) Von K. Schreiner, 256 S., 50 s/w-Fotos, 10 Farbzeichnungen, 6 zweifarbige Landkarten, Pappband. ●●●●

Geographie
Natürliche Grundlagen · Gestaltung der Umwelt · Die Staaten der Erde
(**4724**-X) Von V. Disch, 256 S., ca. 40 Karten und Grafiken, Pappband. ●●●●

Mehr Erfolg in der Schule
Mathematik 1
Arithmetik und Algebra. Übungen, Beispiele und Lösungen für die Klassen 5 bis 10.
(**4420**-8) Von R. Müller-Fonfara, 256 S., 193 Zeichn., 2 s/w-Fotos, Pappband. ●●●●

Mehr Erfolg in der Schule
Mathematik 2
Geometrie, Statistik, Wahrscheinlichkeitsrechnung und kaufmännisches Rechnen
(**4456**-9) Von R. Müller-Fonfara, W. Scholl, 256 S., 6 s/w-Fotos, 304 Zeichnungen, Pappband. ●●●●

Mathematische Formeln für Schule und Beruf
Mit Beispielen und Erklärungen.
(**0499**-0) Von R. Müller-Fonfara, 156 S., 210 Zeichnungen, kart. ●●

Schülerlexikon der Mathematik
Formeln, Übungen und Begriffserklärungen für die Klassen 5 – 10
(**0430**-3) Von R. Müller-Fonfara, 176 S., 96 Zeichnungen, kartoniert. ●●

Mehr Erfolg in der Schule
Mathematik 3
Analysis, analytische Geometrie und lineare Algebra
(**4541**-7) Von R. Müller-Fonfara, W. Scholl, 240 S., 140 zweifbg. Grafiken, Pappband.●●●●

Mehr Erfolg in der Schule
Mathematik 4
Für die Klassen 11 bis 13
(**4701**-0) Von R. Müller-Fonfara, W. Scholl, 240 S., 91 Zeichnungen, 3 s/w-Fotos, Pappband. ●●●●

Mathematik-Textaufgaben leicht gelöst
Aufgaben · Lösungsstrategien · Anwendungsbeispiele
(**1022**-2) Von R. Müller-Fonfara, 128 S., 4 Zeichnungen, kartoniert. ●●

Rechnen aufgefrischt für Schule und Beruf.
(**0100**-2) Von H. Rausch, 144 S., kart. ●

Mehr Erfolg in der Schule
Physik
Mechanik · Wärmelehre · Optik · Elektrizität · Atomphysik
(**4448**-8) Von Dr. T. Neubert. 240 S., 219 Zeichnungen, Pappband. ●●●●

Physik verständlich
Förderkurs für die Klassen 7 bis 10
(**0926**-7) Von Dr. Th. Neubert, 136 S., 146 s/w-Zeichn., 166 Aufgaben, kart. ●●

Besseres Englisch
Grammatik und Übungen für die Klassen 5 bis 10.
(**0745**-0) Von E. Henrichs, 144 S., kart. ●●

Mehr Erfolg in der Schule
Englisch
Textinterpretationen
(**4518**-2) Von E. Heinrichs-Kleinen, 256 S., Pappband.●●●●

Mehr Erfolg in der Schule
Englische Grammatik
Regeln und Übungen für die Klassen 5 bis 13
(**4431**-3) Von E. Henrichs-Kleinen, 256 S., durchgehend zweifarbig, Pappband. ●●●●

FALKEN Software
Business English for Secretaries
Lernen und üben in berufsbezogenen Situationen (**7035**-7) Diskette 5 1/4" für IBM-PC + Kompatible, mit Begleitbroschüre. ●●●●●*
(**7059**-4) Diskette 3 1/2" für IBM-PC + Kompatible, mit Begleitbroschüre. ●●●●●*

FALKEN Software
The Grammar-Master
Englische Grammatik üben und beherrschen
(**7002**-0) Diskette für den C 64/C 128 PC ●●●●*
(**7030**-6) Diskette für IBM-PC + Kompatible, mit Begleitheft. ●●●●*

FALKEN-Software
Vokabeltrainer Englisch
Von B. Hoppius. (**7001**-2) 2 Disketten für C 64/C 128 PC mit Begleitheft. ●●●●*
(**7034**-9) Diskette 5 1/4" für IBM-PC + Kompatible, mit Begleitheft. ●●●●*
(**7084**-5) Diskette 3 1/2" für IBM-PC + Kompatible, mit Begleitheft. ●●●●*

FALKEN-Software
Vokabeltrainer Französisch
Über 2000 Vokabeln und Redewendungen frei erweiterbar
(**7019**-5) Diskette 5 1/4" für IBM-PC und Komp., mit Begleitheft. ●●●●●*

FALKEN-Software
Je finis, tu finis...
maitrisez la grammaire française
Französische Grammatik lernen und beherrschen
(**7053**-5) Diskette 5 1/4" für IBM-PC + Kompatible, mit Begleitbroschüre. ●●●●*
(**7069**-1) Diskette 3 1/2" für IBM-PC + Kompatible, mit Begleitbroschüre. ●●●●*

FALKEN-Software
Le monde des affaires en français
Wirtschaftsfranzösisch leicht gelernt
(**7054**-3) Diskette 5 1/4" für IBM-PC + Kompatible, mit Begleitbroschüre. ●●●●●*
(**7068**-3) Diskette 3 1/2" für IBM-PC + Kompatible, mit Begleitbroschüre. ●●●●●*

Besseres Französisch
Grammatik und Übungen für die Klassen 9 bis 11
(**1039**-7) Von R. Lübke, 114 S., durchgehend zweifarbig, kartoniert. ●●

Mehr Erfolg in der Schule
Französische Grammatik
Für die Klassen 7 bis 13
(**4703**-7) Von R. Lübke, ca. 256 S., durchgehend zweifarbig, Pappband. ●●●●

FALKEN-Software
Vokabeltrainer Italienisch
Über 2000 Vokabeln und Redewendungen frei erweiterbar.
(**7065**-9) Diskette 5 1/4" für IBM-PC + Kompatible, mit Begleitbroschüre. ●●●●*
(**7064**-0) Diskette 3 1/2" für IBM-PC + Kompatible, mit Begleitbroschüre. ●●●●*

FALKEN-Software
Vokabeltrainer Latein
Über 2000 Vokabeln und Redewendungen frei erweiterbar
(**7033**-0) Diskette 5 1/4" für IBM-PC + Kompatible, mit Begleitheft. ●●●●*
(**7085**-3) Diskette 3 1/2" für IBM-PC + Kompatible, mit Begleitheft. ●●●●*

Schnell und sicher zum Führerschein
Tips und Tricks aus 30jähriger-Fahrlehrer-Praxis.
(**1232**-2) Von O. Einert, 152 S., 156 Farbfotos, 161 z.T. farb. Zeichnungen, kart. ●●

Der Test-Knacker bei Führerscheinverlust
(**1262**-4) Von T. Rieh, 128 S., kart. ●●

Erfolgreiche Bewerbung um einen Ausbildungsplatz
(**0715**-9) Von H. Friedrich, 128 S., kart. ●

Bewerbungsstrategien
Erfolgreiche Konzepte für Karrierebewußte
(**1027**-3) Von Dr. W. Reichel, 128 S., kart. ●●

Karriereplanung mit System
Bewerbungsstrategien für Frauen
(**4455**-0) Von R. Ibelgaufts, 144 S., 20 Cartoons, Pappband. ●●

Die Bewerbung
Der moderne Ratgeber für Bewerbungsbriefe, Lebenslauf und Vorstellungsgespräche.
(**4138**-1) Von W. Manekeller, 264 S., Pappband. ●●●

Die erfolgreiche Bewerbung
Bewerbung und Vorstellung
(**0173**-8) Von W. Manekeller, U. Schoenwald, 144 S., kartoniert. ●●

Lebenslauf und Bewerbung
Beispiele für Inhalt, Form und Aufbau
(**0428**-1) Von H. Friedrich, 112 S., kart. ●

Bewerbungsbriefe und Stellengesuche
Für handwerkliche, gewerblich-technische und kaufmännische Berufe
(**0138**-X) Von Dr. W. Reichert, ca. 96 S., kartoniert. ●

Erfolgreiche Bewerbungsbriefe und Bewerbungsformen
(**0138**-X) Von W. Manekeller, U. Schoenwald, 88 S., kartoniert. ●

Das überzeugende
Vorstellungsgespräch
Erfolgreiche Strategien für den ersten Eindruck
(**1261**-6) Von R. Ibelgaufts, 144 S., kart. ●●

Vorstellungsgespräche
sicher und erfolgreich führen.
(**0636**-5) Von H. Friedrich, 144 S., kart. ●

Einstellungstests und andere Methoden der Bewerberauswahl
(**1263**-2) Von Dr. R. Hilke, H. Hustedt, 160 S., 27 Zeichnungen, kart. ●●

Keine Angst vor Einstellungstests
Ein Ratgeber für Bewerber.
(**0793**-6) Von Ch. Titze, 120 S., 67 Zeichnungen, kartoniert. ●

freundin Ratgeber
Psychoterror am Arbeitsplatz
Mobbing
(**1434**-1) Von B. Huber, ca. 144 S., kart. ●●

freundin
Kind und Beruf:
(K)ein Problem
(**1322**-1) Von I. Weber, 168 S., 14 Zeichnungen, kartoniert. ●●

freundin Ratgeber
Neu um Job:
So überzeugen Sie
(**1259**-4) Von G. Teusen, 160 S., kart. ●●

Die ersten Tage am neuen Arbeitsplatz
Ratschläge für den richtigen Umgang mit Kollegen und Vorgesetzten
(**0855**-4) Von H. Friedrich, 104 S., kart. ●

Zeugnisse im Beruf
richtig schreiben, richtig verstehen
(**0544**-X) Von H. Friedrich, 112 S., kart. ●

Arbeitszeugnisse
verstehen und interpretieren
(**1444**-9) Von A. Nasemann, ca. 112 S., kartoniert. ●●

So lernt man leicht und schnell
Maschinenschreiben
Lehrbuch für Schulen, Lehrgänge und Selbstunterricht. (**0568**-7) Von M. Kempkes, 112 S., 48 Zeichnungen, kartoniert. ●●

FALKEN-Software
Maschinenschreiben und Tastaturtraining für Computer
(**7009**-8) Von B. Hoppius, Diskette 5 1/4" u. 3 1/2" für IBM-PC + Kompatible, mit Begleitheit. ●●●●●*

Leicht und schnell gelernt
Maschinenschreiben im Selbstunterricht
(**0170**-3) Von O. Fonfara, 88 S., kartoniert. ●

Buchführung leicht gemacht
Ein methodischer Grundkurs für den Selbstunterricht (**4238**-8) Von D. Machenheimer, R. Kersten, 252 S., Pappband. ●●●●

Buchführung leicht gefaßt
Für Handwerker, Gewerbetreibende und freiberuflich Tätige.
(**0127**-4) Von R. Pohl, 104 S., kartoniert. ●

Stenografie leicht gelernt
im Kurus oder Selbstunterricht
(**0266**-1) Von H. Kaus, 64 S., kartoniert. ●

Gitarre spielen
Ein Grundkurs für den Selbstunterricht
(**0534**-2) Von A. Roßmann, 96 S., 1 Schallfolie, 150 Zeichnungen, kart. ●●●

Faszinierendes Erlebnis
Tierwelt
(**4706**-1) Von U. und W. Dolder, 196 S., 314 Farbzeichnungen, Pappband. ●●●●

Mein Dschungelbuch
(**4537**-9) Von W. Fend, 360 S., 561 Farbfotos, Pappband. ●●●●

Das große Buch der
Antworten auf Kinderfragen
(**4477**-1) Von H. Hofmann, U. Kopp, G. Jankovics u.a., 192 S., 308 Farbzeichnungen, Pappband. ●●●

Spiele des Lebens?
Verhaltensweisen und Überlebenskampf der Tiere
(**4524**-7) Von D. Attenborough, 320 S., 163 Farbfotos, Pappband. ●●●●

FALKEN LEXIKON
Das Wissen unserer Zeit
(**4736**-3) Hrsg. Lexikographisches Institut, 1008 S., ca. 3000 Farbabb., Karten und Tabellen, Pappband. ●●●●

Das neue, farbige
Jugendlexikon
(**4472**-0) Von J. Frey, D. Rex, 304 Seiten, 269 und 52 s/w-Fotos, 6 Farbzeichn., Pappband. ●●●●

Das große farbige Kinderlexikon
(**4195**-0) Von U. Kopp, 320 S., 493 Farbabb., 17 s/w-Fotos, Pappband. ●●●

Briefmarken sammeln
(**0481**-8) Von D. Stein, 120 S., 4 Farbtafeln, 98 s/w-Abbildungen, kartoniert. ●

Umweltexperimente für Kinder und Jugendliche
(**4708**-8) Von F. Jantzen, ca. 80 S., ca. 100 farbige Fotos und Zeichnungen, Pappband. ●●●

Telefonkartenlexikon für Sammler
(**1406**-6) Von M. Burzan, ca. 160 S., zahlr. Farbabb., kartoniert. ●●●

Telefonkarten sammeln
Serien · Preise · Sammeltips
(**1326**-4) Von M. Burzan, 128 S., 251 Farbfotos, kart. ●●

Die Handschrift als Spiegel des Charakters
Graphologie
(**1025**-7) Von Dr. W. Busch, 104 S., 87 Schriftproben, kartoniert. ●

Familienforschung · Ahnentafel · Wappenkunde
Wege zur eigenen Familienchronik
(**0744**-2) Von P. Bahn, 128 S., 8 Farbtafeln, 30 Abbildungen, kart. ●●

Familienforschung und Wappenkunde
(**4485**-2) Von P. Bahn, 224 S., 114 zweifarbige Abbildungen, Pappband. ●●●●●

freundin Ratgeber
Allein auf Achse
(**1260**-8) Von H. Guilino, 176 S., kart. ●●

Brain Building
Das Supertraining für Gedächtnis, Logik, Kreativität
(**4704**-5) Von M. vos Savant, 256 S., Pappband. ●●●

Traumdeutung
Die Bildersprache unserer Traumwelt entschlüsseln
(**4486**-0) Von G. Fink, 384 S., 74 zweifarbige Fotos, Pappband. ●●●●

Kinderträume
Ein Ratgeber für Eltern
(**4505**-0) Von G. Fink, ca. 176 S., Pappband. ●●●

Wahrsagen
mit den Karten der Madame Lenormand
(**1328**-0) Von B. A. Mertz, 108 S., 39 s/w-Abbildungen, kartoniert. ●●

Wahrsagen mit Tarot-Karten
(**0482**-6) Von E. J. Nigg, 112 S., 52 s/w-Abb., Pappband. ●

Die 12 Tierzeichen
Chinesisches Horoskop
(**0423**-0) Von G. Haddenbach, 88 S., kartoniert. ●

Partnerschaftshoroskop
Glück und Harmonie mit Ihrem Traumpartner.
(**0587**-3) Von G. Haddenbach, 112 S., 11 Zeichnungen, kartoniert. ●

Im Zeichen der Sterne
(**0951**-8) Der feurige Widder
(**0952**-6) Der willensstarke Stier
(**0953**-4) Die vielseitigen Zwillinge
(**0954**-2) Der feinfühlige Krebs
(**0955**-0) Der königliche Löwe
(**0956**-9) Die zuverlässige Jungfrau
(**0957**-7) Die charmante Waage
(**0958**-5) Der leidenschaftliche Skorpion
(**0959**-3) Der temperamentvolle Schütze
(**0960**-7) Der treue Steinbock
(**0961**-5) Der selbstbewußte Wassermann
(**0962**-3) Die romantischen Fische
Von G. Haddenbach, 64 S., 35 Farbfotos, Pappband. ●

Essen und Trinken

Unsere Kochschule
(**4526**-3) Von M. Kaltenbach, F. W. Ehlert, 308 S., 736 Farbfotos, Pappband. ●●●●

Kochen für 1 Person
Rationell wirtschaften, abwechslungsreich und schmackhaft zubereiten.
(**0586**-5) Von M. Nicolin, 104 S., 8 Farbtafeln, 23 Zeichnungen, kart. ●

Rezepte für 1 Person
(**1294**-2) Hrsg. M. Sauerborn, 64 S., 75 Farbfotos, kartoniert. ●

Schnell und individuell
Die raffinierte Single-Küche
(**4266**-3) Von F. Faist, 160 S., 151 Farbfotos, Pappband. ●●●●

Für Kenner und Genießer **Lamm**
(**1090**-7) Von H. Imhof, 64 S., 50 Farbfotos, Pappband. ●

Frischer Fang aus Fluß und Meer **Fisch**
(**0964**-X) Von L. Grieser, 48 S., 52 Farbfotos, Pappband. ●●

Zart und edel
Lachs
(**1403**-1) Von H. Imhof, 64 S., ca. 50 Farbfotos, Pappband. ●●

Geflügelgerichte
(**1348**-5) Hrsg. E. Meyer zu Stieghorst, 64 S., 71 Farbfotos, kartoniert. ●

Gaumenfreuden Tag für Tag
Pfannengerichte
(**1007**-9) Von S. Fabke, 64 S., 54 Farbfotos, Pappband. ●●

Schnitzel, Steaks & Co.
(**1417**-1) Von N. Frank, 64 S., ca. 50 Farbfotos, kartoniert. ●

Köstliches aus dem Tontopf
(**1332**-9) Hrsg. S. Kieslich, 64 S., ca. 50 Farbfotos, kartoniert. ●

Aus eigener Küche **Gute Wurst**
(**0948**-8) Von J. Bessel, G. Quaas, 80 S., 8 Farbtafeln, kart. ●

Aus lauter Lust und Liebe **Knoblauch**
(**0867**-8) Von L. Reinirkens, 64 S., 45 Farbfotos, Pappband. ●●

Bintje, Irmgard und Sieglinde
Kartoffeln
(**1032**-X) Von S. Fabke, 64 S., 43 Farb- und 1 s/w-Foto, Pappband. ●

Kartoffelgerichte
(**1297**-7) Hrsg. I. Feldhaus, 64 S., 64 Farbfotos, kartoniert. ●

Nudelgerichte
(**1293**-4) Hrsg. E. Fuhrmann, 64 S., 66 Farbfotos, kartoniert. ●

Pasta in Höchstform **Nudeln**
(**0884**-8) Von M. Kirsch, 64 S., 62 Farbfotos, Pappband. ●●

Reis
Basmati, Patna und Arborio
(**1209**-8) Von K. Iden, 64 S., ca. 50 Farbfotos, Pappband. ●●

Kräftig klar und cremig zart **Feine Suppen**
(**1031**-1) Von H. Imhof, 64 S., 48 Farbfotos, Pappband. ●

Spezialitäten unter knuspriger Decke
Aufläufe
(**0882**-1) Von C. Adam, 48 S., 33 Farbfotos, Pappband. ●●

Aufläufe
(**1295**-0) Hrsg. E. Fuhrmann, 64 S., 62 Farbfotos, kartoniert. ●

Die Krönung der feinen Küche **Saucen**
(**0817**-1) Von G. Cavestri, 48 S., 40 Farbfotos, Pappband. ●●

Schlank und köstlich **Spargel**
(**1005**-2) Von M. Kirsch, 64 S., 44 Farbfotos, Pappband. ●●

Von Aubergine bis Zucchini **Gemüse**
(**1061**-3) Von H. Cohrs, 64 S., 39 Farbfotos, Pappband. ●

Gemüsegerichte
(**1347**-7) Hrsg. E. Fuhrmann, 64 S., 58 Farbfotos, kartoniert. ●

Gemüseaufläufe
(**1365**-5) Hrsg. E. Fuhrmann, 64 S., ca. 50 Farbfotos, kartoniert. ●

Statt Breakfast und Lunch **Brunch**
(**1033**-8) Von C. Adam, 64 S., 49 Farbfotos, Pappband. ●

Genießen unter freiem Himmel
Picknick
(**1208**-X) Von A. Ilies, 64 S., ca. 50 Farbfotos, Pappband. ●●

Die schönsten Rezepte für
Frühstück und Brunch
(**1063**-X) Von K. Kruse-Schorling, 80 S., 8 Farbtafeln, kart. ●

Schnelle Küche
Für 2 Personen
(**4718**-5) freundin-Kochstudio, 80 S., 105 Farbf., Pappband. ●●

Kochen auf der richtigen Welle im
Grill-Mikrowellengerät
(**1395**-7) Von T. Peters, 96 S., 79 Farbfotos, kartoniert. ●●

Fritieren
(**1350**-7) Hrsg. I. Teitge, 64 S., ca. 50 Farbfotos, kartoniert. ●

Schnell auf den Tisch gezaubert
Kochen mit Mikrowellen
(**0818**-X) Von A. Danner, 64 S., 52 Farbfotos, Pappband. ●

Italienische Vorspeisen **Antipasti**
(**1006**-0) Von S. Reiter-Westphal, 64 S., 47 Farbfotos, Pappband. ●●

Italienische Küche
(**1299**-3) Hrsg. E. Fuhrmann, 64 S., 65 Farbfotos, kartoniert. ●

Schlemmerreise durch die
Italienische Küche
(**4172**-1) Von V. Pifferi, 160 S., 109 Farbfotos, Pappband. ●●●●

Spaghetti, Tagliatelle + Co.
Pasta all'Italiana
(**1004**-4) Von I. Seyric, 64 S., 57 Farbfotos, Pappband. ●●

Pizza
(**1352**-3) Hrsg. M. Sauerborn, 64 S., 72 Farbfotos, kartoniert. ●

Tradition mit Charme
Wiener Spezialitäten
(**1343**-4) Von G. Scolik, 64 S., 46 Farbfotos, Pappband. ●●

Schlemmerreise durch die
Französische Küche
(**4296**-5) Von H. Imhof, 160 S., 147 Farbfotos, 3 s/w-Fotos, Pappband. ●●●●

Schlemmerreise durch die
Spanische Küche
(**4500**-X) Von A. Puente, 160 S., ca. 120 Farbfotos, Pappband. ●●●●

Vom Bosporus zum Ararat
Türkische Spezialitäten
(**1191**-1) Von S. Dogan, 64 S., 44 Farbfotos, Pappband.●●

Indische Küche
(**1404**-X) Von C. Zingerling, 64 S., ca. 50 Farbfotos, kartoniert. ●

Schlemmerreise durch die
Thailändische Küche
(**4722**-3) Von C. Zingerling, 144 S., 164 Farbf., Pappband. ●●●●

Köstlich fernöstlich
Asiatische Spezialitäten
(**1286**-1) Von M. Carroll, E. Mognol, 64 S., 49 Farbf., Pappband. ●●

Chinesische Küche
(**1289**-6) Hrsg. M. Sauerborn, 64 S., 73 Farbfotos, kartoniert. ●

Schlemmerreise durch die
Chinesische Küche
(**4184**-5) Von K. H. Jen, 160 S., 117 Farbfotos, Pappband. ●●●

Gerichte aus dem
Wok
(**1291**-8) Hrsg. M. Sauerborn, 64 S., 76 Farbfotos, kartoniert. ●

Mit Lust und Liebe **Chinesisch Kochen**
(**4441**-0) Von Ho Fu-Lung, Uli Franz, 176 S., 189 Farbfotos, 29 Zeichnungen, Pappband. ●●●●

Fernöstliche Küche
(**1384**-1) Hrsg. R. Faller, 64 S., ca. 50 Farbfotos, kartoniert. ●

Rezepte für Tisch- und Gartengrill
(**1351**-3) Hrsg. V. Müller, 64 S., 59 Farbfotos, kartoniert.●

Braten auf dem heißen Stein
(**1300**-0) Hrsg. R. Donhauser, 64 S., 56 Farbfotos, kartoniert. ●

Rezepte rund um Raclette und Doppeldecker
(**0420**-6) Von J.W. Hochscheid, 72 S., 8 Farbtafeln, kartoniert. ●

Schlemmen in geselliger Runde
Fleischfondues
(**0966**-6) Von M. Spötter, 64 S., 62 Farbfotos, Pappband. ●●

Fondues und Raclettes
(**4253**-1) Von F. Faist, 160 S., 125 Farbfotos, Pappband. ●●●●

Fondues
(**1298**-5) Hrsg. E. Meyer zu Stieghorst, 64 S., 69 Farbf., kart. ●

Rezepte fürs Raclette
(**1290**-X) Hrsg. S. Kieslich, 64 S., 59 Farbfotos, kartoniert. ●

Schmelzendes Käsevergnügen **Raclette**
(**0881**-3) Von F. Faist, 48 S., 33 Farbfotos, Pappband. ●

Gartenfrisch genießen
Feine Salate
(**4450**-X) Von P. Nikolay, 160 S., 122 Farbfotos, Pappband. ●●●●

Köstliche Salate
zum Verwöhnen
(**0222**-X) Von Chr. Schönherr, 96 S., 8 Farbtafeln, 30 Zeichnungen, kartoniert. ●

Salate
(**1346**-9) Hrsg. E. Furhmann, 64 S., 62 Farbfotos, kartoniert.●

Frisch und leicht als Hauptgericht
Schlemmersalate
(**0934**-8) Von C. Adam, 64 S., 49 Farbfotos, Pappband. ●●

Köstlich frisch auf den Tisch
Rohkostsalate
(**0865**-1) Von C. Adam, 48 S., 26 Farbfotos, Pappband. ●●

Gesund und vielseitig **Alles mit Joghurt** täglich selbstgemacht, mit vielen Rezepten
(**0382**-6) Von G. Volz, 64 S., 8 Farbtafeln, kartoniert. ●

Locker, flockig, leicht...
Müsli & Co
(**0965**-8) Von C. Adam, 64 S., 42 Farbfotos, Pappband. ●●

Bärenstark und kerngesund
Vollwertkost für Kinder
(**0968**-2) Von S. Reiter, 64 S., 44 Farbfotos, Pappband. ●●

Gesunde Ernährung für mein Kind
(**0776**-6) Von M. Bustorf-Hirsch, 112 S., 8 Farbtafeln, 5 s/w-Zeichnungen, kart. ●●

Eßschule
Gesunde Ernährung für Kinder im Grundschulalter
(**1314**-0) Von A. Roßmeier, 80 S., 44 Farbf., 50 fbg. Vignetten, Pappband. ●●

Lieblingsgerichte für Kinder
Mit Sonderteil: Gesunde Kost für Babys ab 6 Monaten
(**4497**-6) Von G. Righi-Spanfellner, 112 S., 27 Farbzeichnungen, Pappband. ●●●

Das essen Kinder gern
(**1405**-8) Hrsg. S. Faust, 64 S., ca. 50 Farbfotos, kartoniert. ●

Mit Lust und Liebe...
Vollwertküche für Genießer
(**4412**-4) Von Prof. Dr. C. Leitzmann, H. Million, 256 S., 329 Farbfotos, Pappband. ●●●●

Vegetarisch kochen und genießen
Alle Gerichte für 2 Personen
(**4715**-0) Von Prof. Dr. C. Leitzmann, K. Dittrich, C. u. G. Kurz, 128 S., 132 Farbf., Pappband. ●●●●

Das große FALKEN
Vitaminkochbuch
für Genießer
(**4714**-2) Von Prof. Dr. troph. M. Hamm, A. Roßmeier, ca. 208 S., zahlr. Farbabb., Pappband. ●●●●

Die feine Vegetarische Küche
(**4235**-3) Von F. Faist, 160 S., 191 Farbfotos, Pappband. ●●●●

Schmackhafte Vollwertkost ohne tierisches Eiweiß
(**0993**-3) Von M. Bustorf-Hirsch, 96 S., 54 Farbfotos, kartoniert. ●●

Cholesterinarm kochen und genießen
(**4442**-9) Von R. Unsorg, 168 S., 132 Farbfotos, kartoniert. ●●●●

Die aktuelle **Cholesterintabelle**
(**1088**-5) Von Dr. H. Oberritter, 84 S., 12 zweifarbige Grafiken, kartoniert. ●

Die aktuelle Vitamin- und Mineralstofftabelle
Mit Angaben zu den wichtigsten Vitaminen und Mineralstoffen
(**1110**-5) Von Dr. H. Oberritter, 88 S., 1 zweifarbige Grafik, kart. ●

Die aktuelle E-Zusatzstoff-Tabelle
Über 750 Angaben zu Herkunft, Verwendung und möglichen Nebenwirkungen
(**1233**-0) Von T. Pilgram, E.Dahl, 80 S., zweifarbig, kartoniert. ●

Vollwertküche für Diabetiker
Köstlich kochen und backen für die ganze Familie
(**4473**-9) Von Prof. Dr. C. Leitzmann, Prof. Dr. H. Laube, H. Million, 168 S., 172 Farbfotos, 8 Zeichnungen, Pappband. ●●●●

Kochen und backen für Diabetiker
Gesund und schmackhaft für die ganze Familie
(**4467**-4) Von Dr. med. M. Toeller, W. Schumacher, A. Groote, Dr. troph. A. Klischan, 176 S., 182 Farbfotos, Pappband. ●●●●

Würzig kochen ohne Salz
(**0922**-4) Von S. Roediger-Streubel, 160 S., 16 Farbtafeln, kartoniert. ●●

Die Sojaküche
Gesund und abwechslungsreich essen
(**0553**-9) Von U. Kolster, 80 S., 8 Farbtafeln, kartoniert. ●

Gesund kochen mit Keimen und Sprossen
(**0794**-9) Von M. Bustorf-Hirsch, 96 S., 4 Farbtafeln, 13 s/w-Zeichnungen, kart. ●

Keime und Sprossen in der Naturküche
(**4299**-X) Von M. Bustorf-Hirsch, 96 S., 144 Farbfotos, Pappband. ●●●

Waffeln
Hörnchen, Pfannkuchen und Crèpes.
(**0522**-9) Von C. Stephan, 64 S., 8 Farbtafeln, kartoniert. ●

Waffeln
(**1296**-9) Hrsg. L. Steiger, 64 S., 73 Farbfotos, kartoniert. ●

Mehr Freude und Erfolg beim
Brotbacken
(**4148**-9) Von A. und G. Eckert, 160 S., 177 Farbfotos, Pappband. ●●●●

Meine Vollkornbackstube
Brot · Kuchen · Aufläufe. (**0616**-0) Von R. Raffelt, 96 S., 4 Farbtafeln, 12 Zeichnungen, kartoniert. ●

Meine Weihnachtsbackstube
(**5163**-8) Von M. Sauerborn, 32 S., 23 Farbfotos, mit Vorlagebogen in Originalgröße, kartoniert. ●

Mit Honig, Nuß und Mandelkern
Weihnachtsplätzchen
(**1287**-X) Von H. Jaacks, 64 S., 48 Farbf., Pappband. ●●

Backen ohne Zucker
(**1234**-9) Von H. Erkelenz, 80 S., 8 Farbtafeln, kart. ●

Süße Verführungen **Desserts**
(**0885**-6) Von M. Bacher, 64 S., 75 Farbfotos, Pappband. ●

Süße Geheimnisse eiskalt gelüftet
Eis und Sorbets
(**0870**-8) Von H. W. Liebheit, 48 S., 38 Farbfotos, Pappband. ●●

Raffiniertes mit
Eis
Drinks/Desserts/Eissorten
(**1029**-X) Von F. Hoffmann, 64 S., 74 Farbfotos, Pappband. ●●

Haltbarmachen in der Öko-Küche
Gesunde Konservierungsmethoden für Obst, Gemüse, Kräuter und Pilze. (**0923**-2) Von M. Bustorf-Hirsch, 120 S., 92 Farbabbildungen, kartoniert. ●●

Komm, koch und back mit mir
Kunterbuntes Kochvergnügen für Kinder.
(**4285**-X) Von S. und H. Theilig, illustriert von B. v. Hayek, 112 S., 45 Farbabb., Pappband. ●●

Lieblingsgerichte für Kinder
Kerngesund und kunterbunt
(**4497**-6) Von G. Righi-Spanfellner, 112 S., 27 Farbzeichnungen, Pappband. ●●●

Lirum, larum, Löffelstiel...
Kinder kochen mit Knuddel
(**1094**-X) Von U. Bültjer, 80 S., 27 zweifarbige Zeichnungen, kartoniert. ●

Backe, backe Kuchen...
Kinder backen mit Knuddel
(**1301**-9) Von U. Bültjer, 64 S., 34 Farbf., 60 Farbzeichn., kartoniert. ●

Mit Lust und Liebe
Garnieren und Verzieren
Dekoratives zu vielen Anlässen
(**4496**-8) Von M. Müller, E. Pratsch, H. Krieg, 160 S., ca. 100 Farbfotos, Pappband. ●●●●

Mit Lust und Liebe **Kalte Platten & Buffets**
Anrichten und Garnieren
(**4427**-5) Von P. Grotz, 176 S., 228 Farbfotos, Pappband. ●●●●

Garnieren und Verzieren
(**4236**-1) Von R. Biller, 160 S., 329 Farbfotos, 57 Zeichnungen, Pappband. ●●●●

Köstlichkeiten für Gäste und Feste
Kalte Platten
(**4200**-0) Von I. Pfliegner, 160 S., 130 Farbfotos, Pappband. ●●●●

Wenn Gäste kommen...
Kalte Küche
(**1060**-5) Von A. Ilies, 64 S., 49 Farbfotos, Pappband. ●

Raffiniert und vielseitig
Toasts und Sandwiches
(**1109**-1) Von R. und T. Donhauser, 64 S., 52 Farbfotos, Pappband. ●●

Sandwichtoasts
(**1331**-0) Von F. Faist, 64 S., ca. 50 Farbfotos, kartoniert. ●

Quiches, Tartes
und andere pikante Kuchen
(**1407**-4) Hrsg. I. Teitge, 64 S., ca. 50 Farbfotos, kartoniert. ●

freundin
Snacks
(**4521**-2) Von V. Müller, 80 S., 87 Farbfotos, Pappband.●●●

Raffiniert kombiniert, schön dekoriert
Käseplatten
(**1192**-X) Von S. Carlsson, 64 S., 57 Farbfotos, Pappband.●●

Festlich kochen und Backen
für Advent und Weihnachten
(**4443**-7) Von A. Guter, 96 S., 66 Farbfotos, 1 s/w-Foto, Pappband. ●●●

FALKEN
Festival der schön gedeckten Tische
(**4738**-X) Von A. F. Endress, ca. 202 S., ca. 80 Farbfotos, 4 Ausklapptafeln, Pappband. ●●●●

Der perfekt gedeckte Tisch
(**1028**-1) Von H. Tapper, 80 S., 161 Farbfotos, 13 Zeichnungen, kartoniert. ●●

Der schön gedeckte Tisch
Vom einfachen Gedeck bis zur Festtafel stimmungsvoll und perfekt arrangiert.
(**4246**-1) Von H. Tapper, 112 S., 206 Farbfotos, 21 s/w-Abbildungen, Pappband. ●●●

Servietten falten
80 Ideen für schön gedeckte Tische
(**1042**-7) Von M. Müller, O. Mikolasek, 80 S., 289 Farbfotos, 50 Zeichnungen, kart. ●●

Phantasievolle Tischdekorationen selber machen
(**0984**-4) Von Y. Thalheim, H. Nadolny, 80 S., 174 Farbfotos, 21 Zeichnungen, kart. ●●

Servietten dekorativ falten
Geschmackvolle Anregungen aus Stoff und Papier. (**0804**-X) Von H. Tapper, 32 S., 134 Farbfotos, Pappband. ●

Weine und Säfte, Liköre und Sekt
selbstgemacht.
(**0702**-7) Von P. Arauner, 232 S., 76 Abb., kartoniert. ●●●

Was Weinfreunde wissen wollen
Fragen und Antworten rund um den Wein
(**1224**-1) Von Prof. Dr. K. Röder, H.-G. Dörr, ca. 224 S., kartoniert. ●●

FALKEN Mixbuch
(**4733**-9) Hrsg. P. Bohrmann, 560 S., 227 Farbfotos, Pappband. ●●●

Vitamindrinks
(**1408**-2) Von H. Reith, W. Hubert, 64 S., ca. 50 Farbfotos, kartoniert. ●

Köstlich, cremig, sahnig, frisch
Mixen mit Milch
(**1151**-2) Von S. Carlsson, 64 S., 45 Farbfotos, Pappband. ●

Cocktails und Drinks
(**1292**-6) Hrsg. S. Kieslich, 64 S., 70 Farbfotos, kartoniert. ●

Fruchtig, spritzig, eisgekühlt
Mixen ohne Alkohol
(**0935**-6) Von S. Späth, 64 S., 44 Farbfotos, Pappband. ●●

Longdrinks
(**1345**-0) Hrsg. E. Meyer zu Stieghorst, 64 S., ca. 50 Farbfotos, kartoniert. ●

Light Drinks
Mixen mit und ohne Alkohol
(**1222**-5) Von S. Edelberg, Heike Reith, 64 S., 48 Farbfotos, Pappband. ●●

Cocktails
(**4267**-1) Von W. R. Hoffmann, W. Hubert, U. Lottring, 160 S., 164 Farbfotos, 1 s/w-Foto, Pappband. ●●●●

Cocktails und Mixereien
für häusliche Feste und Feiern. (**0075**-8) Von J. Walker, 96 S., 4 Farbtafeln, kart. ●

Schlank werden nach Dr. Hay **Trennkost**
Die bewährten Vollwert-Rezepte von Ursula Summ. (**4298**-1) Von U. Summ, 96 S., 54 Farbfotos, 1 Zeichnung, kart. ●●

Das große Buch der Trennkost
Neue Rezepte von Ursula Summ
(**4498**-4) Von U. Summ, 144 S., ca. 100 Farbfotos, Pappband. ●●●

Gesund leben nach Dr. Hay
Cholesterinarme Trennkost
Neue Vollwert-Rezepte von Ursula Summ
(**4475**-5) Von U. Summ, 96 S., 52 Farbfotos, kartoniert. ●●

Die neue Trennkost
(**4685**-5) Von U. Summ, 96 S., ca. 100 Farbfotos, kartoniert. ●●●

Schlank nach Maß
mit der Diät-Computerwaage
(**1064**-8) Von K. Alisch, 104 S., 8 Farbtafeln, kartoniert. ●

Gesundes Essen für Berufstätige
Die 4-Wochen-Vollwertkur (**1065**-6) Von M. Weber, ca. 80 S., 8 Farbtafeln, kart. ●

Garten und Tiere

FALKEN Gartenjahr
(**4730**-4) Von K. Greiner, A. Weber, P. Michaeli-Achmühle, 320 S., 380 Farbabbildungen, Pappband. ●●●●

Garten heute
Der moderne Ratgeber · Über 1000 Farbbilder. (**4283**-3) Von H. Jantra, 384 S., über 1000 Farbabb., Pappband. ●●●●

Helmut Jantras Gartenbuch
Obst · Gemüse · Blumen
(**4522**-0) Von H. Jantra, 200 S., 395 Farbfotos, 123 Farbzeichnungen, 25 Tabellen, Pappband. ●●

1000 ganz bewährte Garten-Tips
(**4453**-4) Von H. Jantra, 320 S., 288 zweifbg. und 62 s/w-Zeichn.,, Pappband. ●●●

Obst, Gemüse, Blumen, Gras
Gärtnern macht den Kindern Spaß
(**4517**-4) Von U. Krüger, 96 S., 85 Farbfotos, 180 Farbzeichznungen, Pappband. ●●

Rosen
(**4692**-8) Von H. Steinhauer, ca. 144 S., zahlr. Farbabb., Pappband. ●●●●●

Rosen
Auswahl · Pflege · Gestaltung
(**1183**-0) Von H. Jantra, 120 S., 200 Farbfotos, 20 Farbzeichnungen, 8 Bepflanzungspläne, kartoniert. ●●

Bunte Pracht der Stauden
Auswahl · Pflege · Gestaltung
(**1376**-0) Von H. Jantra, ca. 112 S., ca. 140 Farbabb., kartoniert. ●●●

Erfolgstips für den Obstgarten
Gesunde Früchte durch richtige Sortenwahl und Pflege
(**0827**-9) Von F. Mühl, 184 S., 16 Farbtafeln, 33 Zeichnungen, kartoniert. ●●

Erfolgstips für den Gemüsegarten
Mit naturgemäßem Anbau zu höherem Ertrag. (**0674**-8) Von F. Mühl, 80 S., 30 s/w-Fotos, 4 Zeichnungen, kartoniert. ●●

Obstgehölze sachgemäß schneiden
(**1127**-X) Von P. G. Wilhelm, 136 S., 8 s/w-Abb., 367 Zeichnungen, kart. ●●

Kompost im Hausgarten
herstellen und anwenden
(**1258**-6) Von H. Abels, J. Jöstingmeier, ca. 30 zweifarbige Zeichnungen, kart. ●

Der naturgemäße Zier- und Wohngarten
Anlegen · Gestalten · Pflegen
(**0748**-5) Von I. Gabriel, 128 S., 72 Farbfotos, 46 Farbzeichnungen, kartoniert. ●●

Natürlich gärtnern unter Glas und Folie
Anbauen und ernten rund ums Jahr
(**0722**-1) Von I. Gabriel, 128 S., 62 Farbfotos, 45 Farbzeichnungen, kartoniert. ●●

Schneckenbekämpfung
giftfrei und naturgemäß
(**1378**-7) Von B. Meyer, Y. Thalheim, 64 S., 25 s/w-Zeichnungen, 8 Farbtafeln, kartoniert. ●●

Dekorative Kübelpflanzen
Auswahl und Plfege
(**1074**-5) Von H. Jantra, 112 S., 180 Farbfotos, 35 Farbzeichnungen, kartoniert. ●●

Blütenpracht auf Balkon und Terrasse
(**0928**-3) Von M. Haberer, 88 S., 139 Farbfotos, kartoniert. ●●

Moderne Gartengestaltung
(**1255**-1) Von K. Greiner, A. Weber, 128 S., mit Rasterbogen und Planelementen zum Ausschneiden, ca. 120 Farbfotos, ca. 20 vierfarbige Pläne, kart. ●●●

Gestaltungsideen für
Schöne Gärten
(**4482**-8) Von H. Jantra, 168 S., 309 Farbfotos, 3 s/w-Fotos,, Pappband. ●●●●●

Der pflegeleichte Hausgarten
(**1170**-9) Von H. Jantra, 112 S., vierfarbige Abb., kart. ●●

Schöne Kräutergärten
(**1256**-X) Von H. Jantra, 112 S., vierfarbige Abb., kart. ●●

Kleingärten
Planen · Anlegen · Pflegen
(**1015**-X) Von H. Jantra, 88 S., 123 Farbfotos, 1 s/w-Foto, 14 Farbzeichnungen,, kart. ●●

Reihenhausgärten
Planen · Anlegen · Pflegen
(**1016**-8) Von H. Jantra, 104 S., 134 Farbfotos, 45 Farbzeichnungen, kart. ●●

Kletterpflanzen
Mit Sonderteil Dachbegrünung
(**4546**-8) Von U. Mehl, K. Werk, 128 S., ca. 150 Farbfotos, farbige und s/w-Zeichnungen, Pappband. ●●●●●

Steingärten Wirkungsvoll gestalten und sachgerecht pflegen
(**4452**-6) Von A. Throll-Keller, 128 S., 203 Farbf., 56 Farbzeichn., Pappband. ●●●●

Gartenteiche, Tümpel und Weiher
naturnah anlegen und pflegen
(**1073**-7) Von Dr. F. Liedl, H. Goos, 80 S., 87 Farbfotos, 39 Farbzeichnungen, kart. ●●

Wasser im Garten
Von der Vogeltränke zum Naturteich · Natürliche Lebensräume selbst gestalten.
(**4230**-2) Von H. Hendel, P. Keßeler, 240 S., 315 Farbabb., 11 s/w-Fotos, Pappband. ●●●●●

Pflanzen und Tiere für den Gartenteich
(**1171**-7) Von W. Costa, 128 S., 169 Farbfotos, 40 Farbzeichnungen, 8 Bepflanzungspläne, kartoniert. ●●

Wintergärten
Das Erlebnis, mit der Natur zu wohnen. Planen, Bauen und Gestalten.
(**4256**-6) Von LOG ID, 136 S., 130 Farbfotos, 107 Zeichnungen, Pappband. ●●●●●

Rund ums Jahr erfolgreich gärtnern
Gewächshäuser
planen · bauen · einrichten · nutzen
(**4408**-9) Von Dr. G. Schoser, J. Wolff, 232 S., 368 Farbabb., 5 s/w-Fotos, Pappband. ●●●●●

Das moderne Handbuch **Zimmerpflanzen**
(**4416**-X) Von H. Jantra, 304 S., 766 Farbfotos, 64 Farb- und 19 s/w-Zeichnungen, Pappband. ●●●●

365 Erfolgstips für schöne Zimmerpflanzen
(**0893**-7) Von H. Jantra, 144 S., 215 Farbfotos, kartoniert. ●●

Dekorative Blattpflanzen
Auswahl und Pflege
(**1128**-8) Von H. Jantra, 128 S., 198 Farbfotos, 20 Farbzeichnungen, kartoniert. ●●

Prof. Stelzers grüne Sprechstunde
Gesunde Zimmerpflanzen
Krankheiten erkennen und behandeln. Mit neuem Diagnosesystem.
(**4274**-4) Von Prof. Dr. G. Stelzer, 192 S., 410 Farbfotos, 10 s/w-Zeichn., Pappband. ●●●●

Hydrokultur
Pflanzen ohne Erde – mühelos gepflegt.
(**0944**-5) Von H.-A. Rotter, 144 S., 167 Farbfotos, 13 Farbzeichnungen, kart. ●●

Gesunde Pflanzen in
Hydrokultur
(**1257**-8) Von H.-A. Rotter, 80 S., ca. 60 s/w-Zeichnungen, 8 Farbtafeln, kart. ●

Bonsai Japanische Miniaturbäume und Miniaturlandschaften. Anzucht, Gestaltung und Pflege.
(**4091**-1) Von B. Lesniewicz, 160 S., 106 Farbfotos, 46 s/w-Fotos, 115 Zeichnungen, gebunden. ●●●●●

Kakteen
Auswahl · Pflege · Vermehrung
(**1429**-5) Von G. Andersohn, ca. 120 S., zahlr. Farbabb., kartoniert. ●●●

Grzimek Juniors **BUNTE TIERWELT**
(**4295**-7) Von Chr. Grzimek, 208 S., 308 Farbfotos, Pappband. ●●●●

Hunde
Rassen · Ausbildung · Pflege · Zucht
(**4118**-7) Von H. Bielfeld, 192 S., 222 Farb- und 73 s/w-Abb., Pappband. ●●●●

Das neue Hundebuch
Rassen · Aufzucht · Pflege (**0009**-X) Von W. Busack, überarbeitet von Dr. med. vet. A. H. Hacker und H. Bielfeld, 112 S., 8 Farbtafeln, 27 s/w-Fotos, 6 Zeichnungen, kartoniert. ●

Alles über Dackel, Teckel und Dachshunde
(**1079**-6) Von M. Wein-Gysae, 80 S., 46 Farbfotos, 2 zweifarbige Zeichnungen, kart. ●●

Hundeausbildung
Verhalten · Gehorsam · Ausbildung
(**0346**-3) Von R. Menzel, 88 S., 26 Fotos, kartoniert. ●

Grundausbildung für Gebrauchshunde
Schäferhund, Boxer, Rottweiler, Dobermann, Riesenschnauzer, Airedaleterrier, Hovawart und Bouvier.
(**0801**-5) Von M. Schmidt und W. Koch. 104 S., 8 Farbtafeln, 51 s/w-Fotos, 5 s/w-Zeichnungen, kartoniert. ●●

Der Hund in der Familie
(**1014**-1) Von J. Werner, 128 S., 106 Farbfotos, kartoniert. ●●

Der Deutsche Schäferhund
(**1091**-5) Von U. Förster, 112 S., 47 Farbzeichnungen, 2 s/w-Fotos, kartoniert. ●●

Der Deutsche Schäferhund
Aufzucht · Pflege und Ausbildung
(**0073**-1) Von A. Hacker, 104 S., 56 Abbildungen, kartoniert. ●

Alles über junge Hunde
(**0863**-5) Von Dr. med. vet. E. M. Bartenschlager, 64 S., 49 Farbfotos, 6 Zeichnungen, kartoniert. ●●

Richtige Hundeernährung
(**0811**-2) Von Dr. med. vet. E. M. Bartenschlager, 80 S., 51 Farbf., 4 Farbzeichn, kart. ●●

Hundekrankheiten
(**1077**-X) Von Dr. med. vet. R. Spangenberg, 96 S., 44 Farb- und 1 s/w-Foto, 22 Farbzeichnungen, kartoniert. ●●

Von Ajax bis Zamperl
Die beliebtesten Hunde-Namen
(**1174**-1) Von H.-J. Schließke, ca. 80 S., kart. ●

Die Katze in der Familie
(**1076**-1) Von U. Birr, 128 S., zahlr. Farbabb., kartoniert. ●●

Katzen
Rassen · Verhalten · Pflege · Zucht
(**4158**-6) Von B. Gerber, 176 S., 294 Farb- und 88 s/w-Fotos, Pappband. ●●●●

Das neue Katzenbuch
Rassen · Aufzucht · Pflege.
(**0427**-3) Von B. Eilert-Overbeck, 120 S., 14 Farbfotos, 26 s/w-Fotos, kartoniert. ●

Katzenkrankheiten
erkennen und behandeln
(**1078**-8) Von Dr. med. vet. R. Spangenberg, 104 S., 40 Farbfotos und 11 Farbzeichnungen, kartoniert. ●●

Junge Katzen
(**0862**-7) Von Dr. med. vet. E. M. Bartenschlager, 72 S., 40 Farbfotos, 4 Farbzeichnungen, kartoniert. ●●

Pferde
(**4186**-1) Von H. Werner, 176 S., 196 Farb- und 50 s/w-Fotos, 100 Zeichnungen, Pappband. ●●●●

Reiten im Bild
(**0415**-X) Von H. Werner, 128 S., 142 Farbfotos, 107 Farbzeichnungen, kartoniert. ●●

Der Hobby-Imker
(**0978**-X) Von Dr. R. F. A. Moritz, 144 S., 106 zweifarbige Zeichnungen, kartoniert. ●●

Geflügelhaltung als Hobby
(**0749**-3) Von M. Baumeister, H. Meyer, 184 S., 8 Farbtafeln, 47 s/w-Fotos, 15 zweifarbige Zeichnungen, kartoniert. ●●●

Sittiche und kleine Papageien
(**0864**-3) Von Dr. med. vet. E. M. Bartenschlager, 88 S., 84 Farbfotos, 9 Zeichnungen, kartoniert. ●●

Alles über Großsittiche
(**1320**-5) Von H. Bielfeld, 88 S., 88 Farbfotos, 3 Farbzeichnungen, kart. ●●

Alles über Wellensittiche
(**1129**-6) Von H. Bielfeld, 64 S., 53 Farbfotos, 3 Zeichnungen, kartoniert. ●●

Alles über Kanarienvögel
(**0901**-1) Von H. Schnoor, 64 S., 58 Farbfotos und Zeichnungen, kartoniert. ●●

Die Tiersprechstunde
Artgerechte Vogelfütterung im Winter
(**0908**-9) Von Dr. W. Keil, 64 S., 51 Farbfotos und Zeichnungen, kartoniert. ●

Elternlose Jungvögel
Erste Hilfe · Aufzucht · Auswilderung
(**1319**-1) Von I. Polaschek, 80 S., 80 Farbfotos, 5 Farbzeichnungen, kart. ●●

Diskusfische
Arten · Haltung · Pflege
(**1432**-5) Von H. Hirsch, 60 S., ca. 50 Farbfotos, kartoniert. ●●

Süßwasser-Aquarium
(**4191**-8) Von H. J. Mayland, 288 S., 564 Farbfotos, 75 Zeichnungen, Pappband. ●●●●●

Die Tiersprechstunde
Gesunde Fische im Süßwasseraquarium
(**1013**-3) Von H. J. Mayland, 96 S., 73 Farbfotos, 10 Zeichnungen, kartoniert. ●●

Alles über Zwerg- und Goldhamster
(**1012**-5) Von M. Mettler, 96 S., 96 Farbfotos, kartoniert. ●●

Alles über Chinchillas und Degus
(**1130**-X) Von M. Mettler, 96 S., 80 Farbfotos, 3 Zeichnungen, kartoniert. ●●

Alles über Meerschweinchen
(**0809**-0) Von Dr. med. vet. E. M. Bartenschlager, 72 S., 43 Farbfotos, 11 Farbzeichnungen, kartoniert. ●●

Alles über Zwergkaninchen
(**1075**-3) Von M. Mettler,. 64 S., 52 Farbfotos, kartoniert. ●●

Alles über Rennmäuse
(**1318**-3) Von M. Mettler, 80 S., 74 Vignetten, kart. ●●

Sport und Fitneß

Neue Lehrmethoden der Judo-Praxis
(**0424**-9) Von P. Herrmann, 223 S., 475 Abb., kartoniert. ●●

Judo perfekt 1
(**1249**-7) Von K. Fuchs, 128 S., kart. ●●

Fußwürfe
für Judo, Karate und Selbstverteidigung.
(**0439**-7) Von H. Nishioka, übers. von H. J. Heese, 96 S., 260 Abb., kart. ●●

Karate 1
zur Selbstverteidigung
(**1312**-4) Von M. Nakayama, 96 S., 315 s/w-Fotos, 5 Zeichn., kart. ●●

Karate 2
zur Selbstverteidigung
(**1362**-0) Von M. Nakayama, 96 S., 245 s/w-Fotos, kart. ●●

Nakayamas Karate perfekt 1
Einführung.
(**0487**-7) Von M. Nakayama, 136 S., 605 s/w-Fotos, kart. ●●

Nakayamas Karate perfekt 2
Grundtechniken.
(**0512**-1) Von M. Nakayama, 136 S., 354 s/w-Fotos, 53 Zeichnungen, kart. ●●

Nakayamas Karate perfekt 3
Kumite 1: Kampfübungen.
(**0538**-5) Von M. Nakayama, 128 S., 424 s/w-Fotos, kart. ●●

Nakayamas Karate perfekt 4
Kumite 2: Kampfübungen.
(**0547**-4) Von M. Nakayama, 128 S., 394 s/w-Fotos, kart. ●●

Nakayamas Karate perfekt 5
Kata 1: Heian, Tekki.
(**0571**-7) Von M. Nakayama, 144 S., 1229 s/w-Fotos, kart. ●●

Nakayamas Karate perfekt 6
Kata 2: Bassai-Dai, Kanku-Dai.
(**0600**-4) Von M. Nakayama, 144 S., 1300 s/w-Fotos, 107 Zeichnungen, kart. ●●

Nakayamas Karate perfekt 7
Kata 3: Jitte, Hangetsu, Empi.
(**0618**-7) Von M. Nakayama, 144 S., 1988 s/w-Fotos, 105 Zeichnungen, kart. ●●

Nakayamas Karate perfekt 8
Gankaku, Jion.
(**0650**-0) Von M. Nakayama, 144 S., 1174 s/w-Fotos, 99 Zeichnungen, kart. ●●

Karate
(**2308**-1) Von A. Pflüger, 96 S., 134 Farbfotos, 4 s/w-Zeichnungen, kart. ●●

Bo-Karate
Habo-Jitsu – die Techniken des Stockkampfes.
(**0447**-8) Von G. Stiebler, 176 S., 424 s/w-Fotos, 38 Zeichnungen, kart. ●●

Karate 1
Einführung · Grundtechniken.
(**0227**-0) Von A. Pflüger, 144 S., 195 s/w-Fotos, 120 Zeichnungen, kart. ●

Karate 2
Kombinationstechniken · Katas.
(**0239**-4) Von A. Pflüger, 176 S., 452 s/w-Fotos und Zeichnungen, kart. ●●

Karate Kata 1
Heian 1–5, Tekki 1, Bassai-Dai.
(**0683**-7) Von W.-D. Wichmann, 164 S., 703 s/w-Fotos, kart. ●●

Karate Kata 2
Jion, Empi, Kanku-Dai, Hangetsu.
(**0723**-X) Von W.-D. Wichmann, 140 S., 661 s/w-Fotos, 4 Zeichnungen, kart. ●●

Karate Kata 3
Bassai Sho, Kanku Sho, Nijushiho, Sochin.
(**1120**-2) Von W.-D. Wichmann, 144 S., 598 s/w-Fotos, 4 Grafiken, kart. ●●

Dragon – der Drache
Die Bruce-Lee-Story
(**1415**-5) Von L. Lee, ca. 192 S., zahlr. s/w-Abb., kartoniert. ●●●

Bruce Lees Kampfstil 1
Grundtechniken
(**0473**-7) Von B. Lee, M. Uyehara, 109 S., 220 Abb., kart. ●

Bruce Lees Kampfstil 2
Selbstverteidigungs-Techniken
(**0486**-9) Von B. Lee, M. Uyehara, 128 S., 310 Abb., kart. ●

Bruce Lees Kampfstil 3
Trainingslehre
(**0503**-2) Von B. Lee, M. Uyehara, 112 S., 246 Abb., kart. ●

Bruce Lees Kampfstil 4
Kampftechniken
(**0532**-7) Von B. Lee, M. Uyehara, 104 S., 211 Abb., kart. ●

Bruce Lee Kung-Fu
zur Selbstverteidigung
(**1399**-X) Von B. Lee, 104 S., 120 s/w-Abb., kartoniert. ●●

Shaolin Kung-Fu 1
Grundlagen chinesischer Kampfkunst
(**1363**-9) Von C. D. Yao, R. Fassi, 124 S., 207 s/w-Fotos, 30 s/w-Zeichnungen, kartoniert. ●●●

Shaolin Kung-Fu 2
Kampftechniken für Angriff und Abwehr
(**1416**-3) Von C. D. Yao, R. Fassi, ca. 144 S., ca. 600 s/w-Abb., kartoniert. ●●

Kung-Fu 1
Legende · Philosophie · Grundtechniken
(**0891**-0) Von Chr. Yim, 152 S., 401 s/w-Fotos, 2 s/w-Zeichnungen, kart. ●●

Kung-Fu und Thai-Chi
Grundlagen und Bewegungsabläufe
(**0367**-6) Von B. Tegner, 182 S., 370 s/w-Fotos, kart. ●●

Kung Fu
Theorie und Praxis klassischer und moderner Stile
(**0376**-5) Von M. Pabst, 160 S., 330 Abbildungen, kartoniert. ●●

Bruce Lees Jeet Kune Do
(**0440**-0) Von B. Lee, 192 S., mit 105 eigenhändigen Zeichnungen von B. Lee, kartoniert. ●●

Shaolin-Kempo – Kung-Fu
Chinesisches Karate im Drachenstil.
(**0395**-1) Von R. Czerni, K. Konrad, 246 S., 723 Abb., kart. ●●

Kickboxen
Fitneßtraining und Wettkampfsport.
(**0795**-7) Von G. Lemmens, 96 S., 208 s/w-Fotos, 23 Zeichnungen, kart. ●●

Ninja 1
Die Lehre der Schattenkämpfer.
(**0758**-2) Von S. K. Hayes, übers. von J. Schmit, 144 S., 137 s/w-Fotos, kartoniert. ●●

Ninja 2
Die Wege zum Shoshin.
(**0763**-9) Von S. K. Hayes, übers. von J. Schmit, 160 S., 309 s/w-Fotos, 2 Zeichnungen, kartoniert. ●●

Ninja 3
Der Pfad des Togakure-Kämpfers.
(**0764**-7) Von S. K. Hayes, übers. von J. Schmit, 144 S., 197 s/w-Fotos, 2 Zeichnungen, kartoniert. ●●

Ninja 4
Das Vermächtnis der Schattenkämpfer.
(**0807**-4) Von S. K. Hayes, übers. von J. Schmit, 196 S., 466 s/w-Fotos, kart. ●●

Taekwondo perfekt 1
Die Formenschule bis zum Blaugurt.
(**0890**-2) Von K. Gil, Kim Chul-Hwan, 176 S., 439 s/w-Fotos, 107 Zeichnungen, kart. ●●

Taekwondo perfekt 2
Die Formenschule vom Blau- bis zum Schwarzgurt.
(**0976**-3) Von K. Gil, K. Chul-Hwan, 192 S., 461 s/w-Fotos, 112 Zeichnungen, kart. ●●

Taekwondo perfekt 3
(**1068**-0) Von K. Gil, K. Chul-Hwan, 200 S., 429 s/w-Fotos, kartoniert. ●●●

Taekwondo perfekt 4
(**1250**-0) Von K. Gil, 160 S., zahlreiche s/w-Fotos und Schrittdiagramme, 17 Übungstafeln zum Herausnehmen, kart. ●●●

Ju-Jutsu 1
Grundtechniken · Moderne Selbstverteidigung.
(**0276**-9) Von W. Heim, F. J. Gresch, 164 S., 450 s/w-Fotos, 8 Zeichn., kartoniert. ●

Ju-Jutsu 2
für Fortgeschrittene und Meister.
(**0378**-1) Von W. Heim, F. J. Gresch, 160 S., 798 s/w-Fotos, kartoniert. ●●

Ju-Jutsu 3
Spezial-, Gegen- und Weiterführungs-Techniken · Stockkampfkunst.
(**0485**-0) Von W. Heim, F. J. Gresch, 200 S., über 600 s/w-Fotos, kartoniert. ●●

Aikido
Lehren und Techniken des harmonischen Weges.
(**0537**-7) Von R. Brand, 280 S., 697 Abb., kartoniert. ●●

Hap Ki Do
Koreanische Selbstverteidigung nach dem Lehrsystem des Großmeisters.
(**0379**-X) Von Kim Sou Bong, 112 S., 152 Abb., kartoniert. ●●

Dynamische Tritte
Grundlagen für den Zweikampf.
(**0438**-9) Von C. Lee, 96 S., 398 s/w-Fotos, 10 Zeichnungen, kart. ●●

Super-Tritte
(**1248**-9) Von W. Wallace, 136 S., kart. ●●

Selbstverteidigung
Abwehrtechniken für Sie und Ihn.
(**0853**-8) Von E. Deser, 96 S., 259 s/w-Fotos, kartoniert. ●

Die Faszination athletischer Körper
Bodybuilding
mit Weltmeister Ralf Möller.
(**4281**-7) Von R. Möller, 128 S., 169 Farbfotos, 14 s/w-Fotos, 1 Farbzeichnung, Pappband. ●●●●

Ladyfitneß
Das neue Körperbewußtsein der Frau
Bodyshaping · Körperpflege · Ernährung · Entspannung
(**4433**-X) Von Prof. Dr. S. Starischka, B. Grabis, D. von Cramm, G. W. Kienitz, 128 S., 227 Farbfotos, Pappband. ●●●●

Bodybuilding für Frauen
Wege zu Ihrer Idealfigur
(**0661**-6) Von H. Schulz, 112 S., 84 s/w-Fotos, 4 Zeichnungen, kart. ●

Bodybuilding
Anleitung zum Muskel- und Konditionstraining für sie und ihn
(**0604**-7) Von R. Smolana, 160 S., 171 s/w-Fotos, kartoniert. ●●

Bodybuilding
(**2314**-6) Von L. Spitz, 112 S., 203 Farbabbildungen, 10 Tabellen. ●●

Leistungsfähiger durch Krafttraining
Eine Anleitung für Fitness-Sportler, Trainer und Athleten.
(**0617**-9) Von W. Kieser, 96 S., 20 s/w-Fotos, 62 Zeichnungen, kart. ●

Krafttraining
Wirbelsäulengerechte Übungen an und mit Geräten
(**1309**-4) Von A. Balk, 48 S., 8 Bildtafeln, Spiralbindung. ●●●

Muskeltraining mit Hanteln
Leistungssteigerung für Sport und Fitneß
(**0676**-4) Von H. Schulz, 104 S., 92 s/w-Fotos, 2 Zeichnungen, kartoniert. ●

Ausdauertraining
Einführung und Grundtechniken
(**1396**-5) Von G. Eyting, 32 S., 41 Farbfotos, 21 Farbzeichn., kartoniert. ●●●

Hanteltraining zu Hause
(**0800**-7) Von W. Kieser, 80 S., 71 s/w-Fotos, 4 Zeichnungen, kartoniert. ●

Fit und gesund
Fitneßtraining und Bodybuilding zu Hause.
Trainingsprogramme für Ihr Wohlbefinden.
(**0782**-5) Von Prof. Dr. S. Starischka, 80 S., 100 Farbfotos, 3 Zeichnungen, kart. ●●

Optimale Ernährung
für Krafttraining und Bodybuilding.
(**0912**-7) Von B. Dahmen, 88 S., 8 Farbtafeln, 8 Zeichnungen, kart. ●●

Erfolgstraining
Mentale und körperliche Vorbereitung sportlicher Höchstleistungen
(**1162**-8) Von M. Regner, 128 S., 65 s/w-Fotos und Zeichnungen, kartoniert. ●●●

Aufwärmen
Übungen und Programme für Sport und Spiel
(**1311**-6) Von Dr. H. Wolff, 40 S., 8 Bildtafeln, Spiralbindung. ●●●

Fitneßtraining
Empfohlen vom Deutschen Sportbund
(**1245**-4) Von Marianne Schreiber, 32 S., Spiralbindung mit Ausklapptafeln. ●●

Wirbelsäulengymnastik
Empfohlen vom Deutschen Sportbund
(**1246**-2) Von L. Keller, 40 S., Spiralbindung mit Ausklapptafeln. ●●

Stretching
Empfohlen vom Deutschen Sportbund
(**1247**-0) Von A. Balk, 40 S., Spiralbindung mit Ausklapptafeln. ●●

Gesund und fit durch **Konditionstraining und Wirbelsäulengymnastik**
(**0844**-9) Von R. Milser und K. Grafe, 104 S., 99 Farbfotos, 12 Farbzeichnungen, 5 s/w-Zeichnungen, kart. ●●

Isometrisches Training
Übungen für Muskelkraft und Entspannung.
(**0529**-6) Von L. M. Kirsch, 104 S., 150 s/w-Fotos, kartoniert. ●●

Stretching
Mit Dehnungsgymnastik zu Entspannung, Geschmeidigkeit und Wohlbefinden.
(**0717**-5) Von H. Schulz, 80 S., 90 s/w-Fotos, kartoniert. ●

Stretching
(**2304**-9) Von B. Kurz, 96 S., 255 Farbfotos, kartoniert. ●●

Gesund und fit durch Gymnastik
(**0366**-8) Von H. Pilss-Samek, 88 S., 130 Abb. kartoniert. ●

Funktionelles Körpertraining
Grundlagen und Bewegungsprogramme
(**1367**-1) Von A. Balk, 40 S., 100 Farbfotos, kartoniert. ●●●

Spielerisch zur Kondition
Über 100 Trainingsspiele zur Verbesserung von Ausdauer, Schnelligkeit, Kraft und Beweglichkeit
(**1214**-4) Von U. Stumpp, 120 S., 30 Grafiken, kartoniert. ●●●

AOK-Videothek
Top-Form Gymnastik
Ein Bewegungsprogramm für pfundige Leute
(**6144**-7) VHS, ca. 30 Min., in Farbe. ●●●●*

Fit und frisch
Gymnastik für die ganze Familie
(**6501**-9) Von G. Sieber, 104 S., 306 Farbfotos 5 Farbzeichnungen, kart., mit Audiokassette, Laufzeit 30 Min. ●●●

Sportjahr 93
Rekorde · Siege · Schicksale · Ergebnisse
Mit Sonderteil Leichtathletik-WM (**4690**-1)
Ca. 176 S., zahlr. Farbabb., Pappband. ●●●

Freeclimbing
Technik und Training
(**1251**-9) Von T. Strobl, 144 S., durchgehend vierfarbig, kart. ●●●

Skateboard
Material · Technik · Fahrpraxis
(**1104**-0) Von F. Böhm, M. Rieger, 96 S., 321 Farbabbildungen, kartoniert. ●●●

Fechten
Florett · Degen · Säbel.
(**0449**-4) Von E. Beck, 88 S., 185 Fotos, 10 Zeichnungen, kartoniert. ●●

SportRegeln Volleyball
(**1368**-X) 88 S., 5 Farbtafeln, 19 s/w-Fotos, kartoniert. ●●

Fußball
(**2309**-X) Von H. Obermann, P. Walz, 112 S., 47 Farbfotos, 18 Farb- und 25 s/w-Zeichnungen, kart. ●●

Sepp Maier
Super-Torwart-Training
(**4451**-8) Von S. Maier, 168 S., 30 Farb- und 34 s/w-Fotos, 236 zweifarbige Zeichnungen, Pappband. ●●●

SportRegeln
American Football
(**1165**-2) 136 S., 18 s/w-Fotos, kartoniert. ●

Handball
Technik · Taktik · Regeln.
(**0426**-5) Von F. und P. Hattig, 128 S., 91 s/w-Fotos, 121 Zeichnungen, kart. ●●

Handball
Grundlagen für Training und Spiel
(2321-9) Von H.-P. Oppermann, 120 S., 39 Farbtafeln, 12 s/w-Fotos, 108 Farbzeichnungen, kartoniert. ●●

SportRegeln Handball
Die offiziellen Regeln
Wissenswertes von A bis Z
(1099-6) 88 S., 32 s/w-Fotos, 14 Zeichnungen, kartoniert. ●

SportRegeln Rugby
Die offiziellen Regeln
Wissenswertes von A bis Z
(1216-0) 96 S., zahlr. zweifbg. Abb., kart. ●

Tennis
Technik · Taktik · Regeln.
(0375-7) Von W. u. S. Taferner, 112 S., 81 Abb., kartoniert. ●

SportRegeln Tennis
Die offiziellen Regeln
Wissenswertes von A bis Z
(1097-4) 88 S., 24 s/w-Fotos, 6 Zeichnungen, kartoniert. ●

Tischtennis-Technik
Der individuelle Weg zu erfolgreichem Spiel.
(0775-2) Von M. Perger, 144 S., 296 Abb., kartoniert. ●●

SportRegeln Tischtennis
Die offiziellen Regeln
Wissenswertes von A bis Z (1252-7) 96 S., zahlreiche zweifarbige Abb., kart. ●

Badminton
Technik · Taktik · Training.
(0699-3) Von K. Fuchs, L. Sologub, 168 S., 51 Abbildungen, kartoniert. ●●

SportRegeln Badminton
(1101-6) 84 S., kartoniert.●

Squash
(2311-1) Von P. Langhammer, R. Michna, 96 S., 86 Farbfotos, 13 Farbzeichn., kart. ●●

Squash
Ausrüstung · Technik · Regeln
(0539-3) Von D. von Horn, H.-D. Stünitz, 96 S., 55 s/w-Fotos, 25 Zeichnungen, kart. ●

SportRegeln Squash
Die offiziellen Regeln
Wissenswertes von A bis Z
(1100-8) 64 S., 11 s/w-Fotos, 23 Zeichnungen, kartoniert. ●

Golf
Neue Wege zum erfolgreichen Spiel
(4509-3) Von O. Heuler, ca. 144 S., zahlr. Farbabb., Pappband. ●●●●

SportRegeln Golf
(1315-9) 96 S., 19 s/w-Fotos, kartoniert. ●

Golf
Ausrüstung und Technik.
(0343-9) Von J. C. Jessop, 96 S., 57 Abb., Anhang Golfregeln des DGV, kart. ●

Eishockey
Lauf- und Stocktechnik, Körperspiel, Taktik, Ausrüstung und Regeln.
(0414-1) Von J. Capla, 264 S., 548 s/w-Fotos, 163 Zeichnungen, kart. ●●●

SportRegeln Eishockey
(1098-2) 116 S., kartoniert.●

Billard
Grundstöße · Viertelbillard und Freie Partie
(1313-2) Von Dr. H. Stingel, 112 S., 196 Zeichn., kart., ●●●

Grundlagen für Training und Spiel
Pool-Billard
(2318-9) Von B. Pejcic, R. Meyer, 96 S., durchgehend vierfarbig, kart. ●●

Pool-Billard
(0484-2) Herausgegeben vom Deutschen Pool-Billard-Bund. Von M.Bach, K.-W. Kühn, 104 S., 64 Abb., kart. ●

FALKEN Video
Reiten
Von der ersten Stunde bis zum Ausritt
(6097-1) VHS, ca. 60 Min., in Farbe, mit Begleitheft.●●●●*

Reiten
(2322-7) Von T. Eckholt, 128 S., durchgehend vierfarbig, kart. ●●

Tanzstunde
Das Welttanzprogramm leicht gelernt
(4409-2) Von G. Hädrich, 164 S., 489 s/w-Fotos, 63 Zeichnungen, Pappband. ●●●

Wir lernen Tanzen
(0200-9) Von E. Fern, 152 S., 119 s/w-Fotos, 47 Zeichnungen, kartoniert. ●●

Anmutig und fit durch
Bauchtanz
(0911-9) Von Marta, 120 S., 229 Farbfotos, 6 s/w-Zeichnungen, kartoniert. ●●●

Sporttauchen
Theorie und Praxis des Gerätetauchens
(0647-0) Von S. Müßig, 144 S., 8 Farbtafeln, 35 s/w-Fotos, 89 Zeichnungen, kart. ●●

Fit mit Sporttauchen
(2320-0) Von Dr. F. Naglschmid, 112 S., 71 Farbfotos, 21 Zeichnungen, kart. ●●

Angelfischerei von Aal bis Zander
Fische · Geräte · Technik.
(0324-2) Von H. Oppel, 72 S., 16 Farbtafeln, 49 s/w-Abb., kartoniert. ●●

Angeln
Kleine Fibel für den Sportfischer.
(0198-3) Von E. Bondick, 80 S., 4 Farbtafeln, 116 Abbildungen, kartoniert. ●

Fit mit Surfen
(2317-3) Von H. Mönster, K.-H. Eden, B. Bohr, 104 S., 110 Farbfotos, 23 s/w-Zeichnungen, kartoniert. ●●

Skifitneß
Konditionstraining und Skigymnastik für Piste und Loipe
(1418-X) Von G. Stangassinger, ca. 40 S., ca. 8 Bildtafeln, kartoniert. ●●●

Snowboarding
Ausrüstung · Fahrtechnik · Wettkämpfe
Videokassette (6139-0) VHS, ca. 45 Min., in Farbe. ●●●●*

Fibel für Kegelfreunde
Sport- und Freizeitkegeln · Bowling
(0191-6) Von G. Bocsai, 72 S., 62 Abb., kart. ●

111spannende Kegelspiele
(2031-7) Von H. Regulski, 80 S., 53 Zeichnungen, kartoniert. ●

Beliebte und neue
Kegelspiele
(0271-8) Von H. Regulski, 92 S., 62 Abbildungen, kartoniert. ●

Mensch und Gesundheit

Der moderne Ratgeber
Wir werden Eltern
Schwangerschaft · Geburt · Erziehung des Kleinkindes.
(4269-8) Von B. Nees-Delaval, 376 S., 335 2-farbige Abb., Pappband. ●●●●

Ich freue mich auf mein Baby
Ratgeber und Tagebuch für die Schwangerschaft
(4711-8) Von E. Portz-Schmitt, 184 S., 18 Farbfotos, 72 Farbzeichn., Pappband. ●●●●

Ich bekomme ein Baby
Wegweiser für Schwangerschaft und Geburt
(1254-3) Von B. Nees-Delaval, 144 S., durchgehend zweifarbig, kart. ●●

Wenn der Mensch zum Vater wird
Ein heiter-besinnlicher Ratgeber
(4259-0) Von D. Zimmer, 160 S., 20 Zeichnungen, Pappband. ●●●

AOK Bibliothek
Schwangerschaftsgymnastik und Geburtsvorbereitung
(1423-6) Von L. Keller, ca. 112 S., zahlr. Farbabb., kartoniert. ●●●

Vorbereitung auf die Geburt und
Schwangerschaftsgymnastik
Atmung, Rückbildungsgymnastik,
(0251-3) Von S. Buchholz, 112 S., 98 s/w-Fotos, kartoniert. ●

Die Kunst des Stillens
nach neuesten Erkenntnissen (0701-9) Von Prof. Dr. med. E. Schmidt, S. Brunn, 112 S., 20 Fotos und Zeichnungen, kart. ●

Das Babybuch
Pflege · Ernährung · Entwicklung
(0531-8) Von A. Burkert, 96 S., 76 zweifbg. Zeichnungen, 22 s/w-Zeichnungen, kart. ●●

Babyfitneß
Massage, Spiele, Gymnastik und Schwimmen für Kinder im 1. Lebensjahr
(1034-6) Von G. Zeiß, 112 S., 179 zweifarbige Illustrationen, , kartoniert. ●●

Wenn Kinder krank werden
Medizinischer Ratgeber für Eltern
(4240-X) Von B. Nees-Delaval, 232 S., 163 Zeichnungen, Pappband. ●●●

Keinen Mann um jeden Preis
Das neue Selbstverständnis der Frau in der Partnerbeziehung
(4440-2) Von Shere Hite, Kate Colleran, 208 S., Pappband. ●●●

Total verknallt ... und keine Ahnung?
Alles über Liebe, Sex und Zärtlichkeit
(1024-9) Von H. Bruckner, R. Rathgeber, 104 S., 38 Abbildungen, kartoniert. ●●

Streicheleinheiten für Körper und Seele
Partnermassage
(4444-5) Von Chr. Unseld-Baumanns, 136 S., 145 Farbfotos, Pappband. ●●●●

freundin Ratgeber
Glück braucht Mut
Die Psycho-Logik des Jens Corssen
(1176-8) Von J. Corssen, B. Schmidt, 160 S., kartoniert. ●●

Angst und Panik
Ursachen · Symptome · Therapie
(1422-8) Von Prof. Dr. H.-R. Lückert, ca. 160 S., zahlr. Abb., kartoniert. ●●●

Wörterbuch der Medizin
(4535-2) 400 S., 229 Farbf., Pappband. ●●●●

Bildatlas des menschlichen Körpers
(4177-2) Von G. Pogliani, V. Vannini, 112 S., 402 Farbabb., 28 s/w-Fotos, Pappband. ●●●●

Nahrungsmittelallergien
So ernähren Sie sich richtig!
(0913-5) Von Priv.-Doz. Dr. med. Dr. med. habil. J. von Mayenburg, Prof. Dr. med. Dr. phil. S. Borelli, E. Polster, 136 S., kart. ●●

Neurodermitis
Ursachen · Ganzheitliche Behandlung · Selbsthilfe
(1218-7) Von Prof. Dr. med. Dr. phil. S. Borelli, 144 S., kartoniert.●●

Bluthochdruck
Risikofaktoren · Vorbeugung · Behandlung
(1125-3) Von Prof. Dr. med. D. Klaus, R. Unsorg, G. Leibold, 152 S., 25 Farbfotos, 22 Farbzeichnungen, kartoniert.●●●

Arteriosklerose
Risikofaktoren/Vorbeugung/Therapie
Richtige Ernährung bei erhöhtem Cholesterinspiegel.
(**1020**-6) Von Prof. Dr. med. G. Assmann, Dr. troph. U. Wahrburg, 192 S., 84 farb. Abb., 4 s/w-Zeichnungen, kartoniert. ●●●

Asthma
Pseudokrupp, Bronchitis und Lungenemphysem
Krankheitsbilder · Diagnose · Therapie
(**1126**-1) Von Prof. Dr. med. W. Schmidt, S. Ertelt, 152 Seiten, 110 zweifarbige Zeichnungen, kartoniert. ●●●

Risiko Herzinfarkt
Empfohlen von der Deutschen Herzstiftung
(**1217**-9) Von C. Halhuber, M. J. Halhuber, 152 S., 38 Farb- und 8 s/w-Zeichnungen, kartoniert.●●●

So arbeitet das Immunsystem
Funktionsweise · Störungen · Natürliche Stärkung
(**1253**-5) Von V. Friebel, J. Ledvina, A. Roßmeier, 168 S., 18 Farbtafeln, 38 zweifbg. Zeichnungen, kartoniert.●●●

Diabetes
Krankheitsbild, Therapie, Kontrollen, Schwangerschaft, Sport, Urlaub, Alltagsprobleme. Neueste Erkenntnisse der Diabetesforschung. (**0895**-3) Von Dr. med. H. J. Krönke, 120 S., 4 Farbtafeln, 14 s/w-Fotos, 13 s/w-Zeichnungen, kartoniert. ●

Naturkosmetik
Die Grundlagen gesunder und natürlicher Hautpflege.
(**1080**-X) Von N. E. Haas, 120 S., 63 Farbabb., kartoniert. ●●

Die sanfte Art des Heilens
Homöopathie
Praktische Anwendung und Arzneimittellehre
(**4418**-X) Von J. H. P. Kreuter, 216 S., 49 Zeichnungen, Pappband. ●●●

Aromatherapie
Gesundheit und Entspannung durch ätherische Öle.
(**1131**-8) Von K. Schutt, 96 S., 40 zweifarbige Abbildungen, kartoniert. ●●

Heilatmen
Ein Weg zu Lebenskraft und innerer Harmonie
(**1047**-8) Von K. Schutt, 112 S., 57 zweifarbige Abb., kartoniert. ●●

Bewährte Naturheilverfahren bei
Herz-Kreislauf-Erkrankungen
(**1084**-2) Von Dr. med. O. Wolff, G. Leibold, 104 S., kartoniert. ●

Risiko Herzinfarkt
(**1217**-9) Von Dr. C. Halhuber, Prof. Dr. M. J. Halhuber, 160 S., durchgehend zweifarbig, kart. ●●●

Krebsangst und Krebs behandeln
Mit einem Vorwort von Prof. Dr. med. Friedrich Douwes.
(**0839**-2) Von G. Leibold, 104 S., kartoniert. ●

Bewährte Naturheilverfahren bei
Krebs
(**1082**-6) Hrsg. H.-R. Heiligtag, 88 S., kartoniert. ●

Heilen mit Blütenenergien
nach Dr. Bach
(**1141**-5) Von J. Wenzel, ca. 96 S., kartoniert. ●

Bewährte Naturheilverfahren bei
Migräne und Schlafstörungen
(**1081**-8) Von G. Leibold, Dr. med. H. Chr. Scheiner, 112 S., kartoniert. ●

Gesunder Schlaf
Schlafstörungen ohne Medikamente erfolgreich behandeln.
(**1036**-2) Von D. H. Alke, 88 S., 22 s/w-Abb., mit Audiokassette, kartoniert. ●●●

Natürliche Behandlungsmethoden bei
Rückenschmerzen
Massage · Gymnastik · Entspannung
(**4447**-X) Von Prof. Dr. med. H. Hess, K. Eder, H.-J. Montag, K. Schutt, 152 S., 168 Farbabbildungen, Pappband. ●●●

TELE-Rückenschule
Wohlbefinden durch bewußte Körpererfahrung
(**1310**-8) Von K. Haak, 64 S., 19 Farb-, 24 s/w-Fotos, 24 Zeichn., 2 Ausklapptafeln, mit Audiokassette, kart. ●●●●

TELE-Rückenschule
Wohlbefinden durch bewußte Körpererfahrung
Videokassette (**6108**-0) VHS, ca. 60 Min., in Farbe, mit Broschüre. ●●●●*

Rheuma behandeln und lindern
Mit einem Vorwort von Dr. med. Max-Otto Bruker.
(**0836**-8) Von G. Leibold, 96 S., kartoniert. ●

Besser sehen durch Augentraining
Ein Gesundheitsprogramm zur Verbesserung des Sehvermögens.
(**0914**-3) Von K. Schutt, B. Rumpler, 96 S., 32 s/w-Zeichnungen, kartoniert. ●●

So arbeitet das
Immunsystem
(**1253**-5) Von V. Friebel, I. Ledvina, A. Roßmeier, 192 S., durchgehend zweifarbig, kartoniert. ●●●

Allergien behandeln und lindern
Mit einem Vorwort von Prof. Dr. med. Axel Stemmann.
(**0840**-6) Von G. Leibold, 96 S., 4 Zeichnungen, kartoniert. ●

Enzyme
Vitalstoffe für die Gesundheit
(**0677**-2) Von G. Leibold, 96 S., kartoniert. ●

Besser leben durch Fasten
(**0841**-4) Von G. Leibold, 96 S., kartoniert. ●

Die echte Schroth-Kur
(**0797**-3) Von Dr. med. R. Schroth, 88 S., 2 s/w-Fotos, kartoniert. ●

Massagetechniken und Heilanzeigen
Reflexzonentherapie
(**4404**-6) Von G. Leibold, 128 S., 53 Farbzeichnungen, Pappband. ●●●

Akupressur zur Eigenbehandlung
(**0417**-6) Von G. Leibold, 112 S., 78 Abb., kartoniert.●

Shiatsu-Massage
Harmonisierung der Energieströme im Körper
(**0615**-2) Von G. Leibold, 196 S., 180 Abb., kartoniert. ●●●

Fußsohlenmassage
Heilanzeigen · Technik · Selbsthilfe
(**0714**-0) Von G. Leibold, 96 S., 38 Zeichnungen, kartoniert. ●

Entspannung und Schmerzlinderung durch
Massage
(**0750**-7) Von B. Rumpler, K. Schutt, 112 S., 116 zweifarbige Zeichnungen, kart. ●

Gesundheit und Entspannung durch
Massage
(**1317**-5) Von K. Schutt, 168 S., 126 Farbf., 61 Farbzeichn., kart. ●●●

Entspannung
(**0834**-1) Von Dr. Med. Chr. Schenk, 88 S., 29 Zeichnungen, kart. ●

Autogenes Training
Ein Programm zur Streßbewältigung
(**1278**-0) Von Dr. P. Kruse, B. Pavlekovic, K. Haak, 112 S., durchgehend zweifarbig, kart. ●●●

Erfolg und Lebensfreude durch
Autogenes Training und Psychokybernetik
(**1035**-4) Von D. H. Alke, 80 S., 2 s/w-Zeichnungen, mit Audiokassette, kartoniert. ●●●

Chinesisches Schattenboxen
Tai-Ji-Quan
für geistige und körperliche Harmonie
(**0850**-3) Von F.T. Lie, 120 S., 221 s/w-Fotos, 9 s/w-Zeichnungen, Beilage: 1 s/w-Poster mit zahlreichen Abbildungen, kart. ●●

Yoga für jeden
(**1277**-2) Von K. Zebroff, 144 S., Spiralbindung, durchgehend vierfarbig, kart. ●●●

Yoga
Weg zur Harmonie
(**4417**-8) Von A. Harf, W. von Rohr, 176 S., 171 Farbfotos, 12 s/w-Zeichnungen, Pappband. ●●●●

Yoga gegen Haltungsschäden und Rückenschmerzen
(**0394**-3) Von A. Raab, 104 S., 215 Abb., kartoniert. ●

AOK-Bibliothek
Radwandern
für die Gesundheit
(**1369**-8) Von S. Kälberer, J.–U. Knoll, 128 S., 126 Farbfotos, kartoniert. ●●●

AOK-Bilbliothek
Osteoporose
Vorbeugen · Diagnose · Behandlung
(**1371**-X) Von A. Baumgarten, 96 S., 74 Farbfotos, 17 Farbzeichn., kartoniert. ●●●

AOK-Bibliothek
Erkältungskrankheiten
Vorbeugung und Behandlung
(**1372**-8) Von G. Leibold, 112 S., 74 Farbfotos, 7 Farbzeichn., kartoniert. ●●●

AOK-Bibliothek
Krankenpflege zu Hause
Anleitungen, Tips und Informationen
(**1373**-6) Von S. Hof, 104 S., 68 Farbfotos, 32 Farbzeichn., kartoniert. ●●●

PfundsKur Kochbuch
(**4726**-6) Von F. Metzler, 112 S., 81 Farbf., Pappband. ●●●

Fit ohne Fett
Die neue PfundsKur
(**1370**-1) Von Prof. Dr. V. Pudel, 128 S., kartoniert. ●

Die aktuelle
Ballaststofftabelle
(**1288**-8) Von Dr. H. Oberritter, 80 S., kart. ●

Neue Rezepte für **Diabetiker-Diät**
Vollwertig · abwechslungsreich · kalorienarm
(**0418**-4) Von M. Oehlrich, 96 S., 8 Farbtafeln, kartoniert. ●

Diät bei Herzkrankheiten und Bluthochdruck
Rezeptteil von B. Zöllner
(**3202**-1) Von Prof. Dr. med. H. Rottka, 92 S., 4 Farbtafeln, kartoniert. ●●

Diät bei Erkrankungen der Nieren, Harnwege und bei Dialysebehandlung
Rezeptteil von B. Zöllner.
(**3203**-X) Von Prof. Dr. med. Dr. h. c. H. J. Sarre und Prof. Dr. med. R. Kluthe, 96 S., 33 Farbfotos, 1 s/w-Zeichnung, kartoniert. ●●

Diät bei Darmkrankheiten
Durchfall · Divertikulose, Reizdarm und Darmträgheit · einheimische Sprue (Zöllakie) · Disaccharidasemangel · Dünndarmresektion · Dumping Syndrom, Rezeptteil von B. Zöllner.
(**3211**-0) Von Prof. Dr. med. G. Strohmeyer, 88 S., 4 Farbtafeln, kartoniert. ●●

Diät bei Gicht und Harnsäuresteinen
Rezeptteil von B. Zöllner.
(**3205**-6) Von Prof. Dr. med. N. Zöllner, 112 S., 35 Farbtafeln, kartoniert. ●●

Diät bei Zuckerkrankheit
Rezeptteil von B. Zöllner (**3206**-4) Von Prof. Dr. med. P. Dieterle, 112 S., 42 Farbfotos, 4 vierfarbige Vignetten, 1 s/w-Zeichnung, kartoniert. ●●

Diät bei Störungen des Fettstoffwechsels und zur Vorbeugung der Arteriosklerose
Rezeptteil von B. Zöllner.
(**3208**-0) Von Prof. Dr. med. G. Wolfram, 102 S., 32 Farbfotos, kartoniert. ●●

Ballaststoffreiche Kost bei Funktionsstörungen des Darms
Rezeptteil von B. Zöllner.
(**3212**-9) Von Prof. Dr. med. H. Kasper, 96 S., 34 Farbfotos, 1 s/w-Foto, kart. ●●

Diät bei Krankheiten des Magens und Zwölffingerdarms
Rezeptteil von B. Zöllner
(**3201**-3) Von Prof. Dr. med. H. Kaess, 96 S., 35 Farbfotos, 1 s/w-Zeichnung, kart. ●●

Diät bei Krankheiten der Gallenblase, Leber und Bauchspeicheldrüse
Rezeptteil von B. Zöllner.
(**3207**-2) Von Prof. Dr. med. H. Kasper, 88 S., 35 Farbfotos, 1 s/w-Zeichnung, , kart. ●●

Computerbücher

Das neue FALKEN
Computerlexikon
(**4356**-2) Von Dr. B. Kopp, 336 S., 121 s/w-Fotos, 184 Computergrafiken, Pappband. ●●●●

Computer-Grundwissen
Eine Einführung in Funktion und Einsatzmöglichkeiten
(**4359**-7) Von Chr. T. Wolff, 176 S., 182 Farbfotos, kartoniert.●●●●
(**4358**-9) Pappband.●●●●

Der PC
(**4732**-0) Von U. u. H. Freund, 336 S., 386 Farbfotos, Pappband. ●●●●●

freundin
Das Computerbuch für Frauen
(**4372**-4) Von M. Thiel, 176 S., 102 Farbfotos, 73 Zeichnungen, Pappband. ●●●●

Desktop Publishing: Typografie und Layout Seiten gestalten am PC · für Einsteiger und Profis (**4330**-9) Von Dr. H. D. Baumann, M. Klein, 320 S., zahlreiche zweifarbige Abb., Pappband. ●●●●●

PC HELP!
Wissenschaftliche Texte mit Word 5.5
(**4360**-0) Von P. Vogel, ca. 96 S., durchgehend zweifarbig, kartoniert. ●●

PC HELP!
Praktische Computernutzung mit Works 2.0
(**4369**-4) Von A. Görgens, ca. 96 S., durchgehend zweifarbig, kartoniert. ●●

PC HELP!
DFÜ mit dem PC
(**4370**-8) Von M. Hofmann, ca. 96 S., durchgehend zweifarbig, kart. ●●

PC HELP!
Zeichnen mit dem PC
(**4361**-9) Von M. Hofmann, ca. 96 S., durchgehend zweifarbig, kart. ●●

PC HELP!
Präsentation mit dem PC
(**4368**-6) Von M. Hofmann, 96 S., 47 zweifarbige screenshots, kart. ●●

PC HELP!
CONFIG. SYS. und AUTOEXEC. BAT
Optimale Systemkonfiguration
(**4338**-4) Von A. Görgens, 64 S., ca. 50 s/w-Abbildungen und Grafiken, kart. ●●

PC HELP!
DOS-Kommandos richtig nutzen
(**4339**-2) Von A. Görgens, 64 S., ca. 50 s/w-Abbildungen und Grafiken, kart. ●●

PC HELP!
Batch-Dateien – DOS-Abläufe selber festlegen
(**4341**-4) Von A. Görgens, 64 S., ca. 50 s/w-Abbildungen und Grafiken, kart. ●●

PC HELP!
Die ersten Schritte mit dem PC
(**4344**-9) Von P. Vogel, H. Ebsen, 64 S., ca. 50 s/w-Abbildungen und Grafiken, kartoniert. ●●

PC HELP!
Mehr Speicher unter DOS nutzen
(**4345**-7) Von K. O. Kuhl, 64 S., ca. 50 s/w-Abbildungen und Grafiken, kart. ●●

PC HELP!
Viren erkennen und beseitigen
(**4346**-5) Von M. Hofmann, 64 S., ca. 50 s/w-Abbildungen und Grafiken, kart. ●●

DTP-Lexikon für die Praxis
(**4373**-2) Ca. 96 S., durchgehend zweifarbig, kart. ●●●

Gestalten mit Pagemaker für Windows
(**4375**-9) Von M. Hofmann, R. Titius, 116 S., 53 zweifbg. screenshots, kart. ●●

Präsentationsprogramme richtig nutzen
(**4376**-7) Von M. Hofmann, 96 S., 60 zweifarbige screenshots, kartoniert. ●●

Datenaustausch 1
(**4378**-3) Von M. Hofmann, 104 S., 63 zweifbg. screenshots, kartoniert. ●●

Datenaustausch 2
(**4379**-1) Von M. Hofmann, 96 S., 34 zweifarbige screenshots, kart. ●●

WordPerfect 6.0 für Windows
(**4380**-5) Von U. Freund, ca. 96 S., kartoniert. ●●

Update
MS-DOS 6.0
Beilage: Kurzreferenz
(**4385**-6) Von M. Hofmann, ca. 96 S., kartoniert. ●●●

PC-Pannen selbst beheben
Hardware · Software
(**4383**-X) Von M. Hofmann, 144 S., kart. ●●

Windows für Workgroups
(**4381**-3) Von P. Vogel, 80 S., 40 Screenshots, kartoniert. ●●

Software

FALKEN Software
Maschinenschreiben und Tastaturtraining für Comuter
(**7009**-8) Von B. Hoppius, Diskette 5 1/4″ u. 3 1/2″ für IBM-PC + Kompatible, mit Begleitheft. ●●●●●*

FALKEN Software
Musterkorrespondenz in Deutsch, Englisch, Französisch, Italienisch, Spanisch
(**7041**-1) Diskette 5 1/4″ für IBM-PC + Kompatible, mit Begleitbroschüre. ●●●●*
(**7051**-9) Diskette 3 1/2″ für IBM-PC + Kompatible, mit Begleitbroschüre. ●●●●*

FALKEN Software
Vokabeltrainer Englisch
Über 2000 Vokabeln und Redewendungen
(**7001**-2) Disk. für C 64/C 128 PC, mit Begleitheft. ●●●●*

FALKEN Software
Take a Trip to Britain
Spielend Englisch lernen mit dem Computer
(**7039**-X) Diskette 5 1/4″ für IBM-PC + Kompatible, mit Begleitheft. ●●●●●*

FALKEN Software
The Grammar Master
(**7002**-0) Diskette für C 64/C 128 PC, mit Begleitheft. ●●●●*
(**7030**-6) für IBM-PC + Kompatible, mit Begleitheft. ●●●●*
(**7032**-2) für Amiga, mit Begleitheft. ●●●●*

FALKEN Software
From Coast to Coast
Travelling through the USA
(**7061**-6) Diskette 3 1/2″ für IBM-PC + Kompatible, mit Begleitbroschüre. ●●●●●*

FALKEN Software
Vokabeltrainer Französisch
Über 2000 Vokabeln und Redewendungen frei erweiterbar.
(**7019**-5) Disk. für IBM-PC + Kompatible, mit Begleitheft. ●●●●●*

FALKEN Software
Je finis, tu finis … maîtrisez la grammaire française
Französische Grammatik lernen und beherrschen
(**7053**-5) Diskette 5 1/4″ für IBM-PC + Kompatible, mit Begleitbroschüre. ●●●●*
(**7069**-1) Diskette 3 1/2″ für IBM-PC + Kompatible, mit Begleitbroschüre. ●●●●*

FALKEN Software
Le monde des affaires en français
Wirtschaftsfranzösisch leicht gelernt
(**7054**-3) Diskette 5 1/4″ für IBM-PC + Kompatible, mit Begleitbroschüre. ●●●●●*
(**7068**-3) Diskette 3 1/2″ für IBM-PC + Kompatible, mit Begleitbroschüre. ●●●●●*

FALKEN Software
Vokabeltrainer Italienisch
Über 2000 Vokabeln und Redewendungen frei erweiterbar
(**7065**-9) Diskette 5 1/4″ für IBM-PC + Kompatible, mit Begleitbroschüre. ●●●●*
(**7064**-0) Diskette 3 1/2″ für IBM-PC + Kompatible, mit Begleitbroschüre. ●●●●*

FALKEN Software
Vokabeltrainer Latein
Über 2000 Vokabeln und Redewendungen frei erweiterbar
(**7033**-0) Diskette für IBM-PC + Kompatible, mit Begleitbroschüre. ●●●●*

FALKEN Software
Börsenfieber
Spielend spekulieren mit Geld und Aktien
(**7016**-0) für IBM-PC + Kompatible, Diskette 5 1/4″, mit Begleitheft. ●●●●●*
(**7044**-6) für IBM-PC + Kompatible, Diskette 3 1/2″, mit Begleitheft. ●●●●●*

FALKEN Software
Broker King
Cash und crash an der Terminbörse
(**7058**-6) Diskette 3 1/2″ für IBM-PC + Kompatible, mit Begleitbroschüre. ●●●●●*

Video

Hobby Aquarellmalen
Landschaft und Stilleben
(**6022**-X) VHS, 40 Min., in Farbe, mit Begleitheft. ●●●●*

Hobby Ölmalerei
Landschaft und Stilleben
(**6025**-4) VHS, 40 Min., in Farbe, mit Begleitheft. ●●●●*

Basteln mit Kindern
(**6041**-6) VHS, 60 Min., in Farbe, mit Vorlagen in Originalgröße, mit Begleitheft. ●●●*

Die Modelleisenbahn
Anlagenbau in Modultechnik
(**6028**-9) VHS, 30 Min., in Farbe. ●●●●*

Golf
(**6053**-X) VHS, 60 Min., in Farbe, mit Begleitheft. ●●●●●*

Reiten
(**6097**-1) VHS, ca. 60 Min., in Farbe, mit Begleitbroschüre. ●●●●*

Skigymnastik perfekt
(**6052**-1) VHS, ca. 60 Min., in Farbe, mit Begleitbroschüre. ●●●●●*

Snowboarding
(**6139**-0) VHS, ca. 45 Min., in Farbe, mit Broschüre. ●●●●*

Pflanzenjournal
Blumen- und Pflanzenpflege im Jahreslauf
(**6036**-X) VHS, 30 Min., mit Begleitheft. ●●●●*

Schnitt und Pflege
von Bäumen und Sträuchern
(**6050**-5) VHS, 45 Min., in Farbe, mit Begleitheft. ●●●●*

Erfolgreiche Streßbewältigung
Autogenes Training
Video 1: Einführung und Kurs
Video 2: Übungen
(**6132**-3) VHS, jeweils ca. 60 Minuten, in Farbe. ●●●●●*

Aktfotografie
Gestaltung/Technik/Spezialeffekte
Interpretationen zu einem unerschöpflichen Thema
(**6001**-7) VHS, 60 Min., in Farbe, mit Begleitheft. ●●●●●*

Videografieren
Technik/Bildgestaltung/Schnitt/Vertonung, Filmen mit Video 8 (**6031**-6) VHS, 60 Min., in Farbe, mit Begleitheft. ●●●●●*

Videografieren perfekt
Profitricks für Aufnahmetechnik und Nachbearbeitung
(**6042**-4) VHS, (**6044**-4) Video 8, 60 Min., in Farbe, mit Begleitheft. ●●●●●*

Top-Form Gymnastik
Ein Bewegungsprogramm für pfundige Leute
(**6144**-7) VHS, ca. 30 Min., in Farbe. ●●●●*

Fitt ohne Fett
PfundsKur Video
(**6142**-0) VHS, ca. 40 Min., in Farbe. ●●●●*

Streicheleinheiten für Körper und Seele
Partnermassage
(**6051**-3) VHS, 45 Min., in Farbe, mit Begleitheft. ●●●●●*

Tele Partner Massage
Zärtliche Entspannung zu zweit
(**6131**-5) VHS, ca. 60 Minuten, in Farbe. ●●●●*

Sinnliche Stunden
(**6099**-8) VHS, ca. 60 Min., in Farbe, mit Begleitbroschüre. ●●●●●*

Nie wieder rauchen
(**6100**-5) VHS, ca. 45 Min., in Farbe, mit Begleitbroschüre. ●●●●*

New York
(**6151**-X) VHS, ca. 60 Min., in Farbe. ●●●●*

Kalifornien
(**6152**-8) VHS, ca. 60 Min., in Farbe. ●●●●*

USA Südwest
(**6153**-6) VHS, ca. 60 Min., in Farbe. ●●●●*

Florida
(**6154**-4) VHS, ca. 60 Min., in Farbe. ●●●●*

Hawaii
(**6164**-1) VHS, ca. 60 Min., in Farbe. ●●●●*

Irland
(**6167**-6) VHS, ca. 60 Min., in Farbe. ●●●●*

Norwegen
(**6161**-7) VHS, ca. 60 Min., in Farbe. ●●●●*

Kanarische Inseln
(**6162**-5) VHS, ca. 60 Min., in Farbe. ●●●●*

Mallorca
(**6143**-9) VHS, ca. 60 Min., in Farbe. ●●●●*

Toscana
(**6148**-X) VHS, ca. 60 Min., in Farbe. ●●●●*

Rom
(**6145**-5) VHS, ca. 60 Min., in Farbe. ●●●●*

Venedig
(**6146**-3) VHS, ca. 60 Min., in Farbe. ●●●●*

Florenz
(**6147**-1) VHS, ca. 60 Min., in Farbe. ●●●●*

Paris
(**6157**-9) VHS, ca. 60 Min., in Farbe. ●●●●*

Wien
(**6158**-7) VHS, ca. 60 Min., in Farbe. ●●●●*

London
(**6159**-5) VHS, ca. 60 Min., in Farbe. ●●●●*

Prag
(**6165**-X) VHS, ca. 60 Min., in Farbe. ●●●●*

Griechische Inseln
(**6166**-8) VHS, ca. 60 Min., in Farbe. ●●●●*

Kuba
(**6150**-1) VHS, ca. 60 Min., in Farbe. ●●●●*

Dominikanische Republik
(**6163**-3) VHS, ca. 60 Min., in Farbe. ●●●●*

Malediven
(**6156**-0) VHS, ca. 60 Min., in Farbe. ●●●●*

Bali
(**6149**-8) VHS, ca. 60 Min., in Farbe. ●●●●*

Thailand
(**6155**-2) VHS, ca. 60 Min., in Farbe. ●●●●*

Hongkong
(**6160**-9) VHS, ca. 60 Min., in Farbe. ●●●●*

Bestellschein

Erfüllungsort und Gerichtsstand für Vollkaufleute ist der jeweilige Sitz der Lieferfirma. Für alle übrigen Kunden gilt dieser Gerichtsstand für das Mahnverfahren. Falls durch besondere Umstände Preisänderungen notwendig werden, erfolgt Auftragserledigung zu dem bei der Lieferung gültigen Preis.

Ich bestelle hiermit aus dem Falken-Verlag GmbH, Postfach 1120, D-65521 Niedernhausen/Ts., durch die Buchhandlung:

Ex.

Ex.

Ex.

Ex.

Name: Datum:

Straße:

Ort: Unterschrift:

Die hier vorgestellten Bücher, Videokassetten und Software sind in folgende Preisgruppen unterteilt:

● Preisgruppe bis DM 10,–/S 79,–/SFr 11,–
●● Preisgruppe über DM 10,– bis DM 20,– S 80,– bis S 160,– SFr 10,– bis SFr 21,–
●●● Preisgruppe über DM 20,– bis DM 30,– S 161,– bis S 240,– SFr 21,– bis SFr 30,–
●●●● Preisgruppe über DM 30,– bis DM 50,– S 241,– bis S 400,– SFr 30,– bis SFr 50,–
●●●●● Preisgruppe über DM 50,–/S 401,–/SFr 50,–
* (unverbindliche Preisempfehlung)

Die Preise entsprechen dem Status beim Druck dieses Verzeichnisses (s. Seite 1) – Änderungen, im besonderen der Preise, vorbehalten –

BASTEI
LÜBBE

LARRY NIVEN IM
TASCHENBUCH-PROGRAMM:

DER RINGWELT-ZYKLUS

24 238 Ringwelt
24 239 Ringwelt-Ingenieure
24 236 Ringwelt-Thron
24 258 Brennans Legende
24 262 Craslander
24 266 Flatlander
24 279 Die Welt der Ptavvs
24 281 Der kälteste Ort
24 284 Ein Geschenk der Erde

DIE KZIN-KRIEGE
Abenteuer aus dem Ringwelt-Universum

24 244 Katzenhaus
24 251 Neandertal
24 254 Höllenfeuer
24 265 Der Überlebende
24 269 Katzenmusik
24 277 Outsider

LARRY NIVEN

HAL COLEBACH · JEAN LAMB
WARREN W. JAMES · PAUL CHAFE

KATZ UND MAUS

DIE KZIN-KRIEGE
ABENTEUER AUS DEM RINGWELT-UNIVERSUM

INS DEUTSCHE ÜBERTRAGEN
VON RAINER UND SOPHIE SCHUMACHER

BASTEI LÜBBE

BASTEI LÜBBE TASCHENBUCH
Band 24 288

1. Auflage: Juni 2001

Vollständige Taschenbuchausgabe

Bastei Lübbe Taschenbücher
ist ein Imprint der
Verlagsgruppe Lübbe

Deutsche Erstveröffentlichung
Titel der amerikanischen Originalausgabe:
Man Kzin Wars VIII: CHOOSING NAMES

Lektorat: Ruggero Leò / Stefan Bauer
Titelillustration: Arndt Drechsler
Umschlaggestaltung: QuadroGrafik, Bensberg
Satz: Fotosatz Steckstor, Rösrath
Druck und Verarbeitung:
Brodard & Taupin, La Flèche, Frankreich
Printed in France

ISBN 3-404-24288-2

LARRY NIVEN

NAMENSWAHL
(CHOOSING NAMES)

Das Licht in diesem Raum war röter als das von Sol, mehr wie das Licht seiner eignen Welt oder das des Heimatplaneten der Kzinti, den er nie gesehen hatte. Gläubigers Telepath empfand es als freundlich. Das andere Wesen im Raum befand sich hinter einer Wand aus Panzerglas. Es saß im Dunkeln. Der Kzin konnte vage die Gestalt des anderen erkennen, doch nicht sein Gesicht; aber das war auch egal.

Der Kzin sagte: »Ich kann Gedanken lesen.«

Die letzte Dosis Shtondatdrüsenextrakt verlor allmählich ihre Wirkung. Gläubigers Telepath würde seine besondere Fähigkeit nur noch teilweise und für wenige Stunden einsetzen können, nicht länger. Er schmeckte ein wenig die Gedanken des anderen. Der Mensch, der ihn verhörte, war vorsichtig, misstrauisch.

Gläubigers Telepath fragte: »Verstehst du, was das impliziert? Ich habe unter deinen Feinden gelebt. Ich kenne ihre Gedanken, ihre Pläne, ihre Hoffnungen, Ängste und Ziele.«

»Dieses Wissen könnte sich als äußerst wertvoll erweisen.«

»Mein Preis ist hoch. Ich will einen Namen.«

Gläubigers Telepath fühlte, dass sein Gegenüber sich amüsierte. Wut stieg in ihm auf, doch er unterdrückte sie. Darin war er geübt. »Bei uns werden die niederen Ränge nach ihrer Tätigkeit benannt«, erklärte er. »Aber jeder darf danach streben, sich Rang und Namen zu verdienen. Die Niedersten von uns sind danach benannt, was sie sind: Feiglinge, Mutanten, Krüppel oder Telepathen. Ich bin *Gläubigers* Telepath. Ich wäre der erste Telepath seit Kzintigedenken, der einen Namen bekommt.«

Der andere verlagerte sein Gewicht hinter dem

schützenden Glas. Er hatte bei seinesgleichen gesehen, was eine Sucht anzurichten vermochte. Der Kzin war nicht nur klein und hager; er war geradezu ein Zerrbild seiner Art. *Gläubigers* Telepath machte ihn nervös.

Der andere fragte: »Bei wem warst du? Wussten sie irgendetwas, das von Nutzen ist? Weißt *du* etwas?«

»Das musst du beurteilen«, antwortete Telepath. »Unser Schiff war die *Gläubiger.* Unsere Besatzung bestand aus elf Helden, obwohl die *Gläubiger* Platz für sechzehn Helden bot. Sie besaß zwei Aufhängungen für Plasmakanonen, doch nur eine davon war belegt. Als die Nachricht kam, sind wir in aller Eile gestartet. Wir dachten, dass wir dank unserer geringen Masse schneller zur Beute kommen würden als Schiffe mit vollständiger Crew und Bewaffnung. Wir waren in vorderster Linie, weit vor anderen Schiffen unserer Größe, und wir achteten darauf, dass die Schlachtschiffe uns nicht bemerkten, als *Gedärmreißers* Horde ins Solsystem stürmte.

Es war ein großer Spaß. Die Fusionstriebwerke, die die Menschen verwenden, erzeugen einen heißen Ionenstrahl, eine Spur, die schier unglaubliche Mengen von Röntgen- und Gammastrahlen absondert. Wir fanden solch eine Spur, hielten auf den Konvergenzpunkt zu, tauchten unmittelbar neben einem Schiff auf und schossen ihm das Antriebsmodul weg. Dann drangen wir in den Rumpf ein und schnappten uns vier kriecherische Menschen ... Es waren die ersten, die wir je gesehen hatten; sie waren weit kleiner, als wir aufgrund der Nachrichten geglaubt hatten. Das, was uns am besten gefiel, nahmen wir mit, markierten das Schiff als unser Eigentum und flogen wieder weg, um das nächste Schiff zu überfallen.

Doch das funktionierte nur einmal.

Bei einer Geschwindigkeit von mehreren hundert Kilometern pro Sekunde geriet die *Gläubiger* in ein Feld winziger Gesteinsbrocken. Die Menschen haben ihr Gebiet mit allen möglichen Antriebsaggregaten verteidigt. Diese Gesteinsbrocken waren das Produkt eines elektromagnetischen Beschleunigers, der einem Asteroidenbergbaukonzern gehörte. Die Menschen lösen das Metall aus dem Gestein und benutzen die Schlacke als Reaktionsmasse; damit haben sie uns beworfen. Die *Gläubiger* wurde förmlich zerfetzt. Meine Gefährten kämpften gegen die Eindringlinge und starben. Ich habe mich versteckt, aber in meinem Druckanzug war ich zu massig, um mich lange verbergen zu können.

Die Menschen fanden mich in dem abgeschirmten Raum, den wir als Versteck und Speisekammer verwendet haben; dort kauerte ich neben unserer menschlichen Beute, die zwar zerschunden, aber lebendig war. Dafür, dass ich ihr Leben verschont habe, hätte man mich ruhig ein wenig besser behandeln können.

Eine Zeit lang hielten sie mich unter einer kleinen Kuppel in Schwerelosigkeit gefangen, später dann hier, auf einem kleinen Mond des Gasriesen. Aber sie wussten nicht, was ich war!«

Den letzten Satz schrie er förmlich heraus, denn die Überraschung der Menschen darüber war so groß gewesen, dass er sie noch immer nicht verdaut hatte. Er fühlte das Staunen seines Zuhörers. »Ich habe ihre Furcht gefühlt. Zunächst habe ich es nicht verstanden. Ich war der Letzte meiner Mannschaft und der erste Kzin, den sie je gesehen hatten. Andere Kzinti waren nicht in der Nähe. In den systemweiten Schlachten sind auch andere Helden gefangen genommen worden, doch meine Wärter sahen nur Bilder von ihnen auf ihren Monitoren. Dass ich verkrüppelt war, erkannten sie nicht. Ich wiege drei- oder viermal soviel wie sie, und doch wiege ich nur halb soviel wie ein Held.

Auch meine Sucht verstanden sie nicht. Sie sahen nur, dass ich krank war und dass sich mein Zustand ständig verschlimmerte. Sie führten das auf meine gebrochenen Rippen und die mangelhafte Diät zurück. Es bereitete ihnen Sorgen. Menschen sind Herdentiere, und meine Schmerzen bereiteten ihnen Kummer. Sie versuchten, etwas dagegen zu tun.

Ihre Arztmaschinen sind dafür ausgelegt, das biochemische Ungleichgewicht eines Menschen auszugleichen. Sie fummelten an den Geräten herum und passten sie so lange an, bis ich mit Nährstoffen versorgt werden konnte. Damit versuchten sie dann, mich zu heilen, doch als ihnen das nicht gelang, vermuteten sie, die Maschine sei falsch eingestellt.

Auch wenn ich durch Schläuche und feste Nahrung Nährstoffe zu mir nahm, hungerte ich dennoch! Sie boten mir kein Lebendfutter an. Ich aß schlechter als an Bord der *Gläubiger*! Doch jeder Telepath ist vom Extrakt der Shtondatdrüse abhängig, und mein Vorrat war verloren gegangen. Natürlich wurde ich daraufhin krank.

Ohne die regelmäßigen Injektionen habe ich Schwierigkeiten, selbst einen anderen Kzin zu lesen, geschweige denn ein fremdes Wesen. Ich habe so gut wie nichts von dem Dutzend Menschen gelesen, die mich bewacht und versorgt haben. Doch das Wenige, das ich trotzdem in Erfahrung bringen konnte, bedeutete einen großen Unterschied. Ich überlebte, weil ich ihre Furcht fühlen konnte. Sie betrachteten mich als Symbol für die Rückkehr des Schreckens in ihr Paradies. Ich war wie ein Alptraum für sie, ein Alptraum voller Zähne und Klauen.« Erneut fühlte er, dass sein Befrager sich amüsierte. »Sie brachten mir Respekt entgegen!«

Nachdem er sich wieder ein wenig beruhigt hatte, fuhr er fort: »Bevor sie weitere Gefangene brachten, geschah noch etwas anderes mit mir. Jemand wie ich verliert sehr leicht den Sinn für sich selbst. Verstehst du das? Die Bewahrer geben uns keine Injektionen, solange wir nicht im fortpflanzungsfähigen Alter sind. Fortpflanzen dürfen wir uns allerdings nicht; doch solange wir noch dazu imstande sind, müssen wir einen Sinn dafür entwickeln, wer wir sind, bevor wir im Gedankenfluss anderer ertrinken. Zu unserem eigenen Schutz hätten Telepathen eigentlich *schon immer* Namen haben müssen!«

Sein Zuhörer zuckte mit den Schultern. Offenbar war ihm Telepaths Klage egal.

Das ärgerte Telepath. »Ich habe dir noch nichts gesagt, was dir helfen könnte. Wirst du mir einen Namen geben?«

»Sicher.«

So leicht? Doch den verschwommenen Gedanken des anderen nach zu urteilen, schien er es tatsächlich so zu meinen. »Nun denn«, sagte Telepath. »Eingeschlossen in meinem Geist und einigermaßen geschützt vor den physischen Folgen des Entzugs erkannte ich, wer ich bin. Ich *wusste*, dass sich irgendwo in mir ein ›Ich‹ verbarg.« Der Kzin klopfte sich unmittelbar über der Leber auf die Rippen. Sein Gegenüber verstand ihn offenbar.

»Der nächste Angriff auf das Solsystem wurde von

einer Räuberbande aus den Randgebieten des Patriarchats durchgeführt. Ich glaube, Pareet hat nichts von *Gedärmreißers* Horde gelernt – falls denn überhaupt jemand von uns zurückgekehrt ist, um unsere Geschichte zu erzählen. Pareets Flotte stürmte genau wie wir einfach ins Solsystem, und wie wir fanden sie industrielle Laser und Gesteinsbrocken, die von elektromagnetischen Beschleunigern abgefeuert wurden, während ihre Telepathen, genau wie die unseren, träge Geister entdeckten, die in Frieden mit sich selbst waren. Man brachte vier Helden auf meinen Mond; alle waren unterschiedlich schwer verletzt.

Du musst verstehen, dass es für die vier eine große Schande war, gefangen und lebend eingesperrt zu werden. Ich nenne sie Helden, doch sie waren keine. Auch waren sie keine Telepathen oder Süchtige. Sie waren fast doppelt so schwer wie ich.

Man ließ mich nicht zu ihnen. Meine menschlichen Wärter fürchteten, wir könnten Geheimnisse austauschen. Eine doppelte Wand aus Eisenstäben hielt uns acht Meter voneinander entfernt. Wir mussten uns mit Gesten verständigen oder laut schreien, sodass die Menschen Gelegenheit hatten, unsere Sprache aufzuzeichnen für den Fall, dass sie sie später erlernen wollten.

Natürlich rief ich eine Begrüßung. Seit einem Vierteljahr war ich in meinem Geist gefangen, kannte mich selbst und zweifelte an der Wirklichkeit alles anderen.

Nun waren Kzinti gekommen, doch ich konnte nicht in ihre Schädel eindringen! Ich schrie, aber sie antworteten nicht.

Einer bewegte sich nur selten und sprach niemals. Die menschlichen Ärzte kümmerten sich um ihn mehr als um seine Kameraden. Am Ende starb er. Einer hatte den größten Teil seines linken Beins verloren, und er bewegte sich noch nicht einmal in Schwerelosigkeit. Der Dritte war groß, kräftig und kampflustig, und er besaß keine Ohren mehr. In der letzten Schlacht war ihm das Fell abgezogen worden; sein Körper war zur Hälfte rosa. Er stand an den Gitterstäben und funkelte mich hasserfüllt an. Der Vierte besaß einen breiten Streifen weißen Fells über den Augen. Er wirkte gesund, und er musterte mich, auch wenn unsere Wärter es vermutlich nicht bemerkt haben.

Eine Essenszeit verstrich, bis er endlich mit mir sprach. ›Ich bin Weißmaske im Rang eines Strategen. Ich habe, was du brauchst.‹

Natürlich wussten sie, was ich bin, und ich brauchte nicht zu fragen, wovon er gesprochen hatte. Stattdessen fragte ich: ›Wie das?‹

›Ich habe nur ein wenig‹, sagte er. ›Was gerade in der Nähe lag, habe ich mir geschnappt.‹ Er hielt nichts in den Händen außer stählernen Gitterstäben, und ich fragte mich, wo er irgendetwas hatte verstecken können. ›Wir wissen viel zu wenig über die Beute-die-kämpft. Einer von deiner Art könnte uns mehr über sie verraten, wenn er nicht vorher stirbt! Also habe ich, was dich heilen wird, und ich bin froh, noch rechtzeitig gekommen zu sein.‹

Rechtzeitig? Elf Jahre Shtondatextrakt und dann ein Vierteljahr ohne! Ohne die medizinischen Apparate meiner Wärter wäre ich schon längst tot gewesen. Mein Körper hatte gerade angefangen, sich von elf Jahren des Missbrauchs zu erholen!

Doch ich sagte nur: ›Wir werden beobachtet‹, und dann: ›Wir werden studiert.‹

Weißmaske wandte sich an den Ohrlosen und knurrte einen Befehl.

Der Ohrlose schrie und versetzte Weißmaske einen Schlag; zugleich schnappte der Einbeinige nach dem Fußgelenk des sterbenden Kzin und kroch dann auf allen dreien in eine Ecke, während der Ohrlose mit Weißzahn kämpfte.

Die beiden bewegten sich unbeholfen. Sie waren die niedrige Schwerkraft nicht gewöhnt. Sie kämpften mehr in der Luft als auf dem Boden, und jeder Schlag warf sie auseinander. Der Ohrlose war riesig und kräftig, doch zweimal bekam Weißmaske ihn in der Luft zu packen und hämmerte auf ihn ein wie auf einen Kratzsack. Eine rasche Folge von Schlägen und Tritten brachte sie nah an Einbein heran, und das war der Augenblick, da Einbein mir etwas zuwarf.

Es war, was ich erwartet hatte: ein kleiner, halb leerer Beutel. Wir hatten natürlich keine Taschen; also versteckte ich den Beutel in meinem Mund und hoffte, dass er wasserdicht war. Ich wartete bis zur Essenszeit.

Das Essen servierte man uns in Tüten; Schüsseln waren wegen der niedrigen Schwerkraft ungeeignet. Die Tüten wurden auf einem Fließband hereingefahren. Kein Mensch würde sich je einem Kzin ohne entsprechende Vorsichtsmaßnahmen nähern. Ich stellte meine Essenstüte so hin, dass ich den kleinen Beutel dahinter verbergen konnte. Erwartungsvoll schaute ich hinein und fand alles, was man für eine Shtondatextraktinjektion brauchte. Ich nahm etwas weniger als die normale Dosis; dann legte ich mich hin. Nach so langer Zeit wusste ich nicht, wie das Extrakt auf mich wirken würde.

Die Gedanken der anderen drangen in mich ein

und raubten mir die Orientierung. Kein Mensch war in der Nähe – noch nicht –, doch ich teilte meinen Geist mit den vier Kriegern. Sie standen im Rang noch nicht hoch genug, als dass man ihnen Namen gegeben hätte, und hier in ihrem Gehege benutzten sie auch keine militärischen Bezeichnungen mehr. Sie waren im Kampf gedemütigt worden, doch nun hatten sie einen kleineren, noch weit schwächerer Kzin vor sich.

Weißmaske hatte als Kind in Rollenspielen Strategie gelernt und als Jüngling mehr Kämpfe durch Voraussicht gewonnen denn durch Kraft. Für ihn war ich das Werkzeug ihrer Befreiung, und er versuchte, den anderen diese Ansicht aufzuzwingen. Den Plan, mit einem gestellten Kampf die Weitergabe des Beutels zu verschleiern, hatten sie sich gemeinsam ausgedacht. Doch Ohrfresser – so nannte sich der Ohrlose selbst – vergaß ständig alles.

Ohrfresser hatte sich einen gewissen Ruf erworben, bis der Vater eines seiner Opfer ihn im Kampf besiegt und ihm die Ohren abgebissen hatte. Er wollte nur zu mir. Seine Klauen wollten mir den geraubten Stolz aus der Leber reißen. Dafür hätte er vorher allerdings Weißmaske töten müssen – und auch Stumpf.

Stumpf stand höher im Rang als der Rest. Er war die Stimme des Kommandanten gewesen; doch natürlich konnte er jetzt nicht mehr kämpfen, nachdem er ein Bein verloren hatte. Er glaubte, dass Ohrfresser gefügiger sein würde, wenn man ihm Gelegenheit gäbe, etwas zu töten, das Widerstand leistete; doch die Menschen gaben uns nur totes Essen.

Werkzeugmeister lag im Sterben. Er konnte weder sprechen noch klar denken. Das Vakuum hatte ihm Kehle und Lunge zerrissen. Werzeugmeisters Geist spürte meine Berührung und hieß die Gesellschaft willkommen. Er wollte nicht sterben, ohne vorher die Erfahrungen eines ganzen Lebens weiterzugeben ... Wie sich herausstellte, waren diese Erfahrungen nicht sonderlich viel wert. Er beschrieb, wie sich ein Kood versteckt – eine Kreatur von einer Welt, die ich nie gesehen habe und die man nach Shasht importiert hat, einer Welt, auf der ich ebenfalls nie gewesen bin ... Er beschrieb wie man das Kood aufspürt, wie es stirbt und wie es schmeckt. Dann erzählte er mir von der Lust und dem Schrecken, den es bedeutet, sich mit der Kzinrrett eines stärkeren Männchens zu paaren und anschließend dem Haremsbesitzer zu entfliehen. Er sprach vom Schwimmen. Nicht einer von tausend Kzinti kann schwimmen, Werkzeugmeister hingegen schon. Der Angriff auf das Solsystem ... Ich wusste, was folgen würde, und versuchte mich loszureißen.

Der Schwerkraftpolarisator ist ausgefallen, und alles fällt und fällt ... Ein Sturz durch die Brücke, während man versucht zu atmen ... Zischend entweicht Luft durch einen Riss in der Wand. Der wunderbare Augenblick, als ich die Arme und Beine um meinen Druckanzug schlang. Reißverschluss auf, mit den Beinen zuerst hinein, alles dicht ... Ich werde leben! Der Helm verwandelt sich plötzlich in eine Splitterwolke. Mein Nacken und mein Kopf sind mit einem Mal nass von kochendem/frierendem Blut, und alles verschwimmt ... ich war zu einem Ball zusammengerollt und schwitzte Furcht, während die anderen mich durch die Gitterstäbe hindurch beobachteten.

Für sie war ich nur Telepath.

Telepathen können ihre Peiniger nicht verletzen, ohne selbst den Schmerz zu fühlen. Jedes Kätzchen weiß, was es bedeutet, einen Kampf zu gewinnen, aber wir kennen das nur aus den Gedanken anderer. Ein Telepath tut alles für seine Shtondatdroge. Da sie das von mir wussten, wussten sie alles, was sie von mir wissen wollten ... fast so, als hätten sie meine Gedanken lesen können.

Weißmaske fragte erst gar nicht, ob ich das Zeug genommen hatte. Ein Telepath tut das einfach. Als die Ärzte mich vernetzten, führten sie mich gefesselt fort, und Weißmaske versuchte derart krampfhaft, nicht hinzusehen, dass ihm die Augen schmerzten.

Die Ärzte schlossen mich an ihren Maschinenarzt an. Ich roch die anderen Kzinti; man hatte sie ebenfalls hierher gebracht, bevor man sie mit mir einsperrte.

Ich fühlte die Selbstgefälligkeit des Arztes: Ich war stark und gesund. Sie konnten nicht wissen, wie viel Kraft ich zurückgewonnen hatte, seit die Entzugserscheinungen abgeklungen waren. Und noch etwas anderes freute sie: Meine Pulsfrequenz zeigte ihnen, dass die Beruhigungsmittel wirkten. Menschen stopfen ihresgleichen bisweilen mit Beruhigungschemikalien voll, um den Betreffenden gefügig zu machen, und für mich hatten sie einen ähnlichen Stoff gefunden. Das war das erste Mal, dass ich ihre Zufriedenheit gefühlt habe. Allein dafür hätte ich sie in diesem Augenblick alle umbringen können.«

»Warum hast du nicht?«

Das war eine seltsame Frage ... oder? Telepath antwortete: »Meine Konditionierung unterdrückt diese Reflexe. Glaubst du wirklich, dass ich nach meiner ersten Dosis Shtondatextrakt *verlangt* habe? Ich bin mit der Gabe geboren worden, Gedanken lesen zu können, doch zum Telepathen haben mich andere gemacht. Was, wenn ich versucht hätte, sie einen nach dem anderen zu töten? Ich wäre immer wieder gestorben.«

»Hattest du Gelegenheit, mit den anderen Kzinti zu sprechen?«

»Ja. Nach der Untersuchung haben die Ärzte mich gebeten, genau das zu tun, um die anderen Gefangenen zu beruhigen. ›Für euch ist der Krieg vorbei‹, haben sie gesagt. ›Mach ihnen das klar.‹ Magische Worte, um sich einen Feind zu unterwerfen; aber für uns ist der Krieg nie vorbei«, erklärte *Gläubigers* Telepath. »Man hat mir gesagt, dass man mich nicht in ihr Gehege lassen würde. Das kam mir sehr entgegen. Ich wollte nicht in der Nähe von Ohrfresser sein.

Zurück in unseren Käfigen schrien wir also einander zu, was es zu berichten gab. ›Sie verstehen die Heldensprache nicht!‹, rief ich als Erstes, und das stimmte – zumindest fast.

Die Menschen hatten ein Dutzend Worte gelernt, ich aber viele.

Ich habe versucht, den anderen zu beschreiben, wie es um uns stand. Ich beschrieb die Gehege, das Hospital, die Menschen, die dort arbeiteten, und die, die zu Besuch kamen. Waffen: Ich hatte fast nichts in der Art gesehen. Luft, Wasser, Nahrungsversorgung. Die große Treibhausblase über uns an der Kraterwand. Die hätte man mit einer Nadel zum Platzen bringen können. Das verstanden sie, und sie glaubten mir, als ich ihnen sagte, die Menschen hätten den Krieg abgeschafft – weil sie glaubten, sie seien darüber hinausgewachsen –, bis wir kamen.

Ich habe ihnen gesagt, was die Ärzte über den Krieg wussten, doch das war nur wenig. Sie erzählten mir vom zweiten Angriff. Vom ersten wussten sie nichts. Aber sie waren in aller Eile hierher gekommen, hatten sich kaum vorbereiten können, denn sie hatten gehört, dass das Solsystem bereits mit Lichtgeschwindigkeit dem Patriarchat einverleibt würde. Größere, stärkere Horden würden ihnen folgen.«

Telepaths Gegenüber fragte: »Folgen von wo? Wo war das Schiff, als es diese Gerüchte aufgefangen hat? Wir brauchen die Transitzeit. Kannst du mir das auf einer Sternenkarte zeigen?«

»Ja. Jetzt?«

»Nein. Sprich weiter.«

»Gegen Sonnenuntergang sagte mir Weißmaske: ›Wir müssen ausbrechen. Hast du schon über eine Flucht nachgedacht?‹

Ich antwortete: ›Wir sind von Vakuum umgeben. Druckanzüge zu stehlen, ergibt keinen Sinn. Einige von unseren Druckanzügen sind ihnen in die Hände gefallen, doch die hat man zur Untersuchung weggeschafft. Wenn wir erst frei sind, kann ich euch nicht zu einem Raumschiff oder einem Raumhafen führen. Sie haben mich in einer fensterlosen Kiste hergebracht.‹

›Sie brauchen Fahrzeuge mit einer Atmosphäre‹, sagte Weißmaske.

›In so einem bin ich angekommen‹, erwiderte ich. ›Eine Kiste mit Raketen ...‹

›Wenn wir ein Schiff und einen fremden Piloten stehlen, könntest du dann seine Gedanken lesen? Gut genug, um das Schiff fliegen zu können?‹

Ich antwortete: ›Ich habe ihre Konsolen gesehen. Unsere Finger sind nicht klein genug dafür.‹ Ich sah seine Gedanken: *Telepath will uns zur Trägheit und Feigheit überreden.* ›Nehmt je einen von ihren Schreibstöcken in eure Pranken, dann könnt ihr die Tasten drücken. Aber ihr braucht wirklich einen Piloten, nicht irgendeine zufällige Beute. Ich werde einen für euch finden müssen.‹

›Warte auf den Befehl‹, sagte Weißmaske.

In dieser Nacht hörte ich ihnen dabei zu, wie sie einen Fluchtplan ausarbeiteten. Sie brauchten ihn mir nicht zuzurufen; ich konnte ihre Gedanken hören. Ein funktionierendes Raumschiff wäre ideal gewesen, aber auch ein beschädigtes oder leeres Schiff könnte noch immer eine Nachricht absetzen, und ein Gedankenleser konnte ihnen erklären, wie dies zu bewerkstelligen wäre. Sie mussten *Gläubigers* Telepath in ihre Pläne mit einbeziehen.

Jedes Mal wenn sie von mir sprachen, sah ich, welches Bild sie von mir hatten: *Vergesst nicht, dass er nicht kämpfen kann. Er muss überleben, bis wir im freien Raum sind, und das bedeutet, dass wir schnell sein müssen. Wir müssen frei sein, bevor von diesem bösen Zeug nichts mehr übrig ist, das er ständig schluckt, sonst sitzen wir bis in alle Ewigkeit hier fest. Warum hast du dir nicht einen vollen Beutel geschnappt? Weil unser eigener verrückter Telepath in Stücke gerissen worden ist, als die Hülle platzte, und mit ihm sein ganzer verdammter Beutel!* Weißmaskes Erinnerung, die diese Worte begleitete, war die an ein schreckliches Heulen inmitten blutigen Schaums, der an der Oberfläche gefroren war – Bilder von blutigen Fetzen, die kochten, froren und sich ausdehnten.

Am nächsten Morgen rief Weißmaske mir zu: ›Rede mit ihnen. Gib ihnen einen Grund, uns aus diesem Kasten herauszuholen! Wenn wir zusammen draußen sind, können wir etwas unternehmen. Nicht du, Telepath. Bleib du nur, wo du bist. Wir werden dich hinterher befreien.‹

Ich hatte auch nachgedacht. Ich erwiderte: ›Werkzeugmeister stirbt. Ich spüre, wie er in Träumen verschwindet, und selbst die Träume lösen sich allmählich auf. Sagt das den Menschen. Sie werden versuchen, ihn zu retten.‹

Ich fühlte, wie sehr das Stumpf überraschte. Er rief: ›Sie haben doch schon vier. Warum sollten sie sich dann die Mühe machen, einen beschädigten Fünften zu retten?‹ Ich fühlte seine Furcht, dass sie vielleicht auch einen beschädigten Vierten sterben lassen könnten, denn schließlich befanden wir uns hier auf einem Mond, wo man jeden Atemzug entweder herstellen oder importieren musste.

Ich versuchte, ihm zu antworten. ›Menschen sind keine Einzelgänger‹, erklärte ich. ›Um vollständig zu sein, brauchen sie eine Gemeinschaft. Isolierte Menschen werden seltsam. Teilweise leben Menschen sogar füreinander. Sie bilden sich ein, die Furcht, die Lust, den Schmerz und den Zorn der anderen fühlen zu können.‹

Ich hatte eine Wahrheit ausgesprochen, die ich fühlen und schmecken konnte, und in diesem Augenblick wusste ich, dass ich mich selbst beschrieben hatte.

Ich musste mich zwingen weiterzureden. ›Ihr Instinkt verlangt von ihnen, sich um jede verwundete Kreatur zu kümmern, selbst um einen Feind oder ein Fremdwesen. Sagt ihnen, Werkzeugmeister brauche seine Gefährten um sich herum, und sie werden euch glauben. Sie werden euch alle hineinbringen. Allerdings weiß ich nicht, welche Vorsichtsmaßnahmen sie treffen werden.‹

Weißmaskes Triumphgeheul hallte durch seinen und meinen Kopf. Aus seiner Kehle hallte jedoch nur ein heiseres Krächzen. ›Dann sag es ihnen! Bring uns hinein, und wir erledigen den Rest!‹ Er beugte sich über Werkzeugmeister. ›Natürlich stirbt er. Ist er vielleicht schon tot?‹

Ich griff nach Werkzeugmeisters Geist. ›Er lebt. Überlasst mir jetzt die Führung, und ich werde euch hineinbringen. Schmiegt euch an Werkzeugmeister. Ohrfresser, überleg dir, wie es für ihn am bequemsten wäre, und leg ihn entsprechend zurecht. Weißmaske, sprich mit ihm.‹

›Was soll ich ihm sagen?‹

›Ist das irgendwie von Bedeutung? Sprich mit ihm, hör zu, und sprich weiter.‹ Ich fühlte, wie Werkzeugmeisters Leid ein wenig gelindert wurde. Er spürte die Aufmerksamkeit nur schwach, die ihm zuteil wurde, doch er mochte es. ›Jetzt geh zum Fenster, Weißmaske, und rufe laut. Wedele mit den Armen nach den Ärzten. Stumpf, gesell dich zu ihm. Ohrfresser, du bleibst bei Werkzeugmeister. Heb seinen Kopf ein wenig an, und leg ihm den flachen Stein in den Nacken. Vorsichtig! Gut.‹

Werkzeugmeister spürte die Bewegung, und sein Schmerz ließ nach.

Auf der anderen Seite des Fensters drängten sich die Ärzte zusammen. Die leise Berührung ihrer Gedanken vermittelte mir die Aufregung, die sie darüber empfanden, dass das vernarbte Monstrum sich so zärtlich und rührend um seinen Kameraden kümmerte. Ich rief: ›Jetzt brüll mir etwas zu, Weißmaske! Dein Freund ist krank, und du sprichst nicht die menschliche Sprache; also sprich statt dessen mit mir! Sie wissen nicht, dass ich Gedanken lesen kann . . .‹

Er trat an die Gitterstäbe, rüttelte daran und schrie: ›Glaubst du etwa, das hätte ich vergessen, du Idiot!‹ Stumpf hatte ebenfalls verstanden. Er sprang neben Weißmaske und schrie Gedichte, die wir alle als Kätzchen von den Bewahrern gelernt hatten. Und die Ärzte rannten zu meinem Fenster, dem Fenster zum Käfig, und hörten mir zu, während ich sie in ihrer Sprache anbrüllte. Inmitten all des Lärms fühlte ich, wie Werkzeugmeister starb.

So bin ich dann hierher gekommen.«

Der Mensch hinter dem Panzerglas nickte. »So bist du hierher gekommen. Aber du hast mir nicht das gesagt, was du deinen Gefährten versprochen hast. Gehe ich recht in der Annahme, dass du uns *nicht* rätst, sie aus ihren Käfigen zu befreien?«

»Das würde ich euch in der Tat nicht raten«, antwortete Telepath. »Ihr dürft nicht vergessen, dass sie inzwischen vermutlich wissen, was ich euch wirklich gesagt habe. Sie dürfen auf keinen Fall Gelegenheit bekommen, diese Nachricht zu verbreiten. Ja, man sollte sie noch nicht einmal in die Nähe eines anderen Telepathen lassen.«

»Hm-mmmh.«

Telepath sagte: »Ich habe etwas in deinen Gedanken aufgeschnappt. Ein großes Schiff mit zerstörtem Antrieb, Überlebende ...?«

»Ja, wir glauben, dass wir Weibchen eurer Spezies gefunden haben.«

»Aber sie sind tot. Ihr habt den Harem eines Admirals gefunden.«

»Wenn du dich paaren willst ...«

»Ja! Aber so etwas habt ihr mir nicht zu bieten.«

»Es wird sich schon wieder eine Gelegenheit ergeben, Weibchen von euch Kriegerkatzen gefangen zu nehmen. Dann können wir verhandeln. Was deinen Namen betrifft, so nimm ihn als Geschenk. Wie würde dir Selig gefallen? Oder Aycharaych? Greenberg vielleicht?«

Telepath wusste, dass diese Namen Gedankenlesern aus der klassischen Literatur der Menschen zuzuordnen waren. »Besser wäre ein antiker Kriegername«, sagte er und sprach den ersten Namen aus, der ihm in den Sinn kam. »Ronreagan. Nenn mich Ronreagan.«

»So soll es sein. Ronreagan, es ist Fütterungszeit, und auch wenn du nicht hungrig bist, ich bin es.« Ich betrachtete ihn einen Augenblick lang als Fleisch, als Beute, und er spürte das irgendwie; es amüsierte ihn. »Doch andererseits möchte ich auch, dass du mir jede Einzelheit über dieses … dieses … wie hast du es noch genannt …?«

»Das Patriarchat.«

»… über dieses Patriarchat erzählst. Und über Schwerkraftpolarisatoren! Kannst du uns beibringen, wie man so etwas baut?«

»Wenn ihr versucht, ein Weibchen für mich zu fangen, dann fangt mir auch einen Ingenieur.«

HAL COLEBATCH

TELEPATHENTANZ

(TELEPATH'S DANCE)

OSTERINSEL

Arthur Guthlac, der niemals hoffen konnte, weiter in den Weltraum zu kommen als mit einem billigen Pauschaltrip bis zum Mond, beneidete seine Schwester Selina mehr, als er in Worte fassen konnte.

Abgesehen von den Rammrobotern und den wenigen, unglaublich teuren Kolonieschiffen reiste nur selten jemand in Gebiete jenseits des Solsystems, und ständig wuchs die Schlange der Wissenschaftler, die dafür anstanden, Projekte im Weltraum durchführen zu dürfen. Es galt als schwindelerregendes Lob, dass man das Schwerkraftanomalieprojekt als förderungswürdig anerkannt hatte.

Doch der Museumsleiter und seine brillante Schwester hatten sich stets sehr nahe gestanden, und nun würden sie für lange Zeit voneinander getrennt sein. Sie verbrachten die letzten Tage bis zum Abflug der *Happy Gatherer* gemeinsam. Am Abend vor dem Start des Forschungsschiffs holte Arthur das Modell hervor.

»Nimm das«, sagte er. »Ein kleines Geschenk für dich.«

Es war das Metallmodell eines alten Meeresschiffes, kaum größer als Selinas Hand.

»Eine Antiquität? Die hast du doch nicht aus dem Museum gestohlen, oder?«

Beide lachten.

»Es ist eine Antiquität, aber keine gestohlene. Ich war auf einer Konferenz über automatische Sicherheitssysteme bei Kindergalerien im Greenwich-Museum in London, und dort hat man Andenken an die Teilnehmer verteilt. Jetzt gebe ich es dir, weil du auf eine große Reise aufbrichst wie einst die alten Entdecker auf den Meeren der Erde. Ich habe eins für jeden von uns. Es waren Schwesterschiffe nehme ich an; zumindest ist ihr Design vollkommen identisch.«

»Es war nett von ihnen, dass sie dir zwei gegeben haben.«

»Sie wollten die Modelle wegwerfen, um Platz für eine Ausstellung über die Geschichte des Tanzes zu schaffen. Ich habe Hunderte davon in der Müllpresse gesehen ... Vielleicht«, fügte er mit gespielter Sorglosigkeit hinzu, »waren es Kultobjekte irgendeiner Militärfantasysekte.«

»Das ist das Miniaturmodell eines ... eines Militärschiffes? Ein verantwortungsvolles Museum würde solche Dinge doch wohl kaum ausstellen, oder?«

»Ich weiß nicht, ob es überhaupt jemals Militärschiffe gegeben hat. Aber natürlich gibt es da diese Fantasygeschichten. Sollten sie allerdings wirklich existiert haben, dann vor sehr, sehr langer Zeit. Dieses Schiff hier stammt aus der Eisenzeit, oder genauer: aus der Stahlzeit ... Nein, es ist kein Militärschiff.

Aber wie auch immer«, fuhr er im offiziellen Tonfall eines ARM fort, »es ist unmöglich, dass Piraten oder Banditos die Ressourcen zur Verfügung hatten, solch ein Schiff zu bauen. Für die damalige Zeit war das eine ingenieurtechnische Meisterleistung. Nur große Konzerne oder Regierungen konnten so etwas bauen. Außerdem beschäftigt sich Militärfantasy mit soziopathischen Ideen, und das hier sieht mir nicht gerade wie die kranke Darstellung eines Militärschiffs aus. Von wo sollten die Kriegsmänner auch ihre Waffen abfeuern?

Ich vermute, es handelt sich eher um eine Art Schwerlastfrachter. Diese Röhren auf den drehbaren Türmen hier könnten dazu gedient haben, Weizen oder Ähnliches aus dem Schiff in Auffangbehälter zu befördern. Es sei denn natürlich, das sollen – wie nennen die Schreiberlinge das noch? – das sollen ›Gewehrlaufwaffen‹ sein.«

Er lächelte vorsichtig, fast verstohlen und verlieh seiner Stimme einen Hauch von Spott, als wolle er jedem zeigen, der das Gespräch zufällig beobachtete, dass er nur einen geschmacklosen Insidergag gemacht hatte.

Er deutete auf das Modell eines kleinen Bootes, das an dem größeren Schiff befestigt war. »Das zeigt den Maßstab: ungefähr 1000:1. Ich bin nicht sicher, welche Maßeinheiten man damals verwendet hat, aber das echte Schiff müsste zirka 35.000 Tonnen gewogen haben. Die Polizei – der Vorläufer der ARM – hat damals noch Waffen getragen; aber wenn diese Dinger hier Waffen sein sollen« – er berührte einen der drehbaren Türme mit je drei Rohren – »dann müssten sie ja Geschosse abgefeuert haben so groß wie ein Mann! Sieh dir außerdem mal an, wie breit der Rumpf ist. Das lässt auf ein enormes Fassungsvermögen schließen, wie man es bei einem Frachter erwarten würde. In jeder *echten* Welt würden Völker, die miteinander Krieg führen, natürlich nie etwas derart Unsinniges bauen.«

»Das da ist ein ... Wie hat man es noch mal genannt? Ein Beiboot?«

»Ja. Ähnlich wie die Boote auf einem Raumschiff. Man hat sie dazu benutzt, um an Land zu gehen, wenn die Ufergewässer für das Hauptschiff zu flach waren. Man hat sie vermutlich auch in Notfällen verwendet. Ich stelle es mir allerdings ziemlich übel vor, in ein solches Ding zu klettern, während dein Schiff in einem Sturm sinkt. Ich wette, die Seeleute auf der« –

er las den Namen und das Datum auf dem Modellständer – »auf der *HMS Nelson* von 1928 würden dich um die Annehmlichkeiten auf deinem Schiff beneiden. Das andere Schiff hieß *HMS Rodney*. Natürlich war die menschliche Gesellschaft damals schon lange zivilisiert. Ich weiß nicht, was die Namen bedeuten, aber die beiden Schiffe sehen vollkommen gleich aus. Irgendwie ähneln sie uns ... Das könnte von Bedeutung sein, weißt du?«

Diese letzten Worte enthielten ihr ganz privates Geheimzeichen; es lag an Arthurs Betonung. Satelliten erkannten Schlüsselworte; ›lebensfremd‹ war beispielsweise aus dem freien Vokabular gestrichen worden.

Die Verbindung zwischen den beiden Geschwistern war irgendwie seltsam. Einige Ärzte hatten die Vermutung geäußert, Selina könne telepathische Fähigkeiten besitzen, doch sie weigerte sich beharrlich, sich testen zu lassen. Ihr Innenleben war kompliziert genug, und falls sie wirklich irgendwelche Fähigkeiten dieser Art ihr Eigen nannte – seien sie nun latent oder offen –, dann wollte sie es gar nicht wissen. Ohne entsprechende Schutz- und Kontrollmechanismen konnte die Gabe der Telepathie sich als tödlich erweisen.

Aktuelle Forschungsergebnisse deuteten beispielsweise darauf hin, dass Telepathie die Ursache für das Aussterben der Neandertaler gewesen war. Ihre telepathischen Fähigkeiten hatten sie zu verwundbar gemacht; sie hatten die Schmerzen und die Angst ihrer Beute gefühlt und die Gefühle sowohl ihrer eigenen als auch der anderen humanoiden Spezies empfunden. Moderne Telepathen – die wenigen, die es gab – neigten dazu, in vielerlei Hinsicht *anormal* zu sein, und häufig litten sie unter Depressionen. Selina hatte ein paar Telepathen kennen gelernt, als man darüber diskutiert hatte, Selina einem Test zu unterziehen, und das hatte ihr gereicht.

Arthur und Selina konnten vielleicht von Glück sagen, Geschwister zu sein. Anderenfalls hätten sie sich bei ihrem ersten Treffen ohne Zweifel ineinander verliebt und in eine leidenschaftliche Beziehung gestürzt, die nicht gut hätte enden können; dazu ähnelten sich ihre Persönlichkeiten viel zu sehr, anstatt sich zu ergänzen. So wie es war, standen sie sich jedoch näher als ein Ehepaar, nur ohne jegliche sexuelle Spannung oder Eifersucht.

Eine letzte Nacht, um miteinander zu reden. Dann war es Zeit für Selina, das Shuttle zu besteigen, welches sie zur *Happy Gatherer* in den Orbit bringen würde. Bruder und Schwester fuhren gemeinsam aufs Feld hinaus.

ANGEL'S PENCIL

»Wir haben die Wrackteile verloren.« Steve Weaver wandte sich von der Konsole ab und stand auf. Die Überreste des außerirdischen Feindes waren nun auch vom letzten Schirm verschwunden.

»Dann bereitet es uns keine Kopfschmerzen mehr.« Sue Bhangs Augen flehten ihn um Bestätigung an.

»Keine Kopfschmerzen mehr. Vielleicht nie wieder.«

Der Albtraum bedrückte sie noch immer – sie konnten den Druck förmlich spüren –, während die *Angel's Pencil* hinter dem riesigen Rammfeld ihrem festgesetzten Kurs folgte. Schiff und Mannschaft hatten sich sehr verändert, seit die Expedition die Erde verlassen hatte. Lediglich vor der Instrumentenkonsole befand sich noch ein wenig freier Raum. Ein Kolonieschiff war ohnehin meist bis oben hin vollgeladen, doch nun stapelten sich auch noch in den wenigen Freiräumen an Bord der *Pencil* fremdartige Maschinen, Waffen und Instrumente, manche am Stück, andere in Einzelteilen. Und in dem eilig eingerichteten Kühlraum (Kälte war im Weltraum zumindest leicht zu finden) lagen die geborgenen Leichen und Gliedmaßen der fremden *Dinger* selbst. Einige waren zerfetzt, andere verbrannt und wieder andere fast unversehrt – sofern man ihren Zustand als ›unversehrt‹ bezeichnen konnte, nachdem die Wesen dem Vakuum des Weltraums ausgesetzt gewesen waren. Jim Davis und Helen Boyd überwachten die Filmaufzeichnung.

Die Kadaver waren wie ein Beweis für die Absichten der Fremden: riesig, weit größer als Menschen, mit nadelspitzen Krallen, mächtigen Muskeln, kräftigen Sehnen und gewaltigen Kiefern mit dolchartigen Zähnen. Den Wesen fehlten allesamt die Augen, doch die großen Augenhöhlen verrieten, dass sie je zwei davon ihr Eigen nannten; die Gesichtszüge waren allerdings noch deutlich zu erkennen. Eine konvergente Evolution hatte etwas hervorgebracht, das den Säbelzahntigern der alten Erde ähnelte, und zwar so sehr, dass die Besatzung die fremde Spezies *Pseudofelis* taufte. Aber da war noch mehr: Das Schädelvolumen übertraf das eines Menschen. Die Wesen gingen aufrecht und besaßen Hände, was einen furchtbaren Widerspruch zur Folge hatte: *Pseudofelis Sapiens*.

Die Ähnlichkeit zu jener Familie von Lebewesen, die das Meisterwerk der irdischen Natur in Sachen Raubtier darstellten, war offensichtlich; doch das

Anhängsel *Sapiens* überschattete alles andere. Die Wesen besaßen nicht nur messerartige Zähne, einige von ihnen trugen auch echte Messer bei sich – Messer aus einem monomolekularen Metall, mit dem man durch Stahl schneiden konnte. Ihr Schiff hatte Raketen mit Fusionssprengköpfen besessen, Waffenlaser und sogar einen Hitzeinduktionsstrahl. Außerdem stellte der Antrieb der Fremden eine schier unglaubliche Verbesserung gegenüber dem Fusionsrammjet der *Angel's Pencil* dar, und das war das Beste, was der menschliche Geist bisher hervorgebracht hatte.

Die *Angel's Pencil* konnte von dem Trümmerfeld der Schlacht fliehen, die sie soeben gewonnen hatte, doch der Albtraum folgte ihr. Die Menschen an Bord schienen um Jahre gealtert zu sein, und mehr als einer neigte seit einigen Nächten dazu, schreiend aufzuwachen. Der Doc hatte viel zu tun.

Wie so viele echte Albträume, so ergab auch dieser keinen Sinn. Es gab keinen Grund, warum Fleischfresser keine Intelligenz entwickeln sollten – Delphine waren beispielsweise auch intelligent, und Steve wusste genug über die Seestatue, die die Delphine gefunden hatten –, aber *solch* eine Intelligenz? Die menschliche Evolution hatte einwandfrei bewiesen, dass Zivilisation und Technologie voneinander abhingen ... Jedenfalls hatte man das bis jetzt geglaubt.

Die Dinge, die die Besatzung der *Angel's Pencil* geborgen hatte, bargen eine Vielzahl von Geheimnissen – der Antrieb, der keinen Sinn ergab, die zerschmetterten Überreste von ein paar Dingern, die riesigen Seesternen glichen, verrückte Werkzeuge und Artefakte und eine unlesbare Schrift –, doch was das alles letzten Endes bedeutete, war klar: Die lange

Suche nach außerirdischen Lebensformen war vorüber, und die Menschheit steckte in Schwierigkeiten.

»Man wird es uns nicht glauben«, sagte Steve. »Ich würde es ja selbst nicht glauben ...« Er starrte auf die summende, sich bewegende Batterie von Kameralinsen und schüttelte verwirrt und wütend die Faust.

»Sie *müssen* es einfach glauben ...«, erklärte Jim. Hunderte von Bildern befanden sich bereits auf dem Weg ins Solsystem.

»Es ist sinnlos, sich darüber den Kopf zu zerbrechen, ob sie uns nun glauben oder nicht«, erwiderte Helen. »Wir können nur eins für die Erde tun: Ihnen soviel Informationen wie möglich senden. Und was uns selbst betrifft, so sollten wir lieber diese Raketen fertig machen und beten, dass uns noch Zeit zur Vorbereitung bleibt.«

SCHLACHTERKRALLE

Erster Telepath hat mich die Verwendung der Shtondatdroge gelehrt. Er hat mir eine neue Fährte gegeben, der ich folgen soll, neue Gedanken, auf denen ich kauen kann. Wenn Telepath mit Telepath spricht, sind wir nicht immer unterwürfig. Sind nicht auch wir Kzinti?

Wir verbrachten viel Zeit in Basen und in dem großen Schiff. Meine Jagd begann, während Erster Telepath im Sterben lag. Ich sollte sein Nachfolger werden.

Ein Hilferuf von *Fährtensucher*, unserem Führungsspäher wenige Lichtsekunden vor uns, hatte uns aus dem Kälteschlaf geweckt. Unser Schiff antwortete im

Kriegscode. Außer dem Geisterschrei erhielten wir keine Antwort.

Später drang Erster Telepath tief in die Tunnel dessen vor, was manche die Welt des Elften Sinns nennen. Zu guter Letzt glaubte er, fremdartige Geister am äußersten Rand seiner Reichweite entdeckt zu haben. Gefürchteter Zraar-Admiral trieb ihn so weit, bis er völlig verbraucht war. Ich fühlte, wie Erster Telepath zusammenbrach, auch wenn ich mich dagegen schützte, so gut es ging. Erster Telepath war alt, doch Gefürchteter Zraar-Admiral wollte ihn nicht wegwerfen, solange er noch einen Teil seiner Fähigkeiten besaß; wir werden immer benutzt, bis nichts mehr von uns übrig ist. Allerdings dürfen wir das Heldenvolk nicht beschämen, indem wir uns vermehren, um unsere seltene Gabe zu vererben.

Als ich selbst meinen Geist ausdehnte, fand ich nichts. Falls dort wirklich etwas gewesen war, dann war es jetzt weg. Um die *Fährtensucher* zu finden, wurde ich nicht gebraucht, und so ließ man mich oft in Ruhe schlafen. Als Offiziersbursche mich mit einem Tritt weckte, träumte ich gerade von Karan, deren Kätzchen ich war, von der warmen, milchigen Zeit des Schnurrens und Pfotens. Diesen Traum hatte ich oft geträumt.

Als wir die *Fährtensucher* erreichten, fanden wir sie in zwei Hälften vor. Allerdings schien sie nicht durch eine Explosion auseinander gerissen worden zu sein; vielmehr war sie sauber durchgeschnitten. Ich sah ein deutliches Glänzen an der Schnittkante, wie es für gewöhnlich nur ein Laser hinterlässt. Trümmer schwebten um das Schiff herum. Teils handelte es sich um schweres Gerät, das eigentlich sicher hätte an der Hülle befestigt sein müssen. Das Ganze wirkte, als hätte man dem Schiff die Gedärme herausgerissen, nachdem man es mit einem mächtigen Prankenschlag gelähmt hatte.

Schadenskontroll- und Fremdtechnologieoffiziere sammelten die Wrackteile mit ihren Mannschaften ein und untersuchten sie. Der Erste Fremdtechnologieoffizier befand sich auf der Brücke, als ich dort ankam.

»Es war ein Hieb. Der Laser war sehr nah. Das Schiff ist geplündert worden. Der Polarisatorkern, die Waffen, die medizinischen Vorräte und viele Computer und Speicherbausteine sind verschwunden.«

»Piraten, Weeow-Technologe?«, fragte Zraar-Admiral. Sein Schwanz zuckte.

Ich hörte Weeow-Technologes Gedanken, ›*Piraten, die ein Schiff des Patriarchats angreifen?*‹, und seine höfliche Antwort: »Das war auch mein erster Gedanke, Dominanter. Aber die Löcher, die man in die Hülle geschnitten hat, eignen sich nur für Lebewesen, die weit kleiner sind als wir. Die Eindringlinge kannten weder die Lage und Funktionsweise unserer Einstiegs- und Zugangsluken noch den Verlauf der Gänge an Bord. Sie haben das Notsignal nicht deaktiviert. Einige der verbliebenen Speicherbausteine sind noch intakt, und der Brückenrekorder befindet sich noch an seinem Platz. Hätte der Feind unsere Ausrüstung exakt bestimmen können, hätte er diese Geräte entweder mitgenommen oder vollständig zerstört.

Der Gravitationsantrieb entsprach dem Admiralitätsstandard. Dem Riss im Schiff nach zu urteilen gehe ich davon aus, dass er zu sehr beschädigt worden ist, als dass man ihn noch einmal in Betrieb nehmen kann. Ausgehend von dieser Tatsache nehme ich an, dass die Zerstörer der *Fährtensucher* nicht über diese Technologie verfügen und dass sie deshalb die zerstörten Teile mitgenommen haben, um sie zu untersuchen und eventuell zu kopieren.«

»Urrr. Was ist mit dem Rekorder?«

»Der Laser hat ihn durchgeschnitten. Wir arbeiten daran, Dominanter.«

»Priorität des Patriarchen!«

»So ist es befohlen, Dominanter. Wir haben kleine Artefakte gefunden, die mit Legierungen versehen sind, wie sie bei uns nicht verwendet werden. Wir haben sie durchleuchtet und auch anderweitig untersucht, und ich bin sicher, dass es sich nicht um Miniaturminen handelt. Ich halte sie eher für einfache Werkzeuge. Doch falls es sich wirklich um *Hand*werkzeuge handelt, dann sind sie nicht für unsere Hände gemacht.

Des Weiteren haben sich einige Siegel wieder geschlossen, Gefürchteter Zraar-Admiral. Dadurch ist ein Teil der Atmosphäre erhalten geblieben, und das Lebenserhaltungssystem hat noch ein wenig mehr wiederaufbereitet. Einige Abteilungen waren nicht völlig steril. In einer davon haben wir das hier gefunden.«

Weeow-Technologe zeigte seinem Kommandanten die Computervergrößerung eines fünfgliedrigen Handschuhs, wie man ihn an Raumanzügen verwendete. Das Bild glich der Hand eines *Kz'eerkt*.

»Das ist der deutlichste Beweis, aber es gibt noch andere. Keine Leichen, Zraar-Admiral, nicht eine einzige. Es gab Jotokisklaven an Bord, doch auch deren Leichen sind verschwunden.

Wir wissen nicht, ob oder wie tief die Klauen der *Fährtensucher* den Feind verletzt haben. Es sieht so aus, als seien sie überrascht worden.«

»Sie war ein Späher. Es war ihre Aufgabe, sich *nicht* überraschen zu lassen.«

»Dominanter, vielleicht haben die Angreifer eine unbekannte Kampfart angewandt. Aber da die Trümmer nur auf ein relativ kleines Areal verteilt sind, gehen wir davon aus, dass der feindliche Laser aus unmittelbarer Nähe abgefeuert worden ist. Vielleicht waren die Fremden sogar nahe genug, dass man sie mit bloßem Auge hat sehen können. Ich weiß nicht, wie so etwas geschehen konnte.«

Zraar-Admiral zuckte mit dem Schwanz und rollte die Ohren ein. Er maunzte nachdenklich. »Urrr. Ihr Kommandant war ohne Namen.«

»Er hatte eine gute Akte«, erwiderte Weeow-Technologe. »Er war ein tapferer und kompetenter Offizier, auch wenn er namenlos gestorben ist.«

»Ja.« Gefürchteter Zraar-Admiral besaß selbst nur einen Teilnamen. Hatte das Verlangen nach einem Namen den Kommandanten des Spähers zu einer Torheit veranlasst? Dann verwandelte sich Zraar-Admirals Geist wieder in eine unbezwingbare Felsspitze. Eine fremde, raumfahrende Spezies, die *kämpfte*! Lichtjahre von jedem Stern entfernt! Bisher war noch nie eine fremde Spezies entdeckt worden, deren Raumfahrt über den interplanetarischen Verkehr hinaus entwickelt war und die zudem offenbar noch über ein ansehnliches Waffenarsenal verfügte. Jedenfalls widersprach das allem, was die Kzinti an Bord der *Schlachterkralle* über die Ewige Jagd wussten. Niedere Spezies neigten dazu, zu verweichlichen und ihre Ehre zu verlieren, sobald sie die interplanetare Raumfahrt entwickelt hatten.

Aber der Traum vom Tag! *Diese* Gedanken waren weder neu noch fremd oder geheim: *Wir brauchen einen würdigen Gegner!*

Die Gedanken und Gerüche der Brückenmannschaft sendeten Botschaften aus. Der Feind hatte Kzintiwaffen und Kzintitechnologie erbeutet, um sie dem zuzufügen, was auch immer seine dämonischen Wissenschaftler entwickelt haben mochten. Falls sie in der Lage waren, sich sowohl vor dem Radar als auch vor einem Telepathen zu verbergen, nahmen sie die *Schlachterkralle* vielleicht schon just in diesem Augenblick ins Visier. Oder womöglich sammelten sie jenseits der Reichweite von Zraar-Admirals Instrumenten und jenseits der Reichweite meines Geistes bereits eine mächtige Flotte, um über uns herzufallen.

Aufgeregt meldete sich ein Techniker zu Wort.

»Dominanter, wir haben eine Aufzeichnung vom Brückenrekorder zusammengeflickt. Es sind nur ein paar Worte.«

Eine neue Stimme meldete sich.

»*Macht alle Waffen kampfbereit, aber feuert erst auf meinen Befehl ...*«

»Das ist der Kommandant.«

Rauschen, dann wieder die Geisterstimme.

»*Was für Waffen besitzen sie?*«

Ein anderer Geist antwortete; er gehörte einem Telepathen, tief in der Welt des Elften Sinns, angespannt und verwirrt. Ich bemerkte keine verborgenen Schwingungen, keine geheime Botschaft an einen Bruder-Telepath, nichts von dem Code, den wir für unseren eigenen Krieg entwickelt haben.

»... *ein Druckantrieb, der von einer unvollständigen Wasserstofffusion gespeist wird. Sie verwenden ein elektromagnetisches Rammfeld, um ihren Wasserstoff aus dem Raum zu sammeln ...*«

Zraar-Admiral hielt die Wiedergabe der Aufzeichnung einen Augenblick lang an. Alle dachten das Gleiche: Die Geister redeten von keinem Kzintischiff.

Die Kzintitechnologie hatte sich nie auch nur ansatzweise in eine Richtung entwickelt, die solch einen Antrieb hätte hervorbringen können. Die Geister sprachen erneut.

Rauschen. Die Stimme des Kommandanten nahm einen Unterton an, den ich nicht ganz zuordnen konnte; dann meldete sich Telepath wieder.

»*... noch nicht einmal ein Messer oder eine Keule. Wartet ... Sie haben Küchenmesser. Aber sie verwenden die Messer tatsächlich nur für eine Sache: zum Kochen. Sie kämpfen nicht.*«

»*Sie kämpfen nicht?*«

»*Nein, Dominanter, und sie erwarten auch nicht, dass wir kämpfen. Drei von ihnen ist zwar der Gedanke gekommen, doch jeder hat ihn sofort wieder beiseite geschoben.*«

»*Aber warum?*«

»*Ich weiß es nicht, Dominanter. Vielleicht hat das etwas mit ihrer Wissenschaft zu tun oder mit ihrer Religion. Ich verstehe es nicht ... Ich ...*«

Ein verzerrtes Schreien, dann eine Stimme; sie gehörte dem Fremdtechnologieoffizier der *Fährtensucher*. »*Dominanter, sie können auch gar keine schweren Waffen haben. Auf ihrem Schiff ist nicht genug Platz dafür, und ...*«

Wieder diese Störungen, dann ein Brüllen des Kommandanten im Schlachtimperativ: »*WAFFENOFFIZIER! Brenn ...*«

An dieser Stelle endete die Aufzeichnung; der Rest war zerstört.

Zraar-Admiral und seine Offiziere schwiegen einen Augenblick lang. Zraar-Admirals Ohren waren entspannt, und auch sein Schwanz und seine Schnurrhaare zuckten nicht. Er glich einer großen, alten Statue aus rotem Sandstein. Nur seine Zunge lugte immer wieder kurz zwischen den mächtigen Fangzähnen hervor. Dann sprach Weeow-Technologe.

»Aber diese ersten Worte. ›Sie kämpfen nicht. Keine Waffen.‹ Das war Telepath.«

»Dann ist Telepath getäuscht worden.«

»Urrr.«

Ich kauerte mich noch mehr zusammen, um mich nicht diesen schrecklichen Blicken stellen zu müssen. Was auch immer sonst mit uns nicht stimmen mag, Telepathen begehen keine sachlichen Fehler bei der Informationsbeschaffung, ebenso wenig wie ein Jäger seine Beute übersieht, wenn diese unmittelbar vor ihm steht.

Manchmal kann es vorkommen, dass Telepathen den Kontext nicht verstehen oder dass die Fremdartigkeit des Geistes einer Beute sie überwältigt; doch die Stimme des Telepathen der *Fährtensucher* hatte deutlich gezeigt, dass er von seiner Ansicht vollkommen überzeugt gewesen war. ›Keine Waffen‹ war kein Kontextfehler. Alle Telepathen suchen ständig nach Verbündeten für unseren eigenen Krieg. Auf jeden Fall ist das Lesen fremder Gedanken Teil unserer Ausbildung, und der Telepath in einem Führungsspäher ist auf den Kontakt mit fremden Tieren spezialisiert. Gedanken umströmten mich, einige voller Sorge. Auch wenn wir verachtet werden, betrachtet man uns dennoch stets als unfehlbare Waffe. *Kann dieser Feind Telepathen besiegen?* Das ist das Schlimmste an unserem Los – dass unser Geist offen für die geheimen Ängste eines jeden Helden ist –, doch nun waren das auch meine Gedanken. Urrr.

Fünf lange Finger. Um die List und Tücke der wilden *Kz'eerkti* ranken sich viele Geschichten und Legenden, vom Gleichnis bis hin zum Obszönen.

Einige *Kz'eerkti*-Arten benutzten Steine als Waffen und Stöcke als Werkzeuge. Manche hatten jagenden Helden im Wald aufgelauert.

Dieser Handabdruck im All war schlimm. Langsam verschwand das Wrack des Kzintischiffes vor uns in der endlosen Dunkelheit. Fallen und Täuschungsmanöver. Egal ob nun zum Guten oder zum Schlechten, wir hatten es hier mit einem raumfahrenden Feind zu tun, der uns vollkommen unbekannt war.

»Dominanter, da ist noch mehr. Später ist noch eine weitere Zelle des Rekorders aktiviert worden – vermutlich von den Fremden, die das Schiff geplündert haben.«

Plappern und Schnattern. *Kz'eerkti* plappern und schnattern, wenn sie Helden einen Streich spielen oder aus den Baumwipfeln mit Exkrementen bewerfen, stets zur Flucht bereit, sollten die Helden Anstalten machen, die Stämme zu fällen oder hinaufzuklettern.

»Präg dir dieses Gesabbere ein, Telepath«, befahl Zraar-Admiral. »Es könnte nützlich sein, wenn wir auf unsere Beute treffen. Weeow-Technologe, lass das übersetzen. Telepath wird dir dabei assistieren.«

Ich weiß jetzt, was der Fremde gesagt hat.

»Ein Energieausstoß.«

»Es scheint vollkommen inert zu sein.«

»Nein, sieh dir mal die Anzeige an; da bewegt sich was. Wir sollten von hier verschwinden. Wir haben getan, was wir tun wollten.«

»Ja, wir sollten von hier verschwinden! Und damit meine ich nicht nur ›*zurück* auf die *Pencil*‹. Du weißt, dass dieses Schiff nicht alleine unterwegs gewesen sein kann.«

»Ich habe darüber nachgedacht. Allerdings muss ich zugeben, dass ich den Gedanken auch die ein oder andere Sekunde beiseite geschoben habe. Wenn ich mich recht entsinne, war das ein sehr angenehmes Gefühl.«

»Es ist gut möglich, dass noch mehr Katzen hierher unterwegs sind. Und ich meine *hier*her. Wir haben Emissionen von ihrem Schiff aufgefangen. Vielleicht ist das eine Art Notruf. Sie könnten jeden Augenblick hier eintreffen. Diese Kopfschmerzen am Anfang ... Womöglich waren die Katzen dafür verantwortlich. Vor kurzem hatte ich schon wieder welche, schwächer zwar, aber deutlich spürbar.«

»Ich habe ebenfalls einen seltsamen Druck im Kopf gespürt. Jim sagte, das sei mehreren so gegangen. Ich habe den Stress dafür verantwortlich gemacht ...

... oder irgendein Katzengerät. Falls ja, dann ist es im Augenblick extrem weit weg. Aber kommt es näher? Ist das irgendeine Art Gedankenwaffe?«

»Tanj! Kannst du deine Phantasie nicht wenigstens ein wenig im Zaum halten? Ich habe auch so schon Albträume genug gehabt, seit das alles begonnen hat ... Aber ist ja egal, wir haben noch immer einen Job zu erledigen ... Da blinkt ein Licht auf der Instrumententafel.«

»Und es ist das verdammt größte Warnlicht auf der ganzen verfluchten Tafel. Lauf! Lauf!«

»Es sieht nicht wie eine Waffe aus ...«

»Ich sage: *Lauf*! Sind wir nicht schon schlimm genug dran?«

»Wir müssen jede Information zusammenkratzen, die wir finden können, und zur Erde schicken. Die

Übertragungen aufrechtzuerhalten ist wichtiger als unser Leben.«

»Und glaubst du etwa, wir können noch weitersenden, wenn ein zweites Katzenschiff sich auf uns stürzt? Das nächste Mal sind sie vielleicht nicht so nett, genau vor unser Triebwerk zu fliegen. Womöglich sind es sogar *mehrere* Schiffe. Diese Viecher sind mit Sicherheit irgendwie organisiert. Wir haben den Antrieb, die Waffen und die Leichen. Das reicht, um uns auf Jahre hinaus zu beschäftigen. Es ist verrückt, auf sie zu warten ...«

Geplapper.

»Weeow-Technologe, die Mannschaft kann die Kampfstationen verlassen. Nur die Abwehrstationen bleiben bemannt.«

»Wir haben den Drift der *Fährtensucher* berechnet. Im Augenblick verfolgen wir ihren Weg zurück. Es muss eine Spur geben; außerdem hat die *Fährtensucher* uns ein Signal geschickt. Sie sind nicht sinnlos gestorben. Urrr ... *ein Druckantrieb, der von einer unvollständigen Wasserstofffusion gespeist wird. Sie verwenden ein elektromagnetisches Rammfeld, um ihren Wasserstoff aus dem Raum zu sammeln ...*«

Plötzliches Verstehen.

Eine Spur aus verbranntem Wasserstoff!

»Ihr dürft um die Toten und nach Rache für eure Jagdgefährten heulen. Aber während der Trauer dürfen keine Helden sterben, und bis auf weiteres sind keine Duelle auf Leben und Tod gestattet. Alle Stationen bleiben bemannt.«

HAPPY GATHERER

Paul van Barrow wartete darauf, dass sich der Tumult endlich legte, während er lächelnd und mit einem Winken um Ruhe bat. Da er als Expeditionsleiter die Verantwortung für die *Happy Gatherer* und ihre Besatzung trug, neigte er bisweilen dazu, sich aufgeblasen und spießig zu verhalten, doch jetzt war er so aufgeregt wie alle anderen auch. Gegenwärtig liefen mehrere Projekte auf dem Schiff, und gut 20 beeindruckende, vielseitig gebildete Menschen arbeiteten daran. Die *Happy Gatherer* war ein großes Schiff, gechartert, nicht extra für diese Expedition gebaut, aber trotzdem war der Raum überfüllt.

»Die Schwerkraftanomalien sind noch immer unerklärlich. Falls tatsächlich Außerirdische dahinterstecken sollten, dann besitzen sie Geräte, mit denen sie die Schwerkraft kontrollieren können. Und da ist noch etwas ...« Er deutete auf ein eiförmiges Diagramm, das oben spitz zulief. »Dieses Schiff besitzt eine Form, als könne es eine Atmosphäre durchfliegen und auf einem Planeten landen beziehungsweise von ihm starten. Und es ist groß. Ich denke, auch das ist ein Beweis dafür, dass die Fremden über irgendeine Form der Gravitationskontrolle verfügen.«

Eine Botschaft an den Vorstand? Dieser Gedanke ging mehreren durch den Kopf. Jetzt abgesendet würde die Nachricht in etwa 80 Jahren die Aktienmärkte erreichen.

»Wir haben bestimmte Verpflichtungen unterschrieben, was Gewinne betrifft, die sich aus neu gewonnenem Wissen ergeben«, erinnerte Paul die Anwesenden.

Das war Teil einer der Vereinbarungen gewesen,

mit denen man die finanziellen Mittel für diese Expedition zusammengebracht hatte.

»Wenn es uns denn gelingt, dieses neue Wissen zu *verstehen*«, sagte Henry Nakamura mit einem Hauch von Vorsicht in der Stimme.

»Derart intelligente Wesen geben bestimmt gute Lehrer ab.«

»Bist du da sicher, Paul?« Rosalind Huangs Stimme besaß einen scharfen Unterton. Ihre Augen wirkten unnatürlich groß unter ihrem rot-schwarz gefärbten Haar.

Sie sucht immer nach irgendwelchen Sicherheiten, erkannte Rick Chew. *Was stimmt denn nicht? Das ist ein großer Augenblick.* Er mischte sich ein. »Falls das wirklich Funksignale sind, werden wir sie übersetzen. Es ist schwer, sicher, aber was habt ihr denn erwartet?«

»Wir werden Karriere machen«, sagte Michael Patrick. »Man wird PhDs am Fließband verteilen.«

»Und das nicht nur in der Sprachwissenschaft. Wir haben womöglich gerade die Grundlage für ein Dutzend neuer wissenschaftlicher Disziplinen entdeckt. Allerdings sollten wir inzwischen einige Schlüsselzeichen entziffert haben; das haben wir aber nicht.«

Michael lachte. In fast jeder Situation wirkte dieses Lachen ansteckend, und auch wenn einige glaubten, er nehme manche Dinge einfach nicht ernst genug, so hatte die Crew ihm doch eine Menge zu verdanken. Seine Fähigkeit, fast jeden Streit mit einem Scherz beenden zu können, hatte sich in der Enge des Schiffes als Gottesgeschenk erwiesen. »Dann haben wir die Schwierigkeiten eben unterschätzt. Aber wir haben doch Zeit, und die anderen ja wohl auch.«

»Rick«, mischte sich nun Selina Guthlac ein, »ist das nicht eine etwas voreilige Schlussfolgerung?«

»Wir können nicht erwarten, dass die Übersetzung leicht ist, aber wenn ihre Sprache auch nur einigen grundlegenden Regeln folgt – was einfach so sein *muss* –, dann werden wir sie irgendwann auch übersetzen können.« Die Neuronalen Netze an Bord des Schiffes bestanden aus unzähligen Knotenpunkten.

Selina bereitete Rick Sorgen. In seinen Verantwortungsbereich fielen die Mannschaft und ihre erfolgreiche Zusammenarbeit, und Selina schien jemand zu sein, den man in früheren Zeiten als Außenseiterin bezeichnet hätte. Und er hatte ihren Bruder kennen gelernt. Er war hager und besaß ein eulenhaftes Gesicht; Selina wiederum schien immer wachsam zu sein. Beides zusammengenommen erinnerte Rick daran, dass Eulen Jäger waren.

Doch während Arthur Guthlacs nervöse Energie nicht zielgerichtet war, wirkte Selina stets ausgesprochen ergebnisorientiert. Selina hatte sich ihre Fahrkarte in den Weltraum mit der Leidensfähigkeit erkämpft, die man manchmal mit Genialität in Verbindung bringt. Sie konnte sich so gut verstellen und anpassen, dass sie meist von nahezu allen Crewmitgliedern akzeptiert wurde; doch die gegenseitige Abhängigkeit, die eine Situation wie diese nun einmal mit sich brachte, war sehr hoch, sodass Selina ihre Verschrobenheit nie ganz verbergen konnte, und so kam oft eins zum anderen.

Im Augenblick sprach sie ausgesprochen vorsichtig. Sie wog jedes einzelne Wort sorgfältig ab, bevor sie es aussprach. »Was, wenn sie nicht mit uns kommunizieren *wollen*? Was, wenn sie ihre Sprache verschlüsselt haben? Was, wenn sie es für jedermann unmöglich gemacht haben, sie zu übersetzen?«

Niemand stellte die offensichtliche Frage: »Warum?«;

doch änderte sich der Gesichtsausdruck des einen oder anderen Anwesenden.

»Selina!«, lachte Peter Brown. »Was hast du denn gelesen?«

Selina zuckte kaum merklich zusammen. Die scheinbar harmlose Frage konnte Gefährliches implizieren. Selina ging nicht darauf ein, sondern fuhr fort:

»Noch etwas: Ihr habt gesagt, das Schiff sei groß. Seht es euch noch einmal genauer an. Es ist nicht groß. Es ist *gigantisch*! Und die Form ... Sie könnte zu dem Zweck dienen, in eine Atmosphäre einzudringen und dabei die Reibungsoberfläche zu reduzieren. Warum glaubt ihr, haben sie ihr Schiff so gebaut?«

Niemand antwortete, und kurz herrschte Schweigen. Dann fragte Peter:

»Was ist mit der *Angel's Pencil*? Hat sie irgendwelche Nachrichten gesandt?«

»Jedenfalls keine, die wir empfangen hätten.« Das Kolonieschiff nach Epsilon Eridani musste zwar durch diesen Quadranten gekommen sein, doch aufgrund der enormen Entfernungen zwischen den Sternen hatte niemand ernsthaft damit gerechnet, irgendwelche Botschaften von ihm aufzufangen. Der große Kommunikationslaser der *Angel's Pencil* richtete seinen Strahl vermutlich gebündelt genau auf die Erde und den Belt.

»Ich schlage vor, dass wir uns nach jeder Wache treffen, um die neuesten Ergebnisse auszutauschen«, sagte Paul. Die Mannschaft der *Happy Gatherer* zerstreute sich widerwillig, und viele blickten noch ein letztes Mal auf die Bildschirme. Peter nahm Rick und Paul beiseite.

Selina besaß ein komfortables Quartier, das mit verschiedenen persönlichen Erinnerungsstücken geschmückt war. Im Weltall war ›persönlicher Freiraum‹ eine Notwendigkeit, kein Luxus. Auf dem Regal stand ein Behälter aus Glas und Holz mit einem grau bemalten Gegenstand. Das Modell erinnerte Selina an das gemeinsame Leben mit ihrem Lichtjahre entfernten Bruder. Und es erinnerte auch an all die Gefahren, denen die Seefahrer und Händler der alten Erde sich in diesem primitiven Gefährt hatten stellen müssen. War es ein Glücksbringer? Oder war es etwas anderes? Selina betrachtete es, wie schon viele Male zuvor; doch die *HMS Nelson* erzählte ihr nichts Neues.

Die Türglocke kündigte einen Besucher an. Es war Rick.

»Warum hast du das gesagt?«, fragte er unumwunden. »Ich meine das mit den Aliens, die ihre Nachrichten absichtlich verschlüsseln.«

»Ich weiß es nicht genau.« Selina bereute bereits ihre Worte – und was sie implizierten. Die Nähe zu anderen Menschen auf solch einer Reise barg für alle die Gefahr der Selbsttäuschung.

»Selina, ich stimme nicht mit Peter überein ...«

»Warum? Was hat er denn gesagt? Oder kann ich es mir denken?«

»Ich will nicht heucheln, und ich bin sicher, dass auch er das nicht will ... oder irgendjemand sonst hier an Bord. Paul hat dich immer verteidigt, das weißt du. Manchmal sagt Peter Dinge, ohne vorher darüber nachzudenken.

Ich will damit nicht sagen, dass du konditioniert werden solltest oder so etwas; aber hast du schon einmal daran gedacht, dein psychologisches Profil überholen zu lassen? Nur als Vorsichtsmaßnahme, meine ich. Ganz freiwillig.«

»Nein.«

»Nehmen wir einmal an, es läge ein chemisches Ungleichgewicht vor.«

»Der Doc würde mich bei meinem nächsten Routinecheck davon in Kenntnis setzen und das Problem beheben. Aber wie du weißt, wäre ich niemals durchs Auswahlverfahren gekommen, wenn ich derartige Schwierigkeiten hätte. Sowohl das Auswahlkomitee damals als auch der Doc jetzt sind der Meinung, dass ich vollkommen gesund bin.« Selina fühlte sich durch Ricks Selbstsicherheit provoziert. Sie erkannte, dass sie diesen eingebildeten, selbstzufriedenen, berechenbaren und irgendwie *herbivoren* Kerl nie gemocht oder respektiert hatte. *Er ist wie Paul, nur schlimmer*, dachte sie. *Nun, das überrascht mich nicht. Die Chance, dass wir Außerirdischen begegnen, bestand immer. Das Komitee hat die beiden als bestmögliche Repräsentanten der menschlichen Rasse ausgewählt ... Wenn die wüssten, welchen Fehler sie begangen haben, indem sie* mich *wählten.*

»Bist du sicher, dass du *glücklich* bist?« So, wie er die Frage stellte, klang sie äußerst gewichtig. Die jüngeren Generationen der menschlichen Gesellschaft schätzten das persönliche Glück und das Streben danach höher ein als alle anderen zuvor.

»Was geht dich das an?«

Ihre Worte verletzten ihn. »Wir sind ein Team. Das weißt du.«

»Danke, Rick. Da du für die Personalakten der Mannschaft verantwortlich bist, hast du vermutlich mein Profil gesehen. Eine *meiner* Aufgaben liegt in der Raumnavigation, und deshalb habe ich mich auch ein wenig mit Raumfahrttechnologie beschäftigt. Da ich überdies Naturwissenschaftlerin bin – wie du zweifelsohne weißt, denn wir haben schon oft darüber diskutiert –, kenne ich mich auch recht gut in der Biologie des menschlichen Körpers und mit den chemischen Funktionen unseres Gehirns aus.« Sie hielt kurz inne, musterte Rick von Kopf bis Fuß und fügte dann hinzu: »Und die Aliens könnten in der Tat irgendeine Form von Schwerkraftkontrolle besitzen.«

Einer der Gründe für Selinas Sozialisationsproblem konnte darin liegen, dass sie in einer Kultur lebte, deren Mitglieder nur wenig mit Ironie und Sarkasmus anzufangen wussten. Die Menschen beleidigten einander nicht, und es dauerte eine Weile, bis Rick Chew verstand, was sie gemeint hatte.

»Ich denke dabei nur an dich«, sagte er schließlich. »Jeder, der mit anderen Menschen nicht zurechtkommt, sollte nicht hier sein.«

»Soll ich aussteigen und zu Fuß nach Hause gehen?«

Er zuckte unwillkürlich zusammen.

Dann bemerkte sie es: Sie spürte, dass diese angespannte Atmosphäre Rick nicht nur fremd war, sondern ihn auch schmerzte. Selina suchte nach Worten, um die Situation wieder ein wenig zu entspannen.

»Ich glaube, du bist verspannt, Selina«, kam ihr Rick zuvor. »Vielleicht würde dir eine kleine Elektrostimulation ganz gut tun.«

Er wich einen Schritt zurück und hob die Hände, um sich vor dem wilden Zorn in ihrem Gesicht zu schützen. Selina machte ohne Zweifel eine Bewegung, die einen Schlag andeutete; doch dann beherrschte sie sich wieder. Sie sprach in einem Tonfall, wie Rick ihn nie zuvor gehört hatte.

»Mein Vater war stimulationssüchtig. Er hat sich selbst geheilt. Ich war bei ihm. Ich sah, wie er sich selbst geheilt hat. Hast du auch nur eine Ahnung davon, was das bedeutet? Weißt du, wie vielen Süchtigen es je gelungen ist, sich selbst zu heilen? Weißt du, welchen Preis sie dafür zahlen müssen?«

»Es tut mir leid. Das habe ich nicht gewusst.« Rick war doppelt betrübt, da Selina nicht nur ihn kränkte, sondern er inzwischen auch selbst Beleidigungen aussprach.

»Sag das nie, nie wieder! Hast du das verstanden?«

Selina war halb in die Hocke gegangen. Sie funkelte Rick an, der nun sichtlich konsterniert war, und einen langen Augenblick lang schwiegen beide. Es war ein Funkeln, das eine Generation, die in solchen Dingen erfahren war, als mörderisch bezeichnet hätte. Entschuldigungen murmelnd schüttelte Rick den Kopf und verließ den Raum.

Wie würde er sich wohl verhalten, wie würde jeder von ihnen sich verhalten, dachte Selina, *wie würden sie sich verhalten, wenn ... wenn in diesem Augenblick ...*

Kopfschmerzen. Vielleicht Stress. In jeder Kajüte gab es eine Verbindung zum Autodoc, und Selina steckte rasch ihren Finger hinein, um eine chemische Analyse vornehmen zu lassen.

SCHLACHTERKRALLE

Ich fiel auf alle viere und durchquerte die Brücke. Zraar-Admiral würde sich ausrechnen müssen, wie viel mehr ich noch ertragen konnte. Es stand mir nicht zu, dies zu kommentieren; ich musste nur Bericht erstatten.

»Dominanter, der Feind weiß nichts von der *Fährtensucher*. Sie wissen nichts von den Alten oder irgendeinem anderen denkenden Leben im Weltraum.

Sie verfolgen kein klares Ziel außer dem Sammeln von Daten über anormale Radio- und Gravitationsereignisse und anderes sinnloses Wissen. Aber sie sind *Kz'eerkti.*«

»Was für Radio- und Gravitationsereignisse?«

»Vielleicht sammeln sie Daten über uns.«

Affenneugier. Simianoiden gab es auf mehreren Planeten im Patriarchat, und sie besetzten eine ökologische Nische, die bisweilen zu eingeschränktem Werkzeuggebrauch führte. Intelligente Wesen ähnelten sich zumeist und waren im Allgemeinen auch essbar. Slaver-Forscher glaubten, dass die Alten in der gesamten Galaxis primitive Lebensformen verteilt hatten. Aber das hier auf den Schirmen stellte mehr als nur ›eingeschränkten Werkzeuggebrauch‹ dar.

»Ich glaube, sie gehören demselben Typ Affe an wie die, die die *Fährtensucher* vernichtet haben. Es sind Allesfresser mit fünf Fingern, wie auf dem Abdruck zu sehen war ... Die Spezies hat sich außerhalb ihres Heimatsystems nur noch in einem anderen System in nennenswerter Zahl etabliert, sowie in einigen kleineren Kolonien weiter entfernt. Für all das haben sie ausschließlich Reaktionsantriebe verwendet. Sie besitzen Kälteschlaftechnologie ...« Von uns Telepathen erwartet man, dass wir fremdartige Wissenschaften ebenso verstehen wie fremdartige Religionen, Sprachen, Gesellschaften, Technologien und Gedanken.

Aber mehrere bewohnte Welten! Aus der Rachejagd war nun die Aussicht auf Eroberung und Ehre geworden! Die Gedanken der Jäger waren wie Vulkane.

»Sie senden uns Botschaften. Ihr Schiff nennen sie die ...« Ich hatte Schwierigkeiten, das Wort zu übersetzen. Was herauskam, war: *Erfolgreicher Pflanzenfresser.*

Doch die *Fährtensucher* war in jedermanns Kopf. Die *Fährtensucher* und die breite Wasserstoffspur, der wir gefolgt waren.

»Was für Waffen besitzen sie?«

»Keine, Gefürchteter Zraar-Admiral. Diese Kreaturen haben noch nie gekämpft. Ich finde nicht nur keine Spur von Waffen, sie scheinen zudem kaum eine Vorstellung davon zu besitzen, was Krieg bedeutet – jedenfalls gilt das für alle bis auf einen, *weiblichen* Geist. Aber selbst in diesem Falle ist die Vorstellung eher vage.« Ich hielt kurz inne, und als ich weitersprach, wussten alle um mich herum, dass ich die Worte des Telepathen der *Fährtensucher* wiederholte. »Sie haben nur *Küchenmesser*.«

»Gefürchteter Zraar-Admiral«, sagte Weeow-Technologe, der Erste Fremdtechnologieoffizier, »wie sollte solch eine Spezies je eine Theorie der Ballistik entwickeln?«

»Ballistik hin oder her, sie sind im Weltraum«, sagte Partikelforscher. »Es besteht die Gefahr, dass sie zumindest *eine Art* Waffe besitzen! Was der Süchtige sagt, interessiert mich nicht.«

»Das ist ja das Paradox«, erwiderte Zraar-Admiral. »Vergesst das nie.«

Zraar-Admiral hatte viele getötet, während die Schlachtlegionen des Patriarchats Welten überrannt oder die Helden mit Klauen, Fängen und *Wzai* gegeneinander gekämpft hatten oder manchmal auch mit Strahlenwaffen und Fusionsbomben. Nicht all diese Schlachten waren leicht gewesen, denn wenn ein wahrer Held angreift – auf dem Boden oder sonst irgendwo –, dann kümmert es ihn nicht, wie die Chancen stehen. Auf einem Planeten mit großen Ozeanen hatten die Einheimischen Schiffe unter der Wasseroberfläche versteckt, Schiffe, deren Raketen mit Mehrfachsprengköpfen ausgerüstet gewesen waren. Viele Helden waren gestorben, bis unsere Partikelforscher einen Hitzeinduktionsstrahl entwickelt hatten, mit dem sie die Meere zum Kochen bringen konnten. Die *Fährtensucher* hatte auch solch eine Waffe besessen. Und aus weit entfernten Regionen unseres ausgedehnten Imperiums kamen vage Geschichten über noch ganz andere Dinge ... Doch Zraar-Admiral hatte noch nie im Weltraum gegen einen Feind gekämpft.

Vielleicht würde er das auch niemals. Der Krieg zwischen den Slavern und ihren Tnuctipunsklaven, bei dem vor Milliarden von Jahren alles intelligente Leben in der Galaxis vernichtet worden war, könnte der einzige totale Krieg gewesen sein, der je in den Tiefen zwischen den Sternen ausgefochten worden war – abgesehen von den Kriegen in der legendären Zeit des Ruhmes, als die Jotoki gestürzt worden sind. Die wenigen anderen Spezies, denen die Helden auf der Jagd begegnet waren, hatten allenfalls eine interplanetare Raumfahrt entwickelt und nannten nur armselige Waffen ihr Eigen. Es gab eine Legende über eine wilde Jotoki-Flotte, die den Kzinti hatte entkommen können, doch in all den Jahrhunderten seit dieser Zeit hatte man nicht die geringste Spur von ihr entdeckt ...

Bekämpfen sich Kzinti untereinander, laufen diese Auseinandersetzungen streng kontrolliert ab. Konflikte zwischen kzinttischen Adelshäusern verursachen Aufregung und Blutvergießen en masse, und das Streben junger Helden nach Namen und Land produziert eine große Zahl an Banditen, Rebellen und Piraten. Duelle sind an der Tagesordnung. Zraar-Admiral beispielsweise verdankte seine erste Beförderung seinem Geschick beim Duell, und zu seiner Trophäensammlung gehörte eine beeindruckende Zahl an Ohren; doch Kämpfe zwischen Kzinti im Trainingsareal, im Jagdreservat oder selbst in echten Schlachten waren nicht mit der Glorreichen Eroberung zu vergleichen; alles und jeder wartete auf *Den Tag*. Das Schicksal der *Schlachterkralle* hatte sich noch nicht erfüllt, das fühlte Zraar-Admiral ... und auch sein eigenes und das der Flotte müsste sich erst noch erfüllen.

Einige Priester behaupten, raumfahrende Fremdwesen seien ebenso ein Märchen wie intelligente Weibchen; beides bezeichnen sie als Häresie an der natürlichen Ordnung der Dinge. Nur die Jotoki waren vom Zähnefletschenden Gott erschaffen worden, um den Kzinti den Schwerkraftpolarisator und die hoch entwickelten Waffen zu geben, damit wir selbst unsere Kriegerkultur nicht mit banaler Wissenschaft beschämen mussten. Aber für Zraar-Admiral bedeutete ein Leben ohne Aussicht auf Den Tag, den ultimativen Triumph, schmerzhafte Trübsal. Die Schlachttrommel auf der Brücke zeigte, dass man in der gesamten Flotte ähnlich dachte. Sie war noch nie geschlagen worden, und Zraar-Admiral würde sie nur aus einem einzigen Grund schlagen lassen.

Fremdtechnologieoffizier vermutete vage, dass es einen Streit zwischen Priesterschaft und Militär gab, zwischen religiöser Doktrin und dem Anspruch auf Ehre, den die Schlachttrommel symbolisierte. Ich, der ich so verabscheut wurde, dass man mich kaum bemerkte, ich wusste mehr über die Gedanken und Ideen, die Gefürchteten Zraar-Admiral antrieben. Doch andere, deren Instinkte nicht so ausgeprägt waren wie meine, hätten ihm vielleicht offen ins

Gesicht gesagt, auf welch gefährlichen Weg ihn diese Gedanken und Worte führen konnten. Weeow-Technologe wechselte jedoch lieber auf sicheres Terrain; sorgfältig achtete er darauf, nur technische Fragen zu beantworten.

Zraar-Admiral erkannte ebenso wie ich, dass mein Bericht eine exakte Kopie der Aufzeichnungen der *Fährtensucher* war. Feindliche Fremdwesen ohne Waffen, ja, ohne Waffen*technologie*, und die *Fährtensucher*, die von einer Lichtklaue entzwei gehauen worden war. Sollte der Feind tatsächlich in der Lage sein, Telepathen zu täuschen, bestand reale und – in den Augen von Zraar-Admiral – aufregende Gefahr. Mir indes kam diese Aussicht alles andere als aufregend vor.

HAPPY GATHERER

»Da war ein Signal von der Erde«, sagte Paul, »aber ich habe es aufzeichnen lassen, um sämtliche Kanäle für unsere Freunde offen zu halten. Was auch immer sie von uns wollen, es wird warten müssen.«

»Die Kopfschmerzen ... Glaubst du ...?« Anna ließ die Frage unvollendet.

»Dass es Versuche waren, telepathisch mit uns Kontakt aufzunehmen? Das könnte man bei fortgeschrittenen Wesen zumindest erwarten. Falls dem so sein sollte, sind wir allerdings nicht dafür ausgestattet. Ich weiß, dass telepathische Fähigkeiten bei einigen von unseren Crewmitgliedern ein Auswahlkriterium waren, aber wir besitzen nicht genug davon.«

»Und? Was sollen wir tun?«

»Ich bin unglücklich. Was, wenn sie entscheiden, dass *wir* zu fremd für *sie* sind ... dass unsere beschränkten Fähigkeiten jede Kommunikation verhindern? Was, wenn sie einfach davonfliegen? Wir können ihnen nicht folgen. Aber ich glaube auch nicht, dass wir das Risiko eingehen sollten, einfach nur dazusitzen und darauf zu warten, dass sie den nächsten Zug machen. Sollten sie zu der Überzeugung gelangen, Kontakt mit uns sei reine Zeitverschwendung, und einfach verschwinden ... Das wäre eine Katastrophe!«

»Würden sie das? Nach all der Mühe, die sie sich gegeben haben?«, fragte Paul. »Dieses Schiff ist groß. *Wirklich* groß. Es muss sie eine Menge an Energie gekostet haben, es hierher zu bringen, um sich mit uns zu treffen.« Er versuchte, Selbstvertrauen zu verbreiten. »Schaut mal: An Bord dieses Schiffes befinden sich Wissenschaftler mit einem ähnlichen Verstand wie dem unseren – oder mit einem besseren –, Leute, die Probleme genauso betrachten wie unsereiner. Sie werden sich uns anpassen. Vielleicht haben sie uns für Bekannte gehalten. Na ja, aber jetzt wissen sie, dass wir das nicht sind ... Vielleicht«, fügte er nach kurzem Nachdenken hinzu, »haben sie Angst. Ich glaube, wir sollten ihnen einen Besuch abstatten. Wir werden in einem Boot zu ihnen übersetzen.«

»Ich frage mich«, sagte Rick, »ob das sonderlich diplomatisch wäre. Wir wissen, dass wir es mit fremden Wesen zu tun haben. Was, wenn sie uns als Bedrohung betrachten?« Seine Konfrontation mit Selina hatte ihm Stoff zum Nachdenken gegeben.

»Als *Bedrohung*? Was meinst du damit?«, fragte Anna Nagle.

»Habt ihr je ein Tier in einem Safaripark beobachtet? Nähert euch ihm zu schnell, und es wird oft davonlaufen, obwohl ihr ihm kein Leid zufügen wollt.

Soviel wir wissen, könnten diese Außerirdischen genauso denken.«

»Aber Wesen, die den Weltraum bereisen, müssen eine gewisse Sozialordnung haben, um zusammenarbeiten zu können«, gab Paul zu bedenken. »Ist das nicht die Grundlage aller Zivilisation? Wie könnten sie uns – Mitreisende im All – dann als Bedrohung betrachten? Wenn es für uns offensichtlich ist, dass es sich bei ihnen nicht um wilde Tiere handelt, werden sie ja wohl zu dem gleichen Schluss kommen können.«

»Woher sollen wir wissen, was und wie sie denken? Jetzt tut es mir leid, dass wir keinen Belter unter uns haben. Auch wenn Belter bisweilen ein wenig paranoid sind, was den Weltraum betrifft, hätte es mir gefallen, mal eine etwas andere Meinung zu unserem Problem zu hören ...«

»Ich glaube, wir kommen hier auch ohne Paranoia ganz gut zurecht«, erwiderte Peter. »Wir sind schließlich erwachsen, und ich glaube, wir sind durchaus in der Lage, vernünftige Entscheidungen zu treffen.«

Peter ist ein ARM, dachte Selina plötzlich. *Natürlich hat die Technologiepolizei einen der ihren an Bord geschmuggelt. Natürlich wird er bei unserer Rückkehr sofort dafür sorgen, dass die ARM meine Akten überprüft, und dann wird das hier mein letzter Ausflug ins All gewesen sein ... Was denke ich da eigentlich? Das hier könnte genauso gut der letzte Trip von uns allen sein.*

»Das mit dem Boot ist ja eine ganz gute Idee, aber warum schicken wir nicht auch ein paar Mann in Raumanzügen rüber?«, fragte Paul. »Ich werde als erster gehen.« Er wusste nicht genau, warum er sich verpflichtet fühlte, das zu sagen. Hatte es mit seiner Stellung an Bord zu tun? Egal, auf jeden Fall sagte ihm irgendetwas tief in seinem Inneren, dass es angebracht war. »Ich verstehe, was ihr damit meint, sie könnten Angst vor uns haben; aber wenn sie sehen, dass wir unbewaffnet sind, sollte ihnen das zeigen, dass wir ihnen nichts Böses wollen.

In alter Zeit haben die Menschen sich einander mit erhobenen Händen genähert, um ihre Friedfertigkeit zu demonstrieren«, fuhr er fort. »Das war der Anbeginn der Zivilisation. Es tut mir leid, dass wir keinen Historiker bei uns haben, der uns mehr darüber erzählen könnte ... Sechs gehen ins Boot, und sechs nehmen Raumanzüge. Dann bleiben noch acht an Bord, um die Systeme und Comverbindungen zu kontrollieren.«

Ein zustimmendes Raunen ging durch die Versammelten.

Paul und Rick drehten sich zu Selina um. »Du wirst uns natürlich nicht begleiten wollen.«

»Mitnichten. Selbstverständlich will ich mitkommen«, erwiderte Selina. »Ihr habt mich überzeugt.« *Mach, dass du aus dem Hauptziel rauskommst!*, schrie eine Stimme weit, weit in ihrem Hinterkopf.

Nachdem die letzten Anweisungen erteilt waren, zerstreute sich die Mannschaft der *Happy Gatherer* wieder.

Selinas Raumanzug war Standard und besaß eine Direktverbindung zum neuronalen Netz des Schiffes und wies große Taschen an Armen und Beinen auf. In den Hochdruckbehältern an Hüfte und Stiefeln befand sich Nährlösung, und der Anzug war in der Lage, Feuchtigkeit zu recyceln. Ein einsamer Belter-Steineklopfer trug vermutlich eine andere Ausführung, aber in der Geschichte der irdischen Raumfahrt waren Raumanzüge im Allgemeinen nur selten verwendet worden; in einem Notfall war für gewöhnlich Hilfe in der Nähe, oder man war tot. Selina wusste nicht, was sie sonst noch mitnehmen sollte. Sie steckte ihren Talisman, das Schiffsmodell, in eine ihrer Taschen.

SCHLACHTERKRALLE

Gestalten in Raumanzügen verließen das feindliche Schiff. In der Vergrößerung waren sie deutlich zu erkennen. Eine Schleuse öffnete sich, und ein Boot flog heraus. Die Affen machten keinerlei Anstalten, ihr Annäherungsmanöver zu verschleiern. Entweder aus Arroganz oder als Drohgebärde strahlte das feindliche Schiff die Ausgestiegenen sogar an.

Mit Hilfe kleiner Raketen bewegten die Wesen sich auf die *Schlachterkralle* zu. Einer schwebte den anderen voraus; ich fühlte, wie Gefürchteter Zraar-Admiral diesen im Geiste mit seinem Urin markierte. Falls sie kein wirklich ungewöhnliches Merkmal aufwiesen, trugen diese kompakten, langgliedrigen Gestalten keinerlei Waffen.

»Telepath! Was geht da vor?«

»Ich kann keinerlei kriegerische Absichten entdecken, Dominanter. Aber falls die *Fährtensucher* irgendwie getäuscht worden ist, kann man natürlich nicht sagen …«

»Weeow-Technologe! FO! Was für eine Taktik ist das?«

»Ich verstehe es nicht, Gefürchteter Zraar-Admiral.«

»Wollen sie uns mit diesen Raketen auf ihren Rücken angreifen?«

»Gefürchteter Zraar-Admiral, ich weiß es nicht; aber diese Raketen sind bei weitem zu klein, um unseren Rumpf zu beschädigen. Sie dienen ausschließlich zum Manövrieren. Das Boot wird von chemischen Raketen angetrieben, die nach demselben Prinzip funktionieren. Unsere Sensoren zeigen keinerlei Radioaktivität in seinem Inneren an. Ich halte sie noch immer für unbewaffnet.«

Bekämpfe sie!, hörte ich Weeow-Technologe denken. *Worauf wartest du noch, du alter Trottel? Töte! Jetzt!* Dann ein verschwommenes: *Neindubistmeinmentoralterfreund* ... Ich brach den gefährlichen Kontakt ab.

»Sie sind sehr klein.«

»Die Kreaturen, die die *Fährtensucher* vernichtet haben, waren ebenfalls klein. Telepath!«

»Dominanter, all meine Sinne sagen mir noch immer, dass sie unbewaffnet sind.«

»Wollen sie uns gefangen nehmen?«

»Sie wollen sich mit uns treffen, Dominanter. Das muss der Grund dafür sein, warum sie herüberkommen.«

»Ich will lebende Exemplare«, befahl Zraar-Admiral. »Telepath, gibt es auf diesem Schiff irgendetwas Nützliches?«

»Nein, Dominanter. Allgemein gesprochen ist ihre Technologie äußerst primitiv. Die Kreaturen besitzen zwar einige Apparate und Maschinen, die wir nicht kennen, und ihr Reaktionsantrieb ist recht weit entwickelt; aber das haben sie auch alles in ihren Köpfen, aus denen wir es jederzeit herausholen können. Der Antrieb ist dem unseren weit unterlegen, und die Materialien, die sie verwenden, sind unbedeutend.«

Zraar-Admiral wandte sich an Waffenoffizier.

»Vernichte das Schiff, sobald die Wesen in den

Anzügen und im Boot weit genug entfernt sind, um den Angriff zu überleben. Achte auf Affentricks!«

Die Schlacht erwies sich als Kätzchenspiel. Als die Strahlen sich bündelten, schmolz das Lebenserhaltungssystem des feindlichen Schiffes fast augenblicklich. Der Fusionsreaktor hätte sich eigentlich destabilisieren müssen, doch der Antrieb war abgeschaltet, und einer der Affen hatte im Sterben vermutlich die Treibstoffzufuhr abgestellt, um seine Kameraden zu retten. Feiglinge. Wir wussten nur wenig über solche Antriebe, doch wir wussten, dass ein Held das Schiff auf den Feind ausgerichtet und das Eindämmungsfeld des Reaktors heruntergefahren hätte. Ich dachte an Fürst Dragga-Skrull und seine letzten historischen Worte: »Der Patriarch weiß, dass jeder Held acht Feinde erschlagen wird, bevor er stirbt!«

Die schmächtigen Kreaturen machten keinerlei Versuch, uns anzugreifen, uns Widerstand zu leisten oder auch nur uns auszuweichen. Die schlussendliche Explosion war heftig, doch folgenlos. Die *Schlachterkralle* besaß starke Schilde.

Während Zraar-Admiral beobachtete, wie das blauweiße Licht sich auflöste, bedauerte er, dass es so einfach gewesen war.

Dies hatte nur wenig Ehre gebracht. Was auch immer mit der *Fährtensucher* geschehen sein mochte, wie andere Fremdvölker auch besaßen diese allesfressenden Affen nichts, was dem Waffenarsenal der Kzinti ebenbürtig gewesen wäre. Doch diese Enttäuschung versprach auch viel: Sie versprach ganze Welten, die von nur einem einzigen Geschwader eingenommen werden konnten!

»Weeow-Technologe!«

»Dominanter!«

»Hast du den Kurs des feindlichen Schiffes aufgezeichnet?«

»Das habe ich, Dominanter!«

»Ich erkläre diese Aufzeichnung zum Geheimnis des Patriarchats. Nachdem wir die *Fährtensucher* gerächt haben, werden wir dem Kurs zu ihrer Heimatwelt folgen.«

»Jawohl, Dominanter! Sie haben ihren Kurs nicht ein einziges Mal geändert, seitdem wir sie entdeckt haben. Sie scheinen keinerlei Versuch unternommen zu haben, ihren Ursprungsort zu verbergen. Sollten sie ihren Kurs dennoch seit dem Start einmal gewechselt haben, wird Telepath die Information aus ihren Gedanken holen.« Sie hielten es für selbstverständlich, dass ich zu solchen Dingen in der Lage war und dass ich es auch tun würde, egal was mich das kostete. »In jedem Fall werden sich auch in dem überlebenden Boot entsprechende Aufzeichnungen finden.«

»Die werden sie inzwischen vernichtet haben.«

»Da bin ich mir nicht sicher. Ihr Verhalten ist so seltsam ... Vielleicht gehören sie irgendeinem Kult von Todesanbetern an ...«

»Telepath ist nicht getäuscht worden.« Zraar-Admiral bemühte sich erst gar nicht, die Wut und die Verachtung in seiner Stimme zu verbergen. Er wusste, dass seine Offiziere ebenso empfanden. »Sie können einfach nicht kämpfen.«

Trotz der Ähnlichkeiten zwischen meinem Bericht und dem des Telepathen der *Fährtensucher* hatte die *Fährtensucher* vielleicht eine Seite der Grasfresser entdeckt, die uns bis jetzt verborgen geblieben war. Das hatte eine weitere Überlegung zur Folge: Es war Ehrensache, dass Zraar-Admiral die Verfolgung eines Feindes nicht abbrach, der als gefährlich bekannt war und an dem es sich zu rächen galt. Wir waren dem Zerstörer der *Fährtensucher* auf den Fersen, und diese Rechnung musste zuerst beglichen werden. Das sollte allerdings nicht allzu lange dauern. Zraar-Admiral wandte sich an Weeow-Technologe.

»Nachdem die Gefangenen an Bord gebracht worden sind, werde ich einen Blick auf sie werfen. Bringt mir meine goldene Rüstung« – dies war zwar wohl kaum eine zeremonielle Gelegenheit, doch gab es eindeutige Vorschriften, was das Protokoll für die erste Begegnung mit neuer Beute betraf – »und stellt zwei Infanterieeinheiten für mich als Eskorte ab.«

Die Gefangenen waren sicher an Bord und atmeten Kzintiluft. Das bedeutete, dass wir die Luft auf ihren Welten ebenfalls würden atmen können. Wie ich berichtet habe, erstreckt sich die Affengesellschaft über mehrere industrialisierte Welten. Gefürchteter Zraar-Admiral hatte sich soeben das Recht erworben, den größten Kontinent auf der Heimatwelt der Affen für sich zu beanspruchen. Und er würde mit Sicherheit einen vollen Namen bekommen. Auch für Weeow-Technologe würde es einen vollen Namen geben und andere Besatzungsmitglieder bekämen Teilnamen, je nachdem, wem Zraar-Admiral diese Ehre zuteil werden lassen würde. Lehen würden vergeben werden. Es roch nach Namen, Reichtum, Ruhm und Eroberung! Vielleicht würden uns einige der weniger weit entwickelten Affenarten am Boden einen Kampf liefern. Falls ja, dann bedeutete das auch Ruhm, Namen und Reichtum für die wildesten Infanteristen. Selbst hervorragende Unteroffiziere könnten sich Teilnamen und Güter verdienen.

Für Telepathen würde es natürlich nichts geben … außer einem Burnout.

Zwölf Menschen und 43 Kzinti starrten einander im rötlichen Licht des Hangars an. Acht Kzinti flankierten die Gefangenen. Mit Telepath zu seinen Füßen stand Zraar-Admiral vor seiner Eskorte.

Zraar-Admiral sah Wesen, die sich in ihrer Hautfarbe beachtlich voneinander unterschieden und durch einen seltsam eingeschränkten Haarwuchs auszeichneten. Ihre allgemeine Anatomie legte jedoch nahe, dass auch sie vom Samen der Alten abstammten. Sie waren etwa ein Drittel kleiner als Zraar-Admiral und konnten – so vermutete er – circa ein Drittel seines Körpergewichts oder weniger tragen. Einige verloren eine rote Flüssigkeit, wo Infanteristen ihre Haut angeritzt hatten, als sie ihnen die Raumanzüge vom Leib rissen – vermutlich handelte es sich bei der Flüssigkeit um ein Transportmedium. *Sie sind nicht nur hässlich, sondern auch zerbrechlich*, dachte er. Dürre Glieder mit armseligen Muskeln, Äste umklammernde Affenhände mit fünf langen Fingern und winzigen, nutzlosen Hornfortsätzen, die man kaum als Krallen bezeichnen konnte. Ihre Stirnen waren höher als die vieler *Kz'eerkti*-Spezies auf Kzin, was jedoch nicht anders zu erwarten gewesen war. Seltsamerweise besaßen sie jedoch keine Schwänze. Wie hielten sie dann ihr Gleichgewicht, wenn sie über Äste liefen und von Baum zu Baum sprangen?

Die Wesen konnten vermutlich Bäume emporklettern, die das Gewicht eines Kzin niemals tragen würden. Vielleicht boten sich hier ja neue Unterhaltungsmöglichkeiten. Auf den Kzintiwelten war die Jagd auf die *Kz'eerkti* dank ihres Geschicks und ihrer Schläue nicht nur vergnüglich, sie stellte auch ein hervorragendes Training für junge Helden dar. Die seltsam unregelmäßige Körperbehaarung dieser Spezies deutete auf einen aquatischen Ursprung hin, also vielleicht konnten sie auch schwimmen. Die Weibchen besaßen je zwei grotesk große Zitzen mit rotem Mittelpunkt. Zraar-Admiral fragte sich, warum die Männchen ihre Weibchen in Raumanzüge gesteckt und sie aus ihrem Gefährt geführt hatten. War es eine Notwendigkeit für diese Affen, ständig zu kopulieren? Die groben externen Sexualorgane der Männchen legten eine solche Vermutung zumindest nahe.

Einige der männlichen Affen hielten die etwas kleineren und langhaarigen Weibchen auf eine Art umklammert, als wollten sie sie entweder lausen oder jedem ihren Anspruch auf die Weibchen zeigen. Offensichtlich hatten die Weibchen mehr als nur einem dominanten Männchen gehört. Mehrere Harems auf einem Schiff? *Kz'eerkti* und andere baumlebende Wesen verhielten sich auf diese Art ... aber die baumlebenden Wesen auf Kzin besaßen keine Raumschiffe. Zwei der Gefangenen hockten in seltsamer Haltung auf den Knien. Andere wedelten wild mit ihren Vordergliedmaßen, als wollten sie die Wachen provozieren oder sich auf sie stürzen. Flüssigkeit rann aus den Augen mancher, und ein Exemplar, ein Weibchen mit merkwürdig gemustertem roten Haar, stieß einen unangenehm hohen Schrei aus und schied Kot aus, während Zraar-Admiral zusah – in den Augen der Kzinti eine absichtlich obszöne Geste. Eine Wache knurrte und trat einen Schritt vor. Die Äffin schrie und stürmte auf ihn zu; sie hatte die Finger ausgestreckt, als wolle sie ihm die Augen auskratzen. Die Wache schlug mit instinktiv ausgefahrenen Krallen nach dem Kopf der Äffin und riss ihn halb ab. Der Körper der Äffin flog durch den Raum an die Wand, wo sich sofort eine Pfütze der roten Flüssigkeit sammelte. Die anderen Affen schrien und sprangen herum, doch keiner von ihnen griff an. Einige bedeckten ihre Gesichter und jaulten. Die Wachen knurrten im Drohton, und das Jaulen verstummte größtenteils. Kurz darauf hörte der Körper der schwerverletzten Äffin auf zu zucken; sie war offensichtlich tot.

Sie sind ja noch weit zerbrechlicher, als sie aussehen, dachte Zraar-Admiral. *Ein* Kz'eerkt *wäre nicht so leicht gestorben.* Gefürchteter Zraar-Admiral beschloss, die Wache nicht zu bestrafen, die ihn im Augenblick erwartungsvoll anblickte. Die Gewalt, die der Held angewendet hatte, war durchaus angemessen gewesen. Nichtsdestotrotz war das alles einfach nur widerlich.

Zraar-Admiral sah deutlich, dass Telepath nicht mehr in der Verfassung war, um weiterzuarbeiten. Er musste sich erholen; erst dann würde er imstande sein, mehr über diese neuen Affen herauszufinden. Die Ähnlichkeit der fremden Kreaturen mit Wesen von Kzin legte die Vermutung nahe, dass sie essbar waren, doch erst eine Sektion würde auch die letzten Zweifel daran beiseite räumen.

Zraar-Admiral kehrte auf die Brücke zurück. Er befahl, die Affen getrennt voneinander einzusperren. Nachdem Telepath ihre Gedanken gründlich erforscht hatte, würde er einige von ihnen in dem Miniaturjagdreservat an Bord freilassen, um zu sehen, welche Herausforderung sie boten. Er drehte sich zu Weeow-Technologe um, um diesem seine Gedanken mitzuteilen.

»Nachdem wir die *Fährtensucher* gerächt haben, werden wir mindestens acht und drei Jahre Echtzeit bis nach Hssin brauchen. Bis dann eine Flotte zusammengestellt ist, dauert es noch länger, und anschließend steht uns noch die Reise zu den Affensystemen bevor.«

»Ja, Dominanter.«

»Doch du glaubst, das sei eine lange Zeit? Selbst wenn man sie im Schlaf verbringt?«

»Urrr.« Weeow-Technologe zeigte mit einer Geste seine Zustimmung. Er und Zraar-Admiral dienten schon lange zusammen, und sie kannten einander gut. Zraar-Admiral hielt Weeow-Technologe nicht für brillant genug, um eine Bedrohung für ihn darzustellen, was auch einer der zwei Gründe dafür war, dass er ihn noch immer auf seinem Schiff duldete. Allerdings hielt er Weeow-Technologe auch für einen äußerst effizienten und zuverlässigen Offizier – das war der andere Grund. Natürlich war Weeow-Technologe ehrgeizig wie jeder gesunde Kzin. Seite an Seite hatten sie auf fremden Planeten gekämpft und sich gemeinsam Narben verdient. Weeow-Technologe erwiderte Zraar-Admirals Blick.

»Falls notwendig, müssen wir uns die Zeit nehmen, Dominanter, aber ...« Dieses ›aber‹ sagte alles.

»Wenn die Affenwesen Kämpfer wären, sollten wir das tun ... egal, wie viel Zeit dabei auch verloren gehen würde«, erklärte Zraar-Admiral. »Doch da sie es offenbar nicht sind, sage ich, wir sollten mit einem Geschwader weiterspringen. Ich werde Schiffe mit Kopien unserer Logbücher nach Kzin und Hssin schicken.«

Zraar-Admiral verwendete den Bestätigungston, wodurch er um einen Kommentar bat und gleichzeitig einen Befehl erteilte. Das Geschwader der *Schlachterkralle* war ohnehin schon recht klein für die ihm übertragene Aufgabe, doch das konnte man nun einmal nicht ändern. Funk- oder Laserübertragungen waren auf diese Entfernung viel zu unzuverlässig und angesichts einer potentiellen Kampfsituation bei weitem zu unsicher – auch wenn diese neuen *Kz'eerkti* in dieser Hinsicht recht enttäuschend waren. Sicherheit war umso wichtiger, wenn man die Tatsache bedachte, dass andere Kzinti sich ebenfalls sofort auf die Beute stürzen würden, sollten sie davon erfahren. Falls das, was sie bisher gesehen hatten, allerdings exemplarisch für die Fremden war, dürfte selbst solch ein kleines Geschwader keinerlei Schwierigkeiten mit den Affenwelten haben. Sollten andere Plünderer wie Chuut-Riit sich doch ihre eigene Beute suchen. Weeow-Technologes Augen funkelten erregt.

»Ein Heldensprung! Ja!«

Diese Begeisterung war nicht vorgetäuscht. *Er ist ein guter Gefährte,* dachte Zraar-Admiral.

Sie hatten schon oft gemeinsam von solchen Taten geträumt.

Als er sich schließlich wieder allein in seinem Quartier befand, meditierte Gefürchteter Zraar-Admiral über *Die Eroberung* und ihre Implikationen. Dem Geehrten Maaug-Riit mochte solch unabhängiges Handeln ja vielleicht missfallen, doch sicherlich würden die Affen genug Beute abwerfen, um den Flottenadmiral und andere Mitglieder des Kzintihochadels milde zu stimmen. Außerdem – so vermutete Zraar-Admiral – würde der Patriarch nicht gerade erbost darüber sein, wenn ein niederer Adeliger wie Gefürchteter Zraar-Admiral ein Mitglied der Patriarchenfamilie übertreffen sollte, das inzwischen bei weitem zu mächtig geworden war.

Ich muss meine Söhne rigoroser selektieren, dachte Zraar-Admiral. *Sie werden mehr als nur das Erbe eines Admirals antreten.*

Plötzlich wusste Zraar-Admiral, dass die Affen ihn vielleicht auf die gefährlichste Jagd seines Lebens führen würden. *Was, wenn dies hier nicht nur ein einfacher Sprung zum Ruhm ist, sondern mich in einen Politiker verwandelt?* Er rollte den Schwanz zusammen. Früher oder später würde er sich um Telepath kümmern müssen.

An Bord besaß Zraar-Admiral die uneingeschränkte Macht über Leben und Tod – wie jeder Kzintikommandant –, doch die Familie des Patriarchen hatte mit Sicherheit noch andere Nasen und Ohren. Leichtfertig einen Telepathen zum Schweigen zu bringen würde unweigerlich Verdacht erregen. Zraar-Admiral vertraute darauf, dass Telepath seine Gedanken *nicht* lesen konnte, selbst wenn er ein Spion von Maaug-Riit sein sollte; dafür war Zraar-Admirals Autorität einfach zu groß, doch der Geist seiner Offiziere war naturgemäß schwächer.

Zraar-Admiral dachte daran, Telepath zu töten und die Tat irgendwie zu verschleiern, aber er schob die Idee sofort wieder beiseite. Telepath zu ermorden war schändlich; es verletzte die Ehre, die für jeden Kzintikommandanten eine geradezu greifbare Realität darstellte. Er würde Weeow-Technologe befehlen, Telepath mit der Bewachung der Affen zu betrauen. Das war eine logische Arbeit für den kleinen Kzin, wenn seine Dienste auf der Brücke nicht benötigt wurden. Da es auf der *Schlachterkralle* nicht so etwas Luxuriöses wie Eunuchen gab, hatte Telepath sich bereits als Hüter des kleinen Harems bewährt, für den Zraar-Admiral kaum Zeit gehabt hatte. Außerdem würde kein kämpfender Kzin die beleidigende Aufgabe übernehmen wollen, Pflanzenfresser zu hüten, während Telepath die Zeit auch noch nutzen konnte, um den Gefangenen weitere Informationen zu entlocken.

Sowohl Telepaths bisherige Untersuchungen als auch die erste schnelle Sektion hatten ergeben, dass es sich bei dieser Affenart um Allesfresser handelte. Dieses Ergebnis kam nicht unerwartet. Reine Herbivoren hatte man noch nie im All entdeckt. Allerdings schien es auch keinen streng logischen Grund dafür zu geben, dass eine Beute nicht die gleiche intellektuelle Stufe erreichen konnte wie die Jäger – immerhin lief die eine Spezies ihrem Essen hinterher, während die andere um ihr Leben rannte –; doch die Annahme, dass Pflanzenfresser ihre Umwelt und damit auch Fleischfresser dominieren könnten, war Blasphemie! An irgendeinem Punkt in ihrer Vergangenheit hatten diese Affen gekämpft und getötet.

Die beiden großen Zitzen der Weibchen (falls es sich denn wirklich um Zitzen handelte) waren von Bedeutung. Die Anzahl der Zitzen deutete auf kleine Würfe hin und die bizarre Größe auf eine lange Stillzeit. Das wiederum legte die Vermutung nahe, dass die jungen, hilflosen Affen in ihrer natürlichen Umgebung eine ungestörte Kindheit verbringen konnten. Wie zahlreich hatten sie wohl werden müssen, um genug Ressourcen für den Raumschiffbau zu kontrollieren?

Telepath hatte gesagt, dass auf ihrer Heimatwelt Milliarden von ihnen lebten. Offensichtlich gab es dort also keinen Feind, der eine ernsthafte Bedrohung darstellte. Auch wenn ihre Zähne und Krallen bemerkenswert unterentwickelt waren, wiesen sie einige Merkmale einer dominanten Spezies auf ... Sie besaßen zum Beispiel *Sternenschiffe*! Irgendwann in ihrer Vergangenheit mussten sie also gekämpft haben, um dieses Ziel zu erreichen, vermutlich gegen reine

Karnivoren. Der Größenunterschied zwischen Männchen und Weibchen – wenn auch nicht so ausgeprägt wie bei den Kzinti – deutete darauf hin, dass die Männchen früher einmal um das Recht miteinander gerungen hatten, sich fortzupflanzen.

Ihre Zähne waren in Form und Größe typisch für Allesfresser. Telepath hatte gesagt, dass sie ihre Nahrung aus automatisierten Küchen bezogen und sie teilweise auf abscheuliche Art verbrannten. Vielleicht züchteten sie Krebse in Bottichen– ähnlich wie auf Kzintischiffen Kampfrationen zubereitet wurden.

Bei den Vorfahren der Affen hatte es sich wahrscheinlich um Aasfresser gehandelt, und später waren sie dazu übergegangen, die Kadaver zu verbrennen, um toxische Mikroben abzutöten, anstatt ihre Beute frisch zu fressen. Sie mussten mit großen Raubtieren um die Kadaver kämpfen, und dazu hatten sie sich dann Keulen gemacht und mit Steinen geworfen, um so einen Ausgleich für ihre unzulänglichen Zähne und Krallen zu schaffen.

Und schließlich gipfelte diese Entwicklung in einem Antrieb, der Wasserstoffatome aus dem interstellaren Medium sammelte, um die Affen von einer Sonne zur anderen bringen zu können.

Oder hatten sich diese Affen hier ihr Schiff von irgendwo anders beschafft? Sicherlich würde niemand Affen als Söldner rekrutieren, so wie die Jotoki einst dumm genug gewesen waren, die alten Kzinti anzuheuern.

Auf Kzin kursierte die Geschichte einer *Kz'eerkti*-Bande, die einst ein Schiff gekapert und damit unverschämte Streiche gespielt hatte – sehr zum Ärger einiger übertrieben selbstbewusster Kzinti.

Aber das war eine Fabel, eine Posse, die dem Einfallsreichtum eines Poeten entsprungen war! Sie diente zur Unterhaltung und wurde von den Bewahrern benutzt, um den Keim der Weisheit in die heißen Lebern von Helden zu säen. In der Wirklichkeit schien so etwas unmöglich zu sein. Raumschiffe waren kompliziert. Ein Gedanke schoss Zraar-Admiral durch den Kopf. Wie ein Kätzchen, das seinen eigenen Schwanz jagt, fühlte er knapp außerhalb seiner Reichweite etwas äußerst Ärgerliches. Irgendetwas, das die Affen, Telepath und die Kzinrretti betraf. Ein-, zweimal hatten Telepath und einige Mitglieder seines Harems – besonders Rilla, die geschmeidigste, und Niza mit dem großen Vokabular – sich so widersprüchlich verhalten, dass es ihn genauso verwirrt hatte, wie ihn jetzt die Affen verwirrten. Gehörte zu den allgemeinen Merkmalen einer konditionierten Spezies, dass diese Konditionierung in Wahrheit stets alles andere als perfekt war? Keine Waffen und kein Wissen darüber ... War der Affenpazifismus konditioniert? Hatte man ihnen die Schwänze, die für freilebende Baumwesen ja unentbehrlich waren, in Zusammenhang mit dieser Konditionierung amputiert?

Waren die Affen Sklaven einer Spezies, die bisher kein Kzin getroffen hatte ... außer der jüngst verstorbenen Crew der *Fährtensucher*? Die Gefühle, die Zraar-Admiral ob dieser Gedanken überkamen, hatten nichts mit Furcht zu tun, im Gegenteil: Er war freudig erregt. Man musste sich lediglich eine Spezies vorstellen, die die Affen konditioniert hatte, und alle Rätsel lösten sich von selbst! Blieb nur noch die Suche nach dieser Spezies, damit die Flotte sich auf sie stürzen konnte. Das Schiff, das er verfolgte, war der offensichtliche Ausgangspunkt für diese Suche.

Gefürchteter Zraar-Admiral dachte erneut an Rilla und Niza. Ihm fiel auf, dass er in letzter Zeit keine von beiden gesehen hatte. Telepath hatte ihm berichtet, sie seien trächtig und hätten sich in ihre Nester verkrochen. Das bedeutete zwei weitere Söhne, die um das Erbe ihres Erzeugers kämpfen würden. Nun, das war vielleicht gar nicht mal so schlecht. Zwei weitere Töchter wiederum waren gute Geschenke für Vorgesetzte oder verdiente Untergebene. Es war allerdings ärgerlich, dass seine zwei attraktivsten Weibchen zugleich im Nest hockten.

Aber warum dachte er ausgerechnet jetzt an Kzinrretti? Die Lüftungsanlage schüttete keine weiblichen Hormone aus. Zraar-Admiral hatte das Programm absichtlich geändert, damit der Duft die Helden an Bord nicht ablenken konnte. Er hatte nicht daran gedacht, sich zu paaren, aber ... Rilla und Niza ... War die Dummheit der Kzinrretti auch konditioniert? Das entsprach jedenfalls nicht den Darlegungen der Priester und Bewahrer. Sie erklärten, die Dummheit der Weibchen sei eine Strafe des Zähnefletschenden Gottes gewesen, bei deren Ausführung die Priesterschaft dem Gott vor Urzeiten nur ein wenig zur Hand gegangen sei. Zraar-Admiral rollte die Ohren zusammen. Die Flotte respektierte die Bewahrer der Geschichte aller Kzintivorfahren, einen Teil der Geschichte, wie sie die Priesterschaft erzählte, respektierte sie weit weniger.

Telepath hatte gesagt, die Affen wüssten nichts über andere raumfahrende Zivilisationen. Hatten die Konditionierer – wer auch immer sie sein mochten – die Kontrolle über die Affen erlangt, ohne dass diese etwas davon bemerkt hatten?

Waren die Konditionierer *so* gut? Oder warf Zraar-

Admiral Churgas *Wzai* weg und erschuf sich Wesen, die er nicht brauchte? Vielleicht verhielten sich die neuen Affen einfach nur so, wie auch die baumlebenden Wesen auf Kzin sich verhalten würden, hätten sie eine Raumfahrt entwickelt. Zraar-Admiral war daran gewöhnt, sich zu beherrschen; nun jedoch schlug er verwirrt nach der Kabinentür.

Ich schlief nicht nur wegen der Shtondatdroge. Schlaf bedeutete für mich Flucht vor dem Leben. Auf der Welt, wo ich geboren wurde, habe ich gelernt, dass ich ein namenloses, verabscheuungswürdiges und kurzes Leben führen würde, während ich meinen Geist für die verächtlichen Gedanken der Krieger stets offen halten musste. Im All war das noch schlimmer. Es war mir unmöglich, mich ganz vor den Gedanken der anderen Kzinti abzuschotten, die mit mir eingesperrt waren. Schlaf, so glaubten einige Telepathen, half, den Tod zurückzuhalten; Schlaf gestattete es unserem Geist zu genesen. Schlaf, so fühlte ich manchmal, besonders wenn ich von Karan träumte, Schlaf war für mich oft so etwas wie die Jagd, auch wenn es sich um die Jagd auf eine Beute handelte, deren Wesen mir verborgen blieb.

Normalerweise durfte ich mich auf dem Schiff frei bewegen. Die Offiziere ließen sich nicht dazu herab, mich zu bemerken; die anderen mieden mich. Niemand forderte mich heraus. Mein Talent, das mich verfluchte, schützte mich auch. Kein Untergebener würde es wagen, solch einen Besitz wie mich zu zerstören.

Gefürchteter Zraar-Admiral hatte mir befohlen, mich um seinen Harem zu kümmern. Jemanden wie mich kann man nicht beleidigen, indem man ihm die Arbeit eines Eunuchen überträgt. Telepathen werden kaum als Männchen betrachtet.

Ich sorgte dafür, dass die Kzinrretti ausreichend Bewegung bekamen und falls nötig genügend Platz für Nester. Die Sprache der Weibchen ist leicht, und so musste ich nicht ihre Gedanken lesen, um herauszufinden, was sie wollten. Da der Harem klein und Zraar-Admiral häufig beschäftigt war, gab es nur wenige Kätzchen; wenn sie alt genug waren, brachte ich die Männchen in die Krippe von Zraar-Admirals Familientrainer. Doch schon bald enthüllte der Harem mir neue Geheimnisse, an denen ich viel zu kauen hatte. Und jetzt hatte man mich überdies zum Affenhüter ernannt.

Die Spur aus verbranntem Wasserstoff, der wir folgten, wurde allmählich frischer. Sie glich der des Affenschiffes, das wir besiegt hatten. Der Feind nahm keinen einzigen Kurswechsel vor, sondern flog stur geradeaus.

Mit der Zeit fiel es mir immer leichter in den Geist der Affen einzudringen, und ich versuchte, mehr zu lernen, als es Fremdtechnologieoffizier möglich war, der die Trümmer ihres Bootes und ihrer Raumanzüge untersuchte. Zunächst empfand ich es als Demütigung, mich durch die Gedanken von Affen wühlen zu müssen, doch Gefürchteter Zraar-Admiral lobte mich dafür, was ich alles über Toilettenpapier, Eiskrem und die potentiellen militärischen Verwendungsmöglichkeiten von Rammfeldern in Erfahrung brachte. Fremdtechnologieoffizier fand besonderen Gefallen an Zahnbürsten. Er baute sich eine; aber auch diese Entdeckung war eigentlich mir zuzuschreiben.

Zehn Affen hatten überlebt, und alle heulten und

jammerten sie in meinem Kopf – füllten meinen Geist mit ihrer Fremdartigkeit, ihrer Furcht und Verzweiflung, wenn ich meine mentalen Schilde herunterließ. Furcht ist ein wesentlicher Bestandteil des Fluchs der Telepathen. Der Verstand einer jeden Kreatur nimmt das auf, womit er bombardiert wird, und hallt davon wider. Wie sollen wir da Helden sein? Wir, die wir den Schmerz von allem fühlen, selbst das verborgene Entsetzen, das sich kein Krieger eingestehen würde? Auch wenn ich meinen Geist abschottete, schienen die fremden Gedanken durch mein Bewusstsein zu kriechen. In den Gedanken von Helden hatte ich oft schamhaft verborgene Furcht gelesen, und ich hatte es gehasst, doch *diese* Furcht war weder verschämt noch verborgen. Besaßen diese Wesen keinen Stolz?

Und sie besaßen allesamt Namen! Volle Namen! Einige sogar mehr als zwei! Sie waren damit geboren worden! Paul van Barrow (ein lästiger Kerl) war der Anführer gewesen (Zraar-Admiral wollte ihn für sich persönlich). Rick Chew, Henry Nakamura, Michael Patrick, Peter Gordon Brown … selbst die Weibchen hatten Namen: Anna Nagle, Lee Jean Armstrong (die hatte versucht, mir einen Hinterhalt zu legen und mich anzugreifen, als ich ihnen etwas zu essen brachte; doch sie hatte nicht gewusst, dass ich ihre Gedanken hatte lesen können, als sie mit einem Stück Rohr hinter der Tür gekauert hatte), Selina Guthlac … Aber nicht einer von ihnen war ein Kämpfer; keiner hatte sich seine Namen *verdient*. Schließlich kam ich zu dem Schluss, dass man diese Namen eigentlich gar nicht als richtige Namen bezeichnen konnte; vielmehr handelte es sich um ein Hilfsmittel zur Identifikation, wie wir es manchmal unseren Kzinrretti und Kätzchen gaben.

Einige der Affen glaubten an einen Gott, an einen Bärtigen Gott, der wie der Zähnefletschende Gott der Patriarch der Patriarchen war, nur anders. Jene, in dessen Geist der Gott präsent war, flehten ihn um Vergebung an, weil sie ihn vergessen hätten, und jammerten, er möge ihnen helfen. Ich versuchte, dieses Konzept weiter zu ergründen, verirrte mich aber schon bald in Affenlogik und einem Chaos fremdartiger Bilder. Ihre Gedanken zu lesen, als sie sich noch ruhig und zufrieden in ihrem Schiff befunden hatten, war vergleichsweise einfach gewesen. Auf jeden Fall gelang es mir auf diese Art nicht, nützliche Affengeheimnisse zu enthüllen.

Auf Kzin zeichneten sich die intelligenteren *Kz'eerkti*-Unterarten – jene, die genug Verstand besaßen, um lesen zu können – häufig durch einen Spieltrieb aus, wie man ihn sonst nur bei Kätzchen fand. Diese hier waren anders, wahrhaft armselige Kreaturen.

Auch in dem kleinen Jagdreservat an Bord des Schiffes gaben sie wenig her. Sie waren weder listig, noch besaßen sie Ausdauer, Schnelligkeit oder sonst irgendeine kriegerische Fähigkeit. Oder zumindest meistens. Ein- oder zweimal bemerkte ich, wie ihre Furcht ein wenig nachließ, nachdem ich ihnen in ihrer Sprache erklärt hatte, worum es ging. Das Peter-Gordon-Brown-Männchen und das Anna-Nagle-Weibchen konstruierten eine einfache Falle, die einer von Zraar-Admirals Jagdgruppen tatsächlich Schaden zufügte. Das amüsierte die anderen (und mich, auch wenn ich das nicht nach außen hin zeigte), doch gab es mir auch neuen Stoff zum Nachdenken. Natürlich bot das Miniaturreservat, das geschickt über mehrere Decks verteilt gebaut worden war, keinerlei Möglichkeit, die Fähigkeiten von Jägern und Beute *wirklich* auf die Probe zu stellen.

Jene Affen, die nicht lernen wollten oder konnten, wie die Exkrementabsauger funktionierten, mit denen alle Kabinen ausgestattet waren, schickte ich als erste ins Reservat hinaus – den Offizieren sagte ich aber natürlich nichts davon. Einige der Affen, die ich ohne Umwege zur Tafel der Offiziere gebracht habe, schrien und wehrten sich. Andere, und das gab mir zu denken, bestanden darauf, selbst zu gehen, und versuchten auf diese Art – so glaube ich zumindest – ein wenig Würde zu bewahren. Der Peter-Gordon-Brown-Affe starb mit Flüchen auf den Lippen, die genauso gut von einem Krieger hätten stammen können. Seine letzten Affenworte, als die Jäger ihn in die Enge getrieben hatten, lauteten: »Ich verachte euch.« Auch wenn ich bis heute nicht weiß warum: zu guter Letzt zeigte er Kampfgeist und griff seine Jäger an.

Obwohl ich die Affensprache nur benutzte, wenn es unbedingt notwendig war, fühlte ich mich angesichts dieses Verhaltens ein wenig unbehaglich. Egal ... Die Offiziere berichteten mir jedenfalls, dass sich die Affen gut als Nahrung eigneten.

Natürlich fällt es einem Telepathen nicht sonderlich schwer, fremde Sprachen zu übersetzen. Im selben Augenblick, da ich die Affen zum ersten Mal habe denken hören, wusste ich, dass es die gleiche Sprache war wie in den Aufzeichnungen der *Fährtensucher*.

Zraar-Admiral war ausgesprochen zufrieden, als ich ihm darüber Bericht erstattete. Tatsächlich ließ er mich kurze Zeit später zu sich kommen, um mit mir ein Gespräch zu führen, wie wir es noch nie geführt hatten.

»Du bist weit intelligenter als die meisten Süchtigen«, erklärte er. Er hatte mich in seinem eigenen Quartier empfangen, inmitten des Luxus eines Admirals. Und dann ... Es war wirklich selten, dass jemand wie er einen meiner Art nach seiner Meinung fragte. »Was denkst du, hat es zu bedeuten, dass die Sprache mit der Sprache in der Aufzeichnung übereinstimmt?«

»Zunächst einmal, Gefürchteter Zraar-Admiral, ist offensichtlich, dass die Wesen, die die *Fährtensucher* vernichtet haben, die gleiche Sprache sprechen wie unsere Gefangenen«, antwortete ich. »Also stehen sie miteinander in Verbindung, auch wenn unsere nichts über das Gefecht wissen.«

»Ja. Sprich weiter.«

»Dominanter, die Worte ›Das nächste Mal sind sie vielleicht nicht so nett, genau vor unser Triebwerk zu fliegen‹, scheinen von allergrößter Bedeutung zu sein. Wir wissen jetzt, wie die *Fährtensucher* zerstört worden ist. Mit überlegenen oder geheimen Waffen hatte das nichts zu tun. Dazu passt auch das Affenschiff, das den Namen – bitte, verzeiht mir, Dominanter – *Erfolgreicher Pflanzenfresser*, trug. Dieses Schiff wurde ebenso von einem Reaktionsantrieb mit Energie versorgt wie die *Schreibstift* – oder genauer: die *Geflügelter, Totloser, Glänzender Affenschreibstift*.« Der Name war nicht seltsamer als vieles andere, was ich in den Gedanken der Affen gefunden hatte.

»Die Affen in dem Gefährt«, fuhr ich fort, »verwendeten ihren Antrieb als Waffe. Der Telepath der *Fährtensucher* hat keine Gedanken an Waffen aufgefangen, weil die Affen nicht wussten, was eine Waffe *ist*. Der Laser, mit dem die *Fährtensucher* vernichtet wurde, war Teil des Antriebs oder irgendwie mit diesem gekoppelt. Unsere Gefangenen haben Laser verwendet, um Nachrichten an ihren Heimatplaneten zu übermitteln.«

»Dass ihnen das eingefallen ist, war verdammt schlau. Es klingt, als seien sie sehr anpassungsfähig . . . oder sie hatten einfach nur Glück.«

Es gibt eine Redensart, ›Das Glück ist mit den dummen Affen‹. Es findet in vielen *Kz'eerkti*-Geschichten Verwendung. Ein Held darf sich nicht auf das Glück verlassen, es sei denn, er und der Zähnefletschende Gott haben ein Spiel vereinbart.

Nachdenklich betrachtete Zraar-Admiral den Anführer der Affen, diesen Paul, den er für seine Trophäensammlung hatte ausstopfen lassen, als könne der aufgeblähte Fremde ihm etwas sagen (mit den uns im All zur Verfügung stehenden Mitteln, wäre es einfacher gewesen, die Kreatur gefrierzutrocknen, doch Zraar-Admiral war Traditionalist, und die Drecksarbeit musste ohnehin ich erledigen). Der Paulaffe schaute fragend drein, während Zraar-Admiral ihn und die anderen Trophäen geistesabwesend mit Urin bespritzte, obwohl es nicht nötig war, dass er sie erneut als sein Eigentum markierte. Selbst wenn ich kein Telepath gewesen wäre, Zraar-Admirals Laune war offensichtlich.

»Dominanter, diese Weltraumaffen sind sicherlich gerissen. Viele ihrer Artefakte sind geschickt gemacht, und falls ich Fremdtechnologieoffizier richtig verstanden habe, sind die Computer, die er an Bord ihres Bootes gefunden hat, weitaus vielseitiger als die unseren. Sie sind derart miteinander vernetzt, dass sie in der Lage sind, bestimmte Muster zu erkennen, was wiederum auf eine Art maschinellen Verstand hindeutet. Unsere Computer besitzen nichts dergleichen; tatsächlich haben wir sogar nie auch nur versucht, so etwas zu konstruieren. Die Erkenntnisse, die wir aus dieser Entdeckung ziehen, könnten sich sowohl im militärischen als auch im medizinischen Sinne als ausgesprochen nützlich erweisen ...« Wir Kzinti nehmen Militär und Medizin äußerst ernst. »Vielleicht haben sie derartige Maschinen entwickelt, weil sie einst von den Baumwipfeln herabgeblickt und so Beziehungen in der Natur anders wahrgenommen haben als die Helden, die einst in der Steppe jagten. Wir haben sowohl einen ihrer Programmierer behalten als auch einen ihrer Navigatoren. Einer ist ein Weibchen, doch in beiden Fällen habe ich das Gefühl, dass sie uns noch viele nützliche Informationen werden geben können.«

»*Merrower*. Sprich vorläufig noch mit niemandem darüber.« Mir gegenüber konnte Gefürchteter Zraar-Admiral auf den Drohton verzichten. »Auf jeden Fall«, fuhr er fort, »ist zu überlegen, ob man sie nicht paaren sollte. Ich bin geneigt, ein Zuchtpaar von ihnen zu behalten. Oder würden auch Gewebeproben reichen, um neue zu züchten?« (Der Dominante war selbstverständlich kein Experte in solch unheroischen Dingen wie der Zellularbiologie.) »Wie auch immer, schon bald werden wir mehr von ihnen haben. Du darfst auf und ab laufen, Telepath«, fügte er gnädig hinzu, »wenn dir das hilft, deine Gedanken zu ordnen.«

»Und drittens, Dominanter«, fuhr ich fort, »haben wir erfahren, dass die Affen, die die *Fährtensucher* vernichtet haben, nun die ›Erde‹ vor uns warnen. Das ist ihr Heimatplanet.« Ich fühlte Zraar-Admirals widerstreitende Gefühle bei dem Gedanken an das machtlose Entsetzen der Erdaffen, wenn sie die Nachricht empfangen würden.

Dann wirbelte Zraar-Admiral so plötzlich herum, dass ich unwillkürlich einen Schritt zurücksprang aus Furcht, er wolle mich angreifen. »TELEPATH!«

Ich warf mich auf den Rücken und entblößte meinen Bauch als Zeichen vollständiger Unterwerfung. »Habe ich Euch beleidigt, Dominanter?«

»Telepath, wiederhole deine ersten Worte. Übersetze es mir GANZ GENAU.«

»Dominanter, die Worte lauteten: ›Beim nächsten Mal sind sie vielleicht nicht so nett, genau vor unser Triebwerk zu fliegen‹.«

»Weißt du, was das bedeutet?« Seine Augen und Gedanken funkelten mich an.

»Ich nehme an, es bedeutet genau das, was ich gesagt habe, Dominanter.«

»Das ist dumm. Urrr.« Doch statt zuzuschlagen, leckte er mich geistesabwesend, und nun fühlte ich die Freude in seinem Geist. Es fühlte sich an, als hätte er gerade eine wunderbare Entdeckung gemacht. Speichel tropfte ihm von den Fängen und auf mein Gesicht.

»Sie sprechen vom ›nächsten Mal‹!«, schnurrte er. »So schwächlich sie auch sind, diese Affen denken tatsächlich darüber nach, uns einen Kampf zu liefern! Und erinnere dich auch an diese anderen Affenworte: ›Den Nachrichtenfluss aufrecht zu erhalten ist wichtiger als unsere Leben.‹ Was verrät uns das über sie? ... Nein, vielleicht ist das keine Frage, die ein Telepath beantworten sollte.«

Gefürchteter Zraar-Admiral fuhr die Krallen aus. »Wir sind der Fährte bis ins hohe Gras gefolgt. Telepath, du bist loyal ...«

»Dominanter!« *Furcht! Vermutete er, dass ich von dem Geehrten Maaug-Riit angeheuert worden war? Ahnte er etwas vom Krieg der Telepathen? Könnte er Wind davon bekommen haben, dass Rilla und Niza ...?*

»Erinnere dich. Du hast den Verstand dazu. Von allen Telepathen, denen ich je begegnet bin, bist du einem Krieger am ähnlichsten.«

Und wo sind die anderen Telepathen jetzt?, dachte ich. Zraar-Admiral war in gnädiger Stimmung, doch das war immer mit Gefahr verbunden – *immer*. Wollte er mich zu Spielchen mit der Familie des Patriarchen verführen?

»Ein Reaktionsantrieb ... Urrr«, schnurrte er, diesmal nachdenklicher. »Das ist zwar recht primitiv, aber es gefällt mir nicht, wenn fremde Wesen Waffen besitzen, an denen es uns mangelt. Helden sind schon auf der Jagd gestorben, wenn die fliehende Beute sie mit harten, scharfen Hufen getreten hat. Sag Fremdtechnologie- und Waffenoffizier, sie sollen sich einmal darum kümmern. Falls dieser Antrieb tatsächlich ein Gefahrenpotential darstellt, dann müssen wir alles darüber herausfinden. Vielleicht können wir das Prinzip kopieren und es mittels unserer eigenen Antriebsaggregate verbessern ... Erzähl Weeow-Technologe nur Allgemeines, wenn er fragt.« *Ein neues Waffensystem könnte sich als äußerst wertvoll erweisen, wenn es funktioniert*, dachte er, *und ich weiß noch nicht, wie Weeow-Technologe in die neue Ordnung passen wird, die den künftigen Ereignissen unweigerlich folgt. Ich hoffe, er wird mein treuer Freund und Gefährte bleiben, aber für den Augenblick ...*

Wieder allein in meiner Kabine dachte ich nach und überprüfte die Gedanken anderer. Wach und schlafend verging die Zeit. Es gab Gedanken, deren Rhythmus ich folgte. Zraar-Admirals Spekulationen ... Zu guter Letzt kam die Zeit zum Schlafen, wenn es auf dem Schiff still wurde und die meisten Geister um mich herum zur Ruhe gingen. Ich wusste, dass ich handeln musste, dass ich den Abgrund überwinden musste, über den ich nun schon so lange voller Furcht nachgedacht hatte.

Ich ging zu der Kabine, wo einer der letzten beiden Affen eingesperrt war.

»Du, Weibchen.« Die korrekte Aussprache der Worte wurde sowohl von der Beschaffenheit seiner Sprechorgane als auch von seinen Fängen behindert.

»Ja«, antwortete Selina und blickte aus der Ecke hoch, in der sie hockte. »Ich bin ein Weibchen.«

Vor ihr stand der, der sie am häufigsten beobachtet, der ihnen die sanitären Einrichtungen gezeigt und ihnen Essen gebracht hatte. Er war kleiner als die anderen Katzenmonster, unter sieben Fuß, und dünner. Auch seine Schnauze war schmaler, und im Verein mit den großen Augen und Ohren verlieh ihm das mehr das Aussehen eines Luchses als das eines Tigers wie bei den anderen Katzen.

Er sprach krächzend und undeutlich, war aber zu verstehen. Die Katze sagte: »Du bist der Astrogator der *Happy Gatherer*. Die Weibchen eurer Spezies sind weise.«

Der erste Gedanke, der durch den Schleier des Entsetzens drang, der Selinas Geist umnebelte, war: *Gib ihm einen menschlichen Kehlkopf, und er würde gutes Englisch sprechen.*

Der zweite Gedanke war: *Er ist krank.* Irgendwie wusste Selina, dass die anderen Katzenwesen, die sie gesehen hatte, normal waren. Auf dieses Exemplar hier traf das in keiner Hinsicht zu: seine violett umrandeten Augen, seine Haltung, sein Duft ... Nein, das war nicht normal für diese Monster.

Ihr Verstand arbeitete auf Hochtouren. Sie war in der Lage, ihre Beobachtungen von diesem Albtraumwesen zu analysieren. Tatsächlich waren ihre Gedanken ungewöhnlich klar. Es war, als würde sich alles mit einem Mal klären, was für Selina bisher nie einen Sinn ergeben hatte. *Ich hatte das Gefühl, das Universum selbst wolle sich uns schnappen, und ich hatte Recht.* Sie konnte zwar nicht viel dagegen tun, aber sie konnte die Zähne zusammenbeißen und die Fäuste ballen.

Wann immer sie konnte, hatte Selina geschlafen und dabei manchmal von der Erde geträumt. Dann wieder träumte sie von ihrer Kindheit, vom Sonnenlicht und von der See, die sie so sehr geliebt hatte, und einige Male hatten sie auch dunklere Träume geplagt: Träume von der Qual, die sie und ihr Bruder hatten erdulden müssen, während ihr Vater gegen seine Sucht angekämpft hatte. Sie träumte von ihrem letzten Blick auf die Osterinseln, als der Shuttle zur *Happy Gatherer* hinaufgeflogen war, die nach Jahren der Vorbereitung endlich hatte starten sollen. In einigen Träumen sah sie die riesigen Statuen der Osterinseln, von denen manche Leute einst geglaubt hatten, sie seien von wohlwollenden Wesen aus dem All errichtet worden.

Manchmal träumte sie jedoch auch von jenem Augenblick, da ihre Welt zusammengebrochen war: Sie sah das riesige Alienschiff durch den Sonnenfilter ihres Helmvisiers, und dann verschwand die *Happy Gatherer* in einem blau-weißen Blitz. Es waren Albträume von Dämonen ... Rosalind, die unter ihren hilflosen Blicken in Stücke gerissen worden war ... All die menschlichen Schreie, die sie seitdem gehört hatte ... Es waren immer weniger geworden. Die Einsamkeit war genauso schlimm wie die Furcht. Aber wie auch immer, auf jeden Fall erwachte sie stets in einem Dämonenkäfig.

Mehrere Male hatte Selina unter den stechenden Kopfschmerzen gelitten, von denen sie nun wusste, dass die Kreaturen dafür verantwortlich waren. Und nun sprach eines dieser Monster mit ihr. Auf Englisch.

Sie stellte fest, dass sie das nicht im Mindesten überraschte. Bestimmte Aspekte eines Albtraums besaßen stets einen Bezug zur Realität. Selina stand auf und zwang sich, dem Wesen in die Augen zu blicken.

»Wer bist du?«

»Telepath. Ich habe keinen Namen.«

»Telepath? Du meinst ... Du meinst, du bist ein Gedankenleser?«

»Ja. Bleib ruhig. Ich weiß, dass du mich trotz deiner Haltung nicht herausfordern willst.«

»Hast du so auch unsere Sprache gelernt?«

»Ja. Aber wir haben jetzt keine Zeit für Erklärungen.«

»Was willst du von mir?«

»Mit dir sprechen.«

»Das habe ich nicht gemeint. Was will deine ... Spezies? Warum habt ihr uns das angetan?«

»Eroberung.« Telepath sprach das Offensichtliche aus.

»Ich verstehe.« Auch das überraschte Selina nicht. Sie starrte zu den müden Augen der Kreatur empor.

»Im Augenblick lese ich nicht in deinen Gedanken«, sagte das Katzenmonster. »Doch eine Zeit lang musste ich eure Gedanken lesen, um eure Sprache zu lernen. Jetzt will ich deine Gedanken nicht mehr lesen. Wir

Telepathen leben nicht allzu lang, und wenn wir unsere Gabe überstrapazieren, hilft uns das auch nicht gerade.«

Wir Telepathen ... Ich habe keinen Namen. Ja, dieses Ding ist anders als die anderen. Er ist ein Außenseiter. Aber warum?

Weil er ein Telepath ist!

Ich weiß das! Woher weiß ich das?

»Was willst du also jetzt von mir? Ich meine du als Individuum. Warum bist du zu mir gekommen?«

Die Katze begann zu wanken. Sie rollte die Ohren ein und hob und senkte den Schwanz. Dann zuckte sie und versuchte, sich zu lecken.

»Hilfe.« Die Stimme klang leise. »Hilf mir.«

Selina kämpfte gegen das Verlangen an, lauthals aufzulachen. »Ich soll dir helfen? Was meinst du damit?«

»Flucht. Ich bin hier ebenso ein Gefangener wie du. Willst du denn nicht fliehen? Nicht *leben*?«

»Leben?«

»Ja. Die Alternative würde für uns beide den Tod bedeuten. Selbst deinem Männchen wird man keinen ehrenvollen Tod gewähren. Nicht lange, und man wird dich fressen. Eure Spezies ist essbar und nicht toxisch. Gefürchteter Zraar-Admiral hat mit dem Gedanken gespielt, ein Zuchtpaar zu behalten, doch dann entschied er sich anders, da ihm schon bald viele Affen zur Verfügung stehen werden. Er will Gewebeproben von euch nehmen. Und ich bin schon bald ausgebrannt. Jedes Mal, wenn ich aufwache, fürchte ich mich vor neuen Symptomen. Von unser beider Schicksal würde ich deins bei weitem vorziehen. Ich weiß nicht, wie viel Zeit wir haben. Zraar-Admiral und die anderen Offiziere haben Geschmack an Affenfleisch gefunden ... Natürlich hat man mir nicht gestattet, es zu probieren.«

Zunächst sickerte nichts von seinen Worten zu Selinas Verstand durch, dann aber doch.

Selina war schon vor einiger Zeit zu dem Schluss gelangt, dass sie keine Chance hatte, lebend wieder aus dieser Sache herauszukommen; allerdings hatte sie darauf verzichtet, sich die Einzelheiten ihres möglichen Endes auszumalen. Auf der Erde hatte sie Zoos besucht, und mit Hilfe von Restlichtverstärkern hatte sie dort beobachtet, wie Tiger Fleisch zerrissen, Tiger, die auf isolierten, mit Elektrozäunen gesicherten Inseln lebten. Sie war mit einem Luftschiff über den Afrikanischen Kontinentalpark geflogen und hatte Löwen töten gesehen. Nun erinnerte sie sich wieder an das rote Blut, das rosa Fleisch und das gelbe Fett, das gewaltige Kiefer von Knochen gerissen hatten, die aus aufgebrochenen Brustkörben ragten.

Im Museum ihres Bruders hatte Selina Hologramme ausgestorbener Säbelzahntiger gesehen, bei deren Anblick Eltern mit ihren Kindern in freudigem Entsetzen aufgeschrien hatten. Ein Bild zeigte die Nachbildung eines Smilodon, der den blutigen Kadaver eines haarigen Hominiden über einen Ast schleppte. Die gewaltigen Fangzähne der Katze passten genau in die Augenhöhlen der Beute und der Schädel des Hominiden exakt ins Maul der Bestie.

Im Museum waren auch echte Skelette in genau dieser Position aufgebaut worden, Überreste von Säbelzahntiger und Humanoid, die man in der Swartkrans-Höhle im südlichen Afrika entdeckt hatte. Das Ereignis schien tatsächlich so stattgefunden zu haben, denn die Löcher im Schädel des Humanoiden stammten mit großer Wahrscheinlichkeit von den Zähnen der nicht weit davon entfernt entdeckten Katze. Der Schädel war abgerissen worden und in die Höhle gerollt, wo die Fossilienjäger ihn in einer Gesteinsschicht entdeckt hatten, die man *Brekzie* nannte ... Selinas Gedanken wandten sich wieder dem zu, was ihr bevorstand ... Rosalind, die zerfetzt und zuckend auf dem Deck lag ... War Paul tot? Und was war mit Rick und den anderen? War außer ihr die gesamte Crew der *Happy Gatherer* bereits getötet worden? Ihre Gedanken drehten sich verzweifelt im Kreis, sie wollte sich diese unerträgliche Frage nicht wieder stellen müssen.

Und Selina besaß noch ihr genetisches Erbe. Sie musste sich des Kampfes nicht bewusst sein, den Großkatzen und Hominiden in der afrikanischen Savanne ausgefochten und durch den ihre Vorfahren Intelligenz entwickelt hatten.

Das Wesen vor ihr war die Verkörperung dieses uralten Schreckens. Auch ohne die Droge fühlte Telepath etwas von der Mühe, die Selina aufbringen musste, um sich zu beherrschen.

Zum ersten Mal betrachtete ein Kzin einen Menschen voller Bewunderung.

Selina atmete schwer und wischte sich den Schweiß aus dem Gesicht. Sie bemühte sich, ihre nächste Frage so forsch und geschäftsmäßig klingen zu lassen wie möglich.

»Wohin gehen wir?«

»Ein Boot stehlen. Eine solche Gelegenheit wird sich uns vielleicht nie wieder bieten. Es ist ein Sprung wie der Lord Chmees, ich weiß, aber hier werden wir in jedem Fall untergehen.«

Selinas Gedanken waren seltsam klar. Die Aussicht, gefressen zu werden, half ihr, sich zu konzentrieren.

»Dein Volk ist ein Volk von Jägern. Sie werden uns jagen, oder etwa nicht?«

»Das ist Teil des Plans. Wir müssen dafür sorgen, dass sie einen verrückten und daher nutzlosen Telepathen und einen Affen jagen wollen, nur dass wir sie auf die falsche Fährte führen werden. Die Affen auf den Kzintiwelten haben so ihre Tricks. Du bist ein Affe. Du musst sie in die Irre führen.«

»Wie, glaubst du, stehen unsere Chancen?«

»Vielleicht eins in acht zu vier oder fünf« – Selina verstand kein Wort –, »aber Zufallsmathematik ist nicht mein Fach ... Signalisiert das Verzerren deiner Schnauze Zorn oder Furcht?«

»Nein. Belustigung ... jedenfalls in gewissem Sinne.«

»Ich erinnere mich. Urrr. Aber es ist nicht heldenhaft, zuerst die Chancen auszurechnen, bevor man springt.«

Selina schwieg.

Erneut bemerkte sie das seltsame Geräusch, das ständig durch das Schiffs hallte ... wie zerreißender Stoff.

»Warum sollte ich dir glauben?« Die Frage zu stellen erfüllte sie mit Furcht. Irgendwie wusste sie (*Woher weiß ich das?*), dass dieses Wesen es als tödliche Beleidigung auffassen könnte, wenn sie seine Ehre in Frage stellte. Doch Telepath blieb ruhig.

»Ich könnte auf meinen Namen schwören, wenn meinesgleichen denn einen Namen besäße. Aber Name hin oder her, es ist unehrenhaft zu lügen außer ... außer ... Ihr habt kein Wort dafür. Ich besitze jedoch so wenig Ehre, dass ich nichts davon verlieren will, und du wirst kein besseres Angebot bekommen.«

»Und wohin fliehen wir genau? Hast du auch darüber nachgedacht?«

»Ich habe dir doch gesagt, dass das hier unsere einzige und beste Gelegenheit ist. Natürlich fliehen wir zu deinem Affenschiff.«

»Ich verstehe nicht.«

»Dein *Geflügelter, Totloser, Glänzender* ... Die *Angel's Pencil* ... Wir folgen ihr.«

Geflügelter, Totloser, Glänzender Affenschreibstift! Ja! Plötzlich flog ein Bild aus ihrem Geist in meinen. Endlich sah ich unser Ziel.

Es handelte sich um ein ›Kolonieschiff‹, das eine Mannschaft und viele Embryos zu einem Planeten brachte, der einen Stern umkreiste, den man ›Fünfter des Flusses‹ oder so ähnlich nannte.

Das Schiff war ein dünner Zylinder in einem Ring.

Der Ring enthielt das Lebenserhaltungssystem und drehte sich langsam, um so eine Mikrogravitation zu erzeugen. Dort lebten die Affen. Der Zylinder stellte das Behältnis für den Antrieb dar ... und für den Laser.

Es war ein Reaktionsantrieb, wie ich ja bereits wusste. Es gab kleine Steuerdüsen und Gyroskope ... Aber das Ganze war so unförmig, so schwer zu manövrieren! Sich mit einem solchen Ding zu verteidigen wäre hoffnungslos!

Allerdings plante ich auch nicht, der *Schlachterkralle* in einem konventionellen Gefecht gegenüberzutreten.

Um den Selinaaffen noch weiter zu beruhigen, gab ich ihm ... gab ich *ihr* (ich musste mich immer wieder ermahnen, dass ich es mit einem Weibchen zu tun hatte) ... gab ich *ihr* den Raumanzug zurück, den man ihr während der Untersuchung abgenommen hatte. Er war zerfetzt, doch die Äffin schien ganz begierig auf den Anzug zu sein, denn sie zog ihn sich rasch über. In seinem beschädigten Zustand war er selbstverständlich vollkommen nutzlos, doch scheinbar lieben es die Weibchen aller Spezies, sich zu schmücken. Nachdem sie ihn angezogen hatte, wirkte sie schon weit gefasster.

»Warum nimmst du mich mit?«, fragte sie.

»Natürlich, weil ich dich brauche, um mit den *Schreibstift*-Affen zu sprechen. Du musst ihnen sagen, dass Telepath ein nützlicher Gefährte ist, der ihnen helfen kann, am Leben zu bleiben. Das ist der Hauptgrund, aber es gibt auch noch andere. Vor kurzem habe ich Astrogators Gedanken gelesen. Ich weiß genauso viel wie Astrogator darüber, wie man ein Schiff durch den Raum steuert, aber ich werde es wieder vergessen. Das Wissen, das wir Telepathen aus anderen Wesen ziehen, kann nicht bei uns bleiben ohne ... ohne eine Brücke. Und im Falle der Astrogation müsste ich nur eine winzige Einzelheit vergessen, einen einzigen Computerbefehl, und ich wäre für alle Zeit verloren. Auch deshalb brauche ich dich.«

»Oder willst du mich nur fressen? Bin ich vielleicht so etwas wie eine Notration?«

»Ich könnte dich gar nicht fressen, es sei denn, ich wäre im Hungerwahn. Vielleicht noch nicht einmal dann. Ich war zu tief in deinem Geist. Es wäre, als würde ich mich selbst fressen. Meine Konditionierung hat viele Nachteile; einer davon sind meine diesbezüglichen Hemmungen. Wir sind ... Wir sind empathisch miteinander verbunden. Unglücklicherweise lässt das im Laufe der Zeit nicht nach. Abgesehen davon sind genug Rationen an Bord. Alle Boote sind damit ausgestattet, und ich habe noch Sonderrationen aufgetrieben, die nur noch an Bord gebracht werden müssen.

Außerdem ist es stets wünschenswert, einen *zzrow graff* ... einen nützlichen Gefährten zu haben.

Deine Spezies ist zur See gefahren, bevor sie sich zu den Sternen aufgemacht hat; das weiß ich. Als Fremdtechnologieoffizier und ich das Ding hier untersucht haben ...«, ich gab der Äffin das Ding, das wir aus dem Anzug genommen hatten, »... waren wir von seiner Funktion verblüfft. Es ist wie eine Waffe geformt; doch als ich einmal in deinen Gedanken las, habe ich herausgefunden, dass es die Replik eines antiken Schiffes ist. Ich weiß nicht, warum du es bei dir trägst, aber ich dachte, vielleicht ...«

»Es ist ein Geschenk meines Bruders.«

Wieder bekam ich neue Einblicke in diesen fremden Geist. Ich fühlte neue Bilder aus den Gedanken dieser Äffin: Bilder von einem blauen Ozean auf der Heimatwelt der Affen, von einem Ozean größer als alle auf Kzin; Ozeane, die die Affen überquert hatten, um Handel zu treiben oder um irgendeines seltsamen Vergnügens willen; Ozeane, in denen sie freiwillig geschwommen waren und über die sie Gedichte geschrieben hatten. Tiere lebten in diesen Ozeanen, und ich bekam sogar einen Eindruck davon, wie sie schmeckten, sodass meine Schnurrhaare unwillkürlich zu zittern begannen.

Wie *fremd* diese Fremden doch waren! Und doch ... Das Geschenk des Bruders ... Würde ein Held seiner Kzinrrettischwester ein Geschenk geben? Ja, vielleicht, wenn beide jung genug waren. Helden konnten Zuneigung für ihre Schwestern empfinden, mit denen sie die Kätzchenzeit verbracht hatten, und Helden konnten und sollten das Andenken großer Taten pflegen und Geschenke an jene verteilen, die ihnen nahe standen. Helden wuchsen in den Haushalten Edler Erzeuger heran; bei mir war das natürlich nicht der Fall. Aber Kzinrretti bemannten kein Raumschiff. Das Vokabular eines Weibchens war vielleicht ein Achtel so groß wie das eines Helden.

Ihr Bruder war ein Museumswärter. Das war ebenfalls äußerst seltsam. Auf Kzin war es die Aufgabe alter, verdienter Helden, ein Museum zu bewachen, Helden, die vielleicht in einem heroischen Kampf schwer verwundet worden waren und die nun unter der Aufsicht der Bewahrer standen.

In den Reihen dieser neuen Affen gab es jedoch weder Krieger, noch hatte ich den Eindruck, dass sie sonderlich viel Wert auf Ehre legten; dennoch besaßen sie Museen. Das ergab keinen Sinn. Was stellten sie an solchen Orten aus? Ich suchte im Geist der Äffin nach Bildern dieses Ortes, und was ich fand, war vollkommen pervertiert: Anstatt Erinnerungsstücke an ruhmreiche Schlachten auszustellen, zeigten sie Spiele, Tänze, Artefakte zum Ursprung der Affenheit und Überreste der Tierarten, die ihrer eigenen Spezies vorangegangen waren.

Oder war da noch etwas anderes? Der Hauch von etwas, das tief vergraben war? Das Modell war als Kuriosität aufbewahrt worden, nicht, weil es etwas mit Ruhm oder Ehre zu tun hatte, sondern schlicht, weil es alt war. Sein Name bedeutete der Äffin nichts; er war nur ein Geräusch.

Wie bei ihren eigenen Namen, die eigentlich gar keine Namen waren. Die Affen gaben sie Dingen und Schiffen, so wie auch wir den Fahrzeugen unserer Flotte Namen gaben.

In diesem Zusammenhang waren Namen wichtig für Helden. Wenn sie nicht auf elegante, exakte Art die Funktion und den Zweck eines Schiffes bezeichneten wie *Schlachterkralle* oder *Erobererfang*, dann waren diese Namen eine Reminiszenz an große Helden wie Chmee oder Lord Dragga-Skrull, der seinen Arm, seine Nüstern und ein Auge verloren hatte, bevor er seine Helden in den Untergang gegen die überlegene Flotte der Jotoki geführt hatte – damals, als die Kzinti sich erhoben hatten und am Anbeginn der Ewigen Jagd in den Weltraum gesprungen waren.

All dies ging mir in einem einzigen Augenblick durch den Kopf. In mancherlei Hinsicht waren uns diese Wesen gar nicht mal so unähnlich, doch in anderer waren sie so seltsam, dass es sich meinem Verständnis entzog. Selina war *aus Vergnügen* in kaltem Salzwasser geschwommen! Ich dachte daran, wie sehr ich das Gefühl von Wasser auf meinem Fell verabscheute.

Zunächst glaubte ich, dass Selina von der Tatsache beeindruckt sein würde, dass ich Zraar-Admiral und seinen Offizieren andere Affen, und nicht sie, serviert hatte, nachdem ich die mentalen Fähigkeiten aller Gefangenen katalogisiert hatte; doch nun vermutete ich, dass dieses Wissen ihr Vertrauen in mich nicht gerade stärken würde. Aber was ich als nächstes sagte, war die reine Wahrheit:

»Es gibt noch einen anderen Grund, warum ich dich will, einen zwingenden Grund. In deinem Kopf befindet sich eine Geschichte über das Heilen von Sucht. Ich bin süchtig. Ich brauche diese Geschichte, wenn ich auch nur die kleinste Aussicht auf Heilung haben will – selbst mit Zraar-Admirals Medizin. Ich werde mich heilen müssen oder sterben, und dafür brauche ich das Beispiel eines Affen. Ja, ich sehe voraus, dass ich auf dieses Beispiel werde zurückgreifen müssen. Kann ein Kzin – selbst ein Kzin wie ich – es mit euch in Durchhaltevermögen und Willenskraft etwa nicht aufnehmen?«

Ich setzte mich neben die Selinaäffin auf den Boden und gab auf diese Weise absichtlich meinen Größenvorteil auf. Dann fuhr ich fort:

»Das sind die Hauptgründe, doch da ist noch eine andere schwache Fährte. Vielleicht ist es ein weiterer Grund, ein ... ein *sentimentaler* Grund.« Das Wort, ›sentimental‹ hatte ich unter großen Schwierigkeiten in den Gedanken der Äffin aufgespürt. Ich war nicht sicher, ob es sich dabei um das Äquivalent des Kzintibegriffes handelte, doch es musste genügen. »Ein Grund, warum man mich ausgewählt hat, mein Talent zu entwickeln, war die Tatsache, dass ich einen verhältnismäßig hohen und ungerichteten Intellekt besitze.

Für jemanden wie mich gibt es keine andere Rolle. Ich bin kein Krieger, und selbst als man mich noch nicht zu dem gemacht hatte, was ich bin, mangelte es mir an Konzentrationsfähigkeit, intellektueller Disziplin oder Kreativität, wodurch ich auch für andere Funktionen geeignet gewesen wäre. In deinem Geist habe ich jedoch Bilder einer Welt gesehen, die Telepathen toleriert ... Telepathen wie dich.«

»Wie mich?«

»Ja, unsere Geister sind sich sehr ähnlich, weißt du?« Ich glaubte, nur das Offensichtliche auszusprechen, was mich überdies nicht gerade mit Stolz erfüllte, und ich fühlte, dass die Selinaäffin diese Tatsache weit gelassener aufnahm, als ich erwartet hatte. »Ich empfinde ... Dankbarkeit dafür, dass solch eine

Gesellschaft existiert, auch wenn sie bald untergehen wird.

Und da ist noch etwas«, fuhr ich fort. »Etwas, das mich auf das Gelingen meines Plans hoffen lässt, auch wenn diese Hoffnung klein ist.

Es ist ein schwieriger Gedanke, eine noch weit schwächerer Fährte in einem Gedankentunnel, den nie ein Kzin zuvor betreten hat. Fremdtechnologieoffizier hat in seinen Gedanken die ersten Abdrücke dieser Vorstellung erreicht, und Gefürchteter Zraar-Admiral ist nur wenig weiter gegangen; lediglich Telepath ist der Fährte gefolgt. Auch wenn deine Spezies heute nichts mehr über Krieg und Waffen weiß – weniger als jede andere Spezies, der wir bis jetzt begegnet sind –, so habt ihr irgendwann in eurer Vergangenheit doch einmal gelernt, Raketen abzufeuern und zwar mit solcher Energie, dass ihr von Stern zu Stern reisen könnt. Legt das nicht den Schluss nahe, dass deine Spezies dieses Wissen zwar einmal besessen, es aber bis zu einem schier unglaublichen Grad *unterdrückt* hat?

Wäre ich nicht lange Zeit allein und ohne Aufgabe gewesen, hätte ich nicht nachdenken können und wäre vermutlich nie zu diesem Schluss gelangt. Ihr habt eine Rangordnung. Auf eurem Raumschiff habt ihr die Zeit ebenso wie wir in ›Wachen‹ eingeteilt. Was habt ihr bewacht und vor wem? Wo kommen diese Dinge her? Und ich weiß aus deinen Gedanken, dass es Abschnitte in eurer Geschichte gibt, die nur wenige studieren dürfen. Warum? Aus deinem Geist kenne ich die ARM ... Ihr habt sogar eine Gedankenpolizei. Wozu?«

»Ich bin kein Historiker«, erwiderte Selina. »Ich weiß es nicht.«

»Du sprichst die Wahrheit«, bestätigte ich. »Du weißt es nicht. Aber du sagst Telepath auch nicht alles in Worten, was in deinen Gedanken ist. Du vermutest etwas, obwohl die Fährte auch für dich sehr schwach ist. Ich habe in deinem Kopf gelesen, dass es da noch einen anderen Affen gibt, einen Nestgenossen – ja, es ist der Bruder, der dir das kleine Modell des Meeresschiffes gegeben hat. Er versteckt ebenfalls seine dahingehenden Gedanken ... Aber wenn das, was ich vermute, der Wahrheit entspricht, dann wurde dieses Wissen aus einem bestimmten Grund unterdrückt.«

»Das ist anzunehmen. Macht das einen Unterschied?«

»Es könnte sogar einen sehr großen Unterschied bedeuten. Ich kann mir nur einen Grund vorstellen, warum eine Spezies – eine Spezies, deren Schiffe durch Wasserstofffusion angetrieben werden – das Wissen über Krieg und Waffen *unterdrücken* sollte, und ich bin der einzige meiner Spezies, der so weit gedacht hat.«

»Ich verstehe«, sagte Selina – ich gewöhnte mich allmählich an den ›Namen‹. Sie fuhr fort: »Ich glaube, ich verstehe es wirklich; aber ich weiß nicht, ob ich richtig liege.«

»Du weißt nichts von der *Rrzzinr* ... von der *Fährtensucher*.«

»Was soll das sein?«

»Niemand auf deinem Schiff wusste davon. Danach habe ich zuallererst gesucht. Aber ich denke an die Ewige Jagd, und ich frage mich, ob wir unsere Nasen nicht einmal zu oft in eine fremde Höhle gesteckt haben. Ich rede hier nur von einer vagen Möglichkeit; vergiss das nicht.« Dann löste ich mich von dieser Fährte, sprach aber weiter von meinen Gedanken, die in den vergangenen Tagen in mir herangewachsen waren. Ich sprach von der *Fährtensucher* und der Rachequeste der *Schlachterkralle*.

»Wenn wir die *Schreibstift* erst einmal vernichtet haben, wird unsere Flotte eure Heimatwelt suchen. Angesichts eurer primitiven Antriebsaggregate kann sie nicht sonderlich weit entfernt sein; tatsächlich kann selbst ich die ungefähre Lage und Entfernung mit Leichtigkeit ausrechnen. Ich weiß, wie lange ihr lebt, wie lange ihr euch schon im Weltraum aufhaltet und welchen Kurs ihr geflogen seid. Fremdtechnologieoffizier hat alle Daten aus dem Computer eures Bootes herausgeholt und sie dem Dominanten vorgelegt. Du musst dir deswegen keine Vorwürfe machen. Wir haben euren Kurs vom selben Augenblick an berechnet, da wir euch entdeckt haben.

Die Triebwerke eurer Schiffe und die Spuren, die sie hinterlassen, sind leicht auszumachen. Wir wissen das meiste von dem, was ihr wisst. Wir kennen die Zusammensetzung eurer Atmosphäre und wissen, dass eure Heimatwelt der dritte Planet einer Sonne ist und einen einzelnen großen Mond besitzt. Wir kennen auch andere Charakteristika eures Systems einschließlich der Gasriesen. Wir wissen von dem schon seit langem kolonisierten Asteroidengürtel und kennen die Entfernung zu eurer nächstgelegenen Sternenkolonie. Wir werden sie ohne große Mühe finden.«

»Was soll es uns dann nutzen, die *Angel's Pencil* zu erreichen?«

»Wenn die Affen an Bord alarmiert sind und die Verfolgung verzögert wird, können sie ihre Flucht noch lange fortsetzen. Der Weltraum ist groß. Oder sie könnten natürlich auch kämpfen. Das haben sie schon einmal getan. Wenn es uns gelingt, sie zu warnen, verschaffen wir ihnen Zeit, sich auf die Verteidigung vorzubereiten. Jedenfalls war das mein ursprünglicher Plan.«

»Werden die Boote nicht bewacht?«

Das war eine seltsame Frage. Warum sollte jemand die Boote bewachen? Wer würde schon mitten im interstellaren Raum ein Raumschiff verlassen? Glaubte Selina etwa, Kzintosh fürchteten sich vor gefangenen Affen aus den Lebendfleischkammern?

»Was, wenn man uns sieht?«, hakte Selina nach.

»Man wird vermuten, dass ich dich zu Zraar-Admiral oder Weeow-Technologe bringe«, beruhigte ich sie. »Da ich im Augenblick keine anderen Pflichten habe, kann ich mich frei im Schiff bewegen. Wir dürfen keine Zeit mehr verschwenden. Wer weiß schon, wann der Dominante wirklich jemanden nach einem von uns beiden schickt?«

Selina presste die Hände an den Kopf. Einen Augenblick lang, das wusste ich, war die Flamme der Hoffnung in ihr aufgekeimt. Doch nun glaubte sie, ich hätte gar keinen Plan, sondern litte unter irgendeiner Art Neurose. Trotzdem hielt sie es noch immer für unklug, mich durch Widerspruch gegen sich aufzubringen.

»Wie können Zugang zu einem Boot bekommen«, sagte ich. »Von den kleinen Fahrzeugen ist Gefürchteter Zraar-Admirals Barke bei weitem das größte, bestausgestattete, schnellste und stärkste. Ich habe verschiedene ... Vorräte vorbereitet, die wir nur noch an Bord schaffen müssen.

Wenn uns die Alternativen ausgehen, können wir uns immer noch selbst zerstören, was du, glaube ich, dem Gefressenwerden vorziehen würdest, und auch ich würde mich lieber selbst in die Luft sprengen, als mich wieder fangen zu lassen. Bestenfalls hätte ich harte Disziplinarmaßnahmen zu erwarten, und schlimmstenfalls droht mir der Burnout. Die Barke hat Gegenmaßnahmen gegen Raketenbeschuss; einer aus kurzer Distanz abgefeuerten Strahlenwaffe auszuweichen ist jedoch etwas vollkommen anderes.«

»Ja, das wäre in der Tat ein Problem.«

»Das ist ein weiterer Punkt, bei dem ich auf deine Hilfe angewiesen bin, Affe. Denk dir einen Weg aus, einem Strahl zu entkommen; dann haben wir vielleicht eine Chance zu überleben.«

»Ich verstehe. Nichts leichter als das.« Ich fühlte die Ironie in ihren Gedanken.

»Die Barke besitzt Maschinen, um Geister zu erschaffen. Ich meine Geister im Sinne elektronischer Kriegführung. Wir werden sogar elektronische Kopien von uns selbst erzeugen können.«

»Ich brauche Zeit, um nachzudenken.«

Selina setzte sich und legte den Kopf in die Vorderpfoten.

Da ich mich inzwischen an den fremden Verstand gewöhnt hatte, konnte ich so vorsichtig in ihn eindringen, dass es kaum zu bemerken war. Selina war verzweifelt. *Unmöglichkeiten.* Doch hinter diesen Unmöglichkeiten stand ein Imperativ: Ihre Heimatwelt *musste* gewarnt werden. Ich hatte ihr nicht erzählt, dass die Affen der *Schreibstift* ihr diese Aufgabe bereits abgenommen hatten.

Nein. Verzweiflung war es eigentlich nicht.

»Die anderen Menschen? Kannst du uns zusammenbringen?«

»Warum? Musst du dich paaren? Im Augenblick haben wir Wichtigeres zu tun. Ich weiß, wie *Kz'eerkti* sind; aber versuch, dich zu beherrschen.«

»Gemeinsam können wir uns vielleicht etwas ausdenken ... Ich muss ihnen die Ideen aussaugen.«

»Wie auch immer, es ist ohnehin nur noch ein anderer Affe übrig.«

Ich dachte, ich hätte ihr das bereits gesagt, doch es war offensichtlich nicht ganz zu ihr durchgedrungen. Nun zitterte sie wie ein Grashalm im Wind. Sie wankte und sackte nach vorne auf die Knie. In ihrem Kopf herrschte ein wahrer Sturm, wie ich ihn noch nie bei ihr erlebt hatte, und ich schirmte mich dagegen ab. Dann hatte ich das Gefühl, als beruhige sie sich wieder. Ich wollte nicht mehr in ihre Gedanken vordringen, bevor sie sich nicht wieder ein wenig entspannt hatte, doch das, was sie gesagt hatte, verwirrte mich.

»Außerdem darfst du kein Gehirn fressen oder aussaugen«, klärte ich sie auf. »Das ist eine Delikatesse für Offiziere.«

»Ich muss mich mit jemandem beraten.«

»Der Affe mit Namen Rick ist ganz in der Nähe. Ich nehme an, ich könnte euch zusammenbringen.«

»Geht es ihm gut?«

»Er spricht nicht.«

»Ich muss mit ihm reden.«

»Ich glaube nicht, dass es uns nützen würde, wenn du mit ihm redest. Er ist ein Feigling. Sein Geist und seine Leber sind nur noch von Furcht erfüllt. Er ist nicht wie du. Aber du bist ein größerer Affenexperte als ich, und deshalb werde ich ihn dir holen, wenn du glaubst, dass das hilft.«

»Nein, bring mich zu ihm. So ist das bei uns. Ich bin das Weibchen, also muss *ich* zu *ihm* gehen, nicht umgekehrt.«

Von diesem Ding hierher geschleppt zu werden könnte für ihn den letzten Schritt über den Rand des Wahnsinns bedeuten, dachte Selina insgeheim. Warum sagte sie mir das nicht einfach? Ihre Gedanken und ihre Worte stimmten nicht miteinander überein. Sie sagte Dinge, die nicht ... Sie *log*, wie kein Held es je tun würde.

Aber ein Telepath vielleicht schon.

Das ermahnte mich, nicht zu vergessen, dass es sich bei diesen Affen um ehrlose Allesfresser handelte.

Dann dröhnte eine Stimme aus dem Lautsprecher.

»Telepath, auf die Brücke!«

»Warte«, sagte ich zu der Äffin. »Falls dein Bärtiger Gott dir etwas schuldig ist, dann bitte ihn, diese Schuld *jetzt* zu begleichen.«

»Wir haben das andere Affenschiff! Es ist mit Sicherheit die sogenannte *Schreibstift*!« Telepath stolperte auf die Brücke. Wie immer sah er krank und ungepflegt aus. Die Offiziere zogen sich instinktiv vor ihm zurück, doch Weeow-Technologe winkte ihn sofort zu einer der Kommandantenliegen.

»Schnapp sie dir, Telepath!«, befahl Weeow-Technologe. »Bestätigung!«

Telepath nahm die Haltung des Gedankenjägers ein.

»Dies ist in der Tat die *Schreibstift*, und sie ist auch mit Sicherheit das Schiff, das die *Fährtensucher* vernichtet hat«, berichtete er nach einem Augenblick. »Sie haben uns entdeckt. Sie vermuten, dass wir der Gefährte der *Fährtensucher* sind ... Sie nennen uns ... nennen uns *große, spezialisierte, vierbeinige, einzelgängerische, fleischfressende Jägertiere ...*« Zraar-Admiral und Weeow-Technologe hatten damit gerechnet, dass die Affen uns mittlerweile einen abscheulichen und beleidigenden Namen gegeben hätten. Nun waren sie überrascht, und sogar ein wenig dankbar dafür, dass die kämpfenden Affen uns zwar einen unbeholfenen, aber nicht im Mindesten beleidigenden Namen verliehen hatten. Als Anerkennung ob dieser Höflichkeit würde einigen Affen vielleicht ein ehrenvoller Tod gewährt werden.

Kurz herrschte Schweigen; dann fuhr Telepath fort: »Sie haben die Leichen toter Helden an Bord und Gerät von der *Fährtensucher*. Der Gravitationsantrieb ...«

Ein erstickter Schrei. Ein Bruder-Telepath hätte vielleicht bemerkt, dass Telepath hin und her gerissen war zwischen seinem Verlangen nach der Droge und dem Wunsch, nichts von dem zu verraten, was er entdeckt hatte. »Sie haben die Raketen der *Fährtensucher*! Sie haben Abschussrohre dafür konstruiert und sie an den Zielcomputer der *Fährtensucher* gekoppelt!«

»Urrr. Können sie uns entkommen?«

»Sie scheinen inzwischen mit Höchstgeschwindigkeit zu fliegen. Wir kommen ihnen immer näher.«

»Sollen wir ihre Raketen zur Detonation bringen?«, fragte Weeow-Technologe.

»Noch nicht«, antwortete Zraar-Admiral. »Wir können sie jederzeit abfangen, falls nötig. Auf jeden Fall ist es vorzuziehen, das Schiff zu entern, statt es zu zerstören. Es gilt, Rache zu üben, und die Leichen von Helden müssen zurückerobert werden, damit wir sie ehrenvoll entsorgen können. Solange es nicht unbedingt notwendig ist, sollten wir die Leichen von Affen und Helden nicht gemeinsam zum Zähnefletschenden Gott schicken. Die Affen, die für diese Schandtat verantwortlich sind, werden die Scheiterhaufen zieren. Das Fleisch der Restlichen wird uns gehören.«

Zraar-Admiral dachte einen Augenblick lang nach.

Er bewegte sich kaum. Telepath schien das Bewusstsein verloren zu haben.

»Weeow-Technologe, wir werden sie nicht von hinten jagen. Ändere unseren Kurs. Flieg einen großen Bogen.« Er zog die Krallen über den Bildschirm und zeigte ihm auf diese Weise den Winkel an. »Ich will mich dieser Beute von der Flanke nähern.«

Er fuhr fort: »Das wird zwar länger dauern, aber es wird auch die Angst der Beute verstärken.« Zraar-Admiral spürte die unverhohlene Freude seiner Offiziere darüber, dass er bereit war, das Vergnügen aller zu verlängern. *Und passt mir ja auf, dass wir diesem Antrieb nicht in die Quere kommen ...*, dachte Zraar-Admiral bei sich selbst.

Es gab noch mehr, was man über den Feind hätte in Erfahrung bringen können, doch mit einem Blick auf Telepath, der reglos auf dem Boden lag, entschied Zraar-Admiral, dass das warten konnte. Telepath war der letzte der drei Telepathen, mit denen das Geschwader aufgebrochen war. Zraar-Admiral winkte seinem Burschen, der Telepath daraufhin hinausschleppte und auf ein Regal im Gang legte. Telepath atmete flach und schnell, und gelegentlich zuckte ein Glied.

Der Kzin verschwendete keinen Gedanken an Telepath. Das übelriechende Fell des Süchtigen berühren zu müssen war schlimm genug. Rasch eilte er an Zraar-Admirals Seite zurück, und so sah er auch nicht, dass der kleine Kzin sich erstaunlich rasch erholte, auf die Füße sprang und davonrannte.

Zraar-Admiral blieb lange auf der Brücke, während sein Schiff die Beute langsam überholte. Schließlich gab er Befehl, Telepath zu wecken, falls irgendetwas geschehen sollte; dann ging er in sein Quartier. Es war gut, Weeow-Technologe und dem Rest einmal die Wichtigkeit von Entspannung vor einem Kampf zu demonstrieren. Vielleicht würde es später ein Festmahl mit Affenfleisch geben, kurz vor dem tödlichen Sprung, und dann, sobald sie wieder genügend frische Gefangene hatten, würde die Siegesfeier folgen.

Niemand auf der Brücke bemerkte, dass kurze Zeit später Telepath den Korridor vor der Brücke durchquerte. Der kleine Kzin zog einen Gravitationsschlitten hinter sich her. Zuerst ging er in den Bootshangar, dann zu den nun fast leeren Lebendfleischkammern.

Rick Chew war nahezu vollkommen katatonisch. Telepath schloss die Tür hinter ihnen, hockte sich nieder und rollte kurz die Ohren zusammen. Dann richtete er sich wieder auf.

»Es ist, wie ich gesagt habe«, erklärte er Selina. »Sein Geist ist leer. Ich kann nichts lesen. Er ist ein Männchen, aber er ist nicht wie du.«

»Kannst du dafür sorgen, dass er wieder in Ordnung kommt?« Telepath musste in ihren Gedanken lesen, um zu verstehen, was sie damit meinte.

»Soll ich ihn trösten? Wie ein Kätzchen? Ich weiß nicht, wie man Affen tröstet. Wer hat mich denn getröstet?«

»Versuch es. Projizier deine Gedanken in seinen Kopf. Probier es einmal mit Gedanken wie ›Freund‹ oder ›Sicherheit‹.«

»Ich projiziere nichts in den Geist eines anderen Wesens. Ich nehme etwas heraus. Ich kann einem Stück zitternden Affenfleischs nicht sagen, dass es ein nützlicher Gefährte oder in Sicherheit ist, wenn beides nicht stimmt. Wenn du das willst, dann musst du es selber tun.«

Es kostete Selina viel Zeit, bis Rick Chew wieder vollständig bei Bewusstsein war; die ganze Zeit über hielt sie ihn in den Armen und streichelte ihn. Es war eine instinktive Therapie. Vielleicht half ihm der Anblick von ihr und Telepath gemeinsam zu akzeptieren, was sich vor ihm befand.

Zunächst konnte Rick Chew wenig mehr als nicken, als Selina versuchte, ihm ihre Situation so beschönigend und beruhigend wie möglich zu schildern. Schließlich erklärte sie ihm, dass Telepath ihr Verbündeter sei, doch Telepath informierte sie darüber, dass der Affe das bereits wisse.

Dann zog sich Telepath auf Selinas Anweisung hin zurück und ließ die beiden Affen allein, doch nicht ohne ihnen vorher noch einmal erklärt zu haben, dass ihnen die Zeit davonlaufe. Rick drehte sich zu Selina um, und zu ihrer Überraschung versuchte er sich an einem Lächeln. In dem hageren Gesicht war nur noch wenig von dem Rick zu erkennen, den sie einst gekannt hatte.

»Willst du mir jetzt nicht sagen, ›Ich habe es dir ja gesagt‹?«, fragte er.

Selina spürte, wie ihr bei Ricks Versuch, einen Scherz zu machen, die Tränen in die Augen traten; doch sie wusste, dass es sich als tödlich erweisen könnte, würden sie sich jetzt ihren Emotionen ergeben. Eines erkannte sie indes nicht: den Grund dafür, dass sie sowohl ihre eigenen Gefühle als auch die anderer plötzlich besser wahrnehmen konnte. *Er ist zäher, als ich geglaubt habe,* dachte sie. *Vielleicht hat er auch selbst nicht geglaubt, so zäh zu sein. Gibt das Anlass zur Hoffnung? Wenn nicht für uns, dann wenigstens für unsere Art? Arthur, kannst du mich hören? Kann* irgendjemand *mich hören?* Sie drückte Rick an die Brust und berührte vorsichtig seine eingefallene Wange.

»Zumindest«, sagte sie, »haben wir einen großen Beitrag zu unserem Wissen über das Universum geleistet. Wir wollten herausfinden, was es im Weltraum gibt. Jetzt wissen wir es.«

»Ja. Und es wäre wirklich schön, wenn wir die Ergebnisse unserer Forschung veröffentlichen könnten. Allerdings muss ich zugeben, dass die Erwartungen, die uns ursprünglich motiviert haben, nun doch recht zweitrangig wirken.«

»Was für einen Aufsatz wir schreiben könnten: ›Notizen betreffs vorsichtiger Schlussfolgerungen in Bezug auf einleitende Ergebnisse einer Untersuchung interstellarer Gravitation und Radioanomalien‹.«

Rick ergriff ihre Hand. »Wir müssen die Erde warnen!«

»Ich weiß.« Selina vermutete, dass die *Angel's Pencil* bereits Warnungen aussandte, doch ihre und Ricks Rückkehr würde den Empfängern der Warnung eine noch größere Motivation geben zu handeln.

»Dieses *Ding*!« Rick schüttelte sich unbeherrscht, als Telepath vor seinem geistigen Auge erschien.

»Du wirst dich an ihn gewöhnen«, sagte Selina in grotesk sachlichem Tonfall. »Er ist nicht schlecht für einen … einen … für was auch immer sie sein mögen …« Langsam wiederholte sie für Rick, dass Telepath mit ihnen fliehen wollte. Sie hatte sich schon gefragt, ob dieses Angebot das Alien-Äquivalent zum Katz-und-Maus-Spiel darstellte, doch inzwischen war sie zu dem Schluss gekommen, dass dem nicht so war. Wieder wunderte sie sich darüber, wie viel sie über Telepath wusste.

»Ja, er braucht uns, um die *Pencil* zu erreichen«, sagte Rick. »Ohne uns kommt er nicht an Bord. Aber wie ...?« Ihm versagte die Stimme, doch seine Worte deuteten zumindest darauf hin, dass er allmählich wieder nachzudenken begann.

Wäre er nicht einer der Besten gewesen, man hätte ihn nie für diese Mission ausgewählt, ermahnte sich Selina. *Es fällt leicht zu vergessen, dass wir die Elite sind.* Erneut erzählte sie Rick, was Telepath gesagt hatte, und erklärte ihm, was sie über die Stellung des kleinen Kzin an Bord herausgefunden hatte. Nach einer Weile hatte sich Ricks Stimme wieder ein wenig verändert.

»Es ist eine Frage des guten Anfangs. Wir müssen so schnell wie möglich Distanz zwischen uns und das Schiff bringen, bevor man unsere Abwesenheit bemerkt. Wenn wir weit genug von der Strahlenwaffe entfernt sind, ist es vielleicht möglich, dem Strahl auszuweichen. Außerdem haben sie sicherlich Gegenmaßnahmen dafür – vielleicht irgendwelche Geräte, die Staubwolken ausstoßen.«

»Ja, er hat etwas Derartiges erwähnt.«

»Aber wenn wir die *Angel's Pencil* irgendwie erreichen, was dann?«

»Dort sind wir auf jeden Fall besser dran als hier. Telepath hat mir erzählt, sie würden den Comlaser als Waffe einsetzen und dass sie offensichtlich Raketen von einem Katzenschiff übernommen haben, welches von ihnen vernichtet worden ist. Und da ist noch das Rammfeld.«

»Das Rammfeld wird nach vorne projiziert. Der Laser ist nach hinten ausgerichtet. Keines von beiden kann man großartig bewegen ... und nicht schnell genug ...«

»Wir müssen darauf hoffen, dass sie inzwischen

noch andere Waffen einsatzbereit gemacht haben. Sie hatten schließlich Zeit zum Nachdenken ...«

Sie arbeiteten noch immer an ihren Plänen, als Telepath wieder zurückkehrte. »Da du den feigen Affen nun geweckt hast, was hast du erreicht?«, verlangte er zu wissen.

Sie diskutierten die Strahlwaffenverteidigung und wie sie Zeit zur Flucht gewinnen konnten. Auf den Armen und dem Torso von Selinas Raumanzug befanden sich noch intakte Hexagone des Logiknetzes, und auch auf Ricks Anzug, den Telepath ebenfalls besorgt hatte, war noch das ein oder andere Netzteil funktionsfähig; doch im Augenblick gab es nichts, was sie das Netz hätten fragen können.

»Uns bleibt jetzt keine andere Wahl, als zu handeln!«, verkündete Telepath. »Wir nähern uns der *Schreibstift*! Bald wird es zum Kampf kommen! Es gibt einen Platz für uns in dieser Schlacht! Urrr!«

Er schlug einen heroischen Tonfall an. »Lasst uns von oben herab auf die Furcht urinieren! Was sagen uns all unsere Legenden und Epen? Lord Chmee, Krrarrit, Lord Dragga-Skrull, der Verlorene Skragga-Chmee, Ffeelith-Wirrh! Und Zirrow-Graff, Grragz Dritter Kanonier! Unzählige Kzintosh-Helden, und alle stellten sie sich einer schier unglaublichen Übermacht, auf dass unsere Spezies dem Zähnefletschenden Gott ohne Furcht gegenübertreten möge! Weiß nicht selbst euer Bärtiger Gott Mut zu schätzen?«

»Lasst uns mal sehen, wie es um unser Kapital bestellt ist«, sagte Rick. »Selina ist Navigator und Pilotin. Ich kenne mich mit Computern und neuronalen Netzen aus.

Wenn ich Zugang zu einem Anschluss des Schiffscomputers bekommen könnte, wäre vielleicht das ein oder andere drin. Gibt es irgendeine Möglichkeit, Zugriff auf die zentrale Datenbank zu erhalten?«

»Natürlich. Überall auf dem Schiff sind Knotenpunkte verteilt.«

»Und die Boote? Sind die auch mit dem Hauptcomputer verbunden?«

»Natürlich. Alles, was hier angedockt ist.«

»Und neuronale Netze? Intelligente Maschinen?«

Telepath las Ricks Gedanken.

»Nein«, antwortete er. »Helden verwenden Maschinen nur, wenn sie es mit großen Zahlen zu tun haben oder wenn sie ihre Sinne verstärken wollen. Wir verwenden keine Maschinen, die uns sagen, wie wir uns zu entscheiden haben. Wir sind keine Affen.«

»Genau darauf habe ich gehofft. Also habt ihr nur einfache Computer, die alle in einem einzigen Netz miteinander verknüpft sind?«

»Ja.«

»Könnte man das irgendwie durcheinander bringen? Könnte man dem System Dinge vorgaukeln, die nicht wirklich existieren? Wir brauchen eine ... eine Ablenkung. Irgendwas, um uns Zeit zu verschaffen.«

»Was für eine Ablenkung?«

»Ein vorgetäuschter Notfall. Computerversagen ist vermutlich am einfachsten. Aber es müsste ein Notfall im Lebenserhaltungssystem sein, um jedermanns Aufmerksamkeit darauf zu lenken.«

»Das Lebenserhaltungssystem ist ebenso gut gesichert wie der Hauptcomputer. Dieses Schiff ist für den Kampf gebaut worden, auch wenn es noch nie im Tiefen Raum gegen eine fremde Spezies gekämpft hat. Alle wichtigen Systeme sind redundant.«

»Ihr habt noch nie gegen eine fremde Spezies gekämpft?«

»Nein. Nur gegen eure *Pflanzenfresser.* Wir haben planetare Verteidigungsanlagen niedergekämpft und auf einigen primitiven Planeten Bodentruppen gelandet. Einige an Bord haben auch gegen andere Kzinti gekämpft; aber das zählt jetzt nicht.«

»Oh, das tut es doch! Du hast uns gerade erklärt, dass diese Crew keine Kampferfahrung hat! Vor was fürchtet sich deine Spezies?«

»Vor nichts! Helden fürchten nichts außer Schande!« Die Antwort kam so spontan, dass klar war, dass es sich um einen Automatismus handelte; doch Selina war sich sicher, dass dies nicht vollständig der Wahrheit entsprach.

»Dann anders gefragt: Über welche Probleme denken eure Führungsoffiziere im Augenblick am meisten nach?«

»Viele haben die *Fährtensucher* im Kopf. Unbekannte Waffen. Es verwirrt Zraar-Admiral und Weeow-Technologe, dass waffenlose Affen so einfach in der Lage waren, einen Kzintispäher zu vernichten. Sie haben auch geglaubt, euer Schiff würde kämpfen; das hat es aber nicht getan. Zraar-Admiral hat sich gefragt, ob ihr Affen vielleicht von verborgenen Herren beherrscht würdet. Einige von uns fürchten einen Hinterhalt. Selbst Zraar-Admiral hat sich in letzter Zeit insgeheim gefragt, ob die Aufzeichnungen, die wir in der *Fährtensucher* gefunden haben, nicht nur Teil eines ausgeklügelten Plans waren, um uns glauben zu machen, der Sieg sei Zufall gewesen, während der Feind in Wahrheit sogar ausgesprochen gefährlich ist.«

»Dann werden wir einen Angriff auf dieses Schiff vortäuschen«, sagte Rick. »Das wäre Ablenkung genug.«

»Ein Angriff mit was?«, fragte Telepath. »Und durch wen?«

»Durch uns. Wir werden das Bild eines Angriffs malen.«

»Ich verstehe dich nicht, Affe. Bist du noch immer krank im Kopf?« Telepath schlug frustriert und angewidert mit dem Schwanz. »Heile ihn!«, befahl er Selina. »Du darfst dich auch mit ihm paaren, wenn ihn das beruhigt; aber beeil dich.«

»Ich glaube nicht, dass er krank im Kopf ist«, erwiderte Selina. »Lass ihn erklären.«

»Angreifen! Wir können kein ...« Telepath sprach alle Worte aus, die ihm einfielen. Es gab in der Affensprache einfach keine Begriffe für ›Großkampfschiff‹ oder ›Dreadnaught‹. »Noch nicht einmal, wenn wir in den Besitz von Waffen kämen, würde uns so etwas gelingen. Das wäre Selbstmord. Urrr. Wollt ihr das etwa? ... Selbstmord wäre vielleicht das Vernünftigste«, fügte er nachdenklich hinzu.

»Wir könnten das Schiff über den Computer angreifen«, erklärte Rick.

Telepath starrte ihn an. »Sprich weiter«, sagte er schließlich; »aber ich verstehe dich noch immer nicht. Vielleicht könnten wir den Hauptcomputer für kurze Zeit abschalten; doch die Backupsysteme aktivieren sich dann automatisch. Ich habe euch doch erklärt, dass alles redundant ist. Wir hätten Zeit für nichts.«

»Ich bräuchte deine Hilfe«, sagte Rick. »Kannst du in die Gedanken eurer Programmierer eindringen und etwas herausholen, ohne dass sie es bemerken?«

»Ich glaube schon. Ich bin ein guter Telepath. Du hörst ja, wie gut ich eure Sprache spreche. Ich bin gleichermaßen gut darin, Wissen aus Affen zu holen wie aus Kzintosh.«

»Was für Waffen gibt es im Inneren des Schiffes?«

»Infanteriewaffen: Gewehre, Strahlenkanonen, chemische Waffen, Raketenwerfer ... Die schweren Waffen unterstehen dem Befehl von Waffenoffizier.«

»Diese In ... Infanteriewaffen ...«, Rick hatte noch immer Probleme mit all den militärischen Begriffen, die ihm nie jemand beigebracht hatte, »... sind die einigermaßen durchschlagskräftig?«

»Es gibt ein paar chemische Bomben. Waffen, die Infanteristen tragen können ...«

Rick sprach immer schneller. »Für eine erfolgreiche Ablenkung müssen mehrere Dinge zugleich geschehen: Bomben müssen im Inneren explodieren, um Raketeneinschläge zu simulieren, und vom Boot aus laden wir ein Programm in den Hauptcomputer. Mit deinem Wissen über eure Computer sollte das durchaus möglich sein. Der Bombenschaden würde außerdem die Tatsache verschleiern, dass ein Boot fehlt.«

»Und woher sollen wir die Bomben bekommen?«

»Haben die Boote keine Waffen? Was ist mit dem, das du für unsere Flucht vorgesehen hast?«

»Woher weißt du das alles?«

»Keine Ahnung. Wenn man erst einmal begonnen hat, in diesen Kategorien zu denken, kommt alles andere von alleine. Dass die Boote Waffen tragen, ist einfach nur ein logischer Schluss.«

»Euer eigenes Boot war unbewaffnet.«

»Ja, natürlich.«

»Urrr.« Telepath nickte. »Es könnte sein, wie ich vermutet habe; aber sie würden mir nicht glauben, selbst wenn ich es ihnen sage. Vielleicht sind wir zu guter Letzt doch noch in die falsche Höhle vorgedrungen. Dumm, dumm, dumm.«

»In der Zwischenzeit«, sagte Rick, »müssen wir uns

ein wenig in kreativer Programmierkunst üben. Wir werden die Schiffscomputer nicht deaktivieren, sondern sie mit einem Haufen Tanj füttern, indem wir das Bild eines Angreifers erzeugen. Exakt zum Zeitpunkt unserer Flucht muss es plötzlich auf den Bildschirmen erscheinen. Kennst du den Schiffscomputer gut genug, um das zu bewerkstelligen?«

»Ich habe euch doch gesagt, ich bin ein guter Telepath. Für kurze Zeit kenne ich mich so gut mit ihm aus, als hätte ich ihn gebaut. Ich kann die Gedanken der Programmierer lesen, und von einem Augenblick auf den anderen werde ich soviel Wissen angehäuft haben, als hätte ich eine jahrelange Ausbildung genossen. Ich werde auch Navigators Gedanken lesen, der Zugang zu den Flottendatenbanken hat. Ich werde mir alles Wissen besorgen, das wir benötigen.

Was niemand an Bord wagt, sich einzugestehen, ist die Tatsache, dass nur ich, der Süchtige, wirklich *alles* über dieses Schiff herausfinden kann, wenn ich will. Ich habe die Fähigkeit, notfalls vollkommen unbemerkt in den Verstand eines Kzintosh einzudringen – wie der Lauerer im hohen Gras. Denn auch ich kämpfe in einem Krieg, von dem sie nichts wissen ... Wenn ein Computer programmiert werden kann, finde ich heraus, wie es geht. Wenn Boote geflogen oder Waffen bedient werden müssen, kann ich das nötige Wissen dafür besorgen!

Und doch gestatten sie mir nicht, mich fortzupflanzen. Ich habe in euren Köpfen Bilder von Affen auf eurer Heimatwelt gefunden, die in die Welt des Elften Sinns vordringen können, wenn auch nicht weit, in die Welt der Telepathen. Und ihr erkennt diese Affen an, gebt ihnen einen Platz und *ermutigt* sie sogar, sich fortzupflanzen!«

»Ich bin auch ein Programmierer«, sagte Rick, um wieder aufs Thema zurückzukommen. Seine Stimme klang nun ruhig und klar. Er musste sich nicht länger darum bemühen, seine Furcht zu unterdrücken; statt dessen arbeitete sein Verstand schnell und präzise. *Vielleicht versucht er so, Telepath ein wenig zu beruhigen,* dachte Selina. *Wie schnell sich die Dinge doch ändern.* »Kannst du ein Bild entwerfen, das deine Besatzung als Angreifer interpretieren würde?«

»Das ist durchaus möglich. Unsere Anzeigen sind rein schematisch. Allerdings weiß ich nicht, wie lange es dauern wird, bis man das Bild als Fälschung erkennt. Ich vermute nicht allzu lange.«

»Jede einzelne Sekunde könnte sich für uns als wertvoll erweisen.«

»Es wäre besser, wenn unser Angreifer möglichst fremdartig wirken würde«, sagte Telepath. »Ein Heldenschiff darf es jedenfalls nicht sein; die Signaturen sämtlicher Kzintischiffe in der Umgebung sind bekannt. Auch ein weiteres hilfloses Affenschiff kommt nicht in Frage.«

»Aber was ist mit dem Ding, das hinter dem Affenschiff lauert? Das Kriegsschiff, das die *Schreibstift* als Köder ausgesandt hat?«, rief Selina. »Zeig ihnen das, und sie werden sich fürchten.«

Telepath wirbelte zu ihr herum. Er hatte die Krallen ausgefahren.

»Was soll das? Habt ihr mich getäuscht? Wo ist dieses Kriegsschiff?«

»Es gibt keins«, antwortete Selina. »Lies meine Gedanken, wenn du mir nicht glaubst.«

Sie hielt inne und erwiderte selbstbewusst den Blick des Fleischfressers, der vor ihr aufragte. »Es gibt kein weiteres Schiff außer diesem hier«, sagte sie und hielt das Modell der alten *HMS Nelson* in die Höhe. »Ist das seltsam genug?«

Die anderen starrten sie an.

»Das ist der Angreifer. Kannst du ein Bild davon in den Computer einspeisen?«

Im Allgemeinen entwickelte sich der Sinn für Humor eines Kzintis nicht über gelegentliche Witzeleien und geniale Beleidigungen hinaus. Telepathen jedoch brauchten einen wesentlich weitergehenden Sinn für Humor, denn sie waren auf jeden erdenklichen mentalen Verteidigungsmechanismus angewiesen, auch wenn sie diesen Humor meist für sich selbst behielten. Nun jedoch rollte Telepath die Ohren in rascher Folge zusammen und entrollte sie wieder, was das Kzintiäquivalent eines schallenden Gelächters darstellte.

Selina lachte ebenfalls und schließlich auch Rick. Es schien das Einzige zu sein, was sie im Augenblick tun konnten, doch Selina achtete sorgfältig darauf, dass es nicht außer Kontrolle geriet, und hörte rechtzeitig auf. In irgendeiner weit entfernten Ecke ihres Geistes fiel ihr auf, dass sie Telepaths Reaktion exakt als das erkannt hatte, was sie war, ohne dass es ihr jemand gesagt hatte. Sie hatte seine Belustigung *empfangen* ... Hatte sie gerade irgendwie *seine* Gedanken gelesen?

»Ich werde alles auskundschaften und mich dann um die Programmierer kümmern«, sagte Telepath. Er injizierte sich eine Minimaldosis der Shtondatdroge, und seine Ohren rollten sich fest zusammen. Dann warf er sich aufs Deck und legte den Schwanz um sich wie eine irdische Hauskatze in ihrem Körbchen. Seine Augen glänzten, und von seinen schwarzen Lefzen troff Speichel. Dann und wann zuckte er, doch schließlich schien er eingeschlafen zu sein.

Nach scheinbar einer Ewigkeit in furchtbarer Stille machte sich Rick daran, Telepath zu wecken. Selina packte seine Hand. Ohne dass es ihr jemand gesagt hatte, wusste sie, dass es nicht klug gewesen wäre, den kleinen Kzin wachzurütteln. Nun war ihr endgültig klar, dass sie mehr über Telepath wusste, als sie eigentlich hätte wissen sollen, und diese Erkenntnis vermittelte ihr sowohl ein Gefühl der Furcht als auch der Freude – seltsam.

Telepath bewegte sich. Seine Stimme klang dumpf und undeutlich, und sein Blick war trüb und ungerichtet. Dann beherrschte er sich wieder, und Selina hatte den Eindruck, ihn schon besser zu verstehen. Der gutturale Akzent der Katze war so gut wie verschwunden.

»Macht rasch«, sagte Telepath. »In der Nähe schläft alles.«

Er stand auf, und die drei traten auf den schwach beleuchteten Gang hinaus. Die Menschen fühlten sich ungeschützt. Telepath führte sie zu einem Wartungstunnel. Wie ungeschickte Mäuse kletterten sie hinein.

Es war nicht wie die Tunnel in der Welt des Elften Sinns. Dieser Gang ähnelte den Nestbauten der Kzinrretti, die ich angelegt hatte, und die beiden Affen hinter mir verursachten geradezu unglaublich viel Lärm.

In der Dunkelheit fühlte ich den Geist der Affen ganz in meiner Nähe; allerdings schien Selinas Geist aus irgendeinem Grund näher zu sein als Ricks. Ich hatte Angst, doch ich ging weiter. Mich erwartete der Tod, doch die Art meines Todes würde ich selbst bestimmen. Vielleicht würde ich sogar als Held sterben und nicht durch einen schändlichen Burnout.

Überall um mich herum nur schlafende Gedanken: gelangweilte Helden auf Wache und zwei, die in der Arena mit Krallenschützern kämpften, wie Zraar-Admiral es angeordnet hatte. Jüngere Offiziere und Mannschaften starrten auf Monitore, auf denen entweder regelmäßige Energieimpulse zu sehen waren oder das endlose Schwarz des Alls. Kurz und vorsichtig berührte ich Zraar-Admirals Geist, zuckte aber sofort wieder zurück.

Die Affengeister: Der Rickaffe hatte anscheinend beschlossen, einfach abzuwarten, was ihn erwartete, doch da war noch eine andere Empfindung, derer er sich selbst nicht ganz bewusst war; mit Selinas Geist Kontakt aufzunehmen fiel mir inzwischen geradezu unglaublich leicht.

Ohne Schlaf und Ablenkung besteht für einen Telepathen in einem dunklen Tunnel stets Gefahr. Obwohl ich mich sehr beeilte (als ich die Affen hinter mir keuchen hörte, wurde ich ein wenig langsamer), war es nur allzu leicht, zu viel Zeit mit Denken zu vertun.

Der Geehrte Maaug-Riit hatte mir lang und breit erklärt, was man von mir erwartete: Ich sollte ihm so rasch wie möglich Bericht erstatten, sollte Gefürchteter Zraar-Admiral einen ungesunden Ehrgeiz entwickeln. Er hatte mir sein Wort gegeben, dass man mir posthum einen Teilnamen verleihen würde, auch wenn dass mehrere Achtfachjahre dauern würde. Der Patriarch besaß viele Ohren, in die ich flüstern konnte.

Doch Gefürchteter Zraar-Admiral war mein Anführer. Er hatte mich gelobt. Ich würde ihn jetzt verraten, doch das war ein Verrat, um mich selbst zu retten. So etwas war erlaubt ... Jedenfalls war das in vielen Geschichten so.

Der Bootshangar war riesig wie eine Ebene zwischen den Bergen. Dort standen Schiffe bis zur Größe eines Aufklärers, die einer besonders ausgebildeten Besatzung bedurften. Ich und die Affen, wir hätten uns auf dem Weg zu den kleineren Gefährten fast verirrt.

Die *Schlachterkralle* hatte mehrere Bataillone kampfbereiter Helden im Kälteschlaf an Bord für den Fall, dass wir eine bewohnte Welt entdecken sollten, und auch die eigentliche Schiffsmannschaft war bei Bodenoffensiven als Speerspitze einsetzbar. Es gab sowohl eine ganze Reihe spezialisierter Landungsboote als auch die üblichen Beiboote und kleine Jäger. In Schränken und Lagergruben waren Werkzeuge und Ersatzteile verschlossen. Noch immer fühlte ich keinen wachen Kzin in der Nähe.

Zraar-Admirals Barke war neben den massiven Hangartüren geparkt, damit sie sofort aufbrechen könnte. Dort stand auch das Boot der *Happy Gatherer*. Es lag auf der Seite, denn inzwischen hatte man die Schwerkrafthebel ausgeschaltet.

»Seht dort«, sagte ich an die Affen gewandt. »Jetzt glaube ich, dass der Zähnefletschende Gott unserem Streich eine Chance gibt. Er hat uns die Mittel an die Hand gegeben, genug Schaden zu verursachen, um unsere Flucht zu verschleiern.«

Neben dem Affenboot lag ein Gravitationsantrieb mitsamt Gehäuse; er war Teil von Waffenoffiziers Projekt, den Antrieb der Affen auf seine Waffenfähigkeit zu untersuchen und die Erkenntnisse nach Möglichkeit auf unsere eigene Technologie zu übertragen. Natürlich befand sich alles noch im experimentellen Stadium und war sehr klein, doch der Motor konnte bereits einen starken Wirbel erzeugen, den man theoretisch entweder dazu verwenden konnte, Partikel abzuwehren, oder aber man benutzte ihn als Waffe wie einen Reaktionsantrieb. Da im Moment Schlafenszeit war, kümmerte sich niemand um den Antrieb.

»Helft mir!«, befahl ich.

Ich war zwar schwach, doch noch immer weit stärker als die Affen. Gemeinsam schleppten wir den Gravitationsmotor zu einer Stelle, wo sein Feld den nächstgelegenen Haupteingang abdecken konnte. Allerdings aktivierte ich das Feld noch nicht. Das würden wir erst von der Barke aus tun, so hatte ich ausgerechnet, nachdem die Täuschung aktiviert und die Hangartore geöffnet waren. Ich erklärte den Affen die Kontrollen des Motors. Dieser Prototyp basierte auf dem kleinsten Standardaggregat, das von einem Infanterieschlitten stammte – allein das Gehäuse eines Bootantriebs wäre schon zu groß gewesen, als dass so kleine Änderungen, wie sie auf die Schnelle möglich waren, Wirkung gezeigt hätten. Ich hatte gehofft, mit dem Motor Raketen abfeuern zu können, doch verärgert musste ich erkennen, dass Waffenoffizier sich an die Vorschriften hielt und alle Munition weggeschlossen hatte.

An Bord der Barke zu gelangen bereitete uns indes keine Schwierigkeiten. Ich hatte den Türcode aus Steuermanns Gedanken gestohlen. Außerdem gab es keinen besonderen Grund, die Barke eines Admirals abzusichern; kein Kzin würde ohne guten Grund auch nur einen Fuß an Bord des Bootes setzen. Die Barke war abflugbereit. Abgesehen von ihren anderen Funktionen, konnte sie dem Admiral im Kampf auch als Ersatz für sein Hauptquartier dienen. Die Kommandokonsole stellte eine Miniaturreplik der Schiffsbrücke dar, und um einen zentralen Computerkern herum befanden sich Liegen für einen verkleinerten Stab.

Ich rollte mich in der Kommandantenliege zusammen und nahm noch eine Minimaldosis meiner Droge. Ich schlich durch äußerst schlechte Deckung; allerdings würde ich selbst einen Grashalm krümmen, damit er sich nicht gegen den Wind neigen und so anderen verraten konnte, dass ich mich durchs Unterholz bewegte.

Die Schlafenszeit neigte sich dem Ende zu. Immer mehr höhere Offiziere wachten auf und nahmen ihr erstes Mahl zu sich. Schon bald würden sie sich zum Dienst melden. Leichtfüßig wie ein Tänzer auf Samtpfoten berührte mein Geist einen Offizier nach dem anderen: Systemmeister, Navigator, Chefprogrammierer, Erster Technischer Offizier, Zweiter Technischer Offizier ... Ich riss jede noch so winzige Beute mit kaum merklichen Hieben, die ich bisher ausgelassen hatte. Ja, die Krallen eines Telepathen können schier unglaublich scharf sein; sie sind in Höhlen geschärft, von denen kein Held auch nur etwas ahnt! Schließlich entnahm ich auch noch etwas aus dem Geist des Rickaffen und sprang dann auf einen Hügel, um alles überblicken zu können.

Als ich aus den Weißen Tunneln zurückkehrte, waren die Affen angespannt und voller Furcht. Nun, sollten sie sich ruhig fürchten. Helden im Weltall mögen es nicht, wenn ihnen die Aussicht fehlt, selbst wenn es nur die Aussicht auf die Schwärze zwischen den Sternen ist, und daher besaß die Barke größere Sichtluken als jedes Affenboot. Normalerweise boten sie freie Sicht; nur im Kampf wurden sie mit Panzerplatten geschlossen. Die Affen hatten sie heruntergelassen und verhielten sich vollkommen still.

Ein Held wäre vielleicht überrascht gewesen, mich in diesem Augenblick zu sehen, wie ich mit schier unglaublicher Geschwindigkeit die Computertastatur bediente. Visuelle Sensoren nahmen das Bild des Schiffsmodells auf, und kurz darauf erschien auf dem Display ein entsprechendes, dreidimensionales Schema. Ich drehte es in alle Richtungen, um mich zu vergewissern, dass es in sich schlüssig war. Dann übergab ich an den Rickaffen.

»Fertig«, sagte ich. »Ein Teil unseres Täuschungsmanövers ist vorbereitet.«

Erneut wandte ich mich dem Computer zu, berührte abermals Systemmeisters und Ricks Geist, verband das Bild mit den Alarmsensoren und startete das Programm. Es würde ein wenig dauern, bis sich das Bild in die Eingeweide des Schiffscomputers gefressen hatte.

»Weißt du, wie man diese Tore öffnet?«, fragte Rick. Unter normalen Umständen hätte ich dem Affen einen Hieb mit den Krallen verpasst ob dieser dummen und beleidigenden Frage, aber ich hielt es für angebracht, das ängstliche Ding zu beruhigen.

»Es gibt Offiziere, die es wissen«, antwortete ich, »und dieses Boot besitzt einen Überbrückungsmechanismus, der bewirkt, dass jedem Befehl von hier automatisch gehorcht wird. Vor langer Zeit, als er einmal abgelenkt war, habe ich das Codewort aus Zraar-Admirals Geist gestohlen.

Jetzt ist der richtige Zeitpunkt unser größtes Problem. Wir sollten so viel zusätzliche Vorräte und Waffen an Bord nehmen, wie wir können.«

»Noch mehr Vorräte? Aber es ist doch nur ein kurzer Flug.«

Diesmal hätte ich wirklich fast zugeschlagen. »Erwartet ihr etwa, dass ich Affenfutter fresse, wenn wir die *Schreibstift* erreichen?«

Rasch kletterte ich aus der Barke und begann die Vorräte einzusammeln, die ich vorbereitet hatte. Die Affen folgten mir und versuchten, mir zu helfen, aber sie waren langsam und ungeschickt; sie konnten die Container kaum anheben. Ich fürchtete, dass sie sie fallen lassen würden. Plötzlich wurde die Tür aufgeworfen.

»Was machst du hier? Antworte mir, Süchtiger!« Ich hatte Waffenoffizier vergessen. Dumm, dumm, dumm. Natürlich war er sofort bei Dienstantritt hierher zurückgekehrt, um an dem Gravitationsmotor zu arbeiten.

Was sah Waffenoffizier? Telepath und zwei frei herumlaufende Affen inmitten von Vorratscontainern zwischen der Waffentestanlage und der Admiralsbarke. Einen Augenblick lang erstarrte er vor Überraschung. Er war nicht vorbereitet, doch ich kannte seine Kampfreflexe. Jeden Moment würde er springen.

Ich hatte indes noch ein *Wzai* in meiner Höhle versteckt: Der Gedanke, dass Telepath planen könnte, die Barke zu stehlen und zu fliehen, war für Waffenoffizier zu verrückt, als dass er ihn auch nur in Erwägung gezogen hätte. Er war ein typischer Kzintosh. Er gehörte demselben Schlag an, der mich als Jüngling fast getötet hätte, nachdem man mich aus dem Nest geholt hatte. Hätte Ausbilder-von-Telepathen nicht rasch mein Talent erkannt, es wäre mit mir zu Ende gewesen.

Die Schnelligkeit des Denkens! Aber ich musste nicht seine Gedanken lesen, um zu wissen, welches Bild er von mir hatte: Ich hatte dasselbe Bild in den Gedanken aller Offiziere gesehen, ja, und auch in denen einfacher Infanteristen und selbst der Putzkzintosh; unzählige Male hatte ich immer wieder ein und dasselbe Bild gesehen ... Für Waffenoffizier war ich der Süchtige, ein Eunuchenersatz, ein Affenhüter, noch nicht einmal seiner Verachtung würdig ...

Woher sollte er wissen, wie Telepathen dachten? Aber mir blieb nur ein einziger Augenblick, während Waffenoffizier mich und die Affen verblüfft anstarrte und das Bild eines fremden Kriegsschiffes sich seinen Weg ins Herz des Schiffscomputers bahnte.

Ein Gedankengang blitzte in seinem Geist auf. Er verstand nicht wirklich, was vor sich ging, doch dachte er: *Der Süchtige! Die Affen! Verrat!* Waffenoffiziers Hand glitt zum Griff seines *Wzai*.

Auch in meinem Gürtel steckte ein *Wzai*, doch es zu berühren wäre tödlich gewesen. Ich konnte nicht gegen Waffenoffizier kämpfen und auf meinen Sieg hoffen. Das konnte kein Süchtiger, egal wie groß, schnell und tüchtig er auch sein mochte. Es gab nicht einen Kzintosh an Bord, den ich, Telepath, im Kampf hätte besiegen können. Tatsächlich hätte sich aber auch nie jemand so sehr erniedrigt, als dass er mich zum Kampf in der Übungsarena herausgefordert hätte. Der Kampf gegen einen Telepathen gilt unter den Kzinti als Beleidigung.

Doch sie kennen die Waffe eines Telepathen nicht. In meinem Blut befand sich noch immer ein Rest der Shtondatdroge: genug, um meine Fähigkeiten zu verstärken, doch nicht genug, um mich zu verwirren. Ich suchte die Schmerzzentren in Waffenoffiziers Kopf und schlug zu.

Mit ausreichend Können, Übung und mit intimer Kenntnis des Geistes desjenigen, in den man eindringt, kann ein erfahrener Telepath es vermeiden, Schmerz zu verursachen. Ich hatte die Gedanken vieler Kzinti gelesen, ohne dass sie etwas davon bemerkt hatten. Erster Telepath hatte meine Kunst gelobt. Jetzt konzentrierte ich all meine Kraft jedoch darauf, Schmerz zu verursachen und nicht zu vermeiden; das war das wirkliche *Wzai* eines Telepathen.

Waffenoffizier spürte einen Schmerz im Kopf, wie er ihn noch nie empfunden hatte. Schreiend taumelte er zurück, packte sich an den Kopf, rollte mit den Augen und faltete die Ohren zusammen. Die Anstrengung schwächte mich, doch ich war vorbereitet und bot all meine Willenskraft auf. Ich richtete mich zu meiner vollen Größe auf, während Waffenoffizier sich vor Schmerz wand und krümmte.

Er ließ sein *Wzai* fallen, und die Klinge fiel klappernd zu Boden. Dann sprang ich auf ihn und riss ihm die Kehle auf.

»Das war's dann wohl«, sagte Rick hinter mir, während ich nach Atem rang und ich mich über Waffenoffiziers Ohren beugte, um sie als erste Trophäe an meinen Gürtel zu binden.

Ich verstand, was Rick – abgesehen vom Offensichtlichen – mit diesen Worten hatte sagen wollen. Es gab nun kein Zurück mehr für uns. Rick wirkte zufrieden. Ich hatte keine Zeit, seine Gedanken zu lesen, doch sein Gesichtsausdruck, vor allem die leicht entblößten Allesfresserzähne, signalisierten entweder Belustigung oder Trotz.

Ich fühlte die Gedanken von Kzintosh. Sie waren nicht mehr weit entfernt. »Beeilt euch!«, befahl ich den Affen, während ich die Ohren am Gürtel anbrachte. »Leise zu sein ist jetzt nicht mehr so wichtig!«

Selina schrie auf. Zwei Infanteristen stürmten durch die Tür, durch die auch Waffenoffizier hereingekommen war. Zwei auf einmal konnte ich unmöglich festhalten, und im Augenblick war ich zudem erschöpft. Beide trugen Handfeuerwaffen.

Selina bewegte sich unerwartet schnell für einen Affen. Sie richtete die Gravitationswaffe auf die beiden Angreifer und aktivierte sie. Darauf waren die Infanteristen nicht vorbereitet, und so wurden sie von den Beinen gerissen und in den Gang zurückgeschleudert. Ich übernahm die Waffe, richtete sie willkürlich hierhin und dorthin und drückte jeden Knopf, um soviel Chaos wie möglich zu verursachen. Das Affenboot, welches ohnehin nur provisorisch befestigt worden war, riss sich los, rutschte übers Deck und zerriss dabei Kabel und Leitungen. Auch mehrere Landungsboote lösten sich aus ihren Verankerungen und glitten kreischend über den Stahl des Hangardecks. Munitionsbehälter explodierten ...

... und dann ertönten die Alarmsirenen.

Die Alarmsirenen und das laute Heulen der Schadenskontrolle mischte sich mit Kzintischreien. Zraar-Admiral sprang auf die Brücke. Mit einem Satz war er ein Deck höher, ohne die Leiter auch nur zu berühren; sein Stab und seine Leibwache folgten ihm dichtauf. Brüllend befahl er über das Helmfunkgerät, das Feuer zu erwidern.

Einige Bildschirme wurden schwarz, doch als Zraar-Admiral die im roten Notfalllicht leuchtende Brücke erreichte, waren noch genügend aktiviert, dass er sehen konnte, wie Trümmer aus dem Schiff in den Weltraum flogen.

Und auf einigen Bildschirmen war ein *Ding* zu sehen: ein fremdes Raumschiff, das weder dem Affenschiff ähnelte, welches sie vernichtet hatten, noch der nach wie vor weit entfernten *Schreibstift*. Die bizarre, asymmetrische Form des fremden Schiffes wurde von etwas dominiert, das riesige, dreigeteilte Waffentürme zu sein schienen. Geschütze? Waren *das* die Laser, die die *Fährtensucher* in Stücke geschnitten hatten? Eine Falle!

Das Schlachtschiff erbebte, als es eine Breitseite Raketen abfeuerte. Der Geruch von Blut und Kampf, natürlich und künstlich erzeugt, erfüllte die Luft. Ein internes Warnsignal heulte auf. Zraar-Admiral sprang auf die Schlachttrommel, sodass das Shtondatfell dröhnte und vibrierte. Der Tag! Endlich war Der Tag gekommen!

»Wir sind geentert worden! Im Bootshangar wird gekämpft!«, kreischte Weeow-Technologe.

Im Bootshangar! Aber der Feind war dort draußen im All!

»Affen? Identifiziert den Feind! *Sofort*!«

»Das geht nicht, Dominanter. Unsere Sensoren werden gestört.«

»Wo ist Telepath? Warum ist er nicht auf der Brücke?«

»Vielleicht sind die überlebenden Affen wild geworden, Dominanter, und haben ihn angegriffen wie bösartige Jotoki. Er war ihr Hüter.«

Eine Falle! Das war eine Falle! Zraar-Admiral durfte seinen Offizieren gegenüber keine Panik zeigen, doch die *Fährtensucher* erschien wieder vor seinem geistigen Auge. Hatten die Lebendfleischaffen Telepaths Wert erkannt und ihn deswegen als ersten getötet? Oder hatten sie ihn nur angegriffen, weil es sich bei ihm um den kleinsten und schwächsten Kzin an Bord handelte? Aber Affen, die einen Kzin angegriffen! Und noch dazu in diesem Moment! Das war eine

Falle, Falle, Falle! Waren die Lebendfleischaffen absichtlich an Bord der *Schlachterkralle* gebracht worden? Waren sie Teil des feindlichen Angriffsplans?

Nach Aktivierung der Kampfschilde war der Weltraum nicht mehr direkt zu sehen, doch auf den Monitoren waren überall Raketenexplosionen zu erkennen und vielfarbige Geschützstrahlen. Und in der Mitte von alledem schwebte das feindliche Kriegsschiff mit seiner seltsamen Konfiguration und den monströsen Waffentürmen. Die sternenheißen Klauen der *Schlachterkralle* schienen es noch nicht einmal anzukratzen. Kzintigravitationstechnologie und die Untersuchung uralter Slaver-Stasisfelder hatten zu verschiedenen Theorien in der Kraftfeldforschung geführt. Besaß der Feind einen Schutzmechanismus ähnlich einem Stasisfeld? Wieder und wieder wurde das Schiff von mächtigen Strahlen getroffen. Auf den Konsolen leuchteten immer wieder Bereitschaftslampen auf, während eine Raketensalve nach der anderen abgefeuert wurde. Die Abschussrampen wurden so schnell nachgeladen, dass selbst ein Kzin dem Vorgang kaum mit bloßem Auge folgen konnte; ein wahrer Hagel von Geschossen ging auf das feindliche Schiff nieder, und jedes einzelne explodierte in einem gewaltigen Feuerball.

Plötzlich verschwand das Bild des feindlichen Schiffes. Waren seine Schilde endlich zusammengebrochen? Besaß es eine Tarnvorrichtung?

Wieder leuchteten unzählige Blitze auf den Monitoren auf; dann erschien das fremde Schiff erneut. Diesmal war es jedoch nur noch als Umriss zu erkennen, und unter dem Bild liefen lange Zahlenkolonnen entlang. Hinter dem Umriss konnte man wieder den Sternenhimmel sehen ... und in diesem Sternenhimmel, weit vom Feind entfernt, detonierten die Kzintiraketen im leeren Raum!

»Eine falsche Spur!«, schrie Systemmeister. »Da war kein feindliches Schiff! Das war nur ein Bild im Computer! Ein Wurm in unseren Eingeweiden!« Das nennt man konvergente Evolution: Aufgrund ähnlicher Physiologie und vergleichbarer technischer Entwicklung verwenden Menschen und Kzinti das gleiche Bild, um die Situation zu beschreiben.

»Unser Computer ist von einem Virus infiziert worden. Ein Leberwurm! Eine *Rarrknarraraaw*-Saat! Da war kein feindliches Schiff, sondern nur ein Bild des Schiffs! Dominanter, die Sicherungssysteme haben den Wurm gefunden und eliminiert!«

Kein feindliches Schiff. Das war nicht Der Tag, sondern ... ein Affentrick! Zraar-Admiral hatte die Schlachttrommel für *nichts* geschlagen! Knurrend und sabbernd verspürte Zraar-Admiral das unbändige Verlangen, auf den lügenden Bildschirm zu springen. Dann beherrschte er sich wieder. Welchen Sinn sollte es auch schon ergeben, seine Wut an Maschinen auszulassen?

Nicht Der Tag. Dennoch gab es einen wirklichen Feind! Wer war für diese Täuschung verantwortlich? Waren die überlebenden Affen entkommen?

Weeow-Technologe rief ein Diagramm der Eingeweide der *Schlachterkralle* auf. Dieses Bild log nicht. Im Bootshangar herrschte Chaos.

»Vorwärts!«, brüllte Zraar-Admiral. »Ich führe meine Helden!«

Alles andere wäre undenkbar gewesen. Die Helden seiner Leibwache sprangen hinter ihn.

»Führe uns, Gefürchteter Zraar-Admiral!«, riefen sie.

»Sie kommen!«, rief Telepath. »Das Ablenkungsmanöver hat sie nicht lange aufgehalten!« Die Gedanken des Dominanten waren wie ein Vulkanausbruch über ihn gekommen.

Das Bild der *HMS Nelson* war vom Monitor verschwunden.

»Keine Zeit! Wir haben keine Zeit!«

»Geht!«, rief Rick. Selina starrte ihn an. Einen Augenblick lang verstand sie ihn nicht, während er zum Gravitationsmotor blickte und tief durchatmete.

»Ich werde sie aufhalten! Selina, lauf! Flieg!«

Sie zögerte. »Ich *befehle* es dir!« Rick wirbelte zu Telepath herum. »*Lauft!*«, brüllte er.

Er sprang aus dem Boot, rannte zum Gravitationsmotor und bediente rasch die Kontrollen. Das Gravitationsfeld wurde zu einer dünnen Röhre gebündelt. Ein Sturm heulte durch den Hangar und den Gang hinunter, und in diesem Augenblick tauchten die Kzinti auf.

Zraar-Admiral führte die Truppe an. Schwer gepanzert kämpfte er gegen den Sturm an und zog sich von einem Haltegriff zum nächsten.

Rick zielte mit dem Gravitationsmotor und warf das Modellschiff in den Wirbel. Dann bündelte er den Strahl noch mehr und regelte mit zwei raschen Bewegungen den Energieausstoß auf Maximum.

Zraar-Admiral stemmte sich mit all seiner gigantischen Stärke gegen den Druck. Den Bruchteil einer Sekunde lang sah er das Bild des feindlichen Kriegsschiffes mit gewaltiger kinetischer Energie auf sich zu fliegen ... Aufprall. Ein vielfarbiger Blitz erhellte den Gang, als Zraar-Admiral sich auflöste. Die Kzinti in seiner Nähe wurden vom Druck der Explosion gegen die Wände geworfen. Ein Strahlengewehr feuerte seine volle Ladung ab. Bruchstücke von Metall und Kzinti wurden mit der Geschwindigkeit von Kugeln umhergewirbelt.

Aus Solidarität explodierte eine weitere Kiste mit Gewehrmunition. Rick wurde von der Druckwelle zu Boden gerissen. Er rollte übers Deck, stand dann trotz der gebrochenen Rippen wieder auf und trat vor. Die überlebenden Kzinti rappelten sich ebenfalls wieder auf. Rick stellte sich ihnen mit bloßen Händen entgegen.

Der Strahl aus dem Gravitationsmotor raste willkürlich übers Deck und hinterließ nichts als Zerstörung gefolgt von einem Feuersturm. Dann traf ein Schuss aus einem Strahlengewehr die Schwerkraftwaffe. Der Feuersturm hörte sofort auf, und die automatische Feuerlöschanlage machte auch den letzten Flammen ein Ende. Stille. Die gepanzerten Infanteristen, Produkte einer hervorragenden Ausbildung und Disziplin, schrien und sprangen nicht. Langsam schwärmten sie aus, um Rick auf dem Deck und Selina und Telepath in der Barke zu umzingeln.

Telepath betätigte eine Reihe von Tasten, um die Sicherungen der Hangartore zu lösen; es war eine komplexe, langwierige Prozedur.

Selina starrte hilflos aus dem Sichtfenster, während die Kzinti näher rückten. Rick zog sich noch immer nicht zurück. Einige der Katzen richteten ihre Waffen auf die Barke; sie wirkten nun ruhig und sicher. Dann hob Rick den Arm, deutete auf seinen Ärmel und auf das Boot der *Happy Gatherer*. Selina nickte. Sie hob die Hand, und die beiden sahen sich einen Augenblick lang an. Dann aktivierte Selina einen Sensorpunkt und rief einen Befehl in die Bruchstücke des Netzes auf ihrem Ärmel. Auf dem Boot der *Happy Gatherer* wurden die Steuerungsdüsen gezündet, und das Boot bewegte sich parallel zur Barke. Kzinti sprangen vor den glühenden Gaswolken zurück. Selina brüllte einen Overridecode und einen zweiten Befehl. Das Haupttriebwerk des Bootes zündete und verbrannte alles Organische und Ungeschützte auf dem Deck. Flammen rollten auf die Barke zu, und im selben Augenblick detonierten Raketensprengköpfe. Das Boot selbst raste durch den Hangar, prallte gegen die Tore und explodierte. Trümmer flogen ins Weltall hinaus.

Flammen und Luft wurden ins Vakuum hinausgezogen, während Notfallschalter Türen schlossen.

An Bord der Barke hätte sich weder Selina noch ein anderer Mensch schnell genug bewegen können, um zu tun, was getan werden musste. Telepath jedoch löste mit schier unglaublicher Geschwindigkeit die letzten Haltebolzen und warf das Triebwerk an. Angetrieben sowohl von ihrem Schwerkraftpolarisator als auch von den Explosionen auf Deck schoss die Barke – gefolgt von einem Feuerball – ins All hinaus.

Telepath sprang zur Waffenkonsole. Auch wenn er gewollt hätte: Ihm blieb keine Zeit mehr, um die Atomsprengköpfe scharf zu machen; stattdessen feuerte er alles, was er in der kurzen Zeit aktivieren konnte, in den weit offen stehenden Bootshangar hinein.

Selbst wenn Selina die richtigen Befehle gekannt hätte, ihre Finger hätten niemals die Geschwindigkeit erreichen können, mit der Telepaths Krallen Knöpfe und Tastatur bearbeiteten. Wäre sie ihm zu nahe gekommen, hätte er sie vermutlich nur verletzt. Sie kletterte in die obere Sichtkuppel hinauf und blickte zurück. Hinter ihnen sah sie das Bootsdeck des

Schlachtschiffs als glühenden Krater, aus dem rosafarbener Nebel und Trümmer ins All strömten. Die *Schlachterkralle* war schwer verwundet.

Rasch wurde das Schlachtschiff immer kleiner, je mehr die Barke beschleunigte. Als größtes der kleineren Gefährte an Bord besaß sie überdimensionale Gravitationstriebwerke, die die Barke nicht nur zum schnellsten Schiff der Flotte machten, sondern ihr auch die Kraft gaben, als Schlepper zu fungieren. Nun war die *Schlachterkralle* nur noch ein roter Punkt inmitten der Sterne. Telepath feuerte die Waffen und flog das Boot. Er war so beschäftigt, dass er die Gedanken der Offiziere der *Schlachterkralle* nicht mehr lesen konnte, doch keine Rakete und kein Strahl ging von dem Kriegsschiff aus, um die Barke zu vernichten. Vielleicht war bei all der Zerstörung und dem Chaos die Flucht der Barke noch gar nicht bemerkt worden.

Telepath aktivierte die Verteidigungseinrichtungen: eine Metallstaubwolke, eine kleine Roboterdrohne, die eine falsche Signatur abstrahlte und computergesteuerte Spiegel, die einen Laserstrahl theoretisch zu seinem Ursprungsort zurücklenken sollten.

Selina wurde sich wieder des leisen Geräuschs des Gravitationstriebwerks bewusst. Es war ein Augenblick der Ruhe, wenn auch einer Ruhe, die aus Erschöpfung geboren worden war. Die *Schlachterkralle* war nicht länger mit bloßem Auge zu erkennen, und das Inferno im Bootshangar war somit ebenfalls nicht mehr zu sehen; vielleicht weil das Schiff seine verwundete Seite vom Feind abgewandt hatte.

»Für einen Affen bist du sehr mutig«, erklärte Telepath nach einer Weile.

»Und du bist sehr mutig für einen Telepathen.«

»Trauere nicht allzu sehr um den Rickaffen«, sagte Telepath. »Er war zum Schluss sehr tapfer, und der Bärtige Affengott wird sich seiner Seele annehmen. Wir hätten ihm nicht helfen können ...

Ich weiß, dass die Flüssigkeit aus deinen Augen ein Zeichen der Trauer ist«, fügte er nach kurzem Nachdenken hinzu; »aber dich bewegt noch etwas anderes, das ich nicht verstehe. Wir sind Gefährten: der Affe, der nicht ganz Affe ist, und der Kzin, der nicht ganz Kzin ist. Sollte ich da nicht versuchen, dich zu trösten?«

ADMIRALSBARKE

Unter den Kzinti war ich nun ein Ausgestoßener; aber ich hatte die tiefste Wunde geschlagen, die je ein Telepath in unserem jahrhundertealten und bis jetzt größtenteils vergeblichen Krieg geschlagen hatte.

Noch immer schossen keine Strahlen aus der *Schlachterkralle* hervor, und den Anzeigen auf den Bildschirmen vor mir nach zu urteilen, waren auch keine Raketen unterwegs.

Nun blickte ich zurück, um die Gedanken auf dem Schiff zu lesen. Weeow-Technologe spie und kreischte Befehle an Schadenskontrolltrupps, niedere Offiziere und Unteroffiziere, die andere Helden dort in den Kampf gegen das Feuer führten, wo die Automatik versagt hatte. Ich fühlte die Wut und Scham von Schadenskontrolloffizier, der sich gegen die Tür seiner Kabine warf, welche aufgrund der Explosionen versiegelt worden war. Zraar-Admirals verbliebene Kzinrretti jammerten im Harem, der immer wieder von Explosionen erschüttert wurde; Sirenen heulten, und toxische Dämpfe drangen durch die Ventilationsschächte hinein. Die *Schlachterkralle* war noch nicht vollständig kampfbereit gewesen, als der Alarm ausgelöst worden war. *Ja, auch wenn wir durch pure Gewalt und Wildheit zu erobern vermögen, an fremde Arten der Kriegführung sind wir nicht gewöhnt.* Aber was hatte man diesen Kzintosh eigentlich auf dem Schadenskontrolllehrgang beigebracht? *Katastrophen wie ein offenes Feuer im vollbeladenen Hangar eines Kriegsschiffes verlangten außerordentliches Heldentum!*

Kurz spürte ich die Agonie eines Heldentrupps, der unvorbereitet ins Vakuum hinausgerissen wurde, dann brach ich den Kontakt ab. Doch in anderen Gedanken spürte ich noch weit schlimmeren Schmerz. Neben dem umgebauten Gravitationsmotor hatte Waffenoffizier noch eine andere Waffe entwickelt: ein auf Flusssäure basierendes Sprühmittel, um die Affen auf ihrem Heimatplaneten, der ›Erde‹, von den Bäumen zu treiben. Die Tanks mit dieser Flüssigkeit waren geplatzt, und nun strömte die Säure durch Schächte und Gänge und drang durch sämtliches Körpergewebe, um die darunter liegenden Knochen zu zerstören. Zu spät schlossen sich weitere Sicherheitsschleusen. Die *Schlachterkralle* war endlich in ein echtes Weltraumgefecht verwickelt, in ein Gefecht gegen die chemischen Dämonen aus ihren eigenen Eingeweiden. Das Bootsdeck und alle Zugangswege waren inzwischen versiegelt.

Gefürchteter Zraar-Admiral war offenbar tot. Obwohl ich ihn sterben gesehen hatte, konnte ich es zunächst nicht richtig glauben; aber dass er überlebt hatte, war einfach unmöglich. Unter uns Telepathen kursiert das Gerücht, die besten von uns könnten mit den Toten in Kontakt treten, doch das wagte ich nicht zu versuchen. Es war nicht mein Wunsch gewesen, Zraar-Admiral zu verraten oder auszuspionieren, denn er hatte mich gelobt; aber er hatte auch Ersten Telepath zerstört, meinen Lehrer und einzigen Freund, meinen Führer und Kommandanten in unserem Krieg, und früher oder später hätte er auch mich vernichtet. Was den Rest betraf ... Wann hatte auch nur einer von ihnen ein gutes Wort für mich übrig gehabt oder mir Respekt gezollt? Allesamt hatten sie mich wie ein verabscheuungswürdiges Werkzeug behandelt, das man benutzen und wegwerfen konnte. Für sie war ich immer nur der Süchtige gewesen. Ich hasste sie alle. Und jetzt hatte ich zurückgeschlagen.

Soweit ich herausfand, ahnte niemand an Bord der *Schlachterkralle* auch nur ansatzweise, was wirklich im Hangar geschehen war. Auf der Brücke war der Einschlag der Raketen, die ich abgefeuert hatte, exakt als das registriert worden, was sie waren. Nun hatten Systemmeister und Zweiter Fremdtechnologieoffizier Zraar-Admirals Befehle vergessen, und da Weeow-Technologe mit der Schadenseindämmung beschäftigt war, kämpften die beiden einen Kampf darüber aus, ob das Bild des feindlichen Schiffes nun echt gewesen war oder nicht.

Und noch immer floh Zraar-Admirals Barke mit voller Geschwindigkeit, während Helden in Rüstung oder nackt glühendheiße Türen versiegelten, sich mit chemischen Feuerlöschern ins Inferno stürzten, mit Schlachtrufen auf den Lefzen durch düstere Korridore sprangen oder sich mit ihren Krallen gegen einen Sturm stemmten, der sie aus dem Schiff zu reißen drohte. Ein Feuersturm schleuderte *wzai*scharfe Trümmerteile durchs Schiff, und alles erstickender Rauch drang selbst bis auf die Brücke vor, wo Weeow-Technologe Befehle spie und schrie (und sich mit einer Mischung aus Ehrgeiz und schändlicher Furcht und Trauer fragte, ob er nun der Oberkommandierende war). Niemand dachte an das kleine, flüchtende Boot.

Langsam wurde mir klar, was ich getan hatte. Ich raste in die Dunkelheit des leeren Raums einem unsicheren Ziel entgegen – einem schwachen Schiff voller fremdartiger Allesfresser –, und hinter mir lauerte ein mächtiger Feind.

Nein, mehr als ein Feind. Zraar-Admiral hatte die genaue Lage der Welt, von der die Affen stammten, zu einem Geheimnis des Patriarchats erklärt; er hatte die Koordinaten nicht nur vor den Computern verborgen, er hatte sie gelöscht. Jetzt war das Geheimnis an Bord der *Schlachterkralle* mit ihm und dem Rickaffen gestorben. Ich hatte gehofft, dass die Helden der *Schlachterkralle* bei dem Gedanken an Rache und der Aussicht auf wehrlose Affenwelten und die Belohnungen, die eine Hohe Eroberung mit sich brachten, einem verrückten Telepathen keine Beachtung schenken würden. Ich hatte mich verrechnet. Meine Flucht hatte nicht nur weit mehr Schaden verursacht, als ich gedacht hatte, sondern der Selinaaffe und ich waren auch alles andere als wertlos; wir waren die Träger eines unbezahlbaren Geheimnisses. Außerdem hatte das konstante Einnehmen der Shtondatdroge in den vergangenen Tagen meinen Geist so sehr vernebelt, dass mir ein Sachverhalt erst jetzt klar wurde: Die *Schreibstift*, der wir uns näherten, stellte das primäre Ziel der *Schlachterkralle* dar.

Die Folter, die uns drohte, falls man uns wieder einfing, war eines der wenigen Dinge, die sogar noch schlimmer waren als ein Burnout. Helden mögen Folter um ihrer selbst willen zwar verabscheuen, doch sie zögern keinen Augenblick lang, sie anzuwenden, wenn es gilt, einen Gefangenen angemessen zu bestrafen oder ihm Geheimnisse zu entlocken. Ich kannte die Folterinstrumente, und manchmal hatte man mir befohlen, die Gedanken der Gefolterten zu lesen. Nun fühlte ich Furcht. Und auch die Äffin empfand Furcht, Furcht vor Fängen und Krallen, Furcht, die der meinen in gewisser Hinsicht ähnlich war.

Die der meinen ähnlich war! Und nun bemerkte ich, dass ich nicht nur Gedanken von Selina *empfing*, sondern dass ich auch Gedanken an sie *abgab*. Zuerst folgte nur Tropfen auf Tropfen, doch bald wuchs der Austausch zu einem Strom heran. Ich fühlte/sah Mauern zusammenbrechen; dann sprang ein Ding heraus und wuchs zwischen mir und der Äffin.

Das Gewebe der bleichen Tunnel zerriss plötzlich. Meine Furcht und Selinas verschmolzen miteinander. Und ich fühlte, wie auch andere Dinge miteinander verschmolzen: Plötzlich wusste ich, was es bedeutete, ein schnurrhaarloses Gesicht und winzige Zähne, Euter, einen schwachen Magen und ein gut gepolstertes, schwanzloses Hinterteil zu besitzen. Und einen Namen. Zraar-Admiral hatte sich gefragt, warum die Schwänze der Affen amputiert waren. Jetzt wusste ich, dass sie schon seit Millionen von Jahren keine Schwänze mehr besaßen. Sie lebten auch nicht auf Bäumen. Auch bekam ich nun mehr als nur eine Vorstellung von den salzigen Ozeanen; ich spürte die Berührung der kalten Salzwellen. Ich schwamm in einem welligen grünen Meer unter einem blauen Himmel, der von einer gelben Sonne erhellt wurde. Der Wind trocknete Salzkristalle auf nackter Haut; silberne Fische huschten schnell wie *Viiritikii* durchs Wasser, und hinter mir warteten gelbe Erde und grüne

Vegetation. Seltsame Erinnerungen an sich paarende Affen. Erinnerungen an die Kätzchenzeit eines Affen, an die ... Kindheit.

Und noch mehr: Gefühle, die ich bereits analysiert und über die ich berichtet hatte, verwandelten sich plötzlich von zwei- in vierdimensionale Gebilde. Ich empfand eine namenlose Mischung aus Verlust und Erregung beim Anblick eines blau-weißen Planeten, der in der Ferne verschwand. Ich sah mich selbst, sah Telepath, der größer und schrecklicher geworden war als jeder Held, und fühlte Furcht wie ein *Wzai* aus schwarzem Eis in meiner Leber ... in meinem *Herzen*, und dann veränderte sich Telepath wieder ...

Die Bordinstrumente bewegten sich immer weiter weg, und als ich wieder zu ihnen zurückkehrte, war ich nicht mehr derselbe. *Nwarrkaa Kishri Zaaarll* ... die Doppelbrücke der Dämonen.

Das ist ein Begriff aus der Kunst der Telepathen, der ein Ereignis bezeichnet, das nicht allzu selten ist. Es kommt recht häufig vor, wenn man es mit einem Wesen zu tun hat, das selbst über telepathische Fähigkeiten verfügt, seien sie nun latent oder ausgeprägt. Wenn die Einzelbrücke der Dämonen errichtet wird, verliert der Telepath seine eigene Identität und *wird* das Wesen, in dessen Geist er eingedrungen ist. Bei der Doppelbrücke beruht der Prozess auf Gegenseitigkeit, doch können beide Seiten nur teilweise davon betroffen sein. Vielleicht diente in unserem Fall die Gemeinsamkeit unserer Ängste und Hoffnungen als Katalysator; vielleicht war das der Grund für das, was hier geschah.

Zuvor hatte ich schon eine viel zu starke empathische Verbindung zu Selina gehabt, als dass ich die Äffin als Beute hätte betrachten können, doch nun befand sich Selina *wirklich* in meinen Gedanken. Da ich ein Telepath war, hatte ich nie wie ein echter Kzin gedacht. Nun dachte ich noch nicht einmal mehr wie ein echter Telepath. Da war ein Affe, ein *Mensch* in mir. Ich las die fremden Gedanken und Gefühle nicht nur; es waren meine *Erfahrungen*.

Ist die Brücke erst einmal errichtet, wird sie niemals wieder vollständig eingerissen, solange beide Seiten leben.

Auch ohne die Shtondatdroge konnte ich nun in Selinas Geist eindringen …

… und sie in den meinen.

Solange beide Seiten leben. Ich konnte diesen Zustand mit einem Hieb meiner Krallen beenden. Doch das tat ich nicht. Ich konnte es nicht. Zuviel von Telepath war nun Teil von Selina.

»Du weißt, was geschehen ist«, sagte ich. Das war keine Frage, und es bedurfte auch keiner Antwort.

Eine Zeitlang schwiegen wir, doch unser beider Gedanken assimilierten das, was von dem anderen herüberfloss. Hinter uns fauchte, schnurrte und zitterte das Triebwerk. Eine lange Zeit verging, während die beiden verwundeten Geister sich erholten. Ich glaube, wir beide haben geschlafen. Wie im Traum stand ich schließlich auf, ging zum Trophäentrockner der Barke und präparierte Waffenoffiziers Ohren für meinen Gürtel. Selina beobachtete mich dabei.

»Empfindest du es immer noch als deine Pflicht, die Erde zu warnen?«, erkundigte ich mich.

Selina wusste nun, wie viel ich von der menschlichen Sprache auf Zraar-Admirals Befehl hin – scheinbar vor einer Ewigkeit – memoriert hatte.

»Wie es scheint, hat die *Angel's Pencil* das bereits erledigt«, antwortete sie. »Ich wünschte, ich müsste nicht fürchten, dass niemand der Nachricht Glauben schenken wird. Aber selbst wenn sie die Botschaft der *Angel's Pencil* als unglaubwürdig abtun, werden sie sicherlich schon bald erfahren, dass die *Happy Gatherer* im selben Teil des Weltraums verschwunden ist. Wir haben ihr letztes Signal nie beantwortet. Sollen sie daraus schließen, was sie wollen.«

Selina dachte an die Erde und an ihren Bruder, der Horden von Äffchen/Kindern durch das seltsame Menschenmuseum führte, ihr Bruder, der seine geheime Sammlung hütete wie eine Kzinrrett ihr Spielzeug. Eine Sammlung, deren Zweck ich nun zum ersten Mal verstand. Zerfallende Seiten verbotener Bücher und ›militärische‹ Erinnerungsstücke.

Es war die Sammlung einer geheimen Geschichte der Erde – oder eines Haufens falscher Legenden –, welche die Regierung *verboten* hatte. ›Verbot‹ war solch ein merkwürdiges Konzept (War es das wirklich? Wie viel von Kzins Geschichte lag in den Händen der Priester und Bewahrer?) Aber war dieser Bruder ein Rebell gegen die dominanten Menschen? Sowohl er als auch Selina dachten oft an etwas, das sie ›Militärfantasy‹ nannten: Ein verbotener Kult, der davon ausging, dass die Menschen einst etwas vollkommen anderes gewesen waren als das, was die Geschichtsbücher behaupteten. Ich folgte diesen Gedanken ein kleines Stück, einen Teil davon auf Wegen, die ich zuvor schon vermutet hatte. Selina selbst war sich in der Angelegenheit alles andere als sicher, doch als sich ihre Gedanken mit den meinen verbanden, entstand ein Bild.

Dann, vielleicht weil ich ihr ein Bild ihres Bruders ins Gedächtnis gerufen hatte, flackerten Gedanken in ihrem Kopf auf, die fast kzintisch zu nennen waren:

Dein Schicksal erfüllt sich jetzt! Wecke sie auf! Wecke diese dummen Schafe auf, bevor sie von den Tigern gerissen werden!

Schafe? Ich sah hirnlose, vierbeinige Grasfresser. Ich sah Herden von ihnen, die einst von den Affen domestiziert worden waren, damit man sie als Nahrung nutzen oder aus ihrem Fell Kleidung herstellen konnte. Auf der Erde waren sie fast vollständig ausgestorben. Einige wenige wurden als Delikatesslieferanten gehalten, und andere hielt man in Jagdreservaten, die man ›Zoos‹ nannte; allerdings wurden sie dort nicht gejagt. Die Menschen kamen nur, um sie anzusehen. Seltsam, seltsam, seltsam ...

Und Tiger? Was waren Tiger? *Merrower!* Das war ein Bild! Kzinti und noch etwas anderes. Fänge und Krallen und Augen wie Feuer. Die Bilder wurden widersprüchlich, doch der Gesamteindruck war eindeutig: Ich wusste, wie Selina über Tiger dachte.

Oder nicht? Denn trotz der Bilder von Blut und Tod, von Fängen, Krallen und wunderbarem Schlachten, war da noch etwas Anderes, etwas Merkwürdiges, dessen Selina selbst sich nicht so ganz bewusst war und das mit meinen Versuchen zu tun hatte, sie über den Tod des Rickaffen hinwegzutrösten. Der Gedankengang enthielt die Worte: Arme Kreatur!

Was meinte sie damit? Hatte das etwas zu bedeuten? Und wenn ja, was?

Und da waren noch andere Gedanken: *Ich weiß, dass sie uns nicht glauben, dass sie einfach alles leugnen werden ... Und dann? Panik?* Menschenbanden, die durch die insektenstockartigen Städte streiften ... *Entsetzte Schreie und dann ... und dann vielleicht ...*

Erneut drängte das Bild der geschützten Schafherde und des Tigers aus den Sternen alles andere beiseite.

Aber selbst wenn man die Schafe aus ihrer Lethargie wecken würde, was könnten sie tun? Dann dachte ich an die *Fährtensucher* und die tiefe, glühende Wunde im Bauch der *Schlachterkralle*.

Und Selina kam ein weiterer, fast kzintischer Gedanke, der vielleicht von den Meinen angeregt worden war: ein Sprung dem Schicksal entgegen, ein Gedanke, den man in der Heldensprache vielleicht im Gott-trotzenden Ton ausgesprochen hätte: *Die Startlaser!* Im menschlichen Heimatsystem gab es gigantischer Lasergeschütze, die dazu verwendet wurden, die reaktionsgetriebenen Raumschiffe zu beschleunigen. Ein paar davon waren auf dem Planeten stationiert, der der menschlichen Sonne am nächsten war, andere auf der Heimatwelt der Menschen sowie ihrem Mond, und wieder andere im von Menschen besiedelten Asteroidengürtel und auf den Monden der äußeren Gasriesen. Den nächsten Gedanken hätte man zwar ebenfalls als kzintisch bezeichnen können; trotzdem war er auch irgendwie anders: *Sie werden allmählich abgeschafft und nicht ersetzt! Zeit, Zeit, Zeit! Haben wir noch Zeit?*

Und dann: *Es gibt nichts, was ich tun kann.*

Einen Augenblick lang versuchte sie, ihre Gedanken vor mir zu verbergen, doch sie wusste, dass das sinnlos war.

Aber das war egal. Im Moment zählte nur, dass wir mit dem sicheren Tod auf den Fersen in die schwarze Leere des Alls rasten. Und erwartete uns vor uns etwas anderes?

Das führte meine Gedanken wieder zurück zur *Schlachterkralle* und zu Weeow-Technologe auf der Brücke. Weeow-Technologe hatte inzwischen das Kommando übernommen und war fest entschlossen, die *Angel's Pencil* sofort und ohne weitere Spielereien zu vernichten.

Die *Angel's Pencil*!

Wenn ich mich mit Selina beriet, fand dies auf einem viel zu hohen Level statt und ging zu schnell, als dass irgendjemand es hätte aufzeichnen können. Aus ihrem Geist kam die Funkfrequenz, anhand derer man mit dem menschlichen Schiff Kontakt aufnehmen könnte.

Und dann richtete ich meinen Geist erneut auf die *Schlachterkralle*, und ich wusste, was Weeow-Technologe plante.

ANGEL'S PENCIL

»Explosionen. Und die große Katze fliegt eine Tangente.« Jim Davis hockte über der improvisierten Waffenkontrolltafel und schüttelte den Kopf, als hätte er Mühe, einen klaren Gedanken zu fassen. Der Autodoc war gut, doch war er nicht dafür ausgelegt, einen Mann so lange wach und fit zu halten.

»Was hat das zu bedeuten?«

Steve Weaver zuckte verständnislos mit den Schultern. »Ich kann es nur vermuten ... Sie kämpfen gegen irgendjemanden.«

»Das kann keines von unseren Schiffen sein. Dieser Feind ist unmöglich menschlichen Ursprungs. Nicht bei einem derart manövrierfähigen Schiff.«

»Hast du denn ein menschliches Schiff erwartet? Warum, glaubst du wohl, hatte das Schiff, das wir vernichtet haben, Verteidigungssysteme gegen Raketenbeschuss an Bord? Sie haben mit einem Angriff von ... von irgendwem gerechnet. Vielleicht von noch etwas

Schlimmerem, als sie es sind. Von etwas, das in der Nahrungskette noch über ihnen steht.«

»Steve! Jim!« Sue Bhang sprang zur Konsole. »Da kommt eine Nachricht rein!«

Finger huschten über Tastaturen. Der Comschirm leuchtete auf. Ein Bild flackerte auf und stabilisierte sich. Es zeigte eine menschliche Frau, abgemagert, mit großen schwarzen Augen, die tief in den Höhlen lagen. Die Frau war nur mit dem zerrissenen Futter eines Raumanzugs bekleidet. Und hinter ihr stand ein riesiges, lebendes Exemplar der Katzenaliens!

»Wer sind Sie?«

Die Frau und die Katze befanden sich in einem kleinen Raum, offenbar auf einem Katzenraumschiff. Das Design der Einrichtung war in jedem Fall nicht menschlich. Wandpaneele hinter den beiden zeigten die Sterne. Die Antwort kam rasch. Entweder waren die beiden schon sehr nah, oder die Frau hatte mit der Frage gerechnet.

»Mein Name ist Selina Guthlac, und ich komme von der *Happy Gatherer*. Wir haben keine Zeit zum Reden. Feuern Sie sofort Ihre Kzintiraketen ab! Werfen Sie sie raus! Die Raketen sind mit dem Hauptcomputer auf dem Kzintischlachtschiff verbunden! Der Feind kann sie, wann immer er will, in die Luft jagen! In Ihrem Schiff! Stoßen Sie sie ab! *Jetzt*!«

Steve und Jim starrten einander entsetzt an. Seit sie ihren riesigen Verfolger entdeckt hatten, waren sie auf einen aussichtslosen Kampf vorbereitet gewesen, aber nicht auf das. Aus den Lautsprechern ertönte erneut:

»Stoßen Sie sie sofort ab!«

Selinas Stimme ließ Steves Hand zum Feuerknopf gleiten. Jim riss sie zurück.

»Tu das nicht! Du siehst doch, dass sie eine Gefangene ist! Die Katze zwingt sie, das zu sagen. Es ist ja wohl offensichtlich, dass sie gefoltert worden ist.«

Das Gesicht auf dem Bildschirm redete noch immer.

»Er ist ein Verbündeter. Wir sind mit einem Boot von dem Kzintischiff entkommen. Hören Sie mir zu ...!«

Plötzlich bewegten sich die Lippen der Katze, und sie sprach mit hartem Knurren – aber Englisch.

»Zzzelina spricht die Wahrrrheit. Mein Worrrt isst meine Ehrrre.«

Dann übernahm die Frau wieder das Reden.

»Dies hier ist ein Kzintitelepath. Wir können Ihre Gedanken lesen. Sie glauben, dass wir Sie entwaffnen wollen; aber wir können Ihnen beweisen, dass wir Ihre Verbündeten sind. Wir haben dem Feind einen Schlag versetzt. Sehen Sie her! Das war Teil unserer Flucht!«

Der Bildschirm zeigte den Film eines Schiffes, das eine überdimensionale Version des Gefährts zu sein schien, das der *Angel's Pencil* begegnet war. In seinem Inneren brannte es, und Trümmer flogen ins All hinaus.

»Das hat nichts zu bedeuten«, sagte Jim. »Das könnte nur eine Simulation sein.«

»Jim!« Sue sprach so leise und ruhig, wie es ihr möglich war. »In den Raketen rührt sich irgendetwas.«

Auf der Kontrolltafel, die an der Hauptkonsole der *Pencil* befestigt worden war, leuchteten Lichter auf: grüne Lichter, und Grün war bei den Aliens ein Zeichen für Gefahr. Die Waffenkontrolltafel stammte ebenso von dem Alienschiff wie die Raketen, die von ihr aus kontrolliert wurden.

»Die Raketen machen sich selbst scharf!«

Jim Davis drückte den Feuerknopf. Die *Pencil* erbebte, als die Raketen zu jeweils acht abgefeuert wurden. Angetrieben von Kzintischwerkraftpolarisatoren fehlte ihnen der Abgasstrahl, und so waren sie durch die Sichtluken hindurch nicht zu sehen.

»Jetzt sind wir waffenlos.« Das Rammfeld als Waffe zu verwenden stand außer Frage, es sei denn, ein Feind mit entsprechender Physiologie flog einfach hinein. Das konische Feld deckte eine riesige Fläche ab, doch es befand sich *vor* dem Schiff. Der Comlaser war zwar nach hinten gerichtet, doch konnte seine Ausrichtung nur minimal verstellt werden, und die kleinen Steuerdüsen und Gyroskope waren gegen ein Schiff, das so manövrierfähig war wie der polarisatorgetriebene Katzenraumer, ohnehin nutzlos.

Über den Kontrollraum senkte sich ein schweres, ängstliches Schweigen. Dann wurden die Sichtluken mit schwarzen Schutzschirmen geschlossen. Draußen im All schwollen blau-weiße Sphären zu neuen Sonnen an.

»Wo sind Sie?«, fragte Steve das Gesicht auf dem Bildschirm. »Wir werden Sie an Bord nehmen.«

»Dafür haben wir keine Zeit. Die *Schlachterkralle* ist bereits unterwegs, und sie glaubt, dass Sie jetzt keine Krallen mehr haben.«

»Haben wir auch nicht. Als wir uns mit diesen Raketen bewaffneten, gab uns das Hoffnung und Mut.«

»Nein, Sie haben noch Krallen, und jetzt ist die Zeit zum Kämpfen. Ihr Laser ist immer noch als Waffe einsetzbar ... Warten Sie!«

Die Besatzung der *Angel's Pencil* sah, wie die Frau sich zu der Katze umdrehte. Irgendwie redeten die beiden wortlos miteinander. Das riesige Kzintischiff erzeugte ein immer größeres Radarecho; es befand sich nun fast genau hinter der *Angel's Pencil*. Allerdings gab es noch ein kleineres Echo im galaktischen Nordwesten. Die Frau meldete sich wieder.

»Sind die Kzinti bereits in Reichweite Ihres Lasers? Wir glauben nicht, dass die Katzen diese Frequenz kennen, und selbst falls doch, könnten sie unser Gespräch nicht übersetzen.«

»Ich glaube, sie sind gerade nahe genug, dass wir den Rumpf beschädigen können. Das haben wir am Wrack des anderen ausprobiert.«

»Das reicht nicht. Die Kzinti tragen oft untereinander Kämpfe aus. Sie greifen immer von vorne an, und demnach erwarten sie den Feind auch stets von vorne. Der Bug der *Schlachterkralle* ist dazu ausgelegt, sowohl Strahlenwaffen als auch Raketen und Bomben zu widerstehen. Er besitzt eine Spiegeloberfläche, und im Kampf werden noch andere Spiegel und Metallstaubprojektoren ausgebracht. Das Material ist extra gehärtet und supraleitend, damit es Hitze abbauen kann. Die *Schlachterkralle* ist ein Schlachtschiff, kein Aufklärer.«

»Unser Laser ist Tanj noch mal verdammt groß. Er ist größer als alles, womit sie vielleicht rechnen.«

»Vielleicht würde es Ihnen gelingen, sich durch den Bug zu brennen, wenn die Katzen Ihnen denn den Gefallen tun würden stillzuhalten. Aber das würde Sie mehr Zeit kosten, als Sie haben. Außerdem werden die Kzinti das Feuer mit Raketen und Strahlenwaffen erwidern. Die Flanken des Schiffes, besonders der beschädigte Teil, sind weit weniger gut geschützt, doch Sie können nicht manövrieren, um das Katzenschiff dort anzugreifen. Seien Sie dankbar, dass die Katzen keine Jäger mehr aus ihrem Hangar starten können. Ihre beste Chance besteht darin, entweder die Brücke oder den beschädigten Teil zu treffen, falls sich Ihnen eines von beiden als Ziel bietet. In beiden Fällen handelt es sich allerdings um sehr kleine Ziele, an die man von vorne nicht herankommt.«

»Und was schlagen Sie vor?«

»Halten Sie den Laser aufs Ziel gerichtet; feuern Sie aber noch nicht. Sie müssen die Katzen näher herankommen lassen, während wir dafür sorgen, dass sie wenden.«

ADMIRALSBARKE

Da war die *Schlachterkralle.* Mit Hilfe von Radar, Infrarot und Sinnesverstärkern konnte ich den Rumpf nun sehen. Das Menschenschiff mit seinem gewaltigen Abgasstrahl war weit leichter zu entdecken.

Die Spur aus Trümmern und heißen Dämpfen, die aus dem Leck in der *Schlachterkralle* geströmt waren, hatte sich inzwischen aufgelöst. Nun da die Brände unter Kontrolle waren, hatte sich der Rumpf merklich abgekühlt, und der Hangar war versiegelt worden. Der Antrieb war unbeschädigt, und das Waffenarsenal noch immer beeindruckend.

Die Zeit verging schier unendlich langsam, und Selinas Geplapper mit den Menschen auf der *Schreibstift* schien nicht enden zu wollen.

Die Computer und Waffensysteme der Barke konnten von der *Schlachterkralle* aus nicht kontrolliert werden. Schließlich war es die Barke des Admirals. Ich machte eine Fusionsrakete scharf und feuerte sie auf die *Schlachterkralle.* Abfangraketen wurden gestartet, die die Fusionsbombe zerstörten. Ich startete noch eine. Sie kam ebenfalls nicht näher heran. Ich sandte einen Strom von Metallgeschossen gegen die *Schlachterkralle.* Die Meteoritenverteidigung konnte zwar damit fertig werden, doch fraß die Abwehr die gesamte Computerkapazität auf. Inzwischen mussten sie die Signatur der Barke identifiziert haben. Sie besaßen also eine gewisse Vorstellung davon, *wer* sie da angriff. Auf der Brücke herrschte eine Wut, die jeden Augenblick außer Kontrolle zu geraten drohte.

Diese blinden, nasenlosen Idioten! Nie hat auch nur einer von ihnen darüber nachgedacht, was es bedeutete, einen Telepathen zum Feind zu haben! Auch jetzt fiel keinem von ihnen ein, dass ich die Gedanken von Weeow-Technologe und jedem anderen auf der Brücke lesen könnte! Nachdem ich mich nun so lange mit fremdartigen Gedanken beschäftigt hatte, fiel mir das geradezu lächerlich leicht. Sie hatten Kopfschmerzen – ich hatte keine Zeit, sanft zu tanzen –, und das Lebenserhaltungssystem der *Schlachterkralle* war noch immer mit giftigen Dämpfen überflutet, was ebenfalls als Erklärung für die Kopfschmerzen dienen konnte.

Weeow-Technologe war mittlerweile ganz und gar von Wut erfüllt. Ich stellte eine visuelle Verbindung zur Brücke der *Schlachterkralle* her. Er sah mich. Telepathenbeleidigungen würde er nicht verstehen, und so gab ich mich mit den üblichen Beschimpfungen zufrieden. Dass diese allerdings von einem Telepathen kamen, musste ihn zutiefst erschüttern.

»Friss Grasreste aus dem Dung eines Shtondat, der sich mit deiner Mutter gepaart hat! Du willst doch nur mit dem Affenweibchen kopulieren!« Ich fletschte die Zähne und fauchte ihn an. »Du fragst dich, wo Waffenoffizier ist? Er treibt als Asche durch den Weltraum, aber sieh her: Seine Ohren hängen an Telepaths

Gürtel! Und an diesem Gürtel hängt auch der Weg zur Heimatwelt der Affen! Versuch doch, dir beides zu holen, wenn du dich traust! Komm und kämpf mit mir! Komm und kämpf mit Telepath, wenn du es wagst, Feigling-Technologe!«

Der Bildschirm wurde schwarz, als Weeow-Technologe auf den Monitor sprang. Er war noch weniger imstande, sich selbst zu beherrschen, als Zraar-Admiral. Das letzte Bild, das ich sah, war das seiner gebleckten Fänge.

Und die *Schlachterkralle* drehte auf uns zu. Ich brach den Kontakt bereits ab. Kein Telepath konnte lange intensiven Zorn und Hass aushalten, denn beides riss an seinem Geist. Ich feuerte die verbliebenen Raketen ab. Sollte durch Zufall eine die Verteidigung des Schlachtschiffs durchdringen, umso besser. Noch erwiderte die *Schlachterkralle* das Feuer nicht. Weeow-Technologe wollte uns lebend.

Die *Schlachterkralle* und das Menschenschiff befanden sich inzwischen weniger als eine Lichtsekunde voneinander entfernt. Ein kurzer Kontakt mit Selina, ein Befehl von mir, ein Wort von ihr. Die *Schlachterkralle* hatte ihren Bug von der *Angel's Pencil* abgewandt; im Augenblick war der Besatzung das fremde Schiff offenbar egal. Der Verlust von Zraar-Admiral und vieler anderer Offiziere hatte dem Verstand der *Schlachterkralle* schweren Schaden zugefügt.

Da kamen die Raketen der *Schlachterkralle*! Ich feuerte unsere Abfangraketen ab. Die erste Welle würden sie vermutlich aufhalten, aber eben nur die erste. Die Menschen mussten rasch handeln.

In der Dunkelheit des Weltraums vor uns und ein kleines Stück unter uns flammte ein geradezu unmöglich helles grünes Licht auf. Dann erschien ein weiterer Lichtpunkt im All, ein weiterer gleißendheller grüner Stern.

Die *Schlachterkralle* wurde in die Flanke getroffen. Ich fühlte in meinem Geist, wie die Brücke erschüttert wurde; dann schnitt der Strahl durch die Hülle. Doch es würde noch lange Sekunden dauern, bis die massiven Sicherheitswände des Reaktorkerns geschmolzen waren. Ich hatte den Affen erklärt, dass die *Fährtensucher* bei weitem nicht so stark gepanzert gewesen war. Das Schlachtschiff bewegte sich aus dem Schussfeld des Lasers: Die *Schlachterkralle,* die aussah wie ein grüner Stern, verglühte ... Dann gaben die schwer beschädigten Sicherheitsfelder nach, und das Schiff explodierte.

Schmerz erfüllte meinen Kopf. Der Tod umklammerte mich. Ich hatte meinen Geist zu sehr beansprucht. Doch wenn ich starb, würde Selina nicht mehr wissen, wie man die Barke flog. Die Ehre verlangte von mir, dass ich sie zu ihren Affenbrüdern brachte ... zu ihren *Menschen*brüdern.

Grünes blitzendes Licht! Eine Rakete der *Schlachterkralle* hatte überlebt und raste auf uns zu.

Ich musste erneut springen und unsere verbliebenen Abfangraketen zünden. Eine gewaltige, blendende Explosion. Sie war viel zu nah. Die Sterne drehten sich, und ich aktivierte die Meteoritenverteidigung. Ein unbeschreibliches Geräusch erfüllte die Kabine, als hinter uns irgendetwas auf die Reaktorummantelung traf. Zunächst glaubte ich, der Rumpf wäre intakt geblieben, doch dann verriet mir das zischende Geräusch entweichender Luft, dass ich mich geirrt hatte. Die Bildschirme zeigten eine Antriebsfehlfunktion an. Innerhalb von Sekunden würden wir alle Energie verlieren. *Denk schneller!* Aus

Selinas Geist fing ich etwas auf, auf das kein Kzintiastrogator, der an einen Gravitationsantrieb gewöhnt war, je gekommen wäre: das Wissen über Trägheitskräfte, die ausreichten, die Barke zu wenden und auf das Menschenschiff zuzusteuern.

Ich hatte getan, was ich tun konnte. Meine Krallen glitten von der Kontrolltafel ab. Ich sah, wie die Krallen Stücke aus der Verkleidung rissen, während meine Muskeln sich verkrampften. Dann ... Schmerz ... Schmerz ...

»Ich glaube, deine Katze stirbt«, sagte Steve Weaver. Als er ihr Gesicht sah, fügte er hinzu: »Natürlich kann ich da nicht sicher sein. Schließlich bin ich nur ein menschlicher Arzt.«

Mit einer Menschenschleuse konnte man natürlich unmöglich an eine Kzintischleuse andocken, doch vier Besatzungsmitglieder der *Angel's Pencil* waren in Raumanzügen herübergekommen.

Die Menschen hatten sich umarmt, begrüßt, beschlossen, sich zu duzen, und einiges erklärt. Telepath lag auf dem Boden der Barke. Er war nicht zusammengerollt wie eine schlafende Katze, sondern hatte alle Glieder von sich gestreckt. Seine violetten Augen standen ein Stück offen, doch sie sahen nichts, und er atmete unregelmäßig.

Selina starrte zu den Mannschaftsmitgliedern der *Angel's Pencil*, die sich um sie herum versammelt hatten. Selinas ruckartige Bewegungen glichen der einer in die Enge getriebenen, verzweifelten Katze. *Wie ein gejagtes Tier*, dachte Steve.

»Ja«, sagte Selina. »Er stirbt entweder an Entzugserscheinungen, oder er hat einen Burnout erlitten.

Aber das ist noch nicht alles. Normalerweise empfinden Kzinti keine Schuldgefühle, wenn sie einander umbringen – jedenfalls nicht, solange dabei der Ehre Genüge getan worden ist. Junge Männchen töten sich oft gegenseitig. Tödliche Duelle sind bei ihnen eine Möglichkeit, Karriere zu machen. Telepath hat versucht, sich selbst davon zu überzeugen, dass er niemandem etwas schuldete, und sei es auch nur aus Kameradschaft; er hat sich einzureden versucht, dass er gegenüber der Mannschaft der *Schlachterkralle* keinerlei Verpflichtung hatte, denn alle haben sie ihn wie Dreck behandelt. Den Admiral hat er sowohl geliebt als auch gefürchtet, doch ist der Admiral nicht durch Telepaths Hand gestorben. Und obwohl Telepath die Situation herbeigeführt hat, ist er nicht wirklich überzeugt davon. Das ist die Tragödie aller Telepathen: Sie sind zu kompliziert und verwundbar, um richtige Kzinti zu sein; sie sind psychisch geschädigt, und dann werden sie noch zu einem Leben gezwungen, das diesen Schaden beharrlich vergrößert. Er war schon immer neurotisch, und jetzt wird er wahnsinnig. Er wird sterben, wenn ich ihn nicht retten kann.«

Dann lass ihn doch sterben, dachte Jim. *Eine Katze weniger im Universum.*

»Er versucht, mich vor dem abzuschirmen, was er durchmacht. Das schwächt ihn noch zusätzlich. Er fühlt sich mir gegenüber verpflichtet. Gehen Kzinti erst einmal eine Verpflichtung ein, nehmen sie das sehr ernst.«

»Nun, was willst du tun?«, fragte Steve. »Ich kann ihn nicht behandeln, ebenso wenig wie der Autodoc.«

»Es gibt an Bord dieses Schiffes hier auch einen Doc. Leg ihn da rein. Er kann sich nicht mehr wehren, wenn ihr ihn hochhebt. Wenn ich mit ihm in Kontakt bin – egal ob ich mich nun hier oder auf der *Pencil* befinde –, fühle ich ... Ich weiß es nicht ... Wir schulden ihm immerhin etwas. Aber ...« Plötzlich rannen ihr Tränen über die eingefallenen Wangen. »Ich würde lieber wieder an Bord eines Affen... eines Menschenschiffes gehen.«

Ich war Telepath. Ich war in der medizinischen Einheit von Zraar-Admirals Barke. Ich war auf einer weiten, kalten Ebene. Das Gras war hoch, sodass ein Jäger sich auf die Hinterbeine aufrichten musste, um über das Gras hinwegsehen zu können. Karge Hänge aus rotem Sand- und Eisenstein ragten aus der Landschaft. In der Ferne erhoben sich die Berge, und aus irgendeinem Grund gab es auch Wälder voller hüpfender, baumlebender Tiere. Klippen. Mauern aus Eisenstein. Ich wusste, dass ich auf einen Planeten blickte, den ich nie zuvor gesehen hatte: Altkzin, die Vaterwelt, wie sie einst gewesen war.

Doch nun öffnete sich für mich Tunnel auf Tunnel; sie öffneten und weiteten sich und lösten sich auf. Ich sah eine Szene nach der anderen, alles Teil eines riesigen Netzes.

Immer kargere Landschaften, nackte Heide. Ich sah die seltsame Landschaft der Träume klarer denn je zuvor. Jetzt wanderte ich über eine große Ebene. Allein? Oder war jemand bei mir? Zraar-Admiral? Karan? Selina? Jetzt lief ich über ausgewaschene Steine und rote Felshänge unter einem roten Himmel. Immer tiefere Rillen im Stein, kzinhoch ... Sie verwandelten sich in Höhlen ... Tunnel ...

Karan? Karan? War sie hier? Ich fühlte ihre Gegenwart.

Erkennen wie eine zerreißende Membran! Ich sah die Schwärze meines Geburtsbaus. Und dann das plötzliche Licht und etwas, das eine Erinnerung an den Harem zu sein schien. Karan war bei mir und striegelte mich, während ich spielte und mit meinen winzigen, ungeschickten Beinchen strampelte. Dann hörte das Striegeln auf, und ich legte mich zufrieden zurück.

Ich war klein und mein Fell noch gefleckt. Wir waren allein. Das weibliche Kätzchen, meine Schwester, schlief tief und fest. Karans Bauch und Zitzen waren geschwollen, denn sie war bereits wieder trächtig.

Dann wusste ich, dass mein letzter Tag mit ihr gekommen war, und ich klammerte mich an sie.

Und plötzlich wechselte die Szene zum Wahnsinn! Zum Traum eines Süchtigen auf Entzug! Denn im Traum sprach Karan zu mir, doch nicht in der Weibchensprache, sondern in der Kätzchenversion der *Heldensprache*! In einer Sprache, die keine Kzinrrett zu sprechen imstande war!

Aber bildete ich mir das jetzt nur ein, oder *erinnerte* ich mich daran? Karans große Augen leuchteten über mir wie Monde.

»Erinnere dich! Erinnere dich! Tapferer, kleiner, gefleckter Kzin. Ich werde Worte der Hoffnung in dich pflanzen, wenn auch nur Worte schwacher Hoffnung; doch ich muss diese Erinnerung tief, tief in dir vergraben.

Wenn sie dich leben lassen, machen sie dich zum Telepathen. Sie vermuten wenig und wissen noch weniger. Sie testen bestimmte Kätzchen testen sie auf telepathische Fähigkeiten. Solche Kätzchen sind selten. Was würde geschehen, wenn sie auch die Mütter dieser Kätzchen testen würden? Und die Mütter dieser wenigen Mütter?

Die Wenigen, die Wenigen ... aber die Ausdauernden. Die Priesterschaft hat nicht in jeder weiblichen Linie den Verstand getötet. Noch nicht. Aber bald. Nur eine sprachlose, geistlose Kzinrrett darf leben und sich fortpflanzen. Mit jeder Generation werden wir, die geheimen anderen, weniger. Erinnere dich, auch wenn du meine Worte jetzt noch nicht verstehst.

Eines Tages wirst du vielleicht ein intelligentes Weibchen treffen. Wenn das Schicksal es will, soll dieses Ereignis die Erinnerung an meine Worte wecken, denn ein Telepath und ein intelligentes Weibchen können große Dinge vollbringen ...«

Wieder spürte ich Karans raue Zunge auf meinem Fell. Sie schnurrte so laut, dass ich ihre gesungenen Worte kaum verstand.

»Ein großes Geheimnis. Das größte von allen. Und jede von uns Wenigen muss dieses Geheimnis tief in einem der wenigen armen Geister vergraben – in der vagen Hoffnung, dass es eines Tages Früchte tragen wird.

Die Priesterschaft züchtete Kzinrretti schon als Brutmaschinen, bevor die ersten Jotokischiffe auf Kzin gelandet sind, und unsere Art sprang zu den Sternen, während Kzintosh zu Helden wurden, die ganze Welten in Schutt und Asche legten. Erobern und ein Reich errichten. Und die Kzinti werden zu einer Spezies werden, die sich zu guter Letzt selbst zerstört, so wie sie zuvor alles andere vernichtet haben wird. Wir haben nur wenig Hoffnung, dass wir unser Volk retten können, und auch die Telepathen und ihr Krieg sind klein und armselig. Mehr kann ich nicht sagen, doch: Wenn die Zeit gekommen ist, erinnere dich daran, dass ich dir gesagt habe, die Ewige Jagd ist nicht der einzige Weg. Welch schwache Hoffnung! Und dennoch ... Wir halten die Flamme am Leben, so klein sie auch sein mag. Wir kümmern uns um die Saat, auf dass sie eines Tages keimen möge.«

Die *Saat*? Sich um die Saat eines Gemüses kümmern? Wer redete hier davon, sich um die *Saat* zu kümmern?

Unsere pflanzenfressenden Sklaven und Beutetiere kümmerten sich um die *Saat*. Und doch ... Warum wurde mir bei diesem Bild nicht übel, wie es eigentlich hätte der Fall sein müssen? Wieder hörte ich Karans Traumstimme singen, während sie mir ins Ohr schnurrte.

»Ich bin keine Prophetin. Jage in den Tälern des Schlafs. Erinnere dich ...«

Karans Blick erfüllte meine Augen mit Licht. Und ich versank in Schlaf und drückte mein Gesicht zum letzten Mal in ihr Fell, denn tatsächlich kamen sie an jenem Tag, um mich aus dem Nest zu holen und ins Übungslager zu bringen.

Das war Einbildung, keine *Erinnerung*! Kzinrretti verwendeten diese Sprache nicht. Ein verrückter Traum. Und doch fragte ich mich, ob es nicht die Wahrheit war, während die Szenerie sich abermals veränderte.

Ich, Telepath, allein.

Der blau-goldene Himmel der Menschenwelt. Grüne Vegetation und dieses Blau über mir ...

Ich, Telepath, in einer menschlichen Behausung, und ich wusste, wo ich war. Ich roch verbranntes Fleisch und teilweise verbrannte Eier einer fliegenden Kreatur. Es war ein Tag in Selinas Erinnerung, jener Tag, da auch sie ins Übungslager gekommen war, in ein Lager, das man ›Institut für Fortgeschrittene Astrophysik‹ nannte.

Ein Mensch sagte: »Ich weiß, dass wir stolz auf dich sein werden. Wir platzen ja jetzt schon vor Stolz. Ich weiß, du wolltest zuerst Biologie studieren. Du brauchst ja auch nicht darauf zu verzichten; stell es nur erst einmal hinten an. Du bist wie dein Bruder: Ihr beide habt jeweils genug Verstand für zwei.«

Ein alter weiblicher Mensch. Es war Selinas Mutter; das wusste ich. Und in diesem Augenblick löste sich in einem Teil meines Geistes aller Zweifel in Wohlgefallen auf: So wie ich wusste, dass ich mich weder durch die reale Zeit noch durch den realen Raum bewegte, so wusste ich mit einem Mal auch, dass es sich bei den Dingen, die ich erlebte, um Monster meiner Phantasie handelte, und nicht um meine oder Selinas Erinnerungen. Denn die Gegenwart eines unmöglichen Tieres machte das, was ich sah, absolut unmöglich, auch wenn es sich auf einer Menschenwelt abspielte: Der alte Mensch streichelte ein zusammengerolltes, schlafendes Tier auf seinem Schoß, nicht größer als ein Kobold. Es glich einem winzigen Kzin.

Was hatte dieses abartige Symbol aus dem Geist eines kranken Telepathen zu bedeuten? Doch es erwies sich, dass die Szene nichts mit der Realität zu tun hatte. Ob nun zwischen mir und Selina eine Brücke bestand oder nicht, diese Szene konnte unmöglich aus ihren Erinnerungen stammen. Diese Vision war vollkommen unwirklich; sie konnte nur dem Wahn eines Süchtigen entsprungen sein, der sich in den Tunneln des Entzugs verloren hatte, und daraus folgte, dass auch der Rest nur Traum und Illusion gewesen war. Da es keine winzigen, koboldhaften Kreaturen in Gestalt eines Kzin gab, hatte Karan auch nie mit ihrem Kätzchen gesprochen, außer in den sanften Lauten der Weibchensprache, den wenigen Worten, die sie kannte.

Dann war Telepath wieder allein. Telepath stolperte über eine felsige Landschaft. Die bleichen Tunnel waren durchsichtig und geisterhaft, und dann lösten die bleichen Tunnel sich auf, und an ihre Stelle trat ein dunkler Lauerer, dessen Gestalt nicht zu erkennen war und der immer wieder verschwand, um kurz darauf wieder aufzutauchen. Ich fühlte, wie mein Geist sich auflöste, und wusste, dass ich schlussendlich Den Schatten gesehen hatte, das Ende, vor dem Erster Telepath mich gewarnt hatte.

Ich schrie nach Hilfe. Ich rief nach Erstem Telepath, nach Karan, nach Zraar-Admiral, nach Selina ...

Ein leerer Raum, und dann Bögen wie in einer großen Höhle. Nackter Himmel. Ein riesiges Gesicht. Ich nahm eine demütige Haltung ein. Das war der Gott. Mit seinen mächtigen Fängen war er gekommen, um sich Telepaths Seele zu holen, und Telepath war nicht Krieger genug, um ihm zu trotzen. Oder war das gar nicht der Zähnefletschende Gott? Das Gesicht schien zu schimmern, und ein Bart zierte es, ein Bart, wie ihn der Menschengott trug ... oder? Der Zähnefletschende Gott oder der Bärtige Gott oder irgendwie ... beide?

Ich miaute wie ein Kätzchen. Die Sterne umwirbelten mich, und die *Schlachterkralle* explodierte.

»Und diese Weibchen? Es ist ja wohl offensichtlich, warum er sie mit an Bord genommen hat.«

»Hättest du das in seiner Lage nicht auch getan?«

»Willst du jetzt Katzen züchten? Selina, bist du verrückt geworden? Willst du eine Kolonie von Kzinti aufbauen, die unsere Kolonie im selben Augenblick angreift, da sie zahlenmäßig dazu in der Lage ist?«

»Lass mich ausreden.« Selina richtete sich auf der Liege auf. »Telepath ist vollkommen untypisch; unter seinesgleichen gilt er als anormal. Das seht ihr ja wohl selbst. Falls er überlebt – und das ist im Augenblick nicht sehr wahrscheinlich –, wird er der erste seiner Art sein, dem man gestattet, sich fortzupflanzen. Was dabei herauskommt, könnte etwas vollkommen Neues sein.

Die Kzinrretti sind nicht intelligent. Sie können ihre Kinder nicht wirklich *erziehen*. Ich aber schon. Ich weiß, wie Telepath denkt, und ich weiß, dass kein Mensch die Kzinti je so wird verstehen können wie ich. Verdammt, ich glaube, dass die meisten Kzinti noch nicht einmal so viel über sich selbst wissen wie ich! Außer den Telepathen haben nur wenige ein derart vielschichtiges Bild ihrer Spezies – die meisten Kzinti denken recht eindimensional –, und die Telepathen waren bis jetzt nicht imstande, dieses Bild in einen Kontext zu stellen.

Ich glaube, ich kann solch eine Kolonie führen. Ihr könntet sie beobachten. Stationiert einen Beobachtungssatelliten im Orbit, Sensoren, Waffen. Sollte ich versagen und das Ganze zu einer Bedrohung werden, werdet ihr es auf diese Art früh genug erfahren. Ihr könnt mir helfen, die Kolonie zu bewachen, sie zu führen, und vielleicht könnt ihr sogar Handel mit ihr treiben. Besucht sie, bevor Aggression und Fremdenhass sich in ihr ausbreiten können. Natürlich kann ich euch keine Garantien geben. Falls notwendig, könnt ihr die Kolonie disziplinieren oder, wenn ihr wollt, sogar ausrotten. Solange Kzinti da draußen sind, muss die Menschheit ohnehin stets kampfbereit sein. Aber hier haben wir die Chance, eine Kzintigesellschaft zu schaffen, wie sie sein sollte.«

»Du meinst, hier haben wir die Chance, Gott zu spielen. Mir gefällt das nicht.«

»Was wollt ihr denn sonst tun? Wollt ihr sie hier und jetzt erschlagen? Wollt ihr sie zu hilflosen Gefangenen machen? Und das, obwohl ihr einem von ihnen eure Leben verdankt? Wollt ihr das wirklich einem todkranken Telepathen und zwei Weibchen im Kälteschlaf antun? Bedeutet das nicht auch, Gott zu spielen? Ich biete der Menschheit einen Zugewinn an, wie ihn ihr sonst niemand bieten kann.«

»Falls die Erde von den Kzinti erobert werden sollte, was nutzen uns dann noch ein paar zahme Katzen?«

»Mit Sicherheit gar nichts. Aber dann ist ohnehin alles egal, es sei denn, die Bewohner einiger weiter entfernter Kolonien ziehen sich noch tiefer ins All zurück. Und ich glaube nicht, dass die Kzinti die Erde so einfach erobern werden, wie Zraar-Admiral es sich vorgestellt hat. Obwohl wir unbewaffnet und überrascht waren, als wir ihnen begegneten, haben wir sie bereits zweimal geschlagen ...« Ihre Stimme verhallte. Nun verstand sie endlich, was Telepath damit gemeint hatte, sein Volk sei schließlich doch in die ›falsche Höhle‹ vorgedrungen.

»Ich glaube, der Krieg wird sehr lange dauern. Es

wird vermutlich Gefangene geben, aber ich bezweifele, dass die Erde mit gefangenen Kzinti wird umgehen können. Das ist ein weiterer Grund, warum Telepath und die Weibchen so wertvoll sind.«

»Deine Motive klingen ja sehr patriotisch, Selina; trotzdem läuft alles auf die einfache Tatsache hinaus, dass du schlicht Kzinti züchten willst.«

»Kzinti, mit denen ihr reden könnt«, korrigierte ihn Selina.

»Und das soll wirklich ein Zugewinn für die Menschheit sein?«

»Es wäre sogar ein noch weit größerer Zugewinn, als du dir vorstellen kannst. Nicht nur für diese Kolonie ... Von Anfang an können die beiden Spezies sich austauschen. Die Menschen werden zahlenmäßig immer im Vorteil und Telepaths Kinder keine Kzinti des Patriarchats sein.

Als ich erfahren habe, dass man Telepathen nicht gestattet, sich fortzupflanzen, habe ich mich Folgendes gefragt: Wenn dieses Talent so selten und militärisch so wertvoll ist, warum versucht man dann nicht, eine regelrechte Zucht aufzubauen? Wir Menschen ermutigen ja auch jeden, sich fortzupflanzen, bei dem wir nur einen Hauch dieser Fähigkeit entdecken, bevölkerungspolitische Gesetze hin oder her. Ich glaube, ich kenne den Grund: Telepathen sind in sich gekehrt, empathisch – beides Qualitäten, die eine tödliche Gefahr für das Patriarchat darstellen würden, sollten sie unter den Kzinti üblich werden. Wäre der Telepathenanteil an der Gesamtbevölkerung des Kzintireiches auch nur ein klein wenig höher als jetzt, würden sie bereits einen destabilisierenden Einfluss ausüben. Also kann man ihnen nicht gestatten, sich fortzupflanzen.

Und ich glaube, sie würden ... sie würden sich ›reinrassig‹ fortpflanzen. Das ist das Erste Geheimnis der Telepathen. Mein Telepath glaubt, dass Telepathen sich nicht fortpflanzen dürften, weil sie keine Ehre haben. Aber ich glaube wie gesagt, dass das Patriarchat irgendwie weiß, dass Telepathen eine große Gefahr darstellen würden, wenn man sie nicht streng kontrolliert. Das Patriarchat braucht und verachtet Telepathen nicht nur, es fürchtet sie auch.

Kzinrretti ... weibliche Kzinti ... haben normalerweise stets ein Männchen und ein Weibchen im Wurf. Wie ihr wisst, haben die Weibchen nichts als Stroh im Kopf; aber wie die weiblichen Nachkommen von Telepath werden ...« Sie zuckte mit den Schultern. »Vielleicht werden sie zu dem As im Ärmel, das wir brauchen. Eine Ansammlung nonkonformistischer Kzinti könnte eine große Bedrohung für das Patriarchat darstellen. Einige Telepathen glauben bereits jetzt, im Krieg mit der Kzintikultur zu liegen; doch dem nach zu urteilen, was ich bis jetzt darüber in Erfahrung gebracht habe, ist ihr Kampf vollkommen unorganisiert und war bis jetzt größtenteils sinnlos.

Ich habe immer mehr das Gefühl, dass sich da jemand eingemischt hat. Irgendjemand scheint einigen Telepathen etwas eingepflanzt zu haben, das ihnen einerseits gestattet, als Telepathen zu überleben, sie jedoch andererseits auch in Konflikt mit der ... mit der Rigidität der Kzintigesellschaft bringt; aber der Fall, dass etwas sie dazu motiviert, wirklich etwas zu *tun*, tritt äußerst selten ein.

Moralisch gesehen sind sie nicht besser als andere Kzinti, sei es nun nach ihren Standards oder nach unseren – oft sind sie sogar schlimmer. Auch sind sie nicht notwendigerweise intelligenter. Sie sind weder glücklicher noch geistig stabiler – eher im Gegenteil. Aber sie sind auf jeden Fall anders. Ihr Widerstand und ihre Nonkomformität ist größtenteils von Selbsttäuschung geprägt. Wir könnten das ändern.

Soweit ich von Telepath erfahren konnte, sind die einzelnen Welten ihres Reichs weitgehend unabhängig – ich vermute, das ist angesichts der Einschränkung durch die Lichtgeschwindigkeit auch gar nicht anders machbar –, aber sie alle haben dieselben Werte und Kultur, zumindest in Grundzügen. Hier bietet sich uns die Chance, die Grundlage für wirkliche Veränderungen zu schaffen. Gleichzeitig kann die Menschheit auch eine ganze Menge von den Kzinti lernen – Dinge, die wir ohnehin lernen müssen, und zwar rasch.

Und ich kann sowieso nicht zu euch zurückkehren. Nicht ohne Telepath. In meinem Geist ist inzwischen zuviel Katze – neurotische Katze –, und zuviel von mir ist in ihm. Ihr braucht gar nicht so angewidert dreinzuschauen. Glaubt mir, ihr habt keine Ahnung, welche Vorteile sich für die Menschheit aus dieser Beziehung ergeben.«

»Nehmen wir einmal an, du hast Recht«, sagte Steve. »Wie sollen wir das der Menschheit erklären ... falls man uns denn überhaupt die Kzintigeschichte glauben wird und wir es wagen können, weitere Signale auszusenden?«

»Wir können und müssen langfristig planen«, antwortete Selina. Einen Augenblick lang hingen ihre Worte in der Luft, während die um sie versammelten Menschen darüber nachdachten, was sie mit ›langfristig‹ eigentlich exakt meinte.

Steve Weaver starrte auf den Kartenmonitor. Er war kreidebleich. Der Controller des Comlasers der

Angel's Pencil hatte sich plötzlich in einen sehr kranken Mann verwandelt. Er schluckte, würgte und hob dann verzweifelt den Blick zu Selina, Jim und Sue. »Es ist egal«, sagte er. »Seht ihr das denn nicht? Nichts zählt mehr. Wir sind so gut wie tot.«

»Wir haben die Schlacht *gewonnen*!«, widersprach Jim. »Das zählt eine ganze Menge! Wir haben sogar zwei Schlachten gewonnen!« Er sprang auf und schlug auf den Tisch. »Wenn wir noch einem Kzintischiff begegnen, werden wir auch das bekämpfen. Jetzt sind wir mit Wissen bewaffnet.«

»*Wenn* wir noch eins treffen? Oh, das werden wir bestimmt! Versteht ihr denn nicht? Das ist doch offensichtlich, oder? Diese Karten bestätigen nur, was wir ohnehin schon längst hätten wissen müssen – was wir gewusst *haben*.« Steves Stimme besaß einen seltsamen Unterton. »Wir haben nur nicht darüber nachgedacht, weil es so verdammt offensichtlich ist!

Einem Kzintischiff zu begegnen mag ja Zufall gewesen sein. Aber wir haben zwei getroffen, und Selina hat uns gesagt, sie seien Teil einer Flotte und eines Imperiums gewesen, und sie kommen von ... von dort!« Er deutete am Rammfeldgenerator vorbei durch das Sichtfenster zur ›Spitze‹ der *Angel's Pencil*.

»Wir halten genau auf Kzintiraum zu! Wir fliegen zu etwas, von dem uns die Rammroboter gesagt haben, es sei in etwa erdähnlich und für eine Kolonie geeignet. Es wird aber keine Kolonie geben. Eine erdähnliche Welt ist zugleich eine Welt, auf der auch die Kzinti leben können. Ein K2-Stern – natürlich suchen sie sich sowas aus! Er hat sogar Gasriesen mit großen Monden für Basen und Minen.

Wir wissen, dass sie schon viel länger das All bereisen als wir. Wir brauchen Selinas Wissen nicht, um uns darüber klar zu werden, dass Fleischfresser dank ihrer aggressiven Instinkte ein großes Revier benötigen. Sie werden alle bewohnbaren Welten in ihrer Reichweite bereits besiedelt haben.«

»Ja«, stimmte ihm Selina zu. »Und ihre Kälteschlaftechnik für Raumfahrten ist mindestens genauso gut wie unsere. Vermutlich besser.«

»Wir fliegen in einen Teil des Alls, wo wir immer häufiger auf Kzintischiffe treffen werden. Und selbst wenn wir keines sehen sollten – der Weltraum ist noch immer groß genug dafür, nehme ich an –, in einem Punkt bin ich sicher: Wenn wir Epsilon Eridani erreichen, werden sie dort auf uns warten. Das hätte uns schon lange klar sein müssen. Bereits nach dem ersten ...« Steve vergrub das Gesicht in den Händen.

Schweigen senkte sich über die Gruppe; seine Worte mussten erst einmal verdaut werden. Die Wissenschaft der Militärpsychologie war bei den Menschen schon längst in Vergessenheit geraten. Jetzt schämten sich die fünf, weil sie so etwas Offensichtliches einfach übersehen hatten, und Entsetzen überkam sie, als sie erkannten, was das für sie bedeutete.

»Das haben wir nicht wissen können. Nicht bis jetzt, und ...«

»Ich glaube, ich habe es doch gewusst«, unterbrach Sue. Tränen liefen ihr über die Wangen. »Ich habe einfach nur nicht darüber nachdenken wollen. Der Doc hat mich ohnehin wegen meiner Depressionen behandelt, und er hat die Dosis jeden Tag erhöht. Vielleicht ist es euch ähnlich ergangen. Ich wette, wenn wir die Vorräte des Docs überprüfen würden, müssten wir feststellen, dass kaum noch Antidepressiva und andere Beruhigungsmittel vorhanden sind. Die Medikamente haben uns zu geistigen Zombies gemacht.

Zwar haben sie uns nicht unfähig gemacht, die unmittelbare Bedrohung zu bewältigen, aber sie haben verhindert, dass wir uns Gedanken über die Implikationen dieser Bedrohung machen, um die Symptome in unserem Unterbewusstsein zu unterdrücken. Doch ich hatte so eine Ahnung. Ich hätte schon früher etwas sagen sollen.«

»Der Doc ist nicht auf Krieg eingestellt«, sagte Steve. »Wie auch? Er hat den Job gemacht, für den man ihn auf der Erde programmiert hat: Er hat unsere Neurosen identifiziert und die Symptome behandelt, um unserem Verstand Zeit zu geben, sich selbst zu heilen. Wenn er eine Psychose als Paranoia identifiziert, behandelt er sie entsprechend. Und er hatte keinerlei Möglichkeit festzustellen, ob die Psychose oder die Paranoia gerechtfertigt waren. Man könnte sagen, dass es seine Aufgabe war, uns kriegs*untauglich* zu machen, und was wir erreicht haben, haben wir sozusagen gegen seinen Willen getan. Wir sind einfach nicht an so etwas gewöhnt. Ich wusste, dass körperlicher Schmerz für uns etwas Ungewöhnliches ist. Also haben wir uns davon abgewandt. Ich hätte allerdings auch wissen müssen, dass wir an *keine* Art von Schmerz gewöhnt sind. Der Doc hat nur seine Arbeit getan, indem er den Schmerz abgetötet hat. Aber, Selina, du hast es auch nicht erkannt.«

»Du vergisst etwas: Nachdem ich an Bord gekommen bin, hat mich euer Doc durchgecheckt. Er hat mich mit irgendwelchem Zeug vollgepumpt. Ich habe nicht gefragt, was es war. Genauso wie ihr bin auch ich immer noch ein Kind unserer Kultur. Noch etwas: Wir dürfen die Gesetze der Relativität nicht vergessen. Die Zeitausdehnung eingerechnet werden wir Epsilon Eridani subjektiv gesehen sogar noch schneller erreichen, als es in Echtzeit tatsächlich der Fall ist.«

Worte wie Salz in die Wunde.

»Und noch eins: Diese zwei Kzintischiffe haben uns *eingeholt*. Sie sind also von *hinten* gekommen. Es ist sehr unwahrscheinlich, dass das noch einmal geschehen wird. Wir müssen davon ausgehen, dass uns unsere Waffe beim nächsten Zusammentreffen mit den Kzinti nichts mehr nutzt.«

»Wenn wir einen Kzintischwerkraftpolarisator hätten, könnten wir wenden und sie angreifen. Das Rammfeld wäre die ideale Waffe, wenn sie genauso darauf reagieren wie andere Wirbeltiere.«

»Wenn ...«

»Wenn wir einen Schwerkraftpolarisator hätten, könnten wir wenden und davonlaufen. Wir könnten zu den Kolonien auf der anderen Seite des Alls fliegen. Oder wir könnten zur Erde zurückkehren ... Wir könnten sie persönlich warnen für den Fall, dass sie unsere Funksprüche ignoriert haben ... Die Naturgesetze sind wirklich ...«

Es war nicht nötig auszusprechen, was die Naturgesetze waren. Sie alle wussten, dass die *Angel's Pencil* aufgrund ihrer Vorwärtsgeschwindigkeit theoretisch eine Ewigkeit zum Wenden brauchte, und das machte das Manöver praktisch unmöglich.

»Warum über das Unmögliche reden? Wir haben keinen Schwerkraftpolarisator.«

Verzweiflung füllte den Raum wie Nebel. Nun, da das Offensichtliche ausgesprochen war, fiel es keinem der Anwesenden sonderlich schwer, sich vorzustellen, wie man sie auf Epsilon Eridani empfangen würde. *Denk nach! Denk nach!*, ermahnte sich Selina. *Denk wie ein Kzin! Denk wie Telepath!*

»Wir haben einen Schwerkraftpolarisator«, erklärte

sie schließlich. »Die Barke ist auch eine Art Schlepper. Sie kann uns beim Wendemanöver ziehen. Mit dem Delta-v und dem Schwerkraftpolarisator können wir eine enge Wende fliegen und noch immer genug Geschwindigkeit beibehalten, um das Rammfeld einzusetzen. Die Kzinti benutzen Schwerkraftfelder, um sich vor den Auswirkungen großer Beschleunigung zu schützen. Wir könnten das Gleiche tun. Der Antrieb der Barke ist beschädigt, aber wir können ihn reparieren. Selbst wenn wir etwas an Geschwindigkeit verlieren sollten, würde uns das genug Kraft geben, um eine konstante Beschleunigung von einem g aufrechtzuerhalten. In einem Jahr wären wir wieder auf 0.8-facher Lichtgeschwindigkeit ... oder wir koppeln unseren Antrieb an den des Kzintibootes. Wenn es uns gelingt, das Schwerkraftfeld unter Kontrolle zu bekommen, können wir ohne medizinische Probleme beschleunigen, wie wir wollen.«

Hoffnung funkelte in den Augen der anderen. Schließlich sagte Steve jedoch:

»Wir können keinen Gravitationsantrieb verwenden. Wir haben sämtliche Daten, die wir über das Antriebsaggregat des ersten Schiffes gesammelt haben, zur Erde gesandt. Die Einzelteile sind noch immer hier.«

»Dann können wir ja zwei benutzen. Umso besser!«

»Nein, Selina. Hör mir zu. Der Antrieb, den wir an Bord haben, ist auch von unserem Laser beschädigt worden; aber natürlich haben wir soviel davon an Bord geholt wie möglich. Die meisten Teile können wir zuordnen. Wir können sie abfilmen und die Bilder zur Erde schicken. Wenn die Erde und der Belt uns glauben, können sie vielleicht einen solchen Antrieb nachbauen. Das ist jedoch alles, was wir tun können.

Vor 500 Jahren hätte ein Dampfmaschineningenieur jedes einzelne Teil eines Rammjets beschreiben können, aber glaubst du, er hätte ihn deswegen auch *verstanden*? Ich sage nicht, dass wir zu dumm wären, einen solchen Antrieb zu reparieren oder zu bauen, aber die Technik unterscheidet sich doch sehr von der unseren, und wir haben keine Zeit.

Wir besitzen zwei beschädigte Antriebsaggregate, über die wir zu wenig wissen, um sie reparieren zu können. Wir wissen ja noch nicht einmal, welches Werkzeug wir verwenden müssen. Selbst wenn wir ein funktionstüchtiges Aggregat hätten, würden wir es nicht verstehen. Wir können es auch nicht bedienen. Tanj, es ist, als würden wir versuchen, den Dean-Antrieb zu bauen! Vielleicht *ist* das ja der Dean-Antrieb oder einer seiner Nachkommen.

Unserer ist teilweise geschmolzen; deiner hat Löcher. Diese Aggregate besitzen ungewöhnlich starke Eindämmungsfelder. Würden wir nun versuchen, eines von ihnen ohne solch ein Feld zu aktivieren ... Na, das wär's dann wohl.

Oh, ich gebe gerne zu, dass wir es lernen könnten – nach Jahren des Studiums in entsprechenden Institutionen und mit einer Horde der besten Wissenschaftler an unserer Seite. Aber wir sind nur eine kleine, spezialisierte Mannschaft, und unsere Kolonisten sind gefrorene Embryos. Wie viele Jahre haben wir? Mit jeder Sekunde dringen wir tiefer in den Kzintiraum ein.«

»Dann hängt also alles von Telepath und mir ab«, sagte Selina. »Er hat Waffenoffiziers Wissen gestohlen. Wenn er es immer noch hat, haben wir eine Chance.«

»Wenn er es immer noch hat?«

»Telepathisch erlangtes Wissen verschwindet wesentlich rascher als normale Erinnerungen. Wäre es anders, würden Telepathen noch weit schneller wahnsinnig werden. Aber es ist noch nicht lange her, dass er in Waffenoffiziers Geist eingedrungen ist. Ich besitze auch etwas von diesem Wissen, dank der geistigen Brücke zu Telepath ... Waffenoffizier experimentierte mit Gravitationstriebwerken. Telepath und mir fällt vielleicht etwas ein, wenn wir uns gemeinsam anstrengen.«

Sie sprach inzwischen in einem monotonen Singsang, und dann und wann bekam ihre Stimme einen knurrenden Unterton wie die eines Kzin.

»Aber das macht es weit schwieriger, als ich zunächst vermutet hatte. Es ist schwer genug, seine Körperchemie neu auszurichten, um ihn von seiner Sucht zu heilen – oder um zumindest die Entzugssymptome abzuschwächen, die ihn zu töten drohen –, aber das ist zumindest etwas, das ich mit Hilfe des Kzintiautodocs schaffen kann, wenn es mir gelingt, ihm psychisch Halt zu geben. Er/Wir wussten, dass die Kzintimedizin sehr gut ist; doch es zu tun, ohne auch die drogenbedingten Erinnerungen auszulöschen ... Wenn ich zu ihm durchdringen kann ... Aber da ist noch mehr als das ... Ich habe keine menschlichen Worte dafür ... Doch ihn zu heilen, ohne die Brücke zu zerstören ... Ich fühle, dass das möglich ist – Telepathen besitzen Geheimnisse, und inzwischen kenne ich einige davon. Aber es wird nicht leicht werden.«

»Falls er noch lebt.«

»Oh, er lebt. Wäre er tot, würde ich es wissen – glaub mir.«

Jim unterdrückte ein Schaudern. Diese Frau, die

sich mit einer Katze verbunden hatte, bereitete ihm körperliches Unbehagen.

Selinas Gesichtsausdruck veränderte sich. Alle Farbe wich aus ihren Wangen. Ihre Gesichtszüge veränderten sich in etwas, das an einen leprösen Löwen erinnerte. »Aber er ist krank. Sehr krank. Er leidet unter großen Schmerzen ... Er ist nicht stark genug. Urrr.«

»Was sollen wir tun?«

»Ich muss auf die Barke zurück«, antwortete Selina. »Ich muss so nah bei ihm sein wie möglich.«

ADMIRALSBARKE

Die Sterne wirbelten über mir umher. Ich betrat einen neuen Raum: eine Schüssel wie die Arena in der Übungskrippe. Ich stand in der Mitte und wusste, dass andere in der Nähe waren, an deren Gedanken ich mich klammern musste.

Die Wand von Zraar-Admirals Geist. Ich griff danach, obwohl ich wusste, dass er tot war, und ich spürte, wie meine Krallen ins Leere griffen ... wie damals in der Krippe, als man einen Kämpfer aus mir machen wollte. Aber sie hatten mich von den anderen Kätzchen getrennt und mich am Leben gelassen wie die Wissenschaftsgenies und andere Verachtete, denn sie hatten mich als Telepathen identifiziert (»Du könntest der größte von uns sein«, hatte Erster Telepath eines Tages gesagt, kurz bevor wir an Bord der *Schlachterkralle* in unsere Kojen gegangen waren).

Dann hielt mich irgendetwas fest. War es etwas aus Zraar-Admirals Geist? War ich wirklich vom Tod berührt worden?

»Du bist der, der einem Krieger am ähnlichsten ist ... dann verhalte dich auch wie einer ... kämpf wie ein Krieger. Verdiene das Lob, das ich dir gespendet habe.«

War er es? Wem gehörte der andere Geist, der mich hielt wie einst Erster Telepath? Oder wie Karan?

»Der Weg, den wir eingeschlagen haben, ist nicht der einzige Weg.«

Ich wusste es nicht. Waren sie alle gekommen, um sich Telepaths armen, kranken Geist zu holen?

Und dann, inmitten der Wände, der Tunnel, der endlosen weißen Netze und der kahlen Ebene und dem Gras, das sowohl das von Kzin als auch das von der Erde war, in alledem sah ich Selina auf Telepath zuschreiten, auf mich. Sie beugte sich über mich, und ich spürte, wie sie mich in den Arm nahm. Und irgendwo stieg eine gelbe Sonne über den Horizont.

JEAN LAMB

KOMBÜSENSKLAVE
(GALLEY SLAVE)

Dr. Marybeth Bonet fluchte leise vor sich hin, während sie versuchte, zwei verschiedene, ineinander verschlungene Computercodes zu entwirren. Wäre Lieutenant Thomas Dalkey nicht so attraktiv gewesen, sie hätte ihn umgebracht. Er war der Navigator der *Kormoran*, eines schwer bewaffneten ehemaligen Postschiffs, das am Rand des Solsystems patrouillierte und nach dem Feind Ausschau hielt. Lieutenant Dalkey hatte sich eine Reihe von Orden für sein heldenhaftes Verhalten bei der Verteidigung des menschlichen Raums gegen die unerwarteten Invasoren verdient. Unglücklicherweise war ihm die brillante Idee gekommen, den Autokoch mit dem Hauptcomputer zu koppeln, um ihn im Notfall auch von der Brücke aus bedienen zu können. Warum lasen die Leute eigentlich nie eine Gebrauchsanweisung?

Dr. Bonet war an so etwas gewöhnt. Nicht zum ersten Mal musste sie derartige Probleme beheben, schließlich hatte sie die Kochprogramme geschrieben. Zugegeben, Dalkey hatte sich nie über die ewige Waffeldiät beschwert, die der Autokoch zu bevorzugen schien. Er hatte Dr. Bonet erst um Hilfe gebeten, als Roastbeef- und Saucenrezepte auf den Sternenkarten erschienen und die Navigationsdaten verdeckt hatten. Als zivile Expertin war Dr. Bonet eher an Beschwerden über die Verpflegung gewohnt.

Marybeth hatte drei Möglichkeiten: Eine bestand darin, eine globale Suche zu starten, die Kopplungsroutine zu löschen und beide Computer manuell neu zu konfigurieren. Unglücklicherweise war das mitten in der Mission nicht möglich; andernfalls hätte man sie gar nicht erst von der Erde hierher geschickt. Die großen Katzenwesen, die sich selbst Kzinti nannten, stellten eine ständige Bedrohung dar. Als sie an die

Aliens dachte, biss Marybeth sich vor Wut auf die Lippe. Die Menschheit hatte gerade erst gelernt, mit sich selbst zu leben – und dann waren *sie* gekommen. In weniger als einer Generation hatten sie alles durcheinander gebracht. Marybeth blickte auf das Messer, das sie an der Hüfte trug. Selbst das war ein Zeichen dafür, wie weit die Kzinti die Menschen aus dem Garten Eden vertrieben hatten. Alles, was sie tun konnte, um das den Katzenwesen heimzuzahlen, war der Mühe wert. Zugegeben, die Menschen besaßen mit den Schwerkraftpolarisatoren nun endlich ein vernünftiges Antriebssystem; doch im Tausch für den Frieden war das ein schlechter Handel.

Marybeths zweite Möglichkeit bestand darin, Toms Plan umzusetzen, ohne eines der beiden Systeme zu stören. Dafür hatte sie allerdings nicht genügend Zeit. Sie machte sich jedoch Notizen über Toms erste Versuche, falls sie nach ihrer Rückkehr irgendetwas damit würde anfangen können. Die Idee an sich war gar nicht mal so schlecht; nur an der Ausführung musste noch gearbeitet werden. Marybeth hatte bereits eine Overridesequenz geschrieben, die es ermöglichte, neue Zutaten in den Autokoch einzugeben, während Dalkey inzwischen den Navigationscomputer fast vollständig gesäubert hatte. Unglücklicherweise war die Overridesequenz recht unhandlich. Sollte noch genügend Speicherkapazität übrig sein, könnte Marybeth die Sequenz in ein Makro verwandeln oder sogar dem Menü hinzufügen, um sie dann anschließend wieder zu löschen, wenn sie nicht länger benötigt wurde.

Marybeth beendete ihre Arbeit, seufzte und zog sich in der winzigen Umkleidekabine neben der noch winzigeren Dusche aus. Wenn sie schon schwitzen musste, dann doch lieber in der Horizontalen und mit Tom Dalkey, und nicht über einem heißen Autokoch! Als man sie an Bord der *Kormoran* versetzt hatte, hatten alle Mannschaftsmitglieder Interesse an ihr gezeigt. Deutlich als Frau erkennbar zu sein half bisweilen; trotzdem fragte sie sich gelegentlich, ob das auf einem Schiff, dessen Crew sich einfach nur nach neuen Gesichtern sehnte, unbedingt notwendig war. Dennoch genoss sie es, umschwärmt zu werden, denn als blasses Büromäuschen war ihr nur selten derartige Aufmerksamkeit zuteil geworden – außer auf dem ein oder anderen Betriebsausflug.

Der Einzige, für den sie tatsächlich etwas empfand, war – seltsam genug – Tom Dalkey, der attraktive, dunkelhäutige Navigator, der ihr gegenwärtiges Problem verursacht hatte. Zunächst waren lediglich Marybeths Pheromone für dieses Gefühl verantwortlich gewesen, doch nun fragte sie sich, ob nicht vielleicht mehr dahinter steckte. Sie mochte die Art, wie er sie anlächelte, wenn er sich durchs Luk in die Kombüse duckte ... Inzwischen gefiel ihr eigentlich alles an ihm. Sie grinste vor sich hin, während sie das Messer neben ihre Kleider an den Haken hängte. Sie hatte es schon dreimal ›zufällig‹ vergessen, bis Tom endlich den Mut aufgebracht hatte, mit ihr zu flirten.

Ihr Lächeln verschwand. Noch so eine gesellschaftliche Veränderung, die sie den Kzinti auf die Rechnung setzen konnte. Das Ende des Goldenen Zeitalters hatte eine Menge Frauen dorthin zurückgeworfen, wo sie angefangen hatten. Die neu erwachten kriegerischen Instinkte feierten daheim ebenso fröhliche Urständ wie draußen im All. Ein Kompromiss in der Region, die einst als der Pazifische Nordwesten bekannt gewesen war, erlaubte es beispielsweise nur Frauen, Messer zu tragen, die scharf genug waren, um Durastahl zu durchschneiden, Messer, die man leicht am blau-grünen Schimmer der Schneide erkennen konnte, als wären die Scheiden aus Klapperschlangenhaut nicht bereits Warnung genug gewesen ... Glücklicherweise erfreute sich dieser neu eingeführte Brauch außerordentlicher Beliebtheit, nicht zuletzt aufgrund der Popularität von Detective Darla Dagger, einer Figur aus der Serie *Cascade Cop*. Auf jeden Fall ersparte einem diese Verordnung, verschiedene Dinge erklären zu müssen.

Marybeth kicherte leise, als sie sich an einen Lehrgang erinnerte, den sie und ihre Freundinnen als Teenager belegt hatten, eine seltsame Mischung aus Hygienekunde und Messerkampfunterricht, die unter den Schülerinnen als ›Das Wunder des Lebens und wie man es vermeidet‹-Klasse bekannt gewesen war. Der Anderson-Junge konnte von Glück sagen, dass er nur zwei Finger verloren hatte, nachdem er die bis dato Klassenschwächste nach der ersten Stunde geärgert hatte. Die Mädchen hatten für Jenny Hooks eine Party geschmissen, nachdem sie und der Junge die anschließenden Verhöre hinter sich gebracht hatten. Jenny hätte damals ihr Recht, Messer zu tragen, für drei Jahre verlieren können, hätte sie den Anderson-Jungen aus Böswilligkeit angegriffen. Marybeth erinnerte sich an ein Verhör, in dessen Verlauf eine Frau dieses Recht für immer verloren hatte, weil sie bei einem Raubüberfall jemanden getötet hatte.

Marybeth tätschelte zärtlich das Heft des Messers und drapierte ihre Kleider darüber. Das eine Mal, da sie es zu ihrer Verteidigung hatte benutzen müssen, hatte sie sich anschließend übergeben. Noch immer schmerzte sie die Erkenntnis, dass sie ohne Messer der Gnade eines jeden unterworfen war, der stärker war als sie. Zum Glück hatte das Gericht auf Notwehr erkannt und sie von allen Vorwürfen freigesprochen.

Und dieses Wissen um die Verhältnisse machte es noch umso lustiger, jemanden zu begehren, vor allem wenn sie genau wusste, dass es *ihre* Idee war!

Marybeth lächelte vor sich hin, während sie sich in die Duschröhre quetschte und das Wasser aufdrehte. Wenn sie sich richtig positionierte, spritzten die Düsen das Wasser genau dorthin, wo sie es haben wollte. Es war eine Schande, dass diese Kabinen nicht groß genug für zwei waren. Marybeth stellte sich vor, was sie und Tom tun würden, wenn alle Computer wieder funktionierten. Das heiße, schäumende Wasser rauschte über ihren Körper ...

Sie hörte einen gewaltigen Knall. Die Notfallventile der Dusche wurden geschlossen. Ein Ruck ging durch das Schiff, und Marybeth schlug sich den Kopf an der Düse an, als sie gegen die Wand prallte. Die winzige Kabine kippte zur Seite und richtete sich wieder auf. In dieser Situation war es gar nicht mal so schlecht, dass die Kabine so klein war. Marybeth stützte sich an den Wänden ab. Ihr war übel, und sie war benommen; dann veränderte sich die Schwerkraft, und die junge Frau verlor das Bewusstsein.

Nach einer Weile öffnete sich die Tür. Ein pelziger, klauenbewehrter Albtraum starrte Marybeth an. Sie begann, hysterisch zu schreien, und kauerte sich in dem winzigen Raum zusammen, der ihr zur Verfügung stand. Eine gewaltige, fellbewachsene Pranke griff in die Duschkabine. Marybeth attackierte die Pranke mit Zähnen und Fingernägeln, während das Monstrum sie hinauszerrte. Tatsächlich bekamen ihre Zähne etwas zu packen – allerdings nur ein Büschel

Fell –; dann wurde sie gegen das Schott geworfen. Gerade noch rechtzeitig gelang es ihr, den Kopf mit den Armen zu schützen, bevor sie aufschlug.

Marybeth sank zu Boden. Etwas Warmes, Feuchtes tropfte ihr auf die Schulter. Vielleicht sollte sie sich besser tot stellen ... Sie lag mit dem Gesicht zum Schott. Sie hörte Schreie und Gewehrfeuer. Eine Weile lag sie einfach nur da und rührte sich nicht. Die Geräusche entfernten sich von ihr. Vorsichtig bewegte sie den Kopf und schaute sich um. Niemand war zu sehen. Langsam stand sie auf. Die Wände vor ihr sah sie noch immer verschwommen. Als sie die Augen schloss und sich vortastete, fühlte sie sich schon besser. Die Kombüse war nicht groß, und Marybeth kannte sich gut hier aus.

Hinter der ersten Ecke öffnete Marybeth wieder die Augen. Ein riesiger, pelziger Schrecken mit dem Schwanz einer Ratte hockte auf dem Boden und kaute auf etwas herum – auf etwas Rotem und Weißem. Zu Füßen der Kreatur lagen ein paar Stofffetzen. Sie waren blau. Der Kzin hob eine Armbanduhr auf, schnüffelte daran und warf sie wieder weg. Die Uhr war golden wie die, auf die Tom Dalkey so stolz war. Sein Vater hatte sie ihm zum Examen geschenkt.

Ein Teil von Marybeth verstand, was hier geschehen war. Sie duckte sich in einen leeren Vorratsschrank und stöhnte leise. Dann rollte sie sich zu einem Ball zusammen und floh in die Bewusstlosigkeit.

Schiffskommandant-der-*Klaue* konferierte mit seinen Offizieren. Er war so ungeduldig wie immer. Syet, der Schiffstelepath, litt noch immer unter Kopfschmerzen, weil er den anderen bei der Suche nach verstreuten Menschen auf dem gekaperten Schiff geholfen hatte. Mentaler Kontakt mit normalen Menschen war schon schlimm genug, doch die läufige Mensch*rrett* war einfach nur ekelerregend gewesen. Er hatte Gerüchte darüber gehört, dass die Weibchen der Affen immer so seien; bis jetzt hatte er allerdings nicht daran geglaubt. Kein Wunder, dass ihre Feinde sich weit schneller vermehrten als das Heldenvolk.

Natürlich verachteten ihn die anderen seiner Art, egal wie viel er ihnen auch helfen mochte. Teilweise war diese Verachtung in Neid begründet. Von Telepathen wurde in der Ausbildung weit weniger verlangt, während man ihnen gleichzeitig mehr gestattete.

Es war jedoch nur gerecht, dass man ihm erlaubte, von sich selbst mit einem Namen anstatt eines Titels zu denken, auch wenn er kein Geschick im Kampf besaß. Namen waren auch notwendig, wenn sich die Geister mehrerer Wesen begegneten, und er war äußerst stolz darauf. Als *Syet* bezeichnete man die leicht geneigte Ohrstellung eines Jägers, der auf seine Beute lauschte, und was das betraf, so war niemand besser als er. Oh, er nutzte seine Stellung zu seinem vollen Vorteil aus – er wäre dumm gewesen, hätte er das nicht getan. Als Gegenleistung dafür trieb er sich und seine Fähigkeit stets bis an die äußersten Grenzen, wenn es die Umstände erforderten. Nur wenige seiner Telepathenbrüder ertrugen die Berührung mit dem Geist eines Fremdwesens so gut wie er. Jene, die er kannte, verbrachten die meiste Zeit im Wachzustand entweder mit der Flasche in der Pranke, oder sie nahmen Traumstaub.

Syet lauschte wieder mit all seinen Ohren dem Gespräch. Der Dominante hielt wie immer einen unendlich langen Vortrag über ihre glorreiche Eroberung. Als könnten 20 Menschen sich einem Entertrupp Helden widersetzen! Trotzdem stellte die *Kormoran* eine wertvolle Beute dar. War das Schiff erst mal zurückgebracht, um untersucht werden zu können, würde man viel Wissenswertes über die Menschen und ihre Fähigkeiten erfahren. Vielleicht würde Schiffskommandant bei ihrer Rückkehr sogar einen Teilnamen bekommen. Das allein war schon Grund genug, stolz zu sein.

Dann befahl Schiffskommandant Argton-Waffenmeister, eine Prisenmannschaft zusammenzustellen, die das gekaperte Schiff zur Hauptflotte bringen sollte. Schiffskommandant schickte auch Syet an Bord des fremden Schiffes; vorgeblich wollte er, dass der Telepath auch noch die restlichen mentalen Eindrücke sammelte. Sein wahrer Beweggrund war jedoch viel einfacher: Waffenmeister war ehrgeizig, stammte aus dem Adel und würde das Schiff womöglich auf eine dumme Selbstmordmission führen. Syet wusste, dass man von ihm erwartete, das irgendwie zu verhindern. Er hätte Schiffskommandant sagen können, dass das hoffnungslos war. Argton-Waffenmeister verachtete alle Telepathen, und wenn einer von ihnen ihm einen Vorschlag unterbreiten würde, wäre das Grund genug für Argton, genau das Gegenteil zu tun. Unglücklicherweise änderte das nichts an Syets Verantwortung. Selbst im Vergleich zu seinen Adelsbrüdern war Waffenmeister ein äußerst unangenehmer Held. Syet machte Schiffskommandant keinen Vorwurf daraus, dass er Argton loswerden wollte – wenn auch nur für kurze Zeit. Im Notfall konnte der Telepath immer noch Kontakt zu seinesgleichen auf einem Wachschiff knapp außerhalb des menschlichen Sonnensystems aufnehmen. Das würde ihm lediglich einen Tag lang schreckliche Kopfschmerzen bescheren ... oder aber ihn das Leben kosten, sollte Argton es herausfinden. Doch Syets Pflicht dem Heldenvolk gegenüber war wichtiger.

Schiffskommandant fügte hinzu: »Behalte die Menschrrett im Auge, die Argton-Waffenmeister gefunden hat. Sie könnte sich als nützlich erweisen.«

Syet hielt es für einen Fehler, die Äffin am Leben zu lassen; doch er schwieg. Es war zwar seine Aufgabe, den Kommandanten zu beraten, selbst wenn dieser Rat unwillkommen war, doch Syet war nicht dumm.

Schiffskommandant kniff die Augen zusammen, als wisse er, was Syet dachte. »Du hast mir selbst erzählt, welche Eindrücke du von ihr gewonnen hast«, sagte er. »Sie stellt mit Sicherheit keine Bedrohung dar. Eine Prise zu überführen, ist normalerweise recht eintönig. Sie soll die Mannschaft amüsieren, und vielleicht kann man sie sogar dazu abrichten, ein paar der einfacheren Wartungsarbeiten zu übernehmen. Wenn wir sie lebend zur Hauptflotte bringen, können wir sie unter Umständen dazu verwenden, einige der anderen Gefangenen zur Kooperation zu bewegen. Sollte jedoch keines von beidem funktionieren ... Ihr Fleisch dürfte zart genug sein, aber ihr solltet besser einen guten Grund dafür haben, wenn du oder ein anderer sie aus dem Weg räumt.«

Der Telepath seufzte. »Ja, Dominanter«, erwiderte er. Es war schon lange her, seit man ihm zum letzten Mal gestattet hatte, Lebendfleisch zu fressen. Diesmal hatten nur jene fressen dürfen, die wirklich gekämpft hatten. Trotzdem ... Vielleicht war es ja ganz nett, zur Abwechslung mal jemanden um sich zu haben, der im Rang noch niedriger stand als er.

Marybeth wachte nach und nach auf. In ihrem Kopf pochte es; ihre Blase war zum Bersten gefüllt, und jeder einzelne Muskel schmerzte sie, weil sie so lange im Schrank gesteckt hatte. Sie spähte durch die winzigen Lüftungsschlitze. Niemand zu sehen. Leise kroch sie hinaus, auch wenn ihr die Bewegung noch weit mehr Schmerzen verursachte. Fast wäre sie wieder in den Schrank zurückgeflohen, als sie Knurren und Fluchen aus der Kombüse hörte. Dann schlich sie ein wenig näher heran, um zu sehen, was dort vor sich ging. Auf einem Schiff dieser Größe konnte sie sich ohnehin nicht auf ewig verstecken.

Sie kroch in die Kombüse; das Chaos auf dem Boden ignorierte sie. Eine der Katzen schlug offensichtlich frustriert auf die Kontrolltafel des Autokochs ein. Vielleicht war das ja ihre Chance, sich als nützlich zu erweisen. Marybeth machte sich indes keinerlei Illusionen, was ihre Chance betraf zurückzuschlagen; im Augenblick wollte sie nur überleben.

Einen Moment lang wurde alles grau; dann klärte sich ihre Sicht wieder. *Habe ich eine leichte Gehirnerschütterung davongetragen?*, fragte sich Marybeth. Sie musste den kläglichen Rest ihres Verstandes so rasch wie möglich wieder sammeln, wenn sie nicht als Abendessen enden wollte. Marybeth schlich auf Zehenspitzen an die Katze heran und nahm vorsichtig eine Demutshaltung ein. Der Kzin knurrte sie an und rümpfte die Nase. Marybeth krümmte sich zusammen und deutete auf die Kontrolltafel. »Das ist mein Job!«, sagte sie immer und immer wieder. Verstand der Außerirdische sie? Das riesige Katzenwesen packte sie mit der Pranke – allerdings mit eingefahrenen Krallen – und stieß sie vor die Kontrolltafel. Marybeth schmeckte Blut, als ihr Mund gegen die Kante prallte, und sie schrie auf. *Sollen sie nur glauben, ich sei zerbrechlich!* Ohne ein weiteres Wort griff sie nach dem seltsam aussehenden Kzintidatenträger auf der Arbeitsplatte und schob ihn ins Lesegerät. Überraschenderweise passte der Datenträger, und das Lesegerät konnte sogar etwas damit anfangen. Entweder hatten sich verschiedene Computersysteme zufällig konvergent entwickelt, oder im Krieg stahl der eine schlicht vom anderen.

Die Sprachzeichen, die auf dem Display erschienen, waren jedoch vollkommen fremdartig, und der Computer vermochte sie nicht zu lesen. Marybeth konnte nichts von dem replizieren, was auch immer der Datenträger enthielt. Sie zog ihn wieder heraus und wählte stattdessen eine Speise, die die Katze ihrer Einschätzung nach haben wollte. Marybeth war recht stolz auf ihre Kobe-Beef-Replik. Sie wusste, dass die Katzen rohes Fleisch bevorzugten.

Die Kombüsenmaschinen nahmen den Betrieb auf. Die Katze knurrte erneut. Marybeth machte flehende Gesten und entblößte ihre nackte Kehle. Das orangefarbene, flaumige Fell des Kzins glättete sich wieder. Schon bald kam das erste Fleisch heraus. Allerdings verweigerte die Schneidemaschine den Dienst. Dort, wo die Katze auf das Gerät eingeschlagen hatte, war eine große Delle zu sehen. Müde stellte Marybeth den Betriebsschalter auf »Aus«, zog die Schneideklinge aus dem Gerät und schnitt das Fleisch auf der Arbeitsplatte von Hand in große Stücke.

Fast hätte sie sich beim Anblick und Geruch des rohen, mit weißem Fett durchzogenen Rindfleischs übergeben. Es erinnerte sie an Dalkey – oder an das, was von ihm auf dem Boden hinter ihr übrig geblieben war. Nur mit Mühe unterdrückte sie das Verlangen, die Katze aufzuschlitzen; sie kannte die Strafe, sollte sie eine bedrohliche Bewegung machen.

Der Kzin schnüffelte an einem großen Stück Fleisch und verschlang es dann mit einem Bissen. Er schnurrte; das Ergebnis von Marybeths Bemühungen hatte ihn offenbar zufrieden gestellt. Sanft klopfte der Kzin Marybeth auf die Schulter. Zumindest hatte er es vermutlich sanft gemeint, auch wenn das ›Klopfen‹ blaue Flecke hinterließ. Er ging hinaus, während Marybeth weiterarbeitete. Vorsichtig duckte er sich, und schritt durch den niedrigen Ausgang zur Messe. Schade, dass er nicht mit dem Kopf dagegen stieß. Eine Delle in dem mit Kabeln vollgestopften Türsturz hätte vermutlich die meisten elektrischen Leitungen zum Maschinenraum beschädigt. Marybeth hätte die Leitungen niemals direkt unter dem Türsturz verlegt, sondern an einer Stelle, wo sie geschützter wären, doch vermutlich erleichterte es die Arbeit für die Wartungscrew. Da sie nicht sonderlich groß war, hatte sie die Kabel bis jetzt eigentlich nie bemerkt.

Marybeth verteilte die Fleischstücke auf Teller und stellte sie auf die beiden kleinen Tische hinter dem Arbeitsbereich. Die Essensausgabe stand offen. Dann überprüfte sie den Getränkespender. Sie vermochte ihm lediglich Kaffee zu entlocken, der überdies dick wie Diesel war; trotzdem schluckte sie ihn dankbar hinunter. Zitternd vor Zorn ließ sie ihren Blick durch die Kombüse schweifen. Sie musste doch etwas tun können – *irgendetwas*. Marybeth füllte einen weiteren Teller mit Fleisch und verließ vorsichtig ihr Sanktuarium. Der Gedanke, der ihr gekommen war, schien auf den ersten Blick an den Haaren herbeigezogen zu sein; doch es konnte nicht schaden, erst einmal nachzusehen.

Unglücklicherweise wurden die Waffenschränke bereits bewacht. Damit hätte sie rechnen müssen. Es war jedoch besser, jetzt etwas herauszufinden, als später davon abzuhängen. Marybeth näherte sich den Wachen mit dem Fleisch in der Hand, verneigte sich, stellte die Teller in sicherer Entfernung vor den Kzinti ab und floh. Ihre Angst war nicht gespielt.

Sie rannte zu den sanitären Einrichtungen. Marybeth schauderte, als sie die Duschröhre sah, und wusch sich stattdessen am Waschbecken. Ihre Kleider lagen zu einem Haufen aufgetürmt auf dem Boden. Sie griff danach; dann zögerte sie. So unangenehm ihr das auch sein mochte, nackt war sie sicherer. Feministischer Stolz hin oder her, es war besser, am Leben zu bleiben. Wenn das bedeutete, die Katzen glauben zu lassen, sie sei wenig mehr als ein Tier – so wie die weiblichen Kzinti –, dann würde sie sich eben damit abfinden müssen. Zumindest würden die Katzen sich ihr auf diese Art deutlich überlegen fühlen, und Wesen, die glaubten, anderen überlegen zu sein, begingen häufig nützliche Fehler. Eine offene Bedrohung darzustellen bedeutete, gefressen zu werden. Marybeth war allerdings froh, dass sie etwas zu tun hatte; ansonsten hätte sie nicht gewusst, wie sie mit der Situation hätte fertig werden sollen.

Um nicht in Versuchung zu geraten, band Marybeth die Kleider zusammen und trug sie zum Müllschlucker. Dabei fiel ihr Messer zu Boden. Marybeth ließ die Kleider fallen, hob die Waffe auf und drückte sie sich an die Brust. Dann hielt sie inne. Wie sollte das Messer ihr jetzt wohl noch helfen? Trotzdem brachte sie es einfach nicht über sich, es wegzuwerfen. Irgendwie musste sie es in die Kombüse schaffen. Sie spähte in den Gang hinaus, um sich zu vergewissern, dass niemand in der Nähe war; dann entdeckte sie in einem türlosen Spind ein paar Bettdecken. Rasch ging Marybeth zu dem Spind und schob das Messer zwischen die Decken; dann trug sie das Bündel in die Kombüse. Vielleicht würde es ihr gelingen, sich dort eine Art Revier aufzubauen. Selbst ein Tier verdiente einen Platz zum Schlafen.

Fast wäre Marybeth in Panik geraten, als sie in der Messe vor der Kombüse zwei weitere Kzinti entdeckte, die das rohe Fleisch verschlangen. Einen Feigling lediglich zu spielen war jedoch etwas vollkommen anderes, als tatsächlich einer zu sein. Anstatt sich zu erbrechen – was ihr erster Impuls gewesen war –, schluckte sie und eilte hinter den Tresen. Die Decken legte sie in eine Ecke und begann sauber zu machen. Jeder Fleck und jeder Knochensplitter erinnerte sie an Dalkey und die Art wie er ums Leben gekommen war. Sie wusste, dass auch der Rest der Mannschaft tot war. Vielleicht würde sie ja schlafen können, wenn der Boden erst einmal sauber war.

Während sie schrubbte, ignorierte sie das Schmatzen draußen. Als sie Dalkeys goldene Uhr unter dem Schrank entdeckte, drückte sie sie an die Wange und weinte ein wenig. Dann setzte sie ihre Arbeit fort. Da die Kzinti sie hier nicht sehen konnten, öffnete sie jeden Schrank und machte Inventur. Schließlich wusste man ja nie, ob sich das ein oder andere nicht als nützlich erweisen würde. Marybeths Blick flog über die üblichen Putzutensilien. Falls die Katzen, wie zu vermuten war, einen ausgeprägten Geruchssinn besaßen, würde ihnen der Geruch von Reinigungsmitteln gar nicht gefallen. Marybeth beschloss, die Flaschen verschlossen zu lassen. Der große Kanister könnte allerdings eine gute Keule abgeben. Neugierig wog sie ihn in der Hand, bevor sie ihn wieder zurückstellte. Vermutlich wäre es effektiver, wenn sie ihn schlicht werfen würde. Dem Besen widmete sie weit mehr Aufmerksamkeit. Wenn man ein Messer an den Stiel band, würde das einen recht ordentlichen Speer ergeben; doch sie würde wohl kaum eine solche Waffe im Vorfeld bauen können, ohne dass einer der Kzinti es bemerkte. Marybeth durchsuchte den Schrank nach einer Packung Sticktit, zweiseitigem Klebestreifen, fand aber keine. Sie hätte einen Klebestreifen am Besenstiel befestigen können, damit sie später rasch etwas daran festkleben könnte – einen Messergriff zum Beispiel. Sticktit hielt so ziemlich alles auf ewig fest, bis man es mit einem entsprechenden Lösungsmittel behandelte. Irgendwo auf diesem Schiff musste es doch etwas davon geben, in der Kombüse jedenfalls nicht. Leider war Marybeth hier nicht so ausgestattet wie in der Testküche daheim. Einige Zusatzteile ihrer Küchenmaschine würden sich in den richtigen Händen in tödliche Waffen verwandeln.

In einer der Schubladen fand Marybeth noch weitere Messer. Sie kroch zu den Bettdecken, holte ihr Messer hervor, zog es aus der Scheide und steckte die blanke Klinge zu den anderen in die Schublade. Jetzt musste sie nur noch irgendwie die Scheide loswerden ... Fürs Erste ließ sie sie in der Krimskramsschublade unmittelbar unter den Messern verschwinden.

Vor der Kombüse wurde es still. Marybeth spähte hinaus. Die beiden Kzinti blickten zu einer dritten Katze, die gerade die Messe betreten hatte. Marybeth konnte nicht glauben, dass das der Kommandant sein sollte! Das Wesen war dünn, geradezu hager und erinnerte mehr an eine halb ertrunkene Ratte denn an einen Tiger. Einer der anderen stieß merkwürdige Schnüffellaute aus, woraufhin sein Kamerad ihm eine Kralle in den Arm drückte. Fast schien es, als hätten die beiden den Neuankömmling am liebsten ausgelacht, fürchteten sich aber davor, genau das zu tun.

Dann spürte Marybeth ein seltsames Kribbeln in ihrem Kopf. Die Kzinti besaßen ebenso Telepathen wie die Menschen. Marybeth begann, einen populären Werbesong vor sich hin zu summen. Dann fiel ihr jedoch ein, dass das den Telepathen verärgern könnte. Sie griff nach Dalkeys Uhr, und sofort dachte sie nur noch an eines: *Rotes Blut, weiße Knochen, die goldene Uhr auf dem Boden* ... Der hagere Kzin schüttelte den Kopf, als hätte ihm jemand einen Eimer Wasser ins Gesicht geschüttet. Ja, diesen Kzin würde Marybeth im Auge behalten müssen.

Syet hielt sich den Kopf. Ein pochender Kopfschmerz plagte ihn, doch er musste etwas essen. Dann erst konnte er in seine Kabine zurückkehren und die schrecklichen Stimmen in seinem Kopf mit dem Whiskey zum Schweigen bringen, den er in einem kleinen Schrank gefunden hatte. Einen Augenblick lang erstarrte er, als ihm der Duft gut zubereiteten Fleisches in die Nüstern drang. Vielleicht sollte man die Mensch*rrett* doch am Leben lassen. Allerdings wünschte er, sie würde endlich den Mund halten. Ihr mentaler Gesang war noch schlimmer als der von Argton-Waffenmeister. Außerdem hatte er absolut kein Interesse an den Gedanken der kleinen Hexe. Solange sie für ordentliches Essen sorgte, war sie ihm vollkommen egal.

Er hatte gerade seine Mahlzeit beendet, als Argton-

Waffenmeister ihn zu sich rief. Argton glich seine geringe Größe durch Härte und Erbarmungslosigkeit aus. »Leider hat der Dominante die Chance nicht erkannt, die sich uns hier bietet«, begann er.

Syet wusste bereits, was folgen würde, hörte aber höflich zu. Er respektierte die Krallen seines Vorgesetzten, wenn auch nicht dessen Verstand.

»Auch wenn die meisten Navigationsdaten in diesem System kodiert sind«, fuhr Waffenmeister fort, »bin ich sicher, dass unsere Techniker sie nach einiger Zeit werden entschlüsseln können. Wir haben ohnehin schon genug, um den Verteidigungsanlagen der Affen ausweichen zu können. Ich verstehe nicht, warum Schiffskommandant will, dass wir wie Feiglinge fliehen.«

»Ich glaube, Schiffskommandant hat seine Gründe dafür«, erwiderte Syet. Er hasste es, eine Katastrophe kommen zu sehen, ohne sie aufhalten zu können. Er könnte auch den leichten Weg gehen und allem zustimmen, was Argton-Waffenmeister vorschlug, egal wie dumm es auch sein mochte – das wäre zumindest sicherer gewesen.

»Möglich.« Argton-Waffenmeister fuhr die Krallen aus und zog sie wieder ein. »Jemand, der alle Ehre für sich haben will, würde genauso reagieren. Zu dumm. Hier gibt es vielleicht genug zu holen, dass sich selbst jemand wie du einen echten Namen verdienen könnte. Alles, was du dazu tun musst, ist, Stillschweigen zu bewahren. Das allein könnte vielleicht genug Mut beweisen, um dich bei unserer triumphalen Rückkehr offiziell zu loben.«

Telepath konnte sich leicht vorstellen, dass Waffenmeister und der Rest der Prisenmannschaft stattdessen in Weltraumstaub verwandelt wurden. Allerdings klang Waffenmeisters Vorhaben dennoch verlockend. Telepathen besaßen informelle Signaturen für ihre mentalen Erkundungen; das hatte jedoch nichts mit einem *echten* Namen zu tun. »Man wünscht, den ganzen Umfang der Pläne kennen zu lernen«, bat er in formellem Tonfall, »damit man beraten und dienen kann, wie es die Pflicht aller Helden ist.«

Argton schloss kurz die Augen, ein deutliches Zeichen der Zustimmung, wie Syet es auch mental empfing. »Soweit die Techniker sagen können, führt uns unser Kurs zu einem Treffen mit einem weiteren Menschenschiff. Wir brauchen für die Reise 30 Menschentage. Falls die Mensch*rrett* dann noch lebt, können wir sie als Köder benutzen. Sicherheitshalber sollten wir allerdings auch ihre Stimme aufzeichnen. Wenn wir dann erst *zwei* Schiffe besitzen ...«

Syet führte die Überlegung im Geiste zu Ende. Ein Schiff könnte dann den Befehlen von Schiffskommandant folgen und zurückkehren, während das andere eine Spur der Verwüstung durchs Menschensystem ziehen würde – eine Verwüstung, die dem Rest der Flotte den Weg zur Invasion bahnen könnte. Solange Schiffskommandant ein Schiff zur Untersuchung behielt, sah Syet kein Problem in dem Plan ... vorausgesetzt, *er* befand sich auf dem Schiff, das zurückkehrte. »Ehre und Ruhm«, flüsterte er.

Im Laufe der nächsten Tage verfiel Marybeth in eine stumpfsinnige Routine. Sie wachte auf, schlich sich in die Duschröhre und wieder hinaus, kauerte sich auf dem Boden zusammen, wenn sich eine der Katzen näherte und versteckte sich in der Kombüse. Das Fleisch von Hand zu schneiden bereitete ihr schon lange nicht mehr so viel Schmerz in den Armen wie noch zu Anfang. Eines ›Morgens‹ servierte sie wieder Kobe-Beef. Das war noch immer die Lieblingsspeise der Katzen, auch wenn Marybeth den Speiseplan gelegentlich mit Fisch variierte. Den meisten Kzinti gab sie Spitznamen, obwohl sie inzwischen auch ein paar Worte ihrer Sprache gelernt hatte. Pelzknäuel war der Techniker, der als erster versucht hatte, den Autokoch zu bedienen. Marybeth hatte sich angewöhnt, sich stets ängstlich zusammenzukrümmen, wann immer er sie herumschubste, obwohl er nie wirklich grob mit ihr umsprang. Dieses Verhalten zahlte sich alsbald aus. Einmal hatte ein anderer Kzin sie aus keinem ersichtlichen Grund schlagen wollen, und Pelzknäuel hatte daraufhin *ihn* herumgeschubst. Nach diesem Vorfall servierte sie Pelzknäuel stets zuerst das Essen. Er hatte es sich verdient. Auch anderen gab sie Namen. Wackelzahn war der Telepath, oder zumindest glaubte Marybeth das. Wann immer er in ihre Nähe kam, griff sie nach Dalkeys Uhr. Er verbrachte allerdings nicht viel Zeit in der Messe oder der Kombüse, und sie glaubte nicht, dass er ihre Gedanken auf größere Entfernung lesen konnte. Der einzige, vor dem sie sich wirklich fürchtete, war ein prächtiger, gestreifter Kzin mit phantastisch weichem Fell. Offenbar glichen sowohl Menschen als auch Kzinti geringe Körpergröße oft durch entsprechendes Verhalten aus. Marybeth gab ihm den Namen Hobbes – klein, aber hinterlistig. Wann immer er auftauchte, zog sie sich in ihr Nest aus Bettdecken zurück.

Eines Nachts machte Marybeth sich daran, die chemische Zusammensetzung der Kzintikampfrationen zu untersuchen, während sie sich eine Mahlzeit zubereitete. Da sie sich plötzlich in eine überzeugte Vegetarierin verwandelt hatte, war es äußerst unwahrscheinlich, dass irgendjemand sie stören würde. Mit dem Computer zu arbeiten war ein Gefühl, als wache sie plötzlich aus einem schrecklichen Albtraum auf und beginne endlich wieder, ihren Verstand zu benutzen. Es dauerte mehrere Stunden, bis es Marybeth endlich gelungen war, die chemische Notation der Kzinti zu knacken. Glücklicherweise ähnelte ihr Aufzeichnungssystem dem menschlichen Standard. Nachdem sie erst einmal einen vertrauten Laut entdeckt hatte, war es so gut wie geschafft. Mit Hilfe des Computers fand sie heraus, welche Zeichenfolge für die Kohlenstoffverbindungen standen, und von da an brauchte sie den Rest nur noch zu interpolieren. Kein Wunder, dass die Kzinti rohes Rindfleisch und Fisch genossen – und auch Menschenfleisch. Ihr Metabolismus entsprach dem der Fleischfresser auf der Erde. Soweit Marybeth es anhand der wenigen Portionen, die sie synthetisierte, erkennen konnte, war das Essen des Autokochs weit besser als die üblichen Kampfrationen der Kzinti. Das Zeug war natürlich ausgewogen und so weiter, doch war es einfach nur eine ... Es war eine Einheitspampe, der es sowohl an Geschmack als auch an Festigkeit mangelte. Die Nahrungsexperten der Kzinti folgten offenbar dem gleichen Grundsatz wie ihre irdischen Kollegen: »Die richtige Nahrung wird für uns den Krieg gewinnen ... Nur wie bringen wir den Feind dazu, sie zu essen?«

Marybeth konzentrierte sich auf den Fettgehalt. Lipide waren weit simpler als Proteine, und den Kampfrationen nach zu urteilen schienen sie bei den Katzen die gleiche Funktion zu haben wie bei Menschen. Marybeth war nicht überrascht, als sie herausfand, dass die meisten Fette ungesättigt waren. Kzinti trainierten im Weltall offenbar weit weniger als auf dem Boden. Die Nahrungssynthese der Menschen folgte denselben Regeln. Marybeth untersuchte erneut die Kohlenstoffverbindungen in den Fetten der Kzintirationen. Die Verbindungen hatten irgendetwas Seltsames an sich, doch sie wusste nicht, was. Rasch aß sie ihr Sojabohnensteak und das Broccolireplikat. Da die Kzinti sämtliches Protein und Fett verschlangen, das der Autokoch hergab, hatte Marybeth alle Kohlenhydrate für sich allein. Womöglich roch sie deswegen auch weniger bedrohlich.

Konnte sie die Kzintinahrung vielleicht manipulieren? Da der Katzenmetabolismus dem menschlichen so ähnlich war, würde das Giftkontrollprogramm des Autokochs alles Offensichtliche verhindern. Außerdem ließ Pelzknäuel sie kaum eine Sekunde aus den Augen, wenn sie das Fleisch schnitt, sodass sie auch dann nichts hinzufügen konnte. Er inspizierte sogar die Salzstreuer. Enthielten die Kzintirationen vielleicht eine Substanz, die sich manipulieren ließ, ohne dass der Autokoch es bemerkte?

Ein paar Dinge konnte Marybeth allerdings jetzt schon tun. Sie veränderte alle Fette von ungesättigt in gesättigt. Der Autokoch gab zwar eine Warnmeldung von sich, ließ es aber zu. Dann erhöhte sie den Natriumgehalt bis unmittelbar unter den erlaubten Höchstwert. Nur so zum Spaß stellte sie einen der Getränkespender auf Getreideschnaps um. Wenn *das* die Katzen nicht ›anregte‹, was dann? Natürlich hätte der Autokoch Alkohol auch als Gift eingestuft, nicht jedoch der Getränkespender, aber so war nun mal das Leben.

Marybeth schenkte sich einen Drink aus Alkohol

und Orangensaftersatz ein. Sie wollte feiern, dass sie noch am Leben war. Mit dem Glas in der Hand zog sie sich zu ihren Decken zurück, und schon leicht benebelt versuchte sie, sich an die molekulare Zusammensetzung eines Daiquiri zu erinnern. Nachdem ihr das gelungen war, rief sogar das kalte Metall von Dalkeys Uhr nur noch gute Erinnerungen wach. Seine Freundlichkeit, sein Sinn für Humor ... die Wärme seiner Berührung, wann immer seine Hand die ihre während einer Reparatur gefunden hatte. *Ich frage mich, wie sich wohl der Rest von ihm angefühlt hätte*?, dachte sie verschwommen. Mit dem Verlangen nach Dalkey schlief Marybeth ein.

Syet saß senkrecht in seiner Koje und hätte sich fast übergeben. Er wusste nicht, was er tun sollte. Das war schlimmer als damals, als drei seiner Schiffskameraden sich gegenseitig bei einem Duell getötet hatten.

Zuerst war sein Kopf voller schwarz-weißer Gedanken gewesen. Vielleicht hatten die Techniker sich geirrt, und es gab *doch* eine KI an Bord. Das war ihm allerdings egal, solange niemand von ihm verlangte, sie zu lesen. Dann war er wirklich verwirrt, als die Gedanken sich in wirbelnde, skelettartige Gestalten verwandelten und dann in die dieser verdammten Mensch*rrett*. Er schauderte ob der Wucht ihrer lüsternen Gedanken. Wie diese schlaffen, haarlosen Menschen einander anziehend finden konnten, entzog sich seinem Verständnis. Aber wo kamen die anderen Gedanken her? Die Eindrücke von der Mensch*rrett* waren so klar gewesen. Stellte sie sich ihren Partner wirklich nur vor?

Vielleicht hatte sie aber auch nichts damit zu tun.

Vielleicht gab es ja einen anderen Grund für die seltsamen, computerartigen Gedanken, die er zuerst empfangen hatte.

Einer von der Menschenmannschaft war noch am Leben! Sehr wahrscheinlich hatte die Mensch*rrett* zunächst geglaubt, alle wären getötet worden. Ihre Trauer brannte Syet noch immer in der Seele. Aber was, falls noch ein anderer Mensch sich irgendwo versteckt und überlebt hatte? Natürlich würde die Mensch*rrett* ihm helfen ... und natürlich würde die kleine Hexe auch eine Belohnung von ihm erwarten. Ohne Zweifel schmiedete dieser Mensch einen bösartigen Plan.

Syet sammelte all seinen Mut und weckte Argton-Waffenmeister. Der war zunächst wütend, dann besorgt. Ein frei herumlaufender Mensch war gefährlich; er könnte sogar ihre Mission zunichte machen. Gemeinsam mit Syet ging er in die Kombüse hinunter. Syet musste sich unter dem niedrigen Türsturz ducken, während sein Vorgesetzter kaum den Kopf nach vorne zu beugen brauchte. Die Mensch*rrett* quiekte und kroch aus ihren Decken. Argton riss die Decken auseinander für den Fall, dass sich dort jemand verbarg. Sie fanden nur ein glitzerndes Armband. Waffenmeister zerbrach es in seiner Wut. Die Mensch*rrett* begann zu schreien und sammelte die Bruchstücke ein. Syet las nichts außer Angst und Schrecken in ihr. Bei all den Emotionen, die sie ausstrahlte, empfing er überhaupt keinen klaren Gedanken mehr – von niemandem. Die beiden Kzinti rissen sämtliche Schränke in der Kombüse auf, doch auch dort fanden sie nichts von Wert. Wütend schlug Waffenmeister nach der Mensch*rrett*, die daraufhin in der Ecke zusammenbrach. Syet war verlegen. Er wusste, dass hier etwas vor sich ging, doch auf diese Art würde er nie herausfinden, was es war.

Argton-Waffenmeister schlug auch nach ihm. »Du solltest lieber aufhören, so viel zu trinken! Oder such dir eine neue Art Traumstaub!«, schrie er. »Ich werde das Schiff noch einmal durchsuchen lassen, nur für den Fall. Wenn man nichts findet, wirst du dafür bezahlen!« Dann stürmte er aus der Kombüse.

Syet dachte darüber nach, Argton-Waffenmeister daran zu erinnern, dass sie sich noch immer in Reichweite seiner Freunde auf den Vorpostenschiffen befanden; doch dann beschloss er, seinen Vorgesetzten nicht zu weit zu treiben.

Es gab mehr als einen Weg, sich einen Namen zu verdienen. Das nächste Mal, wenn er diese Gedankenmuster empfing, würde er sich selbst darum kümmern. Ein Menschenpelz würde alle davon überzeugen, dass er Recht gehabt hatte!

Marybeth humpelte zum Autodoc, wimmerte und krümmte sich, bis die wachhabenden Kzinti ihr erlaubten, ihn zu benutzen; dann schlich sie in ihr Nest zurück. Mit etwas Glück hatte sie Hobbes davon überzeugt, dass sie keine Bedrohung darstellte. Wackelzahn könnte allerdings noch immer ein Problem sein, wenn sie ihn richtig eingeschätzt hatte. Sich nur unauffällig zu verhalten würde ihre Sicherheit auf Dauer nicht garantieren. Sie konnte jeden Augenblick sterben, je nachdem, wie der Kzin gelaunt war, der ihr gegenüberstand.

Sehnsüchtig dachte sie an ihr Kampfmesser. Die Chancen standen schlecht, dass es ihr gelingen würde, auch nur eine der Katzen auszuschalten, geschweige denn mehrere von ihnen. Sie wollte sie alle tot sehen. Marybeth hatte keinerlei Ahnung, welchem Kurs sie folgten. Soweit sie wusste, verließen sie im Augenblick vielleicht sogar schon das Solsystem. Plötzlich war ihr das jedoch gleichgültig.

Wie viel Zeit blieb ihr? Die Kzinti hatten das Schiff geentert, als das Treffen mit der *Wanderfalke* noch ungefähr einen Monat in der Zukunft gelegen hatte. Marybeth war nicht sicher, wie viel Zeit seitdem vergangen war. Trotz vieler anderer Möglichkeiten musste sie davon ausgehen, dass die Kzinti den alten Kurs beibehalten hatten. Falls nicht, war das auch nicht wichtig. Also konnte sie sich genauso gut auf den schlimmsten Fall vorbereiten.

Sie benötigte mehr Informationen. Im Augenblick konnte sie jedenfalls nicht schlafen. Mit einem Kochlöffel, den Marybeth zu einer Brechstange umfunktioniert hatte, öffnete sie ein Gitter, hinter dem sich ein Lüftungsschacht befand. Leise kroch sie in den Schacht hinein. Kurz darauf teilte sich der Schacht, und eine der Abzweigungen führte zu einem Gitter in der Nähe des Waffenschranks. Natürlich wurde der Schrank noch immer bewacht; dem nach zu urteilen, was Marybeth bisher gesehen hatte, geschah dies vermutlich, um die Kzinti davon abzuhalten, sich gegenseitig umzubringen. Rasch zog sie sich wieder zurück, als einer der Wächter angewidert die Nase rümpfte. Nun, ihr gefiel der Kzintigeruch auch nicht. Sie kehrte in die Kombüse zurück und ruhte sich aus. Was sollte sie jetzt tun?

Ein paar Tage später wischte sie die Blutspritzer zweier Kzinti auf, die ein kleineres Duell ausgetragen hatte – niemand war gestorben. Sie trug den feuchten Lappen in die Kombüse zurück und untersuchte das

Blut. Sie war nicht sicher, welche Blutwerte für die Katzen normal waren; allerdings entdeckte sie einen hohen Anteil an Triglyceriden in den Blutfetten. Es gab also doch einen Unterschied zwischen Menschen und Kzinti. Auch schien das Kzintiblut mehr C3-Körper zu enthalten – ungefähr ein Drittel mehr. Der Computer wusste nicht genau, wie er den Wert einzuordnen hatte. Natürlich nicht. Seine Programmierung orientierte sich an dem Metabolismus durchschnittlichen Menschen. Marybeth rief das Systemmenü auf und stellte die Vorgaben ein. Die C3-Körper ließen sich ebenso teilen wie die Fette in den Kzintirationen.

Natürlich. Das Coenzym A aktivierte bei Menschen Fette, um je zwei C3-Körper zugleich zu spalten. Das Kzintiäquivalent spaltete offenbar drei. Wenn es Marybeth gelang, einen Rezeptor zu erschaffen, der die Triglyceride im Blutkreislauf der Kzinti verklumpen und so die Blutzufuhr in lebenswichtige Körperteile unterbrechen würde, dann könnte es ihr gelingen, dies am Giftkontrollmechanismus des Autokochs vorbeizuschmuggeln.

Sie war gerade zu dieser Erkenntnis gelangt, als ihr einfiel, dass es Zeit war, die erste Mahlzeit des ›Tages‹ zu servieren. Hobbes kam gemeinsam mit Pelzknäuel in die Kombüse und stolzierte zum Getränkespender. Nun, er hatte lange genug gebraucht, um herauszufinden, warum seine Mannschaft den Spender in der Ecke bevorzugte. Selbst Wackelzahn hatte hier schon seine Flasche aufgefüllt.

Hobbes riss den Spender aus der Wand und heulte vor Wut. Ein Strom puren Getreideschnapses ergoss sich auf den Boden. Marybeth glaubte, Pelzknäuel würde jeden Augenblick in Tränen ausbrechen. Sie warf die Hände in die Luft und blickte so erstaunt und erschrocken drein, wie sie konnte; dann schloss sie das Ventil. Die Kzinti starrten sie an, während sie die Lache aufwischte. Marybeth fragte sich, wie viel sie ihr wohl dafür bieten würden, den Lappen auswringen und das ›Wischwasser‹ trinken zu dürfen. Hobbes bedrohte sie wieder mit seinen Krallen. Nur indem sie sich ihn als Bettvorleger vorstellte, gelang es ihr, das Verlangen zu unterdrücken, ihn anzuschreien. Tatsächlich hätte er sogar einen ausgesprochen hübschen Bettvorleger abgegeben; sein Fell war länger und glänzender denn je. Marybeth achtete sorgfältig darauf, das Bein nachzuziehen, das er mit seiner Pranke getroffen hatte. Vielleicht würde er an Gesicht verlieren, wenn er jemanden angriff, der um so viel schwächer war als er.

Es funktionierte. Hobbes wandte sich von ihr ab und riss stattdessen Pelzknäuel ein Haarbüschel aus. Der arme Kerl zuckte fast ebenso heftig zusammen wie Marybeth vorhin – auch wenn sein Blick eine andere Sprache sprach. Marybeth war nicht die einzige hier, die eine Rolle spielte, um zu überleben. Und vielleicht war sie auch nicht die einzige, die Hobbes lieber als Bettvorleger gesehen hätte. Es wäre jedoch dumm von ihr gewesen, auf einen der Kzinti als Verbündeten zu vertrauen.

Die nächsten Tage und Nächte gingen rasch vorbei. Marybeth verbrachte ihre gesamte Freizeit damit, ihren Rezeptor zu perfektionieren, was sie meistens dann tat, wenn sie sich selbst etwas zu essen zubereitete. Wann immer Wackelzahn die Messe betrat, gab sie ihm eine volle Flasche und einen Teller Fleisch. Nachdem sie noch einige Flaschen Alkohol synthetisiert und versteckt hatte, stellte sie die Grundeinstellung der Getränkespender wieder her. Pelzknäuel kassierte das Lob dafür, doch das war ihr egal. Außer Wackelzahn erhielten noch ein paar andere Kzinti je eine Flasche, aber nur solche, die Marybeth oder Pelzknäuel persönlich ausgewählt hatten. Manchmal drehte sich ihr der Kopf vor lauter Schlafmangel, doch auch das war egal. Wenn sie versagte, würde sie ohnehin mehr Ruhe bekommen, als ihr lieb war. Glücklicherweise konnte sie einen Teil der Arbeit im Kopf erledigen, während sie ihren täglichen Aufgaben nachging. Marybeth hatte schon immer über einen eingebauten 3D-Schirm verfügt, was sich vor allen Dingen während ihrer Schulzeit als nützlich erwiesen hatte, wenn wieder mal sämtliche Schulcomputer entweder ausgefallen oder besetzt gewesen waren. Wackelzahn blickte sie manchmal seltsam an, doch sie glaubte nicht, dass er sie telepathisch ausspionieren konnte, wenn sie ihren inneren Computer benutzte. Allmählich wurde sie des synthetisierten Broccoli müde, doch dieses Gemüse erwies sich als besonders effektiv, wenn es darum ging, sich Kzinti vom Leibe zu halten.

Eines ›Abends‹ arbeitete sie am Programm des Autokochs, mit dessen Hilfe sie den Rezeptor synthetisieren wollte, als sie plötzlich feststellte, dass sie sich irgendwie in den Navigationscomputer eingeloggt hatte. *Oh, Tom*, dachte sie reumütig. *Ich dachte, wir hätten das alles repariert.* Es half ihr bisweilen, im Geiste mit ihm zu sprechen, obwohl er schon längst tot war.

Wenn die Angaben auf dem Schirm richtig waren, näherten sie sich noch immer der *Wanderfalke*, mit der sie sich in weniger als 24 Stunden von jetzt an treffen würden. Marybeth hatte genug Zeit damit verschwendet, mit dem dummen Computer herumzuspielen. Nun war es an der Zeit, dass sie ihr Glück versuchte.

Dass die Kzinti die *Kormoran* kontrollierten, war schlimm genug. Was würden sie wohl alles mit zwei Schiffen anrichten können?

Schließlich hatte Marybeth das richtige Programm geschrieben. Sie befahl, den Rezeptor zu synthetisieren und in die Kzintinahrung zu mischen. *So, Tom. Mehr kann ich nicht tun. Ich wünschte nur, es wäre ein wenig ... ein wenig gemeiner ...*, sagte sie zu ihrem toten Freund.

Eine pelzige Hand hob sie aus dem Stuhl und warf sie gegen die Wand. Benommen glitt sie zu Boden. »Wo ist er?«, knurrte Wackelzahn. Marybeth starrte den Kzin mit offenem Mund an. Dann sprang sie zur Schublade. Sie brauchte ihr Messer.

Wackelzahn schlug erneut nach ihr. »Wo ist er?«, wiederholte er.

Oh, Scheiße. Marybeth landete neben dem Schrank mit den Putzmitteln. Hoffnungslos griff sie hinein, packte den Reinigungsmittelkanister und warf ihn nach dem Kzin. Wackelzahn schlug ihn beiseite, doch Reinigungsmittel spritzte ihm aufs Fell, als der Kanister unweigerlich zerbarst. Der Telepath stieß ein hohes Heulen aus und schüttelte die Pranken, um den Geruch wieder loszuwerden.

Marybeth nutzte diese kurze Ablenkung, um die Schublade mit ihrem Messer zu erreichen. Ohne darüber nachzudenken, packte sie das Heft der Waffe und hieb nach Wackelzahns Pranken, bevor dieser Gelegenheit hatte, wieder zuzuschlagen. Sie war erstaunt, mit welcher Leichtigkeit das Messer durch das Fleisch der Katze schnitt. Wackelzahns Blut spritzte auf sie. Rasch wirbelte sie herum und suchte sich die unverletzte Pranke als nächstes Ziel aus, während der Kzin abermals nach ihr schlug. Die

Waffe schnitt ein zweites Mal durch Kzintifleisch und trennte die Klauen ab. Dann zielte sie auf Wackelzahns Kehle, doch der schlug mit den Armen nach ihr, traf, und das Messer wurde nach oben abgelenkt. Er heulte erschrocken auf, als die Spitze seine Augen nur knapp verfehlte.

Plötzlich wurde Marybeth von den Beinen gerissen, als die krallenlosen Arme sie mit voller Wucht trafen. Irgendwie gelang es ihr jedoch, das Messer in der Hand zu behalten. Dann rückte Wackelzahn wieder gegen sie vor; er hob ein Bein, um zuzutreten. Marybeth geriet in Panik. Sie konnte nichts mehr sehen! Ihre Augen und Hände schmerzten, als hätte das Messer sie und nicht die Katze getroffen. Es war, als würde *sie* unter Wackelzahns Wunden leiden. Dann klärte sich ihr Blick wieder, und sie sah ihn näher kommen. Wenn sie ihn erneut angriff, geriete sie in Reichweite seiner klauenbewehrten Beine. Also drehte sie sich um und floh aus der Kombüse; den Türsturz nur wenige Zentimeter über ihrem Kopf bemerkte sie nicht. Vielleicht hätte sie eine Chance, wenn sie den Lüftungsschacht erreichte ...

Wackelzahn näherte sich der Kombüse. Er konnte es nicht glauben. Die Mensch*rrett* sprach tatsächlich im Geiste mit sich selbst; sie gab sich nicht nur Gefühlen hin, die eher zu einem Kätzchen passten. Diesmal, so hatte er geglaubt, würde er sie mit dem Männchen erwischen, das sie die ganze Zeit über versteckt hatte. In Gedanken hatte er sich schon gesehen, wie er Argton-Waffenmeister den Pelz präsentierte, woraufhin dieser ihn vor der versammelten Mannschaft für seine Verdienste um den Schutz des Heldenvolkes loben würde. Als er die Mensch*rrett* wieder allein angetroffen hatte, war er überrascht gewesen, aber nicht sehr. Ohne Zweifel besaß jeder Mensch, der so lange überlebt hatte, hervorragende Reflexe. Wohin war der Affenjunge diesmal entkommen?

Dann hatte er den wahren Geschmack und Geruch des Geistes der Mensch*rrett* erkannt. Er zischte erstaunt. Wie dumm er doch gewesen war! Nur weil die Weibchen des Heldenvolkes sanft und unterwürfig waren, hatte er angenommen, dass die des Feindes nicht anders seien. Die Tiefe ihrer Falschheit nötigte ihm Respekt ab. Sie hatte sogar seine Schwäche für Alkohol gegen ihn benutzt.

Es dauerte nur einen einzigen Augenblick, bis er das erkannt hatte und handelte. Die Mensch*rrett* plante etwas Schreckliches mit dem Essen, das sie ihnen gab ... dessen war er sicher. Mannschaft und Kommandant mussten gewarnt werden .. aber nicht, bevor er den Feind vernichtet und die Bedrohung ein für allemal beseitigt hatte. Die Mensch*rrett* könnte die anderen nur allzu leicht davon überzeugen, dass sie lediglich ein dummes Weibchen war, während er sich alles nur einbildete. In letzter Zeit hatte er mehr als sonst getrunken, und er wusste, wie Argton-Waffenmeister darüber dachte.

Syet knurrte und warf die Mensch*rrett* gegen die Wand. Warum sollte er sich bei der ganzen Sache nicht auch ein wenig amüsieren? Dann schleuderte sie ihm in offensichtlicher Verzweiflung den Kanister entgegen. Syet schlug ihn beiseite, doch als er die widerwärtige Flüssigkeit bemerkte, die aus dem Gefäß spritzte, heulte er entsetzt auf. Nachdem er sich die Flüssigkeit halbwegs vom Fell geschüttelt hatte, stand ihm die Mensch*rrett* mit einem Messer gegenüber.

Fast hätte er lauthals aufgelacht. Die winzige Klinge war kein Vergleich zu jenen, mit denen Helden geboren wurden!

Syet brüllte entsetzt, als er seine Krallen zu Boden fallen sah. Instinktiv schlug er mit der anderen Pranke zu, doch nur, um auch deren Finger zu verlieren. Vor langer Zeit hatte er gelernt, sich selbst zu beobachten, ohne dabei zu vergessen, wo er sich befand. Es war ein seltsames Gefühl, mit den Augen eines Menschen zu sehen und sich selbst zu beobachten, zu sehen wie sein eigenes Blut zu Boden tropfte, doch war das Gefühl nicht seltsamer als die Erkenntnis, dass die Mensch*rrett* schon seit langem plante, die ganze Mannschaft zu vergiften. Er ließ gerade genug von sich selbst in seinem Körper zurück, dass dieser sich auf die Mensch*rrett* stürzen konnte. Dann quetschte er ihren Geist. Wie er gehofft hatte, geriet sie in Panik und floh. Ein Hieb seiner Fußkrallen würde ihr das Rückgrat aus dem Leib reißen. Er musste allerdings rasch handeln, sonst würde sie das Lüftungssystem erreichen.

Syet wurde von einem Schock wieder in seinen Körper zurückgerissen, als er mit voller Wucht gegen den Türsturz rannte. Vor Schmerz und Staunen heulte er. Wie dumm war er doch gewesen, dass er vergessen hatte, wie klein die Mensch*rrett* war. So sehr er es auch hasste, er würde Hilfe rufen müssen. Die Sicherheit der Mannschaft war wichtiger als seine Demütigung ...

Marybeth drehte sich um, als ihr Geist plötzlich von dem überwältigenden Gefühl der Furcht befreit war, das sie so unvermittelt überkommen hatte. Sie hatte nicht nachgedacht. Wenn sie sich in den Lüftungsschächten versteckte, hatte Wackelzahn alle Zeit der Welt, die anderen Kzinti vor ihr zu warnen. Da er ein Telepath war, konnte er ihnen vielleicht auch begreiflich machen, dass sie nichts mehr aus Marybeths Autokoch essen durften.

Wackelzahn stand vor der niedrigen Tür. Dann entfernte er sich. Marybeth durfte ihn nicht entkommen lassen, selbst wenn sie das mit ihrem Leben bezahlen sollte! Zuerst hatte sie einfach nur überleben wollen. Dann hatte sie nach Rache verlangt. Jetzt wollte sie nur noch töten. Auch wenn man sie fangen würde, sie musste den Telepathen zum Schweigen bringen, bevor es zu spät war.

Schnell rannte sie in die Messe zurück. Ihre Füße klebten von Wackelzahns Blut. Die Katze drehte sich zu ihr um und öffnete das Maul. Marybeth stieß dem Kzin das Messer tief in die Kehle und schlitzte sie ihm auf, so weit es ging. Die Klinge drang bis zum Genick vor und noch weiter. Wackelzahn erzitterte; dann fiel er nach vorne. Marybeth versuchte, ihm rechtzeitig auszuweichen, doch das gelang ihr nicht; nur die Knie konnte sie noch heben. Das Gewicht der Katze drohte sie zu ersticken; alles war fast genauso wie damals, als sie das Messer zum ersten Mal hatte benutzen müssen ...

Wackelzahn rührte sich nicht mehr. Der Geruch seines Blutes ließ Marybeth würgen, doch zumindest war es nicht ihr eigenes. Zum Glück stank das Blut nicht nur, sondern es machte auch den Boden glitschig, sodass sie zur Seite wegrutschen konnte. Ihre Knie hatten sie davor bewahrt, zerquetscht zu werden. Marybeth drehte sich auf die Seite. Wackelzahns Körper glitt von ihr ab, doch das Heft des Messers, das noch immer tief in seiner Kehle steckte, berührte schließlich den Boden und verhinderte, dass die riesige Katze mit dem Gesicht auf den Boden aufschlug. Marybeth hatte zwar nur wenige Zentimeter Bewegungsfreiheit, doch war das besser als nichts.

Schließlich gelang es ihr, unter Wackelzahn hervorzukriechen. Sie atmete tief durch. Ihre Rippen schmerzten ein wenig, ansonsten schien sie jedoch unverletzt zu sein. *Das war nicht gerade lustig*, dachte sie.

Dann hörte sie den Summton, der den Wachwechsel ankündigte. Ihr blieb nicht viel Zeit, bis die anderen zum Frühstück herunterkommen würden. Wenn es doch nur eine Möglichkeit gäbe, das Messer wieder herauszubekommen, aber sie wusste nicht wie. Sie beschloss, sich mit einem Bluff aus der Affäre zu ziehen. Als erstes wusch sie sich. Sie war über und über mit frischen blauen Flecken bedeckt, doch die fielen zwischen den vielen alten gar nicht auf. Nach kurzem Nachdenken schmierte sie etwas Blut auf die Schublade mit den Küchenmessern.

Als Pelzknäuel dann zum Frühstück erschien, wurde Marybeth hysterisch. Das war nicht gespielt. Mit Händen und Füßen stellte sie einen großen Kampf dar, deutete auf die Delle im Türsturz, wo Wackelzahn sich den Kopf angestoßen hatte, und in den Gang dahinter, um anzuzeigen, ›der andere ist dort entlang‹. Als Pelzknäuel daraufhin versuchte, sie auszufragen, deutete sie eine Größe an, die nicht viel über der ihren lag. Sie glaubte nicht, dass Kzinti bleich werden konnten, doch hätte sie schwören können, dass Pelzknäuel tatsächlich erblasste, als er offenbar zu dem Schluss gelangte, den Marybeth hatte provozieren wollen. Immerhin passte Hobbes als einziger an

Bord durch die Tür. Pelzknäuel drehte die Leiche um und starrte auf das Messer. Marybeth zeigte sofort auf die Schublade mit den Küchenmessern, deutete an, dass der andere Kzin die Schublade aufgerissen und Marybeth zu Boden geworfen habe, und kauerte sich dann in ihre Decken, um dem Kzin zu erklären, dass sie sich die ganze Zeit über hier versteckt hatte. Anschließend noch in Tränen auszubrechen fiel ihr leicht; sie war mit den Nerven am Ende.

Mit etwas Glück hatte Pelzknäuel zuviel Angst, um Hobbes zu fragen, bis es zu spät dazu wäre … Gemeinsam wischten sie den Großteil des Chaos auf. Marybeth spülte die tödliche Klinge und steckte sie in die Schublade zurück, nachdem Pelzknäuel sie aus Wackelzahns Körper gerissen hatte. Zwei weitere Kzinti kamen herunter und trugen Wackelzahns Leiche weg. Marybeth begann, die Frühstücksrationen zu schneiden. Pelzknäuel ließ sie keine Sekunde aus den Augen. Vermutlich hegte er den ein oder anderen Verdacht, doch hatte er sie eben nicht in flagranti erwischt. Dann nahm er einen Teller und stellte ihn vor Marybeth. Sie würgte ein paar Stücke des rohen Fleisches herunter, um nicht unnötig Verdacht zu erregen. Glücklicherweise war das Fleisch ausreichend gesalzen, sodass sie es ertragen konnte. Hmmm … Gab es im menschlichen Körper Prozesse, bei denen C3-Körper und Triglyceride eine Rolle spielten? Sie glaubte nicht, hoffte aber trotzdem, dass ihre vegetarische Diät sie vor den Wirkungen des Rezeptors schützen würde. Dafür zu sorgen, dass die Kzinti das Fleisch aßen, war weitaus wichtiger. Marybeth hoffte nur, dass die Katzen den Rezeptor auch tatsächlich über die Magenwände aufnehmen würden.

Nach dem Essen putzte sie den Rest der verschmutzten Kombüse. Es würde Stunden dauern, bis das Rezeptormolekül erste Wirkung zeigen würde, wenn überhaupt. Marybeth zitterte, als sie die Teller abräumte. Zumindest konnte sie jetzt über die Katzen *denken*, was sie wollte!

Nachdem alles geputzt und gespült war, kletterte sie mit ihrem Messer in die Lüftungsschächte. Vielleicht roch sie jetzt ja wie ein Fleischfresser. Auf jeden Fall schwitzte sie genug. Dann fand sie in einem Lüftungsgitter ein Fellbüschel und rieb sich damit ein. Das würde ihr vielleicht helfen. Marybeth lauschte, ob sich irgendjemand beklagte. Als sie dann von den Kzinti Beschwerden über Kopf- und Brustschmerzen sowie über eine Taubheit in den Gliedern hörte, war sie außer sich vor freudiger Erregung. Zumindest interpretierte sie die Gesten der Katzen so; den Rest schloss sie aus den Blicken, die sie durch die Gitter auf die Katzen werfen konnte.

Dann brüllte jemand wütend auf, als ein Kzin zu Boden fiel. Dem Tonfall der Stimme nach zu urteilen, glaubte Marybeth, gerade das Kzintiwort für *Gift* gelernt zu haben. Sie hörte eine Menge Kommentare mit *rrett* hier, *rrett* da. Zum Glück war sie nicht mehr in der Kombüse! Vermutlich glaubten die Katzen, ein gefährlicher Mensch laufe frei auf dem Schiff herum. Wie Recht sie doch hatten.

Die nächsten Stunden waren der reinste Albtraum: Marybeth kroch von einem Lüftungsschacht in den anderen, während die Kzinti auf der Suche nach ihr das gesamte Schiff auf den Kopf stellten. Sie glaubte, der Antrieb klinge ein wenig seltsam, doch das lag wohl daran, dass sie ihm inzwischen näher gekommen war als je zuvor. Gott sei Dank waren die Kzinti viel zu groß für die Lüftungsschächte! Kampf- oder

Betäubungsgas würde auch die Kzinti angreifen, es sei denn, sie schotteten eine Schiffssektion ab, und so kam Marybeth zu dem Schluss, dass sie sicher war, solange sie sich bewegte. Einmal schrie sie durch ein Gitter hindurch: »Ich habe ihn getötet! Und jetzt sterbt auch ihr!« Und dann lachte sie.

Das Schiff erbebte, als es von irgendetwas getroffen wurde. Natürlich! Die *Wanderfalke* war gekommen, und die Kzinti konnten die Funksprüche nicht korrekt beantworten. Dann hörte sie das Zischen und Knallen von Waffen, als das Schiff geentert wurde. Sie spähte aus einem Gitter in den dahinterliegenden Gang. Ein toter Kzin lag neben dem Waffenschrank; er wies keine Wunde auf. Marybeth trat das Gitter heraus, öffnete den Waffenschrank, schnappte sich einen Disruptor und kletterte in den Schacht zurück. Sie hielt auf den größten Lärm zu, und dort angekommen, spähte sie wieder durch ein Gitter. Hobbes kämpfte mit zwei Marines und war im Begriff zu gewinnen. Marybeth trat das Gitter heraus und schoss ihm in den Rücken. Zwei weitere Kzinti lagen bereits auf dem Boden, doch Marybeth feuerte auch auf sie – nur so zum Spaß. Außerdem ... Vielleicht spielten sie ja nur tote Katze. Die Marines starrten sie offenen Mundes an. Marybeth winkte ihnen zu und kletterte wieder in die Lüftungsschächte zurück, um sich einen neuen Kampf zu suchen. Dann setzte die Schwerkraftkontrolle des Schiffes aus. Marybeth schlug sich den Kopf an der gleichen Stelle an wie schon einmal. Vor ihren Augen wurde alles schwarz, doch das war ihr egal. Sie hatte gewonnen.

Lieutenant Aziz half der bewusstlosen Frau in den Autodoc. Zuerst hatte er geglaubt, sie sei tot. Nachdem die Arbeit erledigt gewesen war, hatten zwei Marines geschworen, sie hätten eine nackte Frau aus den Lüftungsschächten klettern und in den Kampf eingreifen sehen. Auch wenn der Kommandant zunächst skeptisch gewesen war, hatte er seine Männer ausgeschickt, um nach ihr zu suchen – natürlich bewaffnet. Die Lüftungsschächte waren an die Größe von Menschen, nicht von Kzinti angepasst, aber man wusste ja nie.

Aziz war sehr überrascht gewesen, als er sie gefunden hatte. Die einzige Frau an Bord der *Kormoran* war eine zivile Spezialistin für die Wartung des Autokochs gewesen. Die abgemagerte Gestalt, die ihm fast ein Ohr abgebissen hatte, als er versucht hatte, sie in die Dusche zu stecken, glich dem Bild dieser Frau nicht im Mindesten. Er bedauerte es wirklich, dass er sie hatte ruhigstellen müssen.

Als Dr. Bonet den Autodoc schließlich wieder verließ, sah sie schon ein wenig besser aus. Auf der Erde würde sie sich einer Reihe größerer Operationen unterziehen müssen, um sich die Muskeln reparieren und die Narben beseitigen zu lassen. Zudem standen ihr einige Untersuchungen hinsichtlich ihrer Kopfverletzung bevor. Wie es ihr gelungen war, so lange als Gefangene der Kzinti zu überleben, war Lieutenant Aziz ein Rätsel. Nachdem sie mehrere Portionen künstliches Blutplasma bekommen hatte, hatten sich ihre Werte stabilisiert.

Am nächsten Tag war sie bereits wieder imstande, sich aufzusetzen, und fragte nach Essen und Trinken. Sie lachte hysterisch, als ihr Lieutenant Aziz etwas aus dem Autokoch anbot. Er beschloss, sie ein wenig aufzuheitern, und besorgte ihr eine Mahlzeit aus dem anderen Schiff. Soweit er wusste, hatten die Kzinti den Autokoch an Bord der *Kormoran* für ihre Bedürfnisse umprogrammiert. Er hatte das kzintische Essen einmal gekostet, und so machte er Dr. Bonet jetzt auch keine Vorwürfe, dass sie es satt war – erst recht nicht, falls wirklich eine giftige Ration für den Tod des einen Kzin verantwortlich sein sollte, den man ohne eine Wunde vor dem Waffenschrank gefunden hatte.

Dr. Bonet wickelte sich in ihre Decken und starrte ihn an. »Ich habe Kontakt mit der Erde aufgenommen«, sagte er. »Ich kann Ihnen alles anbieten, was Ihr Zustand und unsere Vorratslage erlauben, einschließlich des besten Whiskeys aus dem Schrank unseres Captains. Sie haben Schreckliches durchgemacht. Einmal zurück auf der Erde, können Sie dann wirklich alles haben. Es heißt, die Reha auf Hawaii sei recht nett.« Er fragte sich, ob sie das Sanatorium je wieder verlassen oder zu einem Dauergast werden würde; doch um das zu bestimmen, war es noch zu früh.

Dr. Bonet lächelte ihn an, auch wenn sie ihre Zähne dabei ein wenig zu sehr entblößte. »Alles, was ich will«, sagte sie, »ist eine Tasse Kaffee, meine Kleider und ein heißes Bad in einer echten Badewanne ...«

Lieutenant Aziz nickte knapp. »Kein Problem. Wir fliegen zu einer Station mit eigener Schwerkraft und etwas mehr Raum. Die ersten beiden Dinge können Sie allerdings schon sofort haben, auch wenn ich Ihnen noch einen Schluck Brandy zum Kaffee empfehle. Sonst noch etwas?«

»Ja«, antwortete sie und lächelte erneut. *Diesmal zeigt sie* definitiv *zu viel Zähne*, dachte Lieutenant Aziz. Sie beugte sich vor und flüsterte: »Einen Pelzmantel.«

PAUL CHAFE

JOTOK
(JOTOK)

Der Planet über ihm war atemberaubend. Planeten erfüllten ihn stets mit Bewunderung. Besonders jene mit einer Atmosphäre. Dieser Planet hier war reich an lebensspendendem Sauerstoff. Wolken zogen über die Kontinente und über die gut drei Fünftel, die von Wasser, beziehungsweise an den Polen von Eis bedeckt waren. Auf der Nachtseite leuchteten Städte, als das Schiff langsam über sie hinweg glitt.

Alles hatte als nadelkopfgroßer Punkt auf dem Navigationsschirm begonnen, der gegenwärtig 60 Prozent von Joyaselataks Sichtfeld einnahm. Der Punkt schwoll immer mehr an, bis er nicht länger nur ein Planet, sondern ein *Ort* war, während die Gesetze der Bewegung das winzige Schiff unaufhaltsam auf sein Ziel zugeführt hatten.

Nach außen hin war Joyaselatak vollkommen ruhig und saß sicher in seiner elastischen Antibeschleunigungsblase voller sauerstoffdurchtränkter Flüssigkeit. Innerlich summte sein zentraler Nervenknoten vom Geschnatter der fünf Teile seines Ichs. Die Schönheit des Anblicks strafte die Gefahr Lügen, die auf ihn wartete. Dieser Planet war die Zitadelle des Feindes. Um Entdeckung zu vermeiden, würde das Schiff mit der Geschwindigkeit eines Meteoriten in die Atmosphäre eindringen. Dann würde es die beiden größeren und stärkeren Schwerkraftpolarisatoren anwerfen – und ausbrennen lassen –, um seinen Fall im letzten Augenblick abzufangen. Geheimhaltung war von allergrößter Wichtigkeit. Die feindlichen Waffen und Sensoren waren grob, aber effektiv, und die feindlichen Ingenieure verbesserten sie ständig, nicht zuletzt mit Hilfe von Technologie, die man von gefangenen Jotokihändlern gestohlen hatte. Alle Versuche, Satellitenaufklärung zu betreiben, waren gescheitert.

Der Feind hatte die Spione entdeckt und zerstört, noch bevor sie den Orbit hatten erreichen können, und so war die Notwendigkeit einer bodengestützten Aufklärungsmission entstanden. Joyaselatak hoffte, die Oberfläche intakt und unbemerkt zu erreichen. Wo es dem Feind jedoch an fortschrittlicher Technik mangelte, machte er es mit unkontrollierter, aggressiver Energie wieder wett. Und je mehr sie das, was sie gestohlen hatten, beherrschen lernten, desto geringer wurde ihr technischer Rückstand. Es hatte das Fünftel einer Lebenszeit gedauert, bis die Nachricht über die Räuber den Jotokihandelsrat mit Lichtgeschwindigkeit erreicht hatte, und noch einmal zwei Fünftel mehr – unbeschleunigte Zeit –, bis Joyaselatak mit dem Aufklärungsschiff in diesem fernen Sonnensystem angelangt war. Wer wusste schon, was für Tricks die Kzinti in der Zwischenzeit entwickelt haben mochten.

»Du verspottest meine Ehre!« Schneller-Sohn-von-Riit-Rudel fauchte die Worte durch seine entblößten Fänge und nahm im staubigem Rund des Rudelrings eine Angriffshaltung ein. Ein paar umhertollende Kätzchen zuckten zusammen und huschten zu ihren Müttern. Pkrr-Riit beobachtete das Geschehen mit mäßigem Interesse vom Eingang der Arena aus, während ein weiterer Kzin zurückwich, um Platz für das Duell zu schaffen.

Riit-Bewahrer stand Schnellem-Sohn gegenüber und trat von einem Fuß auf den anderen, bis er eine Haltung eingenommen hatte, die sowohl für den Angriff als auch zur Verteidigung geeignet war. »Ich habe dich Ehre gelehrt, Kätzchen«, fauchte er absichtlich beleidigend zurück. »Du verspottest dich selbst.«

Schneller-Sohn suchte nach einer Lücke in der Verteidigung seines Gegners und begann, ihn langsam zu umkreisen. Er war seines Namens würdig: Seine Pranken waren schneller als der Blitz, und sein Lehrer war alt und langsam. Schneller-Sohn konnte ihn besiegen. Hatte er nicht schon zwei Paar Ohren an seinem Gürtel? Sein Zorn sagte ihm, dass er gewinnen würde, doch Riit-Bewahrer roch so gelassen.

»Ich werde nach Osten gehen für meinen Namen. Ich werde das Totem der Magierkzinti stehlen.«

Der alte Kzin drehte sich langsam, um Schnellen-Sohn nicht aus den Augen zu verlieren. »Du wirst dem Zähnefletschenden Gott trotzen und uns alle vernichten. Wenn ich es dich nicht besser gelehrt habe, dann verdiene ich zu sterben. Komm und hol dir, was dir gehört.« Riit-Bewahrer schnurrte die Worte im Demutston, doch was er damit sagen wollte, war klar, und an *seinem* Gürtel hingen mehr Ohren, als ein Schlingbaum Blätter hatte.

Aber heute zurückzuweichen, ausgerechnet heute, vor den Augen des Patriarchen und des gesamten Rudels, wäre einfach zu demütigend gewesen. Schneller-Sohn behielt seine Haltung bei und zog Kraft aus seinem Zorn. »Ich bin erwachsen, und ich suche mir meine Namensqueste selbst aus.« Er hechelte und sog die Luft durch den Mund ein, um sein Blut für den Kampf mit Sauerstoff zu sättigen.

Sein Lehrer gab den Sarkasmus auf und antwortete im Spottton: »Du bist dumm. Für einen Kätzchentraum würdest du dich noch weigern, einen Namen aus dem Mund des Zähnefletschenden Gottes persönlich anzunehmen.«

»Nur ein Dummkopf würde aufgrund des Geplappers eines anderen Dummkopfs den Tod in der Wüste suchen.« Schneller-Sohn sammelte sich für den tödlichen Sprung; doch der alte Kzin hatte sich so bewegt, dass sich inzwischen ein Fels des Feuerkreises in Schneller-Sohns Landezone befand. Eine schlechte Landung bedeutete einen schnellen Tod, und so beschloss er, nicht zu springen.

Riit-Bewahrer bemerkte die Zurückhaltung des jungen Kzin und verzichtete auf das Fauchen, änderte jedoch nicht seine Haltung. »Erinnere dich an die Omen«, sagte er in fast sanftem Tonfall. Schneller-Sohn starrte ihn an, die Augen fest auf den Gegner gerichtet und die Muskeln angespannt.

Pkrr-Riit und der andere Kzin beobachteten schweigend das Geschehen. Das war der entscheidende Augenblick. Schneller-Sohn war sich ihrer Blicke mehr als bewusst. Jetzt gab es kein Zurück mehr für ihn! Aber in seinem Geist hallten die Worte seines Lehrers wider. So weit Schneller-Sohn sich zurückerinnern konnte, hatte der Zähnefletschende Gott noch nie ein Omen gesandt, auch wenn man in der Rudelballade davon sang. Dann, am Vorabend von Schneller-Sohns Namensqueste, war ein Himmelshieb im Osten niedergegangen und zwar mit einem Donnern, das ein Gewitter beschämte. Und am heutigen Morgen hatte er mit eigenen Augen gesehen, wie die Krallen des Zähnefletschenden Gottes vier Wolkennarben von West nach Ost gezogen hatten. Das waren in der Tat bedeutsame Omen, und dem Zähnefletschenden Gott stellte man sich nicht entgegen.

Und Riit-Bewahrer war noch immer so *ruhig*, und vielleicht hatte er auch jedes Recht dazu. Zu viele von den Ohren am Gürtel des alten Kzin gehörten Schneller-Sohns Spielkameraden. Wilder-Sohns Herausforderung hatte nur so lange gedauert wie sein erster Sprung; ihr Lehrer hatte ihm die Eingeweide herausgerissen, noch bevor er auf dem Boden aufgeschlagen war.

Schneller-Sohn hatte nur reagiert, nicht nachgedacht, und nun musste er seine Schuld mit Ehre oder Blut bezahlen. *Zieh den Stolz ein, und fahr die Ehre aus;* auch das hatte ihn Riit-Bewahrer gelehrt. Es war die härteste aller Lektionen gewesen – für viele zu hart. Mit einer Anstrengung, die ihn am ganzen Körper zittern ließ, legte Schneller-Sohn sich auf den Bauch und senkte den Kopf, um seinen Nacken zu entblößen.

»Verzeih die Unverschämtheit von diesem hier, Verehrter Lehrer«, brachte er mühsam und im Demutston über die Lippen. »Wenn der Zähnefletschende Gott es so will, werde ich nach Westen gehen, um mir einen Namen zu verdienen.« Er wartete auf den symbolischen Nackenbiss, der die Dominanz seines Lehrers demonstrieren würde.

Zu seiner Überraschung geschah jedoch nichts dergleichen. Stattdessen packte Riit-Bewahrer die Pranke von Schnellem-Sohn und zog ihn in die Höhe. »Der Zähnefletschende Gott hat dich für eine besondere Ehre auserwählt, Schneller-Sohn. Du bist der *Krwisatz* – der Kiesel, der Beute und Jäger gleichermaßen zu Fall bringt. Von heute an wirst du einen Vers in der Rudelballade haben.«

Ein erstauntes und leicht entsetztes Murmeln ging durch die versammelten Zuschauer, und Schneller-Sohn fühlte sich nicht länger gedemütigt. Ein Vers in der Rudelballade! In jeder Generation wurde nur einem, dem Patriarchen, eine solche Ehre zuteil, und das auch nur nach seinem Tod. In vier Generationen waren der Ballade nur acht Verse hinzugefügt worden, drei von ihnen während der Großen Wanderung, als das Rudel nach Westen, ins Herz der Savanne gezogen war. Schneller-Sohn suchte nach Worten, doch bedeutete sein Lehrer ihm mit einer Geste, zunächst noch zu schweigen.

»Es ist Zeit.«

Schneller-Sohn, der noch immer von der Anspannung der Konfrontation zitterte, kämpfte mit sich, bis er sich wieder unter Kontrolle hatte; dann drehte er sich zu Pkrr-Riit um. Pkrr-Riit und der andere Kzin waren inzwischen näher gekommen. Auch weitere Kzinti näherten sich; es waren Schneller-Sohns Rudelbrüder und Freunde, und alle wollten sie diesen Augenblick mit ihm teilen. Er bezog Kraft aus ihrer Gegenwart und sprach voller Selbstvertrauen. »Dominanter, ich jage im Namen der Ehre des Riit-Rudels«, intonierte er die traditionelle Formel vor Pkrr-Riit.

»Gute Jagd und reiche Beute, Schneller-Sohn«, antwortete der Patriarch auf eine formelle Art, wie sie nur selten bei jemandem angewandt wurde, der sich noch keinen vollen Namen verdient hatte.

Der junge Kzin fuhr sich mit den Krallen über die Nase. Als daraufhin Blutstropfen als Zeichen seiner Treue hervortraten, drehte er sich rasch um und warf sich sein Jagdbündel über die Schultern. Dann, ohne einen Blick zurückzuwerfen, verschwand er im hohen Gras der Savanne. Wenn er den Rudelring das nächste Mal betrat, würde er kein namenloser Fremder mehr sein.

Riit-Bewahrer blickte ihm mit einer Mischung aus Stolz und Sorge hinterher. In allem außer der Größe war Schneller-Sohn der Beste des Rudels – stolz und vor allem: *klug*. Nur selten musste man ihm eine Lektion zweimal erteilen. Aber auch wenn er der vielversprechendste Jüngling war, so besaß doch nicht einmal er die Gabe, mit der Riit-Bewahrer geboren worden war – eine Gabe, die er nicht als solche erkannt hatte, bis ihm bewusst geworden war, dass keiner seiner Rudelbrüder sie besaß. Diese Gabe hatte ihm schon vor langer Zeit verraten, dass Schneller-Sohn der *Krwisatz* des Riit-Rudels war. Nun hatten die Omen des Zähnefletschenden Gottes diese Vermutung bestätigt. Schneller-Sohns Erfolg roch nach fetter Beute für das gesamte Rudel; sollte er versagen ... Wer wusste schon, was dann geschehen würde? Nur einer Sache war Riit-Bewahrer sich sicher: Was auch immer der Zähnefletschende Gott für Schnellen-Sohn in der tiefen Wüste bereithielt, es bedeutete Veränderung, eine große Veränderung für das gesamte Rudel. Von allen seinen Schülern war keiner besser geeignet, diese Verantwortung zu tragen, als Schneller-Sohn ... doch Veränderungen kosteten immer einen Preis.

Es war ein harter Tageslauf bis zur westlichen Grenze des Gebietes, welches das Riit-Rudel als sein Territorium beanspruchte; dort befand sich Schneller-Sohns Beobachtungsfelsen. Als Jagdschirm war die Stelle ideal: Der Wind kam vorwiegend von vorne aus der Savanne, und von dem höhergelegenen Felsen aus hatte man freie Sicht auf die Trampelpfade im hohen Gras neben dem kleinen Fluss. Jenseits des Flusses erstreckte sich die goldene Savanne bis zum Horizont; im Augenblick schimmerte sie jedoch leicht rötlich im Licht der glühend heißen Sonnenscheibe, die das Land im Westen bereits berührte. Hinter Schnellem-

Sohn fiel der Hang steil ab, sodass er aus dieser Richtung nichts zu befürchten hatte. Der Felsen besaß genau die richtige Form, um bequem zu sein; er war leicht orangefarben und passte somit ideal zum Fell des jungen Kzin. Als er auf den Felsen sprang, *fühlte* Schneller-Sohn förmlich, dass sich irgendetwas wie ein Mantel über das Land legte.

Schneller-Sohns Beobachtungsfelsen war nicht nur sein liebster Jagdplatz, er diente ihm auch als Zuflucht. Der junge Kzinti verspürte ein weit größeres Bedürfnis, Dinge zu *verstehen,* als andere in seinem Alter. Viele Male war er schon hierher gekommen, um ungestört über ein Problem nachdenken zu können, oder einfach nur, um dem wilden Rudelleben zu entfliehen. Heute saß er vielleicht zum letzten Mal hier.

Viele junge Kzinti zogen für die Dauer mehrerer Jahreszeiten durch die Savanne, bevor sie mit einem Namen wieder zurückkehrten. Viele kehrten überhaupt nicht mehr zurück. Manche ließen sich bei anderen Rudeln nieder. Andere wurden Nomaden, die zwar einen Namen im Rudelring beanspruchen konnten, doch keinen Platz darin. Und noch weit weniger betraten den Ring eines anderen Rudels, schworen Treue und zogen dann wieder hinaus, um sich einen Namen zu suchen, doch Schneller-Sohn wusste, wie der Patriarch und die anderen Erwachsenen mit unglückseligen Vagabunden umzugehen pflegten, die sich auf Riit-Territorium erwischen ließen. Rudelbruder hin oder her, ihn würden sie nicht anders behandeln.

Eine Namensqueste musste allerdings nicht zwangsläufig lange dauern. Vergangenes Jahr war Ältester-Bruder zu seiner Namensqueste aufgebrochen, und am nächsten Jägermond hatte er eine *Tusk-*

vor-Herdenmutter mitgebracht, die das Achtfache seines Gewichtes gewogen und Stoßzähne besessen hatte so lang wie sein Arm. Ihre Hörner waren scharf wie ein *Wzai* gewesen. Dass er das Biest hatte töten können, war schon erstaunlich genug gewesen; dass er die Tat dann auch noch überlebt hatte, grenzte an ein Wunder. Bei seiner Rückkehr hatte er die riesige Haut triumphierend in den Rudelring geworfen und den Namen Eisenkralle für sich beansprucht in Anspielung auf die Legende von Graff-Trrul, der den Zähnefletschenden Gott herausgefordert und fast gewonnen hätte. Eisenkralle trug nun einen eisernen *Wzai*, das Zeichen des Erwachsenseins und seiner Treue zum Riit-Rudel. Ältester-Bruder war stark und listig, und der Name, den er sich gewählt hatte, war Ausdruck seines Ehrgeizes. Eines Tages würde er Graff-Eisenkralle sein, und irgendwann würde er den Patriarchen zum Kampf um die Führung des Rudels herausfordern. Wenn Pkrr-Riit klug war, würde er es dann nicht bei einem symbolischen Kampf bewenden lassen.

Noch war es allerdings nicht so weit. Pkrr-Riit war ebenfalls sehr stark, und was ihm das Alter an Kraft und Schnelligkeit genommen hatte, machte er durch Erfahrung wieder wett. Wenn Eisenkralle klug war, würde er warten, bis er sich seines Sieges sicher sein konnte; andernfalls würde er nicht lange genug leben, um Graff-Riit zu werden.

Schneller-Sohn war nicht so groß und stark wie sein Bruder, aber er besaß die Augen des Jägermonds und bewegte sich wie ein Schatten in der Nacht. Er strebte nicht nach dem Doppelnamen eines Patriarchen, sondern hatte von einer Namensqueste geträumt, die ihm noch weit mehr Ehre bringen würde ... von der

Namensqueste, die Riit-Bewahrer ihm verweigert hatte. Er hatte geplant, nach Osten über den Rand der Welt zu gehen, zur Festung der Magierkzinti, um ihnen ein magisches Totem zu stehlen. Was für einen Namen er bei solch einem Triumph für sich beanspruchen könnte? Er wusste bereits, welchen er wählen würde. Schon setzt nannte er sich selbst im Geiste Leiser-Schleicher im Andenken an Chraz-Mtell-Jagdmeister-des-Zähnefletschenden-Gottes, der mit unendlicher Geduld den ewig fliehenden *Ztigor* über den Sommerhimmel jagte. Schneller-Sohns selbstgewählte Queste hielt genug Ehre für solch einen Namen bereit; die Magierkzinti waren gefährliche Gegner.

Der alte Ktirr-Schmiedemeister hatte in Erzählrunden oft die Geschichte von der Vernichtung des Stkaa-Rudels zum Besten gegeben. Seine Worte ließen die Flammen des Feuers im Rudelring erwachen, während er von Todesmagie und großen Monstern berichtete, die ein ganzes Land verschlungen hatten. Mehr noch: Er behauptete, dass die Weibchen der Magierkzinti sprechen konnten und sich duellierten wie Männchen. Seine Geschichte mochte ja vielleicht ein Märchen sein, doch verliehen die dicken Narben des alten Handwerkers seinen Worten Gewicht. Er war der einzige Überlebende des Stkaa-Rudels, und jedes Mal pflegten viele Holzscheite zu verbrennen, wenn er vom Untergang seines Rudels und seiner Flucht berichtete.

Die Geschichte hatte Schnellen-Sohn nie wieder losgelassen, denn die Magierkzinti überbrückten die Kluft zwischen Legende und Wirklichkeit. Ihre Kräfte waren jenseits aller Vorstellungskraft, doch die Staubwolken am Horizont, die den Vorbeizug ihrer dämonischen Haustiere anzeigten, waren real, und sie kamen jedes Jahr näher. Und jedes Jahr zog das Rudel weiter nach Westen, um ihnen aus dem Weg zu gehen, weg vom fruchtbaren Herz der Savanne und näher an ihren Rand, wo die Wüste begann. Pkrr-Riit war ein weiser Patriarch, und er wollte nicht, dass das Riit-Rudel dem Stkaa-Rudel ins Reich der Mythen folgte. Insgeheim hatte Schneller-Sohn sich schon öfters gefragt, wie weit sein Rudel noch ziehen konnte; bereits jetzt gab es nur noch wenig Jagdbeute. Die Jäger des Rudels konnten nicht länger sieben von acht Tagen ruhen. Schon in zwei oder vier Jahren gäbe es nicht mehr genug Beute, um das gesamte Rudel zu versorgen. Aber wenn Schneller-Sohn in den Besitz eines Totems der Magierkzinti gelangen könnte, dann, ja dann würde das Riit-Rudel die Macht der Magier erlangen – sie würden selbst zu Magierkzinti *werden*. Dann würde das Rudel nicht länger auf die Wüste zu getrieben werden wie eine Beute über den Rand des Abgrunds ... und Ktirrs lange verstorbene Rudelgefährten wären endlich gerächt.

Jahrelang hatte Schneller-Sohn von dieser Queste geträumt – auch heute Morgen. Natürlich hatte er daraufhin Riit-Bewahrer herausgefordert. Seine Ehre hatte es instinktiv verlangt, auch wenn schlussendlich sein langsamerer Verstand gesiegt hatte. Erst jetzt, nach einem Tagesmarsch, der ihm geholfen hatte, sein Blut zu kühlen, erkannte er wirklich, was man ihm dafür gegeben hatte. *Krwisatz*-Omen am Himmel. Könnte es sein, dass er ein Schicksalskrieger werden sollte wie jene, von denen die Legenden berichteten?

Er beobachtete, wie der Himmel sich von Rot-Gold zu Blau und schließlich schwarz verfärbte und die Sterne ihre ewige Wanderung antraten. Was konnte nicht alles aus dieser Namensqueste entstehen? Schon jetzt hatte man ihm einen Vers in der Rudelballade versprochen, und das, obwohl er sich noch nicht einmal einen Namen verdient hatte.

Aber diese Ehre brachte auch Verantwortung mit sich. Ein *Krwisatz* konnte sowohl Fluch als auch Segen sein. Das Riit-Rudel musste jedoch von Schneller-Sohns Schicksal profitieren. Erst dann würde er sich dieses Schicksals und seines Namens als würdig erweisen.

Wäre nicht dieses Schicksal gewesen, Schneller-Sohn hätte sich einfach umdrehen und gehen können. Er war nur schlecht für die Gefahren der tiefen Wüste ausgerüstet; in seinem Jagdbündel steckten ein eiserner Zündstein und Zunder, sein Häutemesser mit einem granitenen Wetzstein und sein sorgfältig gehüteter Vorrat an eisernen Handelskugeln. Auf dem Rücken trug er ein Stück *Tuskvor*haut, aus dem er sich einen Unterschlupf bauen könnte, einen Wasserschlauch und einen Beutel mit Trockenfleisch. Vielleicht war es besser, sich nach Norden zu wenden, um sowohl die Wüste als auch die Magierkzinti zu umgehen. Er könnte sich vom Land ernähren, und mit etwas Glück würde er nie mit einem anderen Rudel in Berührung kommen. Vielleicht würde er irgendwann und irgendwo sogar einen Namen für sich beanspruchen können. Sicherlich war das Leben eines heimatlosen Nomaden immer noch besser als der Tod in der Wüste ... oder?

Allein sich die Frage im Geiste zu stellen hieß, sie zu beantworten. In seinen Zweifeln lag keine Ehre. Er war Schneller-Sohn, den der Zähnefletschende Gott zum *Krwisatz* des Riit-Rudels auserwählt hatte, und niemand vermochte sich so leise und unauffällig zu bewegen wie er. Er war Leiser-Schleicher, den das

Schicksal dazu bestimmt hatte, den Geist von Chraz-Mtell-Jagdmeister-des-Zähnefletschenden-Gottes zu jagen, und die Nacht gehörte ihm. Er knurrte tief und rutschte von seinem Beobachtungsfelsen in die Schatten hinunter.

Dann machte er sich im Licht des Jägermonds auf den Weg nach Westen.

Zweiunddreißig Sonnenaufgänge später befand er sich tief in der Wüste. Nachdem die anfängliche Aufregung verklungen war, kehrten seine Zweifel wieder zurück. Am vierten Tag hatte er – vermutlich inspiriert von den Taten Älterer-Bruder-Eisenkralles – überstürzt ein junges *Tuskvor* gejagt. Er war gerade nahe genug herangeschlichen, um springen zu können, da war die Mutter seiner Beute aufgetaucht. Sie hatte ihn gewittert und angegriffen. Schneller-Sohn musste schmachvoll um sein Leben rennen, wenn er nicht aufgespießt und anschließend zu Staub zertrampelt werden wollte. Die nächste Nacht verbrachte er hungrig in den Ästen eines Schlingbaums, und am nächsten Tag entkam er nur knapp einem Hinterhalt, als er das Gebiet des Dcrz-Rudels durchquerte. Es kostete ihn einen halben Tag, auf allen vier Pfoten durch ein Labyrinth aus ausgetrockneten Flussläufen zu kriechen, um den Jägern aus dem Weg zu gehen. Zweimal stellten sie ihn, und er floh wie ein *Ztigor*, während ihm *Wtzal*-Jagdspeere dicht an den Ohren vorbeiflogen. Erst nach Einbruch der Dunkelheit verloren die Jäger seine Spur.

Schneller-Sohn hatte zwei seiner Verfolger erkannt: Springer und Fellbüschel vom Dcrz-Rudel. Früher hatte er mit ihnen im jährlich errichteten Großrudelring trainiert und Scherze getrieben, während Pkrr-Riit und die anderen Patriarchen Graff-Kdor die Treue geschworen hatten, dem Großpatriarchen der gesamten Savanne. Die Erinnerung an glücklichere Zeiten bedrückte ihn nun, denn sie unterstrich seinen Status als Ausgestoßener. Sicher, er hätte ein Grenzgeschenk abgeben und das Gebiet des Dcrz-Rudels als Gast durchqueren können, aber so viele Handelskugeln auszugeben konnte er sich nicht leisten, und er brauchte all seine Beute zum Überleben. Eine Namensqueste war eine Prüfung, das wusste er, und wäre sie leicht gewesen, wäre auch keine Ehre damit verbunden.

Am achten Tag verließ er die Savanne, was bedeutete, dass er nicht mehr Gefahr lief, angegriffen zu werden; doch ganz alleine die Wüste zu durchqueren war schon gefährlich genug. Er hatte sich noch nie weiter als einen Tagesmarsch vom nächstgelegenen Wasserloch entfernt, aber je weiter er nach Westen vorgedrungen war, desto seltener hatte er Wasser gefunden. Auch Beute war hier mehr als selten, sodass er gezwungen war, *Grashi* aus ihren Bauten auszugraben. *Grashi* waren schmackhafte Häppchen, doch als Nahrung bei weitem nicht ausreichend; acht machten kaum einen Mund voll aus. So verbrachte Schneller-Sohn seine Tage hauptsächlich damit, sich genügend Nahrung zu suchen. Mehr noch: Die Graberei verstopfte und verklebte ihm Nase und Fell mit Sand. Egal, wie oft er sich striegelte: Er wurde den Dreck nie ganz los. Sein Häutemesser hatte er in einem Sandsturm verloren. Vier- oder achtmal am Tag *brauchte* er jedoch dieses Messer, und vier- oder achtmal am Tag benutzte er statt dessen seine Krallen. Rasch wurden sie schartig. Krallen waren zum Töten bestimmt, nicht zum Durchtrennen von Wurzeln bei der Suche nach eingegrabenen Nagetieren.

Das entsprach so gar nicht Schneller-Sohns Vorstellung vom Leben eines Kriegers. Sicher, die Legenden berichteten oft von langen, anstrengenden Wanderungen; doch zusammengerollt am Feuer eines Geschichtenerzählers, dauerte selbst eine Reise von mehreren Jahreszeiten nur wenige Augenblicke. Der Erzähler berichtete von solchen Reisen meist in knappen Worten, um rasch von den wirklich aufregenden Dingen erzählen zu können. Schneller-Sohn erkannte allmählich, dass nicht nur Mut einen Helden ausmachte, sondern auch Hartnäckigkeit. Aber vielleicht reichten selbst diese beiden Eigenschaften nicht aus. Vielleicht war es seine Aufgabe als *Krwisatz*, einfach nur so lange zu marschieren, bis er starb; vielleicht hatten die Omen dem ganzen Rudel gegolten und nicht nur ihm allein; vielleicht sollte er als abschreckendes Beispiel dienen, um übereifrige Jünglinge davon abzubringen, den Zorn der Magierkzinti auf sie herabzubeschwören.

Als er seinen Beobachtungsfelsen verlassen hatte, war Schneller-Sohn fest davon überzeugt gewesen, dass er dazu bestimmt war, zur Legende zu werden. Doch jetzt, allein in der riesigen, gleichgültigen Wüste, schien das bestenfalls nur noch eine schwache Hoffnung zu sein. Normalerweise wäre er mit dem Jägermond als einzigem Reisegefährten zufrieden gewesen; nun aber wünschte er sich einen Rudelbruder an seine Seite. Inzwischen hatte er den Eindruck, dass ein Vers in der Rudelballade ein armseliger Preis sei für einen langsamen, einsamen Tod.

Mit diesen trüben Gedanken trottete er durch den sich ständig bewegenden Sand in der Nacht des 32.

Tages. Hinter ihm lugte die Sonne bereits über den Horizont. Schon bald würde er anhalten und Schutz vor ihren brennenden Strahlen suchen müssen, und noch immer hatte er kein Wasserloch gefunden. Würde er keines finden, musste er sich auf einen unruhigen Schlaf unter seiner *Tuskvor*haut einrichten und mit einer Handvoll *Grashi* und ein paar Schluck Wasser zufrieden geben. In der kommenden Nacht würde er dann wieder zum letzten Wasserloch zurückstapfen, das er gefunden hatte, und den folgenden Morgen damit verbringen, in der Nähe *Grashi* aus ihren Bauten zu graben. Er schätzte, dass noch genug der Tiere übrig waren, um es noch einmal im Westen versuchen zu können; wenn er jedoch keine Beute finden würde, müsste er noch weiter nach Westen zurückgehen, zu einem anderen Wasserloch, um sich dort Nahrung zu suchen. Mehr als alles andere brauchte er ein richtiges Beutetier, um sich mit Proviant zu versorgen; aber seit seinem dritten Tag in der Wüste hatte er noch nicht einmal einen *Ztigor* gesehen.

Plötzlich wurde ihm bewusst, dass sich die ganze Zeit über etwas am Rand seines Sichtfelds bewegte. Sofort duckte sich Schneller-Sohn hinter einen nahegelegenen Dornenbusch, drehte die Ohren hierhin und dorthin, blähte die Nüstern und hob die Lefzen, während er den Blick über die vor ihm liegende Düne wandern ließ. Mehr und mehr war er davon überzeugt, dass die Textur des Sandes irgendwie falsch war. Der Wüstenboden war so locker und körnig, als wäre die Düne der Haufen über einem gigantischen *Grashi*bau. Zudem roch der Sand irgendwie falsch.

Nach Beute roch er allerdings nicht; ein Geräusch war jedoch zu hören – schwach, aber deutlich. Irgendetwas bewegte sich auf der anderen Seite der seltsamen Düne. Schneller-Sohn richtete die Ohren nach vorne und versuchte, das Geräusch zu identifizieren. Es glich nichts, was er je gehört hatte; er vernahm ein halbrhythmisches, trockenes Klicken. Schneller-Sohn versuchte, sich vorzustellen, was solch ein Geräusch wohl verursachen könnte.

Langsam schlich er näher, wobei er sich möglichst parallel zur Dünenkuppe hielt. Deckung gab es hier nur wenig, doch nutzte er jeden vorhandenen Sichtschutz optimal aus. Schnell und leise huschte er von Busch zu Stein zu Sandhügel; er gab sich so wenig Blöße wie möglich.

Während er sich bewegte, berechnete er instinktiv die genaue Richtung, aus der das Geräusch kam. Vorsichtig drehte er sich gegen den Wind und achtete darauf, die Sonne im Rücken zu haben; erst dann bewegte er sich weiter vorwärts.

Je näher er kam, desto tiefer wurde der aufgewühlte Sand. Irgendetwas hatte gewaltige Sandmassen bewegt, um diese Düne zu *bauen*. Jetzt gab es keine Deckung mehr; nur einige Dornenbüsche, die beim Aufschütten der Düne herausgerissen worden waren, ragten ein Stück aus dem Sand. Da er sich hinter nichts mehr verstecken konnte, kroch Schneller-Sohn auf dem Bauch die Düne hinauf, wobei er eine Vertiefung zum Schutz vor fremden Blicken nutzte, die ein gutes Stück hangaufwärts verlief. Manchmal bewegte er sich kaum eine Pranke weit, bevor er wieder anhielt und lauschte, während sein Schwanz unterbewusst Signale an nicht vorhandene Rudelbrüder gab. Sein Ziel war ein ausgerissener Busch auf dem Dünenkamm, der ihm Deckung bieten würde, während er auf die andere Seite spähte. Schneller-Sohn bewegte sich, wenn das Geräusch erklang, und hielt an, wenn es verstummte.

Endlich erreichte er den Busch. Mit schier unendlicher Geduld hob er langsam den Kopf, bis er über den Rand des Kamms blicken konnte.

Nichts, was er bisher erlebt hatte, hatte ihn auf den Anblick vorbereitet, der sich ihm nun bot. Das war *falsch*. Die Düne war der Rand einer riesigen, trichterförmigen Vertiefung, die ganz frisch ausgehoben worden war. Schneller-Sohn wollte gar nicht darüber nachdenken, wie groß die Kreatur wohl sein mochte, die so etwas gegraben hatte. Geheimnisvolle Artefakte in konzentrischen Kreisen waren je einen Steinwurf voneinander entfernt in den Trichterrand eingelassen. Sie ähnelten grob den Zeichen, die ein Späher auf der Jagd oder bei der Wanderung an Stöcke band, um den Nachfolgenden den Weg zu zeigen. Es handelte sich bei den Artefakten jedoch nicht um solche Zeichen. Diese ... Diese *Dinger* waren derart symmetrisch aufgebaut, wie Schneller-Sohn es noch nie gesehen hatte. Wegzeichen wurden stets mit Holzkohle schwarz gefärbt, damit sie auffielen, diese Dinger jedoch waren staubiggelb, sodass sie im Sand kaum zu erkennen waren. Im Zentrum des Trichters bewegte sich ... etwas. Es schien ein Sandhaufen zu sein, aber als Schneller-Sohn genauer hinsah, verschmolz es mit dem Hintergrund wie eine Fata Morgana. Alles an diesem Ort war irgendwie beunruhigend.

Dann erblickte Schneller-Sohn den Dämon. Eines der Wegzeichendinger hatte ihn vorübergehend verborgen. Der junge Kzin sah eine albtraumhafte Gestalt mit fünf mehrgliedrigen Gliedmaßen, auf denen *Augen* zu sehen waren; einen Kopf schien das Wesen nicht zu besitzen. Der Dämon stand auf drei Gliedern, während er in den anderen beiden ein Werkzeug hielt, mit dem er das Wegzeichending bearbeitete. Das Werkzeug verursachte das rhythmische Klicken, das Schnellen-Sohn angelockt hatte. Vielleicht war das ein magisches Totem? Schneller-Sohn würde den Dämon töten und das Totem zu seinem Rudel zurückbringen. Riit-Bewahrer würde wissen, was dann zu tun wäre.

Eines war klar: Der alte Kzin hatte die Omen richtig gedeutet. Schneller-Sohn war der *Krwisatz*. Der Zähnefletschende Gott persönlich hatte ihn an diesen Ort geführt. Wenn er überlebte, würde ihm dieses Abenteuer einen noch weit größeren Namen einbringen als Leiser-Schleicher, und wenn er starb, gebührte ihm ein Platz im Rudelring des Zähnefletschenden Gottes. *Weg mit diesem Gedanken!* Er würde nicht versagen! Welchen Namen sollte er wählen? Chraz-Jäger ... Nein ... Chraz-*Krieger*! Er knurrte den Namen leise vor sich hin. Er schmeckte gut. Die Aufregung in seiner Leber spülte alle Angst und Müdigkeit davon.

Der Dämon kam näher, um sein Ritual am nächsten Artefakt zu wiederholen. Schneller-Sohn beobachtete ihn aufmerksam. Sein erster Schlag musste tödlich sein; andernfalls kam vielleicht Magie ins Spiel.

Der Dämon besaß keinen verwundbaren Nacken, den man hätte durchbeißen können. Er schien nur aus Gliedmaßen zu bestehen, und Schneller-Sohn sah noch nicht, wie er sie ihm eine nach der anderen ausreißen sollte, während die Kreatur ihn mit den übrigen angriff. Der formlose Körper musste die Schwachstelle sein. *Schlag dort zu, schnell und tief, dann werden alle Glieder zugleich nutzlos sein.*

Schneller-Sohns Gegner hatte ihn noch nicht bemerkt. So sollte es sein. Seine Anpirschmanöver waren so leise wie die eines *Zephyr*, und er hatte den Wind vor sich und die aufgehende Sonne im Rücken. Noch nicht einmal die Augen eines Dämonen konnten in deren strahlendem Feuer etwas sehen. Schneller-Sohn sammelte sich für den Sprung.

Joyaselatak war mit seinem Fortschritt zufrieden. Die Landung war erfolgreich verlaufen. Am nächsten Morgen hatten vier feindliche Jäger ihre Kondensstreifen über den Himmel gezogen, doch zu diesem Zeitpunkt hatte er bereits eine Breitspektrumtarnung über dem Schiff aufgebaut. Den Einschlagskrater konnte er natürlich nicht beseitigen; Späher konnten ihn noch immer zwischen den Dünen entdecken, wenn sie danach suchten. Das stellte jedoch ein akzeptables Risiko dar. Der nächste Außenposten der Kzintizivilisation war ein Minenkomplex weit im Südosten.

An diesem Nachmittag hatte Joyaselatak mit dem Aufbau der Sensoren begonnen. Sie empfingen bereits erste Signale. Wenn der Sender erst einmal aktiviert war, würde er ständig Datenbrocken in Abständen von wenigen Sekunden zu dem Aufklärungsschiff schicken, dass sich im äußeren Asteroidenring versteckt hatte. Doch schon vor der ersten Übertragung hatte Joyaselatak eine wertvolle Information erhalten. Die Kondensstreifen bedeuteten, dass die Kzinti noch immer Turbinen für den Atmosphärenflug einsetzten, und das wiederum hieß, dass Schwerkraftpolarisatoren für sie nach wie vor zu teuer waren, um sie irgendwo anders zu verwenden als im Weltraum; vielleicht müsste man diese Spezies doch nicht ausrotten, um ihre weitere Verbreitung zu vermeiden. Die

Jotoki waren eine langfristig denkende Spezies. Eine andere Spezies auszurotten stellte für sie Verschwendung dar. Wenn ein Feind rechtzeitig in seine Schranken gewiesen werden konnte, wurde aus ihm später meist ein einträglicher Handelspartner. Joyaselatak sollte vornehmlich herausfinden, ob in diesem Fall eine solche Eindämmung möglich war. Falls seine anfängliche Einschätzung des Feindes zutraf, dann würde es sich offenbar wiederum als sicher profitabel erweisen, Gnade walten zu lassen.

Nicht, dass er sich schon wieder auf den Weg nach Hause machen konnte. Er hatte noch viel zu analysieren. Eng verbunden mit dem Hauptziel der Mission war die Frage nach einer möglichst ökonomischen Kontrollmethode der Spezies. Natürlich würde man diesen Raubtieren die Kosten der Eindämmung in Rechnung stellen, wenn sie schließlich zu Handelspartnern wurden, ebenso wie Dienstleistungsgebühren und Zinsen; aber das war ein langer Prozess, und die Konversion hatte nicht immer Erfolg. Der Handelsrat wollte die Risiken für seine Investitionen so gering wie möglich halten.

Die einzelnen Teile seines Ichs debattierten die Möglichkeiten, während Joyaselatak das Sendegitter justierte. Die Form des Einschlagkraters erinnerte an eine Parabolantenne, und das Gitter war konstruiert, um daraus den größtmöglichen Vorteil zu ziehen. Es war ein äußerst kleveres Design, auch wenn jedes einzelne Antennenelement exakt ausgerichtet werden musste. Der lockere, sich bewegende Sand stellte dabei kein größeres Problem dar, im Gegenteil: Es war recht leicht gewesen, den Fuß jedes Elements zu vergraben und den Sand anschließend mit Gesteinskleber zu verfestigen. Die Einzelteile anschließend zu justieren war zwar ebenfalls nicht sonderlich schwer, aber langwierig. Manchmal veränderte noch immer eines der Bauteile seine Position, und das Signal wurde unterbrochen. Es machte Joyaselatak nichts aus, die Antennen mehrmals neu ausrichten zu müssen. Er empfand es als Abwechslung zur Auswertung der nicht enden wollenden Informationsflut, die die Sensoren empfingen.

Schneller-Sohn schrie und sprang und überraschte Joyaselatak vollkommen. Vier seiner Ichteile konzentrierten sich auf die schwierige Antennenjustierung. Der eine, der Wache hielt, beobachtete einen tragbaren Monitor, der mit den Schiffssensoren verbunden war. Auch wenn die Sensoren durch den Aufprall auf der Planetenoberfläche leicht beschädigt worden waren, hatten sie die Lebenszeichen des Kzin durchaus wahrgenommen; doch da sie weder Metall noch eine Energiequelle entdeckt hatten, hatte der Computer das Signal als ungefährlich eingestuft, bis Schneller-Sohn den Kraterrand hinuntergesprungen war. Der Schrei entsetzte den beobachtenden Teil, während auch die anderen die Gefahr bemerkten und den zentralen Nervenknoten mit Warnungen überschütteten. Der erste Teil von Joyaselataks Ich übernahm das Kommando. Mit zwei Gliedern warf er den Monitor und das Justierwerkzeug nach dem Feind, während er mit den anderen drei zur Seite wich. Das war den Bruchteil einer Sekunde zu spät. Schneller-Sohns Sprung war perfekt geplant gewesen.

Die Schiffs-KI, die die Gefahr zu spät erkannt hatte, aktivierte eine Entscheidungsroutine. Da die Gefahr unmittelbar war, durfte sie auch ohne Joyaselataks Erlaubnis handeln. Sie wählte den Waffenturm auf der entsprechenden Schiffsseite. Weil es sich um eine biologische Gefahr handelte, suchte sich der Computer den Stunner aus, und da Joyaselatak sich im Schussfeld befand, stellte er ihn auf minimale Energie für die Masse des Ziels ein und änderte den Zielpunkt, sodass Joyaselatak so wenig wie möglich von der Strahlung abbekommen würde.

Der Turm akzeptierte die Zieldaten der KI, berechnete Schneller-Sohns Flugbahn, drehte sich in dessen Richtung, erfasste das Ziel und schoss. Schneller-Sohns Tötungsschrei erstarb in einem Gurgeln, als seine Muskeln mitten in der Luft erschlafften. Unfähig, seine Landung zu beeinflussen, landete er auf seinem Gegner. Kzin und Jotok bildeten ein Knäuel aus Fell und Gliedern.

Joyaselatak erholte sich als Erster. Schneller-Sohns Überraschung verwandelte sich in Furcht, als er bemerkte, dass er sich nicht mehr bewegen konnte. Und Entsetzen überkam ihn, als er sah, wie sein beabsichtigtes Opfer ihn über den Sand rollte. Sein Entsetzen wurde sogar noch größer, als er erkannte, dass der Dämon ihn den Hang hinunter und unter die Fata Morgana beförderte.

Die dürren Gliedmaßen des Jotoks standen im krassen Gegensatz zu seiner wirklichen Kraft; rasch hatte er seine Beute unter den flimmernden Tarnschirm gebracht und den Kzin mit einem Kabel an einen Stützpfeiler gebunden. Dann holte er den Monitor von oben herunter, setzte sich auf den Untermund und fuhr mit seiner Arbeit fort. Ein Teil seines Ichs suchte weiterhin rundum alles nach möglichen Feinden ab. Wann immer nötig, ließ er sich über den zentralen Nervenknoten von den Augen seiner anderen

Ichteile unterstützen, während stets drei Gliedmaßen die Schiffslogbücher nach Gründen dafür durchsuchten, warum der Computer die Gefahr ignoriert hatte. Mit einer Gliedmaße beraubte das Wesen den Gefangenen seiner armseligen Besitztümer.

Schneller-Sohn fühlte, wie sich seine Panik ein wenig auflöste, als er herausfand, dass er seine gefesselten Beine wieder ein bisschen bewegen konnte. Während der seltsam geformte Dämon ihm Jagdbündel und Ausrüstung abnahm, versuchte Schneller-Sohn, seine Umgebung zu analysieren. Nur der Sand unter ihm war ihm vertraut; alles andere wirkte fremd und bedrohlich. Die Sandhaufen-Fata-Morgana wurde von Pfählen gehalten wie ein Zelt. Sie war über einen großen, stumpfen Kegel gespannt, der unnatürlich symmetrisch und vollkommen verbrannt war. Glatte Seile schlängelten sich aus dem Bauch des Kegels bis zu den Wegzeichen an den Wänden des Sandtrichters, und unter der Fata-Morgana-Decke war eine Reihe größerer und noch weit seltsamer geformter Artefakte angebracht. Und das Seltsamste von allem war, dass die Fata Morgana nicht länger wie ein wässriger Sandhügel aussah. Von unten betrachtet war sie nur ein dünnes bläuliches Tuch, das sich im Wüstenwind wellte. Schneller-Sohn wusste, dass das unmöglich war, aber er konnte durch das Tuch hindurch den wolkenlosen Himmel sehen.

Während Joyaselatak sorgfältig die Sensorenlogbücher untersuchte, merkte er sich die Stellen, wo die KI die Gegenwart des Kzin registriert und beschlossen hatte, dass er keinerlei Gefahr darstelle. Bedrohungen definierte der Computer viel zu eng, nämlich als Waffen und Waffenträger; überdies ging der Computer per Voreinstellung davon aus, dass diese Waffen stets eine Energiesignatur aufwiesen, sei es nun Wärme, elektromagnetische Strahlung oder andere technische Fingerabdrücke. Offenbar war jemand daheim viel zu sehr um die Gefühle der einheimischen Tierwelt besorgt gewesen. Ein paar knappe Befehle änderten die Definitionen, um in Zukunft unliebsame Überraschungen seitens der örtlichen Fauna auszuschließen. Nachdem das erledigt war, widmete der Jotok all seine Aufmerksamkeit dem Angreifer.

Er hatte noch nie einen lebenden Kzin gesehen. Das Ding war eine Tötungsmaschine. Es bestand nur aus Fängen und Krallen, besaß ein starkes Endoskelett und eine schlanke, kräftige Muskulatur. Seine Augen und Ohren waren groß und für die Jagd nach vorne gerichtet, und die Chancen standen gut, dass sein Geruchssinn selbst die Dufttarnung eines Jotoks durchdringen konnte. Joyaselataks Ichteile verglichen ihre Erinnerungen über das Entsetzen ob des Kzinschreis und des Anblicks des Fleischfressers, der scheinbar aus dem Nichts aufgetaucht zu sein schien wie der fleischgewordene Tod höchstpersönlich. Der Handelsrat hatte Recht, wenn er diese Spezies fürchtete.

Während er Schnellen-Sohn aufmerksam musterte, lernte Joyaselatak, dass der Fleischfresser nur einen Lederumhang und Lederstiefel mit Löchern für seine Krallen trug. Klauen und Zähne waren seine einzigen Waffen. Die Untersuchung des Gepäcks förderte einen Wasserschlauch zutage, ein paar gehäutete und getrocknete Nagetiere in einem Beutel und eine große, zusammengefaltete Haut. Ein kleinerer Beutel am Gürtel enthielt einen flachen, gezackten Stein sowie einen größeren, glatten und eine kleine Stange aus grobem Eisen sowie zermahlene, in Rinde gewickelte Pflanzenteile, eine Sehne und mehrere kleine Eisenkugeln, die individuell verpackt waren ... Das war Metall, aber nicht rein genug, um die KI zu alarmieren.

Kleidung und Ausrüstung waren mit beachtlichem Geschick aus natürlichen Materialien gefertigt worden. Das suggerierte, dass es sich hier tatsächlich um einen primitiven Jäger handelte und nicht um einen technologisch Zivilisierten, der einem uralten Ritual folgte. Allein die Existenz eines solchen Kzin war schon bemerkenswert. Die Berichte, die Joyaselatak studiert hatte, hatten auf eine homogene Zivilisation hingedeutet, deren Technologie bereits recht hoch entwickelt war. Den Beweisen nach zu urteilen, die den Jotoki zur Verfügung standen, hatten die Kzinti bereits vor fünf Quadrat und fünf hoch drei Generationen eine einheitliche Zivilisation geschmiedet. Analysen deuteten auf eine stabile Sozialstruktur hin, auch wenn diese sich auf exzessive Gewalt gründete. Abgefangene Übertragungen hatten überdies nur eine einzige Sprache aufgezeigt. Die kzintische Regierung ruhte auf den Schultern eines halberblichen Führers, der die gesamte Spezies beherrschte, und eine Dynastie blieb für gewöhnlich über mehrere Generationen hinweg an der Macht. Auf jeden Fall deuteten ihre Weltraumexpeditionen darauf hin, dass es auf ihrer Heimatwelt eine vereinte Zivilisation gab und nicht mehrere verschieden entwickelte Kzintiarten, die auf sozialer und technischer Ebene miteinander im Wettstreit lagen.

Natürlich entwickelten Welten sich häufig ungleichmäßig. Während die außerordentlich sozialen Jotoki ihr planetares Handelsnetz schon ausgesprochen früh in ihrer Entwicklung vereinheitlicht hatten, war es nicht ungewöhnlich, wenn ein Teil einer Spezies bereits ins All vordrang, während ein anderer sich noch auf rudimentären Werkzeuggebrauch beschränkte. Sicherlich waren die aggressiven, asozialen und weit verstreut lebenden Kzinti ein Hauptkandidat für ein fragmentiertes Sozialmuster mit deutlich unterscheidbaren Untergruppen und weit auseinander klaffendem Technologieniveau. Oder vielleicht wurden die Primitiven zu diesem Leben als einer Art Strafe gezwungen; die Ödnis, die sie bevölkerten, stellte zumindest keinen großen Verlust dar. Aber was auch immer der Grund für diesen Zustand sein mochte, die Forscher hatten sich aufgrund der paradoxen sozialen Stabilität, die sich trotz der aggressiven Individualität der Karnivoren feststellen ließ, zu unbegründeten Verallgemeinerungen hinreißen lassen. Primitive Kulturen waren notorisch schwer zu finden, besonders, wenn ihre Population nur klein war und im Schatten einer hochtechnisierten Gesellschaft stand.

Oder, warf ein Ichteil ein, in diesem Fall im Schatten einer Sanddüne. Joyaselataks Gedankenkette wurde unterbrochen, als die anderen Ichteile den ungeschickten Beobachter für seine Nachlässigkeit tadelten.

Der interne Streit endete, als einer der Ichteile bemerkte, dass der Kzin sich bewegte. Die Kreatur hatte sich überraschend schnell erholt. Man durfte diesen gefährlichen Räuber nicht unterschätzen. Es war an der Zeit, mit dem Verhör zu beginnen.

Noch immer teilweise gelähmt, fuhr Schneller-Sohn mit verzweifelter Entschlossenheit immer wieder mit den Krallen über das Kabel, das ihn band – er machte sich zunutze, dass sein Gegner offenbar mit anderen Dingen beschäftigt war. Das Kabel war jedoch weit zäher als alles, was er bisher gesehen hatte, und seine ohnehin schon mitgenommen Pranken begannen zu bluten.

Er ignorierte den Schmerz. Früher oder später *musste* das Kabel einfach nachgeben – hoffentlich noch rechtzeitig.

»Ich Jotok, du Kzin.«

Schneller-Sohn setzte sich abrupt auf, als hätte ihn ein *V'pren* gestochen; das Kabel war vergessen. Er hatte nicht im Traum daran gedacht, dass der Dämon sprechen könnte. Die Stimme des Wesens besaß einen seltsamen singenden Unterton. Ihr Akzent war fremdartig und ihre Worte kaum zu verstehen. Zuerst versuchte Schneller-Sohn das auch gar nicht; er war viel zu überrascht, dass das Wesen überhaupt sprechen konnte.

»Ich Jotok mein Name Joyaselatak. Du Kzin was dein Name?«

Diesmal sickerte Verständnis durch. Langsam lockerte Schneller-Sohn seinen Griff um die Fessel und betrachtete sein Gegenüber seltsam gelassen. Trotz des ungewöhnlichen Satzbaus ehrte ihn die Frage. Vielleicht war dieses fremdartige Wesen ein Diener des Zähnefletschenden Gottes, wie sie oft in den Legenden erwähnt wurden.

Einen Augenblick lang dachte er darüber nach, einen Namen für sich zu beanspruchen. Er glaubte, dazu durchaus berechtigt zu sein ... hatte er ihn sich etwa nicht verdient, als er gesprungen war? Aber er hatte die Beute nicht getötet, war sogar ihr Gefangener! Vielleicht stellte das Kompliment des Wesens auch eine Prüfung dar. *Zieh den Stolz ein und fahr die*

Ehre aus. Es wäre besser, wenn das Wesen ihn als würdig, denn als prahlerisch betrachten würde.

»Ich habe keinen Namen. Ich bin Schneller-Sohn des Riit-Rudels.« Seine Antwort war demütig, doch er tat der Ehre Genüge, indem er im formellen Ton sprach, als wäre er Gast im Gebiet eines Nachbarn.

»Dein Name Schneller-Sohn-von-Riit-Rudel.« Die Kreatur schien zufrieden zu sein. »Dein Grund hier sein?«

Die Frage verwirrte Schneller-Sohn. Sie ergab keinen Sinn.

Nach einer langen Pause führte der Jotok weiter aus: »Dein Grund warum angreifen mein Ich.«

Aha. Das *war* eine Prüfung. Der Zähnefletschende Gott hatte ihn zu einem Kampf der Klugheit herausgefordert. Er musste der Ehre-des-gefangenen-Kriegers folgen, die von allen die schwierigste war. Sein namenloser Status machte es für ihn sogar noch doppelt schwer, und der Dämon wollte ihn zugleich dazu verführen, diese Ehre zu vergessen. Es wäre Schneller-Sohn lieber gewesen, von Kralle zu Kralle und von Fang zu Fang kämpfen zu können, auf dass der Schnellere und Stärkere gewinnen möge.

Aber so *war* er bereits geprüft worden. Sein vorsichtiges Anschleichen und sein Sprung, ohne zu zögern, hatten sowohl sein Jagdgeschick als auch seinen Mut unter Beweis gestellt. Offenbar verfügte sein Wärter über genügend Magie, um ihn mit einem Blick zu töten. Der Dämon würde keine Ehre durch solch ein ungerechtes Duell gewinnen. Schneller-Sohn war einfach mitten im Sprung eingefroren worden, damit die zweite Prüfung stattfinden konnte.

Er wählte seine nächsten Worte sorgfältig aus und sprach sie voller Stolz, doch nicht mit Arroganz.

»Hrrr. Ich befinde mich auf einer Namensqueste im Geiste von Chraz-Mtell. Ich bin vom Schicksal dazu bestimmt ...« Er hielt inne und dachte darüber nach, ob er sich selbst als Krieger bezeichnen sollte. Er kam zu dem Schluss, dass er sich dieser Ehre bis jetzt noch nicht als würdig erwiesen hatte. »Ich bin der vom Schicksal bestimmte Jäger des Zähnefletschenden Gottes. Ich folge den Omen des Himmelshiebs und der Wolkennarben. Sie haben mich hierher geführt, und ich habe dich für dein Totem herausgefordert.«

Jotoki sind hervorragende Linguisten. Ihr Multihirn teilt sich für gewöhnlich die Aufgaben der phonetischen Entschlüsselung, der Syntaxanalyse und der Zuordnung von Bedeutungen. Nichtsdestotrotz war Joyaselatak nicht vollkommen sicher, was Schneller-Sohn gemeint hatte. Der Dialekt unterschied sich drastisch von dem, was er gelernt hatte, und viele Worte waren ihm nicht vertraut.

Soweit er feststellen konnte, versuchte der primitive Kzin ihm zu sagen, dass er sich auf der Jagd befunden habe und dass irgendetwas mit einem Himmels- oder Sternengott geschehen war. Deshalb hatte der Kzin Joyaselatak angegriffen, um in den Besitz eines religiösen Gegenstandes zu gelangen. Die Ichteile des Jotoks debattierten die Frage einen Augenblick lang. Was war das für ein Gegenstand? Besaßen vielleicht die Eisenkugeln irgendeine religiöse Bedeutung?

Das Wort, das der Kzin verwendet hatte, bezeichnete genaugenommen einen *formellen* Angriff. Joyaselatak fand es seltsam, dass der Kzin seinen Angriffsversuch als ›Herausforderung‹ bezeichnete, zumal er den Kzin nicht provoziert hatte. Das bedurfte der Klärung.

»Warum *formeller* Angriff?«

Schneller-Sohn durchschaute inzwischen die Tricks des Dämons und verstand die Prüfung sofort. Der Dämon versuchte, ihm zu suggerieren, dass die Herausforderung nicht korrekt gewesen sei, dass er sie einem unwürdigen Feind angeboten habe. Er wurde absichtlich beleidigt, doch um die Ehre-des-gefangenen-Kriegers zu wahren, musste er mit Würde antworten und nicht voller Zorn. Wieder wählte er seine Worte mit Bedacht und sprach im formellen Ton.

»Du bis ein Dämon aus dem Rudelring des Zähnefletschenden Gottes, nicht wahr? Was für eine Herausforderung könnte ich dir wohl anbieten, der du nicht würdig wärst?«

Wieder war Joyaselatak verwirrt. Verschiedene Interpretationen der Worte des Kzin surrten durch seinen zentralen Nervenknoten, während er nach der wahrscheinlichsten Bedeutung Ausschau hielt. Der Kzin glaubte, er, Joyaselatak, sei ein übernatürliches Wesen – ein kaum überraschender Fehler –, und aus diesem Grund war der Angriff formell gewesen, was allerdings noch immer nichts bedeutete. Besseres Verständnis würde jedoch warten müssen, bis die Grundlagen geklärt waren.

Der Dämon wedelte mit einem seiner Arme/Beine in Richtung des massiven Artefakts unter dem schimmernden Dach. »Ich bin Jotok. Das mein Sternenschiff.« Er deutete nach oben in den blauen Himmel hinein. »Darin sein ich gekommen von den Sternen. Um mit dich zu sprechen, ich bin gereist sehr weit.«

Schneller-Sohn folgte der Geste und betrachtete dann voller Ehrfurcht das ›Sternenschiff‹. Die Kreatur bestätigte nur das, dessen Schneller-Sohn ohnehin sicher gewesen war. Natürlich war der Dämon von den Sternen gekommen, aus dem Rudelring des Zähnefletschenden Gottes, und zwar *nur* wegen Schnellem-Sohn. Aber dass er in diesem riesigen ... Artefakt gereist war, das überstieg in der Tat seine kühnsten Vorstellungen.

Selbstverständlich wusste Schneller-Sohn, was ein Schiff war. Die Rudelballade sprach davon. Wie Blütenblätter über einen Teich wurden Schiffe vom Wind über eine Savanne aus Wasser getrieben, die man ›Meer‹ nannte. Riit-Bewahrer hatte immer gesagt, in der Ballade sprächen ihre Vorfahren, und jene, die weise genug seien, könnten sie hören. Pflichtbewusst hatte Schneller-Sohn täglich seine Verse gelernt, aber erst jetzt verstand er, warum. Das Leben in der größeren Welt war weit vielfältiger als das, welches das Rudel kannte. Wenn seine Vorfahren in Schiffen zu fernen Ländern hatten treiben können, dann zweifelte er nicht daran, dass ein Dämon den Himmel zu befahren vermochte.

Als der Dämon ihn aus seinen Gedanken riss, bemerkte Schneller-Sohn, dass er die ganze Zeit über das Sternenschiff angestarrt und seinen Gastgeber/Wärter ignoriert hatte. Das zeugte nicht gerade von guten Manieren.

»Du bist ein Kzin. Wo bist du her?«

Nun, diese Frage war leicht genug zu beantworten, wenn auch ein wenig überflüssig. »Ich bin Schneller-Sohn des Riit-Rudels. Ich befinde mich auf meiner Namensqueste.«

Joyaselatak betrachtete seinen Gefangenen mit drei Augen gleichzeitig. »Was jagst du?«

Schneller-Sohn begann, sich zu entspannen. Noch eine leichte Frage. Dass der Dämon ihn nach seiner Namensqueste fragte, war wieder eine Ehre. Offensichtlich hatte er die Prüfungen des Dämons bestanden. Es fiel ihm schwer, den Stolz in seiner Stimme zu verbergen, als er antwortete, aber vielleicht stellten diese unverdienten Ehrerbietungen auch nur eine weitere Prüfung dar.

»Ich bin auf der Suche nach einem magischen Totem für mein Rudel.«

Joyaselatak war zufrieden. Endlich eine Antwort, die nicht mehr Fragen aufwarf, als sie beantwortete. Wahres Verständnis konnte nicht allzu weit entfernt sein.

»Was für magisches Wesen du gesucht?«

»Hrrr. Ich habe nach den Magierkzinti gesucht, die uns aus der Savanne in die Wüste treiben wie eine *Ztigor*herde. Aber mit einem magischen Totem werden wir unsere Namen zurückerlangen und wieder Krieger werden. Die Magierkzinti werden vor unserer Macht erzittern!«

Eine Welle des Verständnisses und der freudigen Erregung erfüllte Joyaselataks Nervenzentrum, als sich seine Ichteile der Wichtigkeit dieser Worte bewusst wurden. Den Worten des Kzin trotz der Sprachbarriere eine Bedeutung entnehmen zu müssen hatte Joyaselataks Verständnisprozess verzögert, und so hatte er das Ziel dieser ›Queste‹, auf der sich der Kzin befand, nicht sogleich erkannt. Der Gebrauch des Wortes ›Magie‹ hatte den Jotok zu der Vermutung veranlasst, dass sich der Kzin auf irgendeiner religiösen Reise befand, einer Pilgerfahrt vielleicht. Aber natürlich meinte der Fleischfresser nicht ›Magie‹, sondern ›Technologie‹. Er kannte den Unterschied nur nicht. Aber das war egal. Was der Wilde wollte, waren Waffen. Er gehörte offenbar einer kleinen Unterspezies an, die man nach und nach auch noch aus den letzten lebenswerten Landstrichen verjagte. Ohne

Zweifel waren die Bergbaukombinate im Südosten dafür verantwortlich, die sich ständig ausbreiteten, und nun wollte der Wilde ›Waffen‹, um sie wieder zurückzudrängen.

Das eröffnete Joyaselatak eine ganze Reihe von neuen Möglichkeiten. Eine der besten Vorgehensweisen, eine feindselige Spezies ruhig zu stellen, bestand darin, Unruhe auf ihrem Heimatplaneten zu säen. Die normale Methode, solch eine Unruhe hervorzurufen – nämlich verschiedene Fraktionen gegeneinander aufzuhetzen –, hatte man im Fall der Kzinti bereits als untauglich eingestuft. Der Hof des Patriarchen war auch so schon voller Intrigen, Gegenintrigen, Fehden und mit Unmengen von Blut durchtränkt. Was auch immer Joyaselatak zu diesem Intrigennetz noch beitragen konnte, es würde nicht weiter auffallen. Eine Kzintigruppe mit Jotokitechnologie auszustatten, stand außer Frage; die Kzinti hatten bereits ihre Fähigkeit und ihre Entschlossenheit bewiesen, alles, was sie stahlen, sofort gegen die Erfinder zu richten. Außerdem wollte der Handelsrat sich bei keiner der herrschenden Cliquen einmischen. Im Augenblick wurden die meisten der außerordentlich aggressiv vorgetragenen Eroberungszüge von jungen, ehrgeizigen, aber nicht sonderlich gut organisierten Kzinti durchgeführt. Die Jotokiführer wollten die höheren Chargen nicht auch noch dazu ermutigen, dem Drang ins All System zu verleihen.

Und darin lag der Wert des Gefangenen. Einen Kzintiführer dem anderen vorzuziehen war hoffnungslos; die Namen mochten sich verändern, doch das interstellare Expansionsprogramm würde Bestand haben. Der Gefangene existierte jedoch nahezu vollkommen außerhalb der kzintischen, technosozialen Matrix. Ein kleiner Schubser von Barbaren, die angemessen mit Waffen und Ausrüstung ausgestattet waren, die sie selbst noch nicht einmal warten, geschweige denn herstellen konnten, würde vielleicht ausreichen, um die Kzintihierarchie nachhaltig zu destabilisieren. Zumindest würden solche Barbaren die Kzintiführer dazu veranlassen, einen Großteil der Ressourcen, die sie gegenwärtig so beiläufig für die Eroberung des Weltraums verwendeten, in die innere Friedenssicherung umzuleiten. Im besten Fall würden die Barbaren tatsächlich siegen und die Kontrolle übernehmen ... und zu dankbaren und kooperativen Mitgliedern des Handelsrats werden. Der Handel würde in Schwung kommen, sehr profitabler Handel, und man würde die Abzahlung der Eindämmungskosten auf möglichst kleine Raten verteilen, um den Profit auf lange Sicht noch zu steigern. Das Beste von allem war jedoch, dass die Kzinti, sollte sich je wieder eine andere raumfahrende Spezies erheben, als Söldner des Handelsrats für Frieden sorgen würden.

Und wenn das alles auf Joyaselataks Empfehlung hin geschähe, wäre das überdies ein dringend benötigter Erfolg für den Aufklärungsklan. Natürlich wäre das auch gut für den Handelsrat, doch würde es vor allem den Kreuzerklans einen Strich durch die Rechnung machen, die den Aufklärungsklans seit Neuestem ihre Zuständigkeiten streitig machten ...

Joyaselatak musterte seinen Gefangenen. »Du suchst Waffen?«

Schneller-Sohn zuckte mit den Ohren ob der Einfachheit der Frage. »Mit meinem Namen werde ich mir natürlich auch ein *Wzai* verdienen. Riit-Bewahrer achtet sehr auf die Einhaltung der Tradition.«

»Was ist *Wzai*?«

Was an solch einer leichten Frage eine Prüfung sein sollte, entzog sich Schneller-Sohns Verständnis, und er zögerte kurz zu antworten, denn er vermutete eine Falle. Als er jedoch keine fand, antwortete er: »Es ist das Symbol meiner Ehre und meiner Treue. Es wird beweisen, dass ich mir einen Namen verdient habe.«

Joyaselataks frustrierte Ichteile stritten sich über die Übersetzung. Jedes Thema schien immer wieder zur Religion des Wesens zurückzuführen. Die Sprachbarriere erwies sich als zu hoch. Eine Demonstration war angebracht.

»Du bekommst Waffe gezeigt. Du wartest hier«, sagte er unnötigerweise zu dem gefesselten Kzin, bevor er an seinem Schiff hinaufkletterte, in der Schleuse verschwand und Schnellen-Sohn seinen Gedanken über die Launen des Zähnefletschenden Gottes überließ.

Das Spionageschiff war vollbeladen, doch nicht so vollgestopft, dass nicht auch ein paar Waffen Platz an Bord gehabt hätten. Joyaselatak wählte ein Plasmagewehr. Es handelte sich um eine Kurzstreckenwaffe, die für Entermanöver konstruiert worden war, ideal, um einen Schiffsrumpf zu durchbrechen, und vernichtend im Nahkampf. Setzte man sie in einer Atmosphäre ein, reduzierte sich ihre Effektivität dramatisch; Reichweite und Zerstörungskraft ließen zugunsten einiger wirklich spektakulärer Effekte drastisch nach. Das Plasmagewehr trennte mit Gewalt Elektronen von Gasmolekülen und feuerte einen Kegel aus ultraheißer Luft ab, durch den in einer Atmosphäre Blitze zuckten, begleitet von einem Donnern und dem stechenden Geruch von Ozon. Die Reichweite war dann nicht mehr größer als die eines Bogens; doch innerhalb dieser Entfernung wurde das Ziel auf beeindruckende Weise niedergemetzelt, und alles Brennbare ging in Flammen auf.

Das war genau das richtige Gerät, um einen Wilden zu beeindrucken.

Joyaselatak wuchtete die schwere Waffe aus dem Schrank und schleppte sie nach draußen. Der Kzin war noch immer dort und wartete – was hätte er auch sonst tun sollen? Der Jotok hob das Gewehr und deutete auf einen Sandsteinfelsen in der Kraterwand. Dann zielte er sorgfältig, drückte mehrmals in rascher Folge den Stabilisatorknopf, schloss die Augen, um nicht geblendet zu werden, und betätigte den Abzug.

Schneller-Sohn wusste nicht, was nun geschehen würde, und als die Welt dann plötzlich vor ihm zu explodieren schien, war er zutiefst entsetzt und verängstigt. Zunächst sah er nur das gleißendhelle Bild des Plasmakegels und hörte lediglich ein Donnern. Erst als die Echos verhallten, packte ihn die Furcht, und seine Reflexe übernahmen die Kontrolle: Verspätet warf er sich mit dem Gesicht in den Sand. Glücklicherweise prallte er mit der Nase auf einen halb vergrabenen Fels, was ihn wieder von seiner Panik befreite. Auf der anderen Seite des Trichters war ein massiver Felsblock in Kieselsteine verwandelt worden, von denen noch immer welche in der Ferne niederregneten. Die trockene Wüstenluft roch wie nach einem Sommersturm. Schnellem-Sohn sträubte sich das Fell; es knisterte vor lauter Magie.

Plötzlich verstand er, wie ein *Ztigor* sich fühlen musste, wenn es den Schrei des Jägers hörte. Das musste die Magie sein, die das Stkaa-Rudel vernichtet hatte, und unvermittelt trauerte er um Ktirr-Schmiedemeisters Rudelgefährten, um Kzinti, die gestorben waren, als er noch nicht geboren war. In den Legenden hieß es, dass die Welt einst begonnen hatte und eines Tages enden würde. Dies hier, so wusste er ohne jeden Zweifel, dies hier war die Art, *wie* sie enden würde. Er konnte sich keine schrecklichere Waffe vorstellen.

»Ist das Magie wie der Gegenstand deiner Jagd?« Die seltsam klingende Stimme des Dämons unterbrach die atemlose Stille.

Noch immer zutiefst erschüttert brachte Schneller-Sohn ein mühsames »Ja« hervor. Es war eine Sache zu wissen, dass man sich in Gegenwart eines Dieners des Zähnefletschenden Gottes befand; es war jedoch etwas vollkommen anderes, wenn dieser Diener seine Macht demonstrierte. Gab es irgendetwas, wozu dieser Dämon nicht in der Lage war?

»Du selbst willst diese Waffe?«, fragte der Dämon.

Schneller-Sohn glaubte seinen Ohren kaum! Der Dämon bot ihm eine Waffe an! Er forderte ihn auf, dem Zähnefletschenden Gott die Treue zu schwören! Wo das Riit-Rudel ihm ein eisernes *Wzai* gegeben hätte, reichte ihm der Dämon ein magisches Feuertotem. Das allein übertraf schon alles, wovon er je geträumt hatte, abgesehen von dem Traum, im Rudelring des Zähnefletschenden Gottes zu sitzen! Das war eine Ehre, wie man sie nur noch aus den alten Geschichten kannte.

»Es ... Es wäre ein Privileg jenseits aller Vorstellungskraft!« Irgendwie gelang es ihm zu sprechen.

»Du stimmst zu, mein Ich nicht formell anzugreifen, und ich lasse dein Ich frei und gebe dir diese Waffe.«

Ohne zu zögern sprang Schneller-Sohn auf. Dank der Fessel war er ein wenig wackelig auf den Beinen. Er fuhr sich mit den Krallen über die Nase in der uralten Geste der Treue. »Ich schwöre dir und deinem Patriarchen Treue, Dämonendiener des Zähnefletschenden Gottes.« Vier scharlachrote Streifen auf seiner Nase verwandelten seinen Eid in einen Blutschwur.

Die Antwort schien den Dämon zufrieden zu stellen. Er tat etwas mit dem flachen Brrett-Artefakt, das er trug; dann holte er einen Talisman aus seinem Gewand und berührte damit die Schlinge des Kabels. Ein scharfer Schmerz durchfuhr Schneller-Sohns Knöchel, aber er war bereits wieder verschwunden, bevor der junge Kzin Zeit zum Reagieren hatte. Das Kabel löste sich und fiel zu Boden. Und dann hielt Schneller-Sohn das magische Totem in der Hand. Ehrfurchtsvoll streichelte er es, während er mit halbem Ohr den Anweisungen des Dämons lauschte, wie man das Totem verwenden musste.

Der Dämon versuchte, ihm zu zeigen, wie man die Waffe hielt, aber sie war nicht für Kzintiarme gebaut, und so war es ein seltsames Gefühl, sie in den Pranken zu halten. Schneller-Sohn richtete sie auf einen Dornenbusch am Kamm des Kraterrands und drückte auf die Stelle, die der Dämon ihm gezeigt hatte. Die Welt explodierte erneut, als die Waffe einen brennenden Pfeil gen Himmel sandte. Statik knisterte im Fell des erschrockenen Kzin, und er ließ die Waffe fallen und sprang hinter einen Felsen. Ein paar Augenblicke später kroch er beschämt wieder hervor. Wie ein erschrockenes Kätzchen bei einem lauten Knall davonzulaufen ... So benahm sich kein Mitglied des Rudelkreises des Zähnefletschenden Gottes.

Schneller-Sohn kehrte zu dem Dämon zurück. Halb fürchtete er, seine Feigheit würde eine Rücknahme der neugewonnen Ehre bedeuten. Stattdessen hob der

Dämon die Waffe jedoch auf, gab sie Schnellem-Sohn zurück und erklärte diesem erneut, wie sie funktionierte, nur diesmal langsamer. Schneller-Sohn achtete auf jede Einzelheit.

Der Dämon deutete auf einen Auswuchs an der Seite der Waffe und dann auf ein blaues Licht auf der Rückseite des Griffes.

»Entsichert. Bereit sein zu feuern«, sagte der Jotok. Er berührte den Auswuchs erneut, und das Licht wurde gelb.

»Gesichert. Nicht bereit sein zu feuern.«

Er deutete auf einen anderen Teil der Waffe. »Abzug. Feuern.«

Erneut hob Schneller-Sohn die Waffe an die Schulter und richtete sie auf den Dornenbusch. Er drückte den Auswuchs, und das Licht wurde sofort blau. Dann verstärkte er seinen Griff, nahm all seinen Mut zusammen und betätigte den zweiten Knopf. Wieder schoss ein gieriger Feuerstrahl in den Himmel hinauf. Der Strahl kam zwar noch nicht einmal in die Nähe des beabsichtigten Ziels, doch zumindest lief Schneller-Sohn diesmal nicht davon.

Geduldig nahm der Dämon die Waffe wieder an sich und demonstrierte den Zielvorgang. Es dauerte eine Weile, bis Schneller-Sohn das verstanden hatte, anschließend verbesserte sich sein Zielvermögen jedoch drastisch. Schon bald hatte er sich an die magische Waffe gewöhnt und war dazu imstande, ein Ziel anzuvisieren und in annehmbarer Entfernung des Ziels auch etwas zu treffen. Trotzdem erschreckte er sich noch mehrere Male, und obwohl er es nicht wusste, auch seinen Mentor. Joyaselatak fürchtete, dass sein übereifriger Schüler trotz aller Vorsichtsmaßnahmen und der alles beobachtenden KI einen Schuss in die Seite des Spionageschiffs abgeben könnte, wodurch der Jotok hier auf ewig gestrandet wäre.

Nachdem Schneller-Sohn gelernt hatte, ein Ziel häufiger zu treffen, als daran vorbeizuschießen, gingen sie zum Studium der komplizierteren Fertigkeiten über: dem Auseinandernehmen der Waffe, um sie anschließend wieder korrekt zusammenzusetzen, sowie dem Nachladen und dem Lösen diverser Probleme, die bei der Benutzung auftreten konnten. Schnellem-Sohn machte es Spaß, die Einzelteile zusammenzusetzen. Ein kleiner Fehler zu Beginn bedeutete, dass später irgendetwas nicht mehr passen würde.

Joyaselatak war zufrieden, während er den Kzin dabei beobachtete, wie er die Waffe auseinander- und wieder zusammenbaute und Ladehemmungen behob. Sein Schüler lernte schnell. Er und seine Art waren offensichtlich die geborenen Krieger; es mangelte ihnen nur an Waffen. Sicher, es gab noch viel gefährliche Arbeit zu tun, bevor die primitiven Kzinti in der Lage sein würden, gegen ihre fortschrittlichen Brüder vorzugehen. Nach ausführlicher Diskussion zwischen seinen Ichteilen war Joyaselatak zu dem Schluss gekommen, es mit einer Kaderausbildung zu versuchen. Die klügsten und aggressivsten Wilden würde man zu einem nahegelegenen Basisstern bringen. Dort würde man sie dann zum Kern einer Elitetruppe ausbilden, während man die Zahl ihrer Brüder durch fortgeschrittene Wachstumstechnologien auf Armeestärke erhöhte, die die frisch ausgebildete Elite dann führen könnte. Die Jotoki waren die besten Bioingenieure der gesamten Galaxis.

Diese Idee hatte man auch früher schon diskutiert, ja mit Hilfe der DNS kzintischer Gefangener sogar umgesetzt, allerdings erfolglos. Das Hauptproblem bestand darin, dass Kzinti in der Gefangenschaft recht schnell starben, und die künstlich herangezüchteten Jungen entwickelten sich nicht ohne Eltern – Elternschaft war ein Konzept, das den Jotoki vollkommen unbekannt war. Experimente hatten gezeigt, dass ein adulter Kzin oft ein geklontes Junges adoptierte, und diese Beziehung half beiden zu überleben. Das hatte jedoch auch seinen Preis. Die revitalisierten Kzinti wurden sogar noch aggressiver als zuvor, und sie erwiesen sich als wahre Ausbruchskünstler; stets pflegten sie einen entsprechend hohen Schaden anzurichten, bevor es jemandem gelang, sie aufzuhalten. Schließlich war der Kriegsklon-Klan dieser Aufgabe müde geworden. Die essentielle Elternbindung sorgte dafür, dass die Jungen die Jotoki von klein auf als Feind betrachteten.

Aber wenn die Jotoki gemeinsame Sache mit diesen zurückgebliebenen Wilden gegen ihre hochtechnisierten Unterdrücker machen würden, änderte sich die Gleichung. Sie wären Verbündete gegen einen gemeinsamen Feind. Der Handelsrat würde die Waffen zur Verfügung stellen und die Wilden die Körper. Die Eindämmungskosten wären extrem niedrig, und die Konversion von Feinden zu Handelsratmitgliedern würde erstaunlich schnell vonstatten gehen.

Jotok und Kzin setzten den ganzen Nachmittag über ihre Übungen mit dem Plasmagewehr fort. Zwischen den Lektionen erklärte der Jotok seinem Schützling in groben Zügen, was er geplant hatte – allerdings ohne dabei zu konkret zu werden. Schneller-Sohns Reaktion war ermutigend. Der Kzin war begierig darauf zu kooperieren und war sicher, dass auch sein sogenanntes ›Rudel‹ mitarbeiten würde. An diesem Punkt beschloss Joyaselatak, Schnellen-Sohn zu seinem Ursprungsort zurückzubringen. Der Kzin beherrschte die grundlegenden Waffenübungen, und der Jotok war begierig darauf, seinen Plan in die Tat umzusetzen.

Joyaselataks Schwerkraftschlitten war für zwei Passagiere ausgelegt – vorausgesetzt, bei beiden handelte es sich um Jotoki. Schneller-Sohn musste sich selbst im Laderaum zusammenkauern, doch die Aussicht durch die transparenten Türen war atemberaubend. Das, so wusste Schneller-Sohn, musste ein Himmelsschiff sein. Eines Tages würde er lernen, es zu segeln.

Die Zeit vor dem Aufbruch hatte er damit verbracht, die relevanten Verse der Rudelballade durchzugehen, während er versuchte, Mast, Segel, Winden und Takelung zu identifizieren. Es war nicht leicht. Das Gefährt war elegant geschwungen, so wie es auch in der Ballade stand, doch keines seiner wenigen hervorstechenden Merkmale entsprach denen, die in den Versen erwähnt wurden. Schließlich musste er sich mit den seltsam melodischen Jotokiworten zufrieden geben, die ihm der Dämon nannte.

Nachdem sie erst einmal gestartet waren, verzichtete Schneller-Sohn auf weitere Fragen. Die ganze Welt lag unter ihm ausgebreitet! Er konnte so weit sehen, wie er wollte. Oft hatte er auf seinem Beobachtungsfelsen gelegen, den eleganten Flug der Aasfresser am Himmel beobachtet und sich gefragt, wie es wohl sein würde, so fliegen zu können. Nun wusste er es, und es war ein derart erhebendes Gefühl, dass er es nicht in Worte fassen konnte. Und die Geschwindigkeit war unglaublich. Schneller-Sohn erkannte ein

Wasserloch, an dem er vor vier Tagen bei seinen Erkundungen Richtung Westen Rast gemacht hatte, und bevor er sich über diesen Anblick wundern konnte, glitt bereits das nächste Wasserloch unter ihnen vorbei. Ein ganzer Tagesmarsch in einem Sprung!

Sie folgten den Wasserlöchern und erreichten schon bald die Savanne. Joyaselatak fragte seinen Passagier öfters nach der einzuschlagenden Richtung. Es dauerte einige Zeit, und sie mussten öfters landen, bis der Kzin wusste, wo er sich befand. Der Wilde war offensichtlich vollkommen desorientiert. Immer wieder bestand Schneller-Sohn darauf, dass dieser Hügel oder jener Wasserlauf eine Landmarke sei. Der Jotok landete dann, und der Kzin untersuchte das Terrain, schnüffelte die Luft und gestand zumeist seinen Fehler ein. Nichtsdestotrotz wusste der Kzin immer, in welche Richtung sie weiterfliegen mussten, und so kamen sie durchaus voran. Zumindest *hoffte* Joyaselatak, dass sie vorankamen.

Die Sonne stand bereits unmittelbar über dem Horizont, als sie auf einer kleinen Hügelkuppe landeten, unter der ein kleiner Fluss entlang floss; ein Stück weiter hatte sich ein Teich gebildet. Der Platz unterschied sich kaum von den anderen, an denen sie bis jetzt gelandet waren; doch der Kzin erklärte, dass dies hier seine Heimat sei. Er schlug sich erneut auf die Nase – eine seltsame Geste, deren Bedeutung Joyaselatak irgendwann herausfinden musste – und versprach, in fünf Tagen mit den besten Männchen und Weibchen seines Rudels wieder zurückzukehren.

Der Jotok war froh, dass der Kzin ihn an die Zweigeschlechtlichkeit seiner Spezies erinnert hatte. Der Kriegsklon-Klan hätte ihm bei lebendigem Leibe die

Haut abgezogen, hätte er nur Männchen mitgebracht. Er gab seinem Lehrling ein paar letzte Ratschläge hinsichtlich der Waffe, während der Kzin aus dem Schlitten kletterte. Dann befahl er dem Navigationscomputer, sich die Koordinaten zu merken, schaute hinaus, um sich zu vergewissern, dass sein Passagier weit genug entfernt war, startete, drehte nach Westen und flog im Tiefflug davon, um nicht von irgendwelchen Sensoren aufgespürt zu werden.

Als das Himmelsschiff sich in die Luft erhob, sprang Schneller-Sohn auf seinen vertrauten Beobachtungsfelsen und setzte sich. Seine Augen folgten dem magischen Gefährt, bis es zu einem Punkt am Horizont zusammengeschrumpft und schließlich im Licht der untergehenden Sonne verschwunden war. Er blickte ihm so lange hinterher, bis auch die Sonne untergegangen und das purpurne Abendlicht der Schwärze der Nacht gewichen war. Dann glitt er in die Schatten und machte sich über vertraute Pfade auf den Weg nach Hause; die magische Waffe hatte er über den Rücken geworfen.

In dieser Nacht legte er gut die Hälfte des Wegs nach Hause zurück. Bei Tagesanbruch hielt er an, nachdem er einen gut versteckten Jagdschirm gefunden hatte, unter dem er sich ausruhen konnte. Er hätte durchaus noch weiter marschieren können, um im Hellen anzukommen, doch er hatte sich etwas ausgedacht, das nur am Abend funktionieren würde, wenn alle im Rudelring versammelt waren. Schneller-Sohn schlief tief und fest, träumte von Dämonen und Feuermagie, vom Fliegen und von den Sternen. Als die Sonne hinter dem Horizont versank, war er bereits wieder unterwegs; nur bewegte er sich inzwischen vorsichtiger. Die letzten 24.000 Schritt näherte er sich dem Rudelring, als warte dort eine alarmierte Beute auf ihn, und tatsächlich wusste er, dass Wächter seines Rudels in der Dunkelheit lauerten. Schließlich erreichte er einen Aussichtspunkt, von dem aus er auf die kleine Erhebung hinabblicken konnte, wo das Rund stand, in dem sich das Rudel zu versammeln pflegte.

Die Umgebung änderte sich jedes Mal, wenn das Rudel weiterzog und ein neues Lager aufschlug, doch der Geist blieb stets derselbe. Da war Pkrr-Riit; er lag auf seinem Ehrenplatz auf dem Felsen neben dem Feuer, und Ktirr-Schmiedemeisters Silhouette zeichnete sich gegen die Flammen ab. Die Jünglinge rückten an den alten Kzin heran, während dieser sich auf eine neue Geschichte vorbereitete. Weiter hinten lehnten die Erwachsenen an den Felsen, hörten zu oder unterhielten sich leise. Dort würden auch neue Mütter mit ihren Kätzchen zu finden sein, während andere Kzinrretti die älteren Kleinen beim Spielen im Sand beaufsichtigten. Und irgendwo dort draußen in der Dunkelheit waren vier oder acht junge Erwachsene in den Schatten verborgen, um schweigend über das Rudel zu wachen. Schneller-Sohn hatte selbst schon solch einen Wachdienst geleistet. Damals hatte er die Geselligkeit am Feuer vermisst, doch gleichzeitig war er stolz darauf gewesen, dass das Rudel so viel Vertrauen in ihn setzte. Der gesamte Kreislauf des Lebens war im Rudelring repräsentiert; jede Generation spielte ihre Rolle und gab sie irgendwann an die nächste weiter. Hier präsentierten Mütter ihre neugeborenen Kätzchen dem Rudel; hier lernten die Jungen die Traditionen von den Alten. Hier wurden Duelle ausgefochten und Geschichten erzählt. Hier trauerte man um die Toten, und hierher – so sagten die Legenden – kehrten die Geister jedes Jahr an ihrem Namenstag wieder zurück.

Einen Augenblick lang hielt Schneller-Sohn inne und dachte über sein Schicksal nach. Er war nun selbst eine Legende, eine Legende, die gerade erst begonnen hatte; er war der Schicksalskrieger von Chraz-Mtell, und seine noch nicht geschriebene Saga würde auf ewig an den Lagerfeuern gesungen werden. Er, Schneller-Sohn, der zufrieden war zuzuschauen, wie sein Bruder einen Doppelnamen für sich beanspruchte; er, Leiser-Schleicher, der den Jägermond als Gesellschaft vorzog; er würde Patriarch werden! Und zwar nicht nur der Patriarch des Riit-Rudels, sondern der Großpatriarch der gesamten weiten Savanne und all der unzähligen Länder jenseits davon. Er streckte die Krallen gen Himmel aus. Er würde der Patriarch der *Sterne* werden!

Das leise Klicken von Stein auf Stein veranlasste ihn, die Ohren in Richtung des Geräuschs zu drehen. Das Geräusch wiederholte sich nicht, doch Schneller-Sohn hatte bereits den schweren Schritt von Eisenkralle erkannt. Eisenkralle war also in dieser Nacht einer der Wächter. Schneller-Sohn konnte es kaum erwarten, die Geschichte seines Abenteuers zu erzählen. Schon bald würden sie wieder zusammen sein und wie in alten Zeiten gemeinsam lachen und trainieren. Es war gut, wieder *daheim* zu sein.

Doch zuerst musste er einen Namen für sich beanspruchen. Er zuckte mit den Ohren und stand auf; dann schritt er entschlossen auf den Rudelring zu. Hinter ihm verriet ein Rascheln, dass Eisenkralle sich zum tödlichen Sprung duckte für den Fall, dass sein Bruder sich als unwürdig erweisen sollte. Älterer-Bruder war noch nie leise genug gewesen, um Schnellen-

Sohn überraschen zu können. Sollte er sich nur ducken; springen würde er nicht.

Als Schneller-Sohn den Lichtkreis betrat, erhob sich Pkrr-Riit von seinem Ehrenplatz in der Mitte der Versammlung. »Das Riit-Rudel heißt den Fremden in seinem Rudelring willkommen und bittet um Neuigkeiten von Schnellem-Sohn«, intonierte der Patriarch die traditionelle Formel.

Schneller-Sohn hob die fremde Waffe an die Schulter und feuerte über die Köpfe der Versammelten hinweg in den Himmel hinein. Erschrocken floh das Rudel in alle Richtungen, einschließlich Eisenkralle und Pkrr-Riit. Alle hinterließen sie den zufriedenstellenden Geruch von Furcht. Schneller-Sohn sprang in die Mitte des Rudelrings und schrie triumphierend, während einige der tapferen Rudelangehörigen vorsichtig hinter den Felsen hervorspähten.

»Schneller-Sohn ist tot«, schrie/knurrte er die verlangte Formel in die Nacht. »Ich bin Chraz-Riit.«

WARREN W. JAMES

KOLONISTENALBTRAUM
(SLOWBOAT NIGHTMARE)

Nackt, weiß, kalt. Das war das Erste, was mir auffiel. Das und die leisen Geräusche, die man im Weltraum zu ignorieren lernt: das Flüstern der Lüftungsanlage, das Summen der elektronischen Systeme und das tiefe Grollen des Antriebs. Aber da stimmte etwas nicht mit diesen Geräuschen; es klang wie ein Chor, in dem einer falsch sang.

Die Plexiglashülle des Autodocs war mit Eis überzogen. Ich blinzelte, öffnete die Augen und sah nichts außer einem milchigen Weiß und jemandem, der sich schleppend außerhalb des Docs bewegte.

Wieder blinzelte ich und sah, dass die milchige, formlose Hülle an der Decke von hellen Streifen durchzogen wurde.

Ich atmete schwer, und kleine Wölkchen stiegen in die kalte Luft empor, während ich spürte, wie eine warme Brise in den Autodoc gepumpt wurde. Ich wurde mir des sauberen, antiseptischen Geruchs im Inneren des Autodocs bewusst und nahm noch einen anderen Geruch wahr, der mich an Schweiß und Gras gemischt mit Ingwer erinnerte. Ich spürte ein Kribbeln in Armen und Beinen, als wären sie eingeschlafen, während die Muskeln im Rhythmus elektronischer Impulse zuckten, die Teil der Behandlung waren. Dann spürte ich einen Ruck, und als ich an mir entlangblickte, sah ich ein Set von Injektionsnadeln, die sich langsam von meinem Arm entfernten. Wie lange war ich künstlich ernährt worden? Wo war ich? War ich krank, oder erholte ich mich von einem Unfall? Befand ich mich vielleicht in der Schlachterei eines Organschmugglers? Meine Gedanken waren ein einziges Durcheinander aus Erinnerungen und Träumen. Dann fiel es mir wieder ein. Die Erwartungen, die Hoffnungen, der traumlose Schlaf. Ich befand mich auf einem Sternenschiff unterwegs zu einer neuen Welt.

Würden wir einen perversen Planeten finden ähnlich jenen, die die Rammroboter bislang entdeckt hatten? Einen Planeten wie Mount Lookitthat in Tau Ceti II, wo Menschen nur auf einem kleinen Fleckchen Erde überleben konnten? Oder würden wir eine Welt vorfinden, die zwar gnädige Bedingungen bot, doch nur für wenige Tage im Jahr, eine Welt wie jene, die die Crashlander in Procyon IV entdeckt hatten?

Schon seit mehreren hundert Jahren hatten die Menschen unbemannte interstellare Sonden ausgesandt, Rammroboter, um in anderen Sonnensystemen bewohnbare Planeten zu finden. Und die Rammroboter waren tatsächlich fündig geworden. Die Bedingungen auf den Planeten, die den Berichten der Rammroboter zu entnehmen waren, entsprachen allerdings meist genauso häufig den Tatsachen, wie ein typisches Urlaubsziel den Versprechungen der Reiseveranstalter entsprach. Wer wusste schon, wie viele Kolonieschiffe ihren langen interstellaren Flug beendeten, ohne eine Möglichkeit zur Rückkehr zu haben, nur um dann eine kaum bewohnbare Welt vorzufinden, auf der sie sich wohl oder übel eine neue Heimat errichten mussten. Würde diese Reise anders enden?

Mit dem riesigen optischen Teleskop auf der Persephone-Station hatte man das Vegasystem beobachtet und war die Existenz von Planeten sowie das Vorhandensein eines großen, dichten Asteroidengürtels nachgewiesen, eines Überrestes aus der Entstehungsgeschichte des Vegasystems. Diese Felsen hatten die Wissenschaftskommission des Belt ausreichend interessiert, um die Hälfte der Kosten für eine unbemannte

Forschungsmission nach Vega zu übernehmen; sie wollten möglichst detaillierte Daten haben.

Der Rammroboter Nr. 124 hatte herausgefunden, dass Vegas vierter Planet – ein Gasriese, der etwa so groß war wie der Jupiter – einen mehr als marsgroßen Mond besaß, der von einer dichten Atmosphäre umgeben war. Die Wissenschaftler glaubten, der Mond sei bewohnbar, wenn auch ein wenig kalt und trocken. Doch da Vega ein verhältnismäßig junges Planetensystem besaß, strahlte der Gasriese noch immer hell im Infrarotbereich. Aus diesem Grunde gingen die Wissenschaftler davon aus, dass das Klima im Äquatorialbereich des Mondes durchaus erträglich, vielleicht sogar angenehm sei. (Wen kümmerte es schon, dass der Gasriese in ungefähr einer Million Jahren so weit abgekühlt wäre, dass er den Mond nicht länger erwärmen konnte. Sollten doch die Menschen im Jahre 1.957.811 n.Chr. das Problem lösen.)

Aber was uns Belter interessierte, war nicht der Mond, sondern die ausgedehnte Felsfamilie, die Vega umkreiste. Die Analyse der Rammroboterdaten hatte zuvor ergeben, dass die Asteroiden aus einer Mischung von Eis, Fels, Metall und Kohlenstoffverbindungen bestanden – die Grundlagen des Lebens. Sollten die Flatlander sich ruhig auf dem Mond niederlassen; wir Belter würden keinerlei Probleme haben, uns eine Zivilisation in die Felsen zu graben.

Nun, zumindest war das der Plan. Aber irgendetwas schien falsch zu sein, und ich glaubte nicht, dass es sich dabei um die Phantasien eines vom Kälteschlaf benebelten Gehirns handelte. Wären wir wirklich in Vega IVB angelangt, dann hätte das Medcenter mit Glassärgen vollgestopft sein müssen, damit der Autodoc sie auftauen konnte. Ich konnte zwar nicht klar sehen, doch ich wusste, dass mein Sarg der einzige im Raum war.

Mit einem Klicken lösten sich die Halterungen an meinen Armen und Beinen und zogen sich zurück; ich hob die Hände vors Gesicht. Die Fingernägel waren lang und sauber. Die blassrosa Farbe meiner Haut überraschte mich, obwohl Kälteschlaf ja nicht gerade bedeutete, unter der Tropensonne vor sich hin zu dösen. Mein Gesicht und meine Kopfhaut juckten. Ich berührte meine Wangen, um mich zu kratzen, doch dann riss ich die Hand entsetzt zurück. Haare! Auf meinem Gesicht! Auf meinem Kopf! Ich hatte meinen Belterschopf stets kurz getragen, doch nun war er in dem Chaos neuer Haare auf meinem Kopf nicht mehr auszumachen. Wie konnte das sein? Haare wachsen nicht, wenn ein Körper bei der Temperatur flüssigen Stickstoffs eingefroren und gelagert wird. Wann hatte mein Kopf Zeit gehabt, derart zuzuwuchern?

Inzwischen war der Plexiglasdeckel des Autodocs nicht länger beschlagen, und ich erkannte die vertraute Ausrüstung des Medcenters sowie Tom McCavity, der über mir stand und die Anzeigen des Docs überwachte. Tom war ein Lunie der neunten Generation, dessen Familiengeschichte bis zur Gründung von Hoverstraydt City zurückreichte; er war in den Belt emigriert, weil ihm das Gebiet um den Mond als zu übervölkert erschienen war. Seinen schwarzen Belterschopf trug er kurzgeschoren, um seine ohnehin schon beachtliche Größe nicht zusätzlich zu betonen. (Dabei litt er durchaus unter gewissen Komplexen, weil er nach Luniestandards eher klein geraten war.) Doch inzwischen war sein Haar mit Grau durchsetzt, und seine Bewegungen wirkten langsam und bedächtig. Mein Gott, er war so alt geworden! Als Mannschaftsmitglied hatte er vermutlich die meiste Zeit der Reise auf Wache verbracht. Einstein mochte uns ja vielleicht den Lauf der Zeit verlangsamen lassen, aufhalten konnten wir ihn aber nicht. Tom war langsam gealtert, während ich alterslos auf meinem Weg zu den Sternen geschlafen hatte.

Der Deckel des Autodocs glitt zur Seite, und die Geräusche und Gerüche des Medcenters strömten ungefiltert zu mir hinein. Was roch hier so nach Schweiß und Gras? Ich versuchte aufzustehen, doch Tom legte mir die Hand auf die Brust.

»Immer mit der Ruhe, Ib. Dein Körper kann die Forderungen deines Kopfes noch nicht erfüllen.« Toms Art, mit Kranken umzugehen, war streng, aber vernünftig. Allerdings hätte es mir auch ohne seine zurückhaltende Hand Schwierigkeiten bereitet aufzustehen.

»Es gibt viel zu bereden, und wir haben nicht viel Zeit.« Toms blau-graue Augen musterten mich kurz und huschten dann nervös durch den Raum. Ich versuchte zu sprechen, konnte es jedoch nicht.

»Trink das«, forderte Tom mich auf. »Das ist eine Elektrolytlösung mit Stimulanzien. Du wirst es brauchen können.« Er hielt mir eine Trinkflasche mit Saft an den Mund, den ich durch einen Strohhalm einsaugte. Die Feuchtigkeit half mir dabei, meine Kehle frei zu bekommen.

»Was ist passiert? Die anderen ... wo ...?«

»Sie befinden sich immer noch im Kälteschlaf. Es hat ein Problem gegeben.« Tom wollte fortfahren, doch ein Geräusch an der Tür hielt ihn davon ab, und er richtete all seine Aufmerksamkeit auf die andere Seite des Raums. Jetzt wurde mir auch klar, woher der Geruch von Schweiß und Gras stammte. Eine Kreatur trat durch die Tür – eine Kreatur, die zwar aufrecht ging, doch die wie eine Mischung aus Tiger und Gorilla aussah. (Ich erinnerte mich daran, beide Tiere einmal im Zoo des Kuppelasteroiden gesehen zu haben, als ich `57 mit meiner Schwester dort gewesen war.) Das Wesen musste fast acht Fuß groß sein; es besaß lange Arme mit vierfingrigen Händen und einen nackten Rattenschwanz. Die Kreatur trug grobe Kleidung, die aus einer Art Leder zu bestehen schien. Als sie mich anblickte, glaubte ich plötzlich zu wissen, wie sich Gefrierfleisch fühlen muss, wenn man es in die Mikrowelle schiebt.

Eine zweite Kreatur trat durch die Tür, und dann eine dritte. Die Letzte war anders. Sie war kleiner und wirkte ungepflegt. Die anderen gingen, nein, sie *schritten* auf eine Art daher, die eindeutig zeigte, dass sie eine gewisse Autorität besaßen. Aber dieses kleinere Wesen ... Er (Sie? Es?) bewegte sich langsam, fast zögernd, und die geduckte Haltung zeugte von Furcht. Die anderen besaßen ein langes orange-braunes Streifenfell, das offenbar oft gestriegelt wurde. Der Dritte wirkte jedoch so ungepflegt wie das neugewachsene Haar auf meinem Kopf. Und erst seine Augen ... Sie sahen ... schläfrig aus? Nein, vielleicht nicht schläfrig, aber irgendwie seltsam.

Der Große, der das Medcenter als erster betreten hatte, drehte sich zu den anderen um und knurrte etwas; es klang, als habe er Staub in der Kehle. Die anderen antworteten mit Zischen und Spucken, und ich wollte verdammt sein, wenn sich das nicht ehrerbietig anhörte. Dann versammelten sie sich um den Autodoc. Tom zitterte am ganzen Leib und wurde gegen den Autodoc gedrückt. Das zweite Wesen, dessen Gesicht auffällige asymmetrische Streifen aufwies sowie dunkle Markierungen um die Augen, blickte auf mich hinab und tat dann genau das, was ich niemals erwartet hätte. Er sprach in hartem, kaum zu verstehenden Englisch.

»Der hier weiß wie? Jaaa? Er muss arbeiten.«

Vor lauter Schreck hätte ich fast das Bewusstsein verloren. Hier waren wir inmitten der Sterne, mehr als 20 Schiffsjahre vom Belt entfernt, und Aliens von Gott weiß woher stapften einfach so ins Medcenter. Und sie sprachen Englisch! Niemand hatte mir je gesagt, dass unser erster Kontakt mit Außerirdischen so verlaufen könnte.

Dann betrachtete ich den größten der Außerirdischen ein wenig genauer – den, der mich aufmerksam musterte. Dann sah ich sie. Sie hingen an seinem Gürtel. Mindestens ein halbes Dutzend, vielleicht mehr. Sie waren mit einer Kordel festgebunden.

Ohren.

Menschenohren.

In diesem Augenblick verlor ich dann wirklich das Bewusstsein.

Als ich wieder aufwachte, befand ich mich nicht länger im Autodoc, sondern lag in einem leeren Raum auf einem Wasserbett. Der Größe des Raumes nach zu urteilen – sie entsprach in etwa der eines begehbaren Wandschranks auf der Erde – vermutete ich, dass es sich um das Quartier des Captains handelte. Ich fragte mich, was mit Jennifer geschehen war, doch dann erinnerte ich mich an die Ohren am Gürtel des Außerirdischen und beschloss, dass ich es eigentlich gar nicht wissen wollte.

Das Bild eines hungrigen Tigers, der sich wie ein

Gorilla bewegte, erweckte in mir den Wunsch, wieder in Vergessen zu versinken; aber meine Furcht vor dem, was mir im Schlaf widerfahren könnte, hielt mich wach. Ich versuchte, mich aufzusetzen, doch der Raum wurde grau und begann, sich zu drehen. Es war wohl besser, liegen zu bleiben. An der Wand neben dem Bett leuchtete die Lampe des Intercoms in sanftem Grün.

»Hey! Was ist los? Wo sind denn alle?«

Ich war nicht sicher, wer (oder was) mir antworten würde.

Ein Knacken, dann kam Toms Stimme aus dem Intercom. »Entspann dich. Ich werde gleich bei dir sein.«

Ein paar Minuten später glitt die Kabinentür beiseite, und Tom humpelte mit einem Arztkoffer herein. »Lass es ruhig angehen. Du bist noch schwach, und wir haben viel nachzuholen.«

»Was ist passiert?«, fragte ich.

Tom ignorierte meine Frage, während er den Arztkoffer durchwühlte und Trinkflaschen, Spritzen und Medikamentenflaschen herausholte. »Hier, trink das und unterbrich mich nicht.«

Ich schluckte den kalkigen, pinkfarbenen Saft aus dem Trinkbeutel, den Tom mir reichte. Der Saft schmeckte noch schlimmer, als er aussah. Das brennende Gefühl einer Spritze, die gegen meinen Arm gedrückt wurde, lenkte mich von weiteren Gedanken über Toms Fähigkeiten als Barkeeper ab. Tom drückte eine Taste neben dem Bett, und ein Plastikstuhl fuhr aus der Wand, auf den er sich setzte; dann sammelte er seine Gedanken, bevor er schließlich zu sprechen begann.

»Diese Aliens nennen sich selbst ›Kzinti‹, auch

wenn ich nicht weiß, ob sie damit ihre Spezies oder irgendeine soziale oder politische Gruppe meinen.«

»Aber was sind sie?«, fragte ich. »Entdecker? Wissenschaftler? Was?«

Tom blinzelte, ehe er meine Frage beantwortete. »Nicht ganz. Sie sind Krieger.«

»Das ist unmöglich! Gegen wen kämpfen sie?«

»Gegen uns«, antwortete Tom. »Soweit ich sagen kann, befinden wir uns im Krieg mit ihnen.«

Krieg!

Seit Dutzenden von Generationen hatte es auf der Erde keinen Krieg mehr gegeben. Der letzte historisch verifizierbare Konflikt zwischen Regierungen hatte noch vor der Zeit Galileis stattgefunden. Natürlich gab es auch Geschichten über Missverständnisse und Polizeiaktionen der UN, sowie apokryphe Texte über globale Konflikte, die mit Völkermord und Nuklearwaffen einhergegangen sein sollen; aber selbst Kinder wussten, dass das nur Fabeln waren, um Schüler Moralphilosophie zu lehren. Jedes Kind im Schulsystem (das von der ARM gesponsert wurde) lernte, dass Krieg für jede fortgeschrittene Zivilisation unmöglich sei: Jede Zivilisation, die lange genug existierte, um den interstellaren Raumflug zu entwickeln, muss ihr Aggressionspotential schon frühzeitig unter Kontrolle bringen. Ansonsten würden die betreffenden Wesen sich schon lange vor der Entwicklung der interstellaren Raumfahrt mit ihrer Technologie gegenseitig umbringen.

»Ich glaube dir nicht«, erklärte ich und suchte im Geiste nach einer anderen Erklärung.

»Du kannst mir glauben oder nicht, das ändert nicht die Art, wie die Kzinti sich verhalten.«

Schweigen füllte den Raum, bis Tom fortfuhr:

»Schau mal, Ib, vielleicht befinden wir uns im Krieg, vielleicht auch nicht. Vielleicht sind diese Wesen nur ein paar Psychopathen, die aus irgendeiner Nervenheilanstalt entkommen sind, und jetzt leben sie mit gestohlener Technik ihre kranken Phantasien aus.«

Nun, das ergab Sinn – glaubte ich.

»Aber was zählt, ist das, was hier vor sich geht. Sie benehmen sich, als befänden wir uns im Krieg mit ihnen, und sie machen keine Gefangenen.«

Ich starrte ihn einfach nur an. Mein Verstand wollte raumfahrende Krieger einfach nicht akzeptieren. »Aber was wollen sie von uns?«

Tom wandte den Blick ab, als würde er sich schämen. »Für sie sind wir nur potentielle Sklaven.« Wieder legte sich Schweigen über den Raum, bis Tom erneut mit seiner Geschichte fortfuhr.

»Es passierte vor ein paar Wochen. Wir waren noch sechs Monate von Vega entfernt, als wir die Annäherung eines fremden Schiffes bemerkten, das sich mit schier unglaublicher Geschwindigkeit auf uns zu bewegte. Wir schalteten das Rammfeld aus, damit es Schiff und Mannschaft der Aliens nicht gefährden konnte. Dann haben wir gewartet. Das Kzintischiff traf sich mit uns. Es hing nur ein paar hundert Kilometer genau vor unserer Nase und tat rein gar nichts.«

Ich unterbrach ihn. »Wie sind sie auf uns gestoßen? Durch Zufall?«

»Nein«, erwiderte Tom. »Sie befanden sich auf einer Aufklärungsmission in Vega, als sie unser näher kommendes Schiff bemerkten, woraufhin sie losgeflogen sind, um uns abzufangen.«

Ich unterbrach ihn erneut. »Willst du mir etwa sagen, sie haben bis zu unserer Position beschleunigt und auf der Stelle abgebremst, um sich unserer Geschwindigkeit anzupassen? Mann, was haben die für eine Technologie?«

»Ich weiß nichts über ihre Technologie. Jennifer glaubte, es handele sich um eine Art Feldantrieb, irgendetwas, wobei die Kräfte des Antriebs sowohl auf das Schiff als auch auf den Innenraum wirken. Auf diese Weise könnten sie mit Hunderten von g beschleunigen, ohne etwas davon zu bemerken.«

Ich hatte noch immer Schwierigkeiten, das zu glauben. Zuerst, feindliche Außerirdische. Nein ... feindliche, *sklaven*haltende Außerirdische. Und nun fand ich heraus, dass sie über eine Technologie verfügten, die unsere Rammjets wie Doppeldecker im Zeitalter des Überschallflugs wirken ließen. Das war wirklich nicht die Art, wie wir uns den ersten Kontakt vorgestellt hatten. Tom setzte seine Geschichte fort.

»Die Mannschaft versuchte sich an jedem Kommunikationsschema, das du dir vorstellen kannst. Die Kzinti antworteten nicht auf eins davon. Vielleicht haben sie uns missverstanden, aber es schien verdammt noch mal so, als würden sie uns schlicht ignorieren. Ich wünschte, das wäre alles gewesen, was sie getan hätten.«

Tom hielt kurz inne, als ihn die Erinnerung übermannte. Ich versuchte, mir die Hoffnungen und Erwartungen der Crew in jenem Augenblick vorzustellen. Lichtjahre von der Erde und Lichttage von einem neuen Stern entfernt, und dann hatten sie als erste Menschen Kontakt zu Außerirdischen – zu den oft vorgestellten und öfter noch ausgedachten intelligenten Wesen aus einer anderen Welt. Jedem an Bord musste bewusst gewesen sein, dass dies ein epochales Ereignis in der menschlichen Geschichte war, die

Erfüllung des Traums von Generationen. Toms Stimme drohte zu brechen, während er den Rest der Geschichte erzählte.

»Dann haben die Kzinti ein paar kleine Boote herübergeschickt und sich den Zugang zu unserem Schiff erzwungen. Es kam zum Kampf, doch wir waren zahlen- und waffenmäßig weit unterlegen. Die meisten Crewmitglieder waren innerhalb weniger Minuten tot. Ich befand mich im Medcenter und hatte noch nicht einmal Zeit, zu jenen zu gelangen, die mich brauchten.«

Toms Augen nahmen einen gehetzten Ausdruck an. Ich wollte gar nicht erst über die Dinge nachdenken, die er gesehen haben musste.

»Jennifer hat versucht, den Antrieb wieder anzuwerfen. Ich vermute, sie hat gehofft, das magnetische Feld würde die Kzinti töten, die sich noch immer auf ihrem Schiff befanden. Vielleicht wollte sie aber auch den Triebwerksstrahl als Waffe einsetzen. Wer weiß? Auf jeden Fall stürmten die Kzinti die Brücke und töteten Jennifer und den Rest der Crew. Bei den Kämpfen wurde der Antrieb so stark beschädigt, dass der Computer eine Notfallabschaltung eingeleitet hat ... Aber nicht bevor das Magnetfeld den Antrieb, den größten Teil der Elektronik und sämtliche Besatzungsmitglieder an Bord des Kzintikriegsschiffes vernichtet hatte.«

Kriegsschiff. Ein Wort aus unserer Vergangenheit. In der Schule hatte man uns beigebracht, dass die letzten menschlichen Kriegsschiffe die Meere mit Hilfe von Segeln befahren hatten. Ein Kriegsschiff, das zwischen den Sternen segelte, war nahezu unvorstellbar.

»Unser Rammfeld hat den Antrieb des Kzintischiffes zerstört?« Ich brachte es einfach nicht über mich, es ein Kriegsschiff zu nennen. »Wie war das möglich?«

»Frag mich nicht. Ich bin kein Ingenieur.«

»Nun, wie stark ist unser Antrieb beschädigt?«

»Ib, wie gesagt, ich bin kein Ingenieur. Ich kann dir diese Frage nicht beantworten. Hier kommst du ins Spiel. Wir brauchen jemanden, der den Antrieb reparieren und uns in den Orbit von Vega IVB bringen kann.«

»Und das soll ich sein? Ich bin nur Prospektorenboote gewöhnt. Mit Rammschiffen kenne ich mich nicht aus.«

»Das mag ja sein, aber du bist unsere beste Hoffnung. Die Mannschaft ist tot. Ich musste jemanden auftauen. Es hat ... Es hat Komplikationen gegeben.«

»Komplikationen?«, hakte ich nach.

»Du willst es nicht wissen«, antwortete Tom. »Glaub mir. Du musstest zwei Wochen im Autodoc verbringen. Von allen Leuten, die mir zur Verfügung standen, hattest du ... hattest du die besten Qualifikationen.«

»Was für Qualifikationen?«, verlangte ich zu wissen.

»Du bist der einzige Belter mit einem ordentlichen Abschluss in Astrotechnik.«

Tom verschwieg mir irgendetwas. Was war es? »Das kann nicht dein Ernst sein. Es ist Jahrhunderte her, seit ich zum letzten Mal als Ingenieur gearbeitet habe, und damals habe ich mich hauptsächlich mit Entwürfen beschäftigt, nicht mit Reparaturen. Das *kann* jetzt nicht genügen.«

»Das sollte es aber besser.« Er zögerte und fuhr dann fort: »Ich kenne euch Prospektorpiloten. Ihr prahlt damit, alles mit so gut wie nichts reparieren zu können. Wenn du versagst, sind wir tot.«

Ich unterbrach ihn. »Aber ...«

»Nichts aber. Wir haben nur eine Chance zu überleben, wenn es dir gelingt, das Schiff zu reparieren.« Während wir uns anstarrten, blickte mich Tom flehend an, es zu tun. Ich bin nicht sicher, ob ich ihm geglaubt habe. Verdammt, ich bin nicht sicher, ob ich mir selbst geglaubt habe. Ich dachte an etwas anderes.

»Wie viele Kzinti befinden sich auf dem Schiff?«

»Nicht viele. Nur der Entertrupp, der hinter unseren Schilden war, als Jennifer das Triebwerk eingeschaltet hat.«

»Können wir uns denn nicht mit ihnen verständigen, oder ...?«

»Man kann sich nicht mit ihnen verständigen«, unterbrach mich Tom. »Sie denken nicht wie wir.« Ein bedrückendes Schweigen senkte sich über den Raum, bis Tom sich zum Gehen erhob.

»Ich werde jetzt gehen und dir ein wenig Ruhe gönnen. 20 Jahre Kälteschlaf können den Hormonhaushalt ganz schön durcheinander bringen. Ich hätte dich gern noch ein paar Tage im Autodoc gelassen, um deine Biochemie wieder auf Vordermann zu bringen; aber die Kzinti haben das nicht zugelassen. Zur Hölle, sie wollten noch nicht einmal zulassen, dass ich heute nach dir sehe.«

Tom reichte mir ein kleines Röhrchen mit orangefarbenen Pillen. »Hier ist etwas Medizin aus dem Autodoc für dich. Du musst alle acht Stunden zwei davon nehmen. Das sollte dir helfen.«

Sein Blick sagte mir mehr als seine Worte, doch ich verstand nicht, was er mir mitteilen wollte. »Nimm deine Medizin und ruh dich aus. Das ist wichtig. Ich habe die Kzinti davon überzeugt, dass du noch einen Tag nichts wirst tun können. Ich weiß allerdings nicht, wie lange ich es noch verzögern kann.«

Tom drehte sich um und machte sich auf den Weg zur Tür. Dabei bemerkte ich, dass er hinkte. Ich konnte mich nicht erinnern, dass Tom früher gehinkt hatte. Als wir das Solsystem verließen, war er noch vollkommen normal gegangen.

»Tom, was ist mit deinem Bein passiert?«

Tom verzog das Gesicht, als er sich langsam wieder zu mir umdrehte. Er stützte sich an der Wand ab und hob sein Hosenbein hoch. Dort wo ein Bein hätte sein sollten, befand sich nun ein glänzender Titanstumpf, der unten bis in die Schuhe und oben bis in die Hose hineinreichte.

»Die Kzinti sind recht reizbar«, erklärte er. »Merk dir, dass du sie nie ärgern darfst.«

Den Rest des Tages verbrachte ich mit Ausruhen, Essen und Schlafen. Ich stellte den Wecker darauf ein, alle acht Stunden zu klingeln, und wenn es so weit war, nahm ich meine Pillen. Die Pillen mussten sehr stark gewesen sein, denn mein Kopf fühlte sich ungewöhnlich leicht an, und mein ganzer Körper war irgendwie gereizt. Das hätte mir Sorgen bereiten müssen, doch mein ganzes Leben lang hatte man mir gesagt, ich müsse der Behandlung eines Autodocs vertrauen. Auf jeden Fall verbrachte ich einen Großteil meiner Zeit mit Dösen; doch von Zeit zu Zeit schreckte ich auf, wenn mich ein Albtraum von überdimensionalen Katzen und der vergessenen Kunst des Krieges plagte.

Der nächste Morgen kam viel zu schnell. War es überhaupt Morgen? Mein Zeitgefühl war vollkommen aus den Fugen geraten. Ich wachte ohne Hilfe auf und entdeckte einen Autokoch im Raum, der allerdings die meisten Fleischwaren als ›ausgegangen‹ führte. (Musste ich den Kzinti auch dafür die Schuld geben?) Ich hatte gerade mein Frühstück aus Eiern, Toast und Kaffee, allerdings ohne Wurst beendet, als zwei Kzinti den Raum betraten. Der größere der beiden musste sich ducken, um durch die Tür zu passen; der kleinere, zerlumpt aussehende lief ohnehin vornüber gebeugt. Ich erkannte den größeren der beiden Kzinti als jenen, der Englisch sprach. Tatsächlich redete er auch sofort auf mich ein.

»Ich bin Sklavenmeister. Ich werde die Sklavensprache sprechen, bis du die Heldensprache gelernt hast. Doch zuerst beweise uns deinen Wert. Löse das Schiffsproblem. Dann werden wir dich wie einen wertvollen Sklaven behandeln.«

»Und was heißt das?«, fragte ich.

»Dass du leben wirst.«

Ich wusste nicht, was ich darauf erwidern sollte, und die große Katze schwieg einen Augenblick lang. Ich blickte ihr ins Gesicht, doch ihre Emotionen – hatte sie überhaupt welche? – waren mir ein Rätsel. Was bedeutete zum Beispiel dieses Ohrzucken? Und sollte ich mir Sorgen machen, weil die Katze mir ihre Zähne zeigte, oder war das nur ein Versuch zu lächeln?

Die Rattenkatze – eine bessere Bezeichnung fiel mir nicht ein, während ich den nackten zuckenden Schwanz betrachtete – die Rattenkatze knurrte etwas zu dem kleineren Kzin, der daraufhin schauderte und sich noch mehr zusammenkrümmte. Er griff in einen

Beutel, den er an seinem Gürtel trug, und holte eine Spritze mit silberner Kanüle hervor. Sein Blick wanderte von der Spritze zu seinem größeren Gefährten und schließlich zu mir. Der größere Kzin knurrte ihn erneut an – ich hätte schwören können, dass dieses Knurren verächtlich klang –, und der kleine Kzin stieß sich die Kanüle tief in den Unterarm. Wieder erzitterte er und schien sich in sich selbst zurückzuziehen, als falle er in Trance; dann schaute er mich an.

Es war, als würde er ins Herz meiner Seele blicken. Seine Augen funkelten vor Leben, wie ich es zuvor nicht bei ihm gesehen hatte, und noch immer zitterte er am ganzen Leib. Ich hörte ein leises stöhnendes Knurren, und plötzlich spürte ich einen Druck in meinem Kopf; vielleicht hing das mit meiner Angst vor dem bevorstehenden Verhör zusammen.

»Jetzt sprich.« Sklavenmeister starrte mich an. Irgendwie glaubte ich, dass dies nicht der richtige Zeitpunkt für eine schnippische Erwiderung war.

»Okay. Reden wir. Worüber?«

»Nein. *Wir* reden nicht. *Du* redest. Kannst du das Schiff reparieren?«

Ich hatte gerade damit begonnen, mir eine ausweichende Antwort zu überlegen, als mein Kopf plötzlich zu explodieren schien, und ich verlor die Orientierung. Ich hatte das Gefühl, in ein unendlich tiefes Loch zu fallen, während ich gleichzeitig zu einem unerreichbaren Himmel empor geschleudert wurde. Ich drehte mich mit schier unglaublicher Geschwindigkeit, obwohl ich mich in Wirklichkeit nicht bewegte. Wäre ich nicht jahrzehntelang die Schwerelosigkeit gewöhnt gewesen, ich hätte mein Frühstück sofort wieder ausgespuckt und es über die Kzinti und alle vier Wände des Raums verteilt. (Ich bezweifelte allerdings, dass das meiner ›Karriere‹ sonderlich förderlich gewesen wäre.) Langsam verflog das Gefühl, doch es ging nie wieder völlig weg.

Der ungepflegte Kzin saß in der Ecke. Er funkelte mich an. Sein Blick durchdrang mich, während er unkontrolliert zitterte. Zögernd knurrte er etwas in Richtung Sklavenmeister.

Der größere Kzin starrte mich an, und ich beobachtete entsetzt, wie er seine dicken schwarzen Krallen ausfuhr. Dann hob er die Pranke über meinen Kopf, als beabsichtige er, mich mit einem Hieb in Stücke zu reißen.

»Nur die Wahrheit. Keine Lügen. Ich werde es wissen.« Er hielt kurz inne. »Hast du das verstanden?«

So klar wie Kloßbrühe.

»Jawohl, Sir.«

Er hob die Hand höher, und sein Fell glättete sich.

»Verwende eine korrekte Anrede, keine *Shtondat*anrede. Ich bin Sklavenmeister, nicht ›Sir‹.« Er senkte den Kopf, bis sein Gesicht fast das meine berührte. Deutlich sah ich, wie seine Schnurrhaare zuckten, und ich roch den fauligen Gestank toten Fleisches in seinem Atem. Eine falsche Antwort, und mein Geruch würde diesem Atem hinzugefügt werden.

»Jawohl, S... Jawohl, Sklavenmeister.« Ich versuchte, es so respektvoll wie möglich klingen zu lassen. Angst um sein Leben kann einen Menschen so weit bringen.

Langsam senkte Sklavenmeister die Arme. Sein Fell richtete sich wieder auf, und die Krallen verschwanden in seinen Fingerspitzen. »Jetzt sag mir, was du über das Schiff weißt, und welche Fähigkeiten du im Reparieren besitzt.«

Und so versuchte ich, ihnen das zu sagen, was sie

vermutlich hören wollten. Hätte ich ihnen mehr versprochen, als ich einhalten konnte, wäre ich gestorben – das wusste ich –; doch hätte ich ihnen andererseits nicht genug versprochen, wäre ich nie imstande gewesen, ihnen zu beweisen, dass sie mich unterschätzt hatten. Ich ließ sie also wissen, dass ich die Schiffssysteme zunächst einmal inspizieren müsse, bevor ich irgendeine Entscheidung treffen könne. Ich sagte ihnen, dass ich noch jemand anderen aus dem Kälteschlaf auftauen müsse, der mir helfen solle. Die Idee gefiel ihnen ganz und gar nicht.

Auch wenn Sklavenmeister ein wenig Englisch sprach, sein technisches Vokabular ließ einiges zu wünschen übrig, und so mussten wir unser Gespräch bisweilen unterbrechen, um Sprachprobleme zu beseitigen. Er ließ mich die Dinge visualisieren, sie ihm beschreiben, bis er mich schließlich verstand. Und die ganze Zeit über hockte der ungepflegte Kzin in seiner Ecke und starrte mich an, während mein Kopf sich anfühlte, als würde er jeden Augenblick explodieren. Am Ende war ich vollkommen erschöpft. (Ich glaube, sie wussten das, doch es war ihnen egal.) Zu meinem Glück schienen sie jedoch erfahren zu haben, was sie wissen wollten. Ich hoffte, mir ein paar Tage Zeit erkauft zu haben, um einen Weg aus diesem Dilemma zu suchen – Zeit, um Hoffnung in einer hoffnungslosen Situation zu finden.

Sklavenmeister blickte mir in die Augen. »Wir gehen jetzt. Wir werden diskutieren. Churl-Kommandant wird entscheiden. Später wirst du inspizieren und reparieren. Ruh dich jetzt aus. Iss. Bereite dich vor.« Mit diesen Worten drehten die beiden Kzinti sich um und gingen hinaus. Das einzige, was von ihrem Besuch zurückblieb, war der Geruch von

Schweiß, Gras und Ingwer – und meine Furcht vor dem, was als nächstes geschehen würde.

Ich dachte darüber nach, wach zu bleiben und Pläne zu schmieden, wie ich den Katzen am besten schaden konnte; doch mein Kopf schmerzte noch immer. Ich glaubte, der Kopfschmerz hinge mit meiner Anspannung zusammen, aber wenn dem so war, hatte ich stressbedingte Kopfschmerzen wie nie zuvor. Ich hatte einmal Delikatessen zu einer Flatlander-Wissenschaftsstation geschmuggelt und mich in den Ringen des Saturn vor einer Goldhautpatrouille versteckt, und das war nichts im Vergleich zu dem Stress gewesen, den ich im Augenblick empfand. Im Vergleich dazu wirkte meine damalige Flucht wie ein entspannter Nachmittag in Heisenbergs Pub auf der Ceres-Basis.

Ich streckte mich auf dem Wasserbett aus, um meine Gedanken zu ordnen, doch statt dessen organisierte ich nur meine Träume – nur dass diese Träume immer wieder von Albträumen unterbrochen wurden, in denen ich mich selbst als Maus sah, die von einem Tiger gejagt wurde.

Als ich wieder aufwachte, war mein Geist mit halb vollendeten Bildern und den Resten von Albträumen gefüllt. Im Schlaf hatte ich mir ausgemalt, wie unser Schiff von wilden Außerirdischen gestürmt worden war, die an die Fantasiewesen aus einem antiken 2D-Film erinnerten. (Jene Art Film, die die ARM unterdrückt zu haben glaubte, doch waren diese Filme bei den Beltern in ihren Einmannbooten als Unterhaltung ausgesprochen beliebt, weit weg vom gönnerhaften ›Schutz‹ der ARM.) Und dann traf es mich wie ein

Schlag. Das war kein Traum gewesen. Diese Katzen waren real, und sie entsprachen nicht im Mindesten dem saganesken Bild der weisen, friedfertigen Wesen, die uns auf den Weg zur Erleuchtung führen würden. Diese Kreaturen waren Killer, die die Menschen nur als eine weitere Spezies betrachteten, die es zu unterdrücken galt. Ich wollte wieder schlafen, mir einen Weg aus diesem Albtraum heraus träumen, doch in den letzten Tagen hatte ich einfach zuviel geschlafen. (Warum war ich überhaupt so müde, nachdem ich gerade erst mehr als 20 Schiffsjahre im Kälteschlaf verbracht hatte?)

Ich wusste nicht, wie viel Zeit seit meinem letzten Zusammentreffen mit den Kzinti vergangen war, aber ich rechnete schon bald mit einem weiteren Besuch. Entweder würden sie mich dann benutzen, um das Schiff zu reparieren, oder sie würden mich als nutzlos entsorgen. So oder so, ich musste mich auf ihr Kommen vorbereiten. Das Frühstück war abermals eine fleischlose Angelegenheit, doch die anschließende Dusche erfrischte mich mehr als all der Schlaf der vergangenen paar Tage zusammen. Während ich mich abtrocknete, starrte ich mein Gesicht im Spiegel an und dachte darüber nach, mir den Bart abzurasieren und mein Haar wieder zu einem Belterschopf zurechtzustutzen, doch ich hatte weder die Energie noch ausreichend Lust dazu.

Ich musste nicht lange darauf warten, dass die Katzen mich holen kamen. Ohne Vorwarnung öffnete sich die Tür, und Sklavenmeister kam hereinmarschiert, gefolgt von dem kleinen, ungepflegten Kzin. Sklavenmeister knurrte den kleineren Kzin an, der daraufhin wieder in seinen Beutel griff, eine Spritze hervorholte und sich eine Injektion in den Arm verabreichte, während er mich unablässig anstarrte. Sein Gesichtsausdruck erweckte ein Gefühl des Mitleids in mir; doch als ich mir ins Gedächtnis zurückrief, was er und seine Artgenossen der Schiffsmannschaft angetan hatten, hoffte ich, dass das, was auch immer er da tat, ihm Schmerzen bereiten möge – *starke* Schmerzen.

Einen Augenblick lang geschah gar nichts. Dann explodierte mein Kopf wieder vor Schmerz, und alles drehte sich. Sklavenmeister blickte mich erbarmungslos an und sagte: »Du kommst jetzt mit. Schiff reparieren.«

»Ich muss zuerst auf die Brücke, um die Systeme zu überprüfen.«

Der ungepflegte Kzin ... Ich musste mir einen Namen für ihn ausdenken. Fritz. Das würde reichen. Fritz stöhnte Sklavenmeister etwas zu und blickte dann wieder zu mir.

»Wir gehen jetzt. Gehorch oder stirb.«

Wir gingen.

Die geschwungenen Gänge des Schiffs waren leer, während wir zur Brücke marschierten. Seit dem ersten Tag hatte ich keinen weiteren Kzin gesehen, aber ich wusste, dass noch andere in der Nähe waren. Ich konnte sie riechen, und manchmal hörte ich ihr Katzengeschrei durch die Lüftungsschächte hallen, die die leeren Gänge mit Luft versorgten, deren Wände von Brandflecken und Löchern verunstaltet waren.

Die Brücke war verlassen, und der Zustand, in dem sie sich befand, machte mir schmerzhaft bewusst, wie verzweifelt unsere Lage wirklich war. Überall um mich herum sah ich nur Spuren von Tod und Zerstörung. Ich erinnerte mich an meine Freunde, die eigentlich hier sein sollten, es aber nicht waren. Ich versuchte, den Schmerz ob ihrer Abwesenheit zu verdrängen, was mir allerdings nicht sonderlich gut gelang.

Die Kopfstütze der leeren Kommandantenliege war zerbrochen, und die Seiten der Liege waren von etwas Scharfem aufgerissen worden; Polstermaterial hing aus den Schnitten heraus. Ich wollte mir einfach nicht eingestehen, aus was die Flecken auf Couch und Boden bestanden.

Ein Großteil der Monitore war dunkel oder zeigte nur digitales Rauschen. Ausgefranste Löcher in den Konsolen zeugten davon, dass Waffen hier sinnlos Geräte zerstört hatten. Die meisten Konsolen waren mit rostfarbenen Flecken bedeckt, die nicht auf Eisenoxyd zurückzuführen waren. Ein paar flackernde Lichter stellten den einzigen Beweis dafür dar, dass die Konsolen noch immer mit Strom versorgt wurden. Die Kzinti schenkten den Instrumenten keinerlei Beachtung, sondern starrten mich einfach nur an. Sie warteten darauf, dass ich etwas tat. Sklavenmeister knurrte etwas. Ich setzte mich an die Station des Schiffsingenieurs und begann mit der Arbeit.

Ein paar der Monitore und Anzeigetafeln funktionierten nach wie vor, und ich benutzte sie, um mir farbige Diagramme und lange Zahlenkolonnen anzeigen zu lassen, die mir Aufschluss über den Zustand des Schiffes geben konnten. Aber das Bild, das sie mir vermittelten, war zugleich verwirrend, lückenhaft und übermäßig detailliert. Nur auf Rohdaten hatte ich Zugriff, von denen auch noch ein Großteil fehlte, sodass ich keine Möglichkeit hatte, mir ein vollständiges Bild über den Status der einzelnen Schiffssysteme zu verschaffen. Wären noch andere Leute hier gewesen, hätten wir vielleicht gemeinsam diesem Flickenteppich von Daten einen Sinn entnehmen können; doch die Kzinti würden mir nie die Genehmigung geben, noch weitere Kolonisten aufzutauen. Ich musste auf das VR-System zurückgreifen, wollte ich Ordnung in dieses Chaos bringen.

Die Datenhandschuhe und Monitorhelme des VR-Systems befanden sich in einem Schrank am hinteren Ende der Brücke.

Die Kzinti beobachteten mich nur, als ich aufstand und zum Schrank ging. Als ich jedoch nach der Schranktür griff, versteiften sich die beiden Katzen, und Sklavenmeister knurrte.

»Ich hole mir nur ein paar Geräte, die ich brauche.« Ich hoffte, dass sie meine Nervosität nicht missverstanden.

Sklavenmeister knurrte Fritz etwas zu, der mich daraufhin anstarrte ... und eine neue Welle des Schmerzes brach über meinen Kopf herein. Fritz murmelte etwas zu Sklavenmeister. Seine Stimme klang wie die einer hustenden Katze, und Sklavenmeister entspannte sich.

Ich holte ein paar Datenhandschuhe heraus sowie einen Monitorhelm und trug beides zurück zur Ingenieurskonsole, wo ich sie an meinen Kopf und meine Hände anpasste. Meine eigene Ausrüstung hätte mir natürlich besser gepasst, doch in Anbetracht der Umstände reichte auch diese hier. Nachdem ich die VR-Geräte angeschlossen hatte, ließ ich die Diagnoseroutinen durchlaufen, bis mir ein Piepen anzeigte, dass die Geräte einsatzbereit waren. Ich stellte die Lautstärke so ein, dass ich Sklavenmeister hören konnte, sollte er etwas sagen, und das Videosystem auf transparent, sodass ich im Hintergrund ständig die Brücke sah. Mir war klar, dass ich mich nicht auf die Schiffssysteme würde konzentrieren können, wenn ich nicht wusste, was die Kzinti gerade taten.

Sklavenmeister und Fritz beobachteten mich aufmerksam. Ich wusste nicht, ob sie auf ihren Schiffen etwas besaßen, das mit unserem VR-System vergleichbar war. Vielleicht hatten sie so etwas, vielleicht auch nicht; aber auf jeden Fall hielten sie mich nicht davon ab, die Hände in die Datenhandschuhe zu stecken und den Helm aufzuziehen.

Die Kopfhörer fühlten sich warm und weich auf meinen Ohren an. Ich hörte die leeren Echos der Stille und das Rauschen des Blutes, das durch meine Ohren floss. Die Datenhandschuhe passten auf meine Hände wie ... na ja, wie Handschuhe. Sie übten einen leichten Druck auf meine Hände aus, und wenn ich die Finger bewegte, spürte ich den schwachen Widerstand der Sensoren. Die beiden Kzinti verwandelten sich in bleiche Geister, als ich das versilberte Helmvisier herunterklappte und das VR-Programm aktivierte.

Überfüllte Datenfenster erschienen auf dem Visier, schwebten im virtuellen Raum vor meinem Gesicht und überlagerten das Bild der zerstörten Brücke und der beiden mich beobachtenden Kzinti. Diese Art der Anzeige war ausgesprochen desorientierend, und je mehr ich in der virtuellen Welt versank, desto schlimmer würde es werden. Hoffentlich würde meine jahrzehntelange Erfahrung in der Schwerelosigkeit und die daraus resultierenden Reflexe mich vor der völligen Verwirrung bewahren.

Ich bewegte die Hände und rief ein Fenster mit Einstellungsmöglichkeiten auf. Aus diesen Möglichkeiten wählte ich dann eine schematisierte Schiffsansicht mit überlagernden Anzeigen zum Status der einzelnen

Systeme. Es war an der Zeit, eine virtuelle Wanderung zu unternehmen und nachzusehen, wie die Dinge standen. Während das VR-System meine Befehle ausführte, löste sich das Bild der Brücke auf und eine Außenansicht des Schiffes wurde eingeblendet.

Das Bild, das ich sah, mochte ja vielleicht künstlich erzeugt worden sein, doch das machte es nicht weniger beeindruckend. Unser Schiff, die *Obler's Paradox*, mit ihrem 250-Meter-Gitterwerkrückgrat und den verschiedenen Modulen hing regungslos im All umgeben von Millionen Sternen. An der Seite hatte ein kleines, rundes orangefarbenes Boot angedockt – wie ein lästiger Parasit –, und ein Stück weiter entfernt schwebte drohend ein ebenso rundes, doch weitaus größeres Schiff.

Unser Schiff schien in überraschend gutem Zustand zu sein, wenn man einmal von den offensichtlichen Schäden absah, die die Kzinti verursacht hatten, und von den üblichen Verfärbungen, die auf Strahlung und das Zünden der Steuerdüsen zurückzuführen waren. Am Heck befand sich der Fusionsantrieb, der uns beeindruckend nah an die Lichtgeschwindigkeit heranbringen konnte, sowie der Magnetfeldgenerator des Rammfeldes. Unmittelbar davor war eine Gruppe runder Tanks zu sehen, in denen Wasserstoff aufbewahrt wurde, welchen wir für langsamere Geschwindigkeiten innerhalb eines Sonnensystems benötigten. Ungefähr in der Mitte befand sich das lange, zylinderförmige Modul, das die Kälteschlaftanks beherbergte, die Ausrüstung und Vorräte der Crew sowie einen hydroponischen Garten, der die Mannschaft mit Gemüse und Frischluft versorgte. Ein sich drehendes, kreisförmiges Modul enthielt den Arbeits- und Wohnbereich der Crew. Schließlich befanden sich am Bug noch die Vakuumlager, wo wir unsere Boote und andere vakuumunempfindliche Geräte hinter Hitze- und Meteoritenschilden aufbewahrten. All das wurde von den glatten, supraleitenden Paneelen abgedeckt, die Menschen und Gerät vor dem magnetischen Feld des Antriebs schützten.

Während ich eingehend die Schäden an unserem Schiff untersuchte, rief ich wiederholt Daten ab und ließ sie mir oberhalb der Schiffsdarstellung anzeigen. Nach und nach gelangte ich zu einer Beurteilung. Ich richtete den Blickwinkel auf die Feldgeneratoren und vergrößerte die Ansicht.

Es sah aus, als wären sie von etwas Schwerem getroffen worden. Vielleicht war ein kleines Kzintiboot in die Generatoren gezogen worden, als Jennifer unseren Antrieb aktiviert hatte. Diese Feldgeneratoren waren in der Lage, ein magnetisches Feld zu erzeugen, das stark genug war, um interstellaren Wasserstoff aus Hunderten von Kilometern Entfernung anzuziehen, sobald wir uns mit einem Bruchteil der Lichtgeschwindigkeit bewegten; ich bezweifelte jedoch, dass die Entwickler sie dazu ausgelegt hatten, etwas derart Großes und Nahes wie ein Kzintischiff abzuwehren. Wenn die Katzenschiffe aus Materialien bestanden, die für Magnetstrahlung auch nur im Entferntesten empfänglich waren, dann würden sie bei eingeschaltetem Antrieb unweigerlich gegen die Feldgeneratoren gezogen werden.

Ich befahl dem Computer, mir die Feldstärke des Antriebs anzuzeigen sowie die Dichte des ihn umgebenden Wasserstoffs. Sofort war das dargestellte Schiff von gelben und blauen Linien umgeben. Ich griff mit meinen Händen hinaus und tastete die Feldlinien ab. Dann drückte ich sie und maß ihre Kraft mit den Sensoren an meinen Fingern. Daten erschienen in den Fenstern, die die physischen Eindrücke des Force-Feedback-Systems bestätigten.

Die Asymmetrie des Feldes zeigte, dass einige, aber nicht alle der Feldgeneratoren außer Betrieb waren. Jene, die noch arbeiteten, operierten allerdings auf einem Level, der gerade ausreichte, um uns vor der Strahlung des interstellaren Mediums zu schützen. Sie konnten jedoch nicht genug Wasserstoff in den Antrieb pumpen, um uns von Einsteingeschwindigkeit abzubremsen.

Es sah schlimm aus, aber nicht hoffnungslos. An Bord des Schiffes gab es ein paar Ersatzteile, doch wichtiger noch waren die redundanten Systeme, mit denen der Antrieb ausgestattet worden war. Zum ersten Mal, seit man mich aus dem Kälteschlaf geweckt hatte, empfand ich so etwas wie Optimismus. Hier war ein Problem, mit dem ich fertig werden konnte.

Dieser Gedanke lenkte meine Aufmerksamkeit wieder auf die Kzinti. Dort waren sie, wie Geister auf einer Beerdigung. Die Katzen wiederum stellten definitiv ein Problem dar, das ich vermutlich nicht würde beheben können.

Meine Hände bewegten sich durch die Luft – ich fragte mich, was die Kzinti sich wohl dabei dachten –, und das Bild des Schiffs und der Sterne wich dem Bild der Brücke und der wartenden Kzinti.

Ich schaltete das Display aus und klappte das Visier auf.

Fritz starrte mich noch immer an, und ich bereitete mich auf eine weitere Welle des Schmerzes vor, die jedoch nicht kam; ich spürte nur einen dumpfen Druck wie bei einem abgebrochenen Zahn, bevor der

Autodoc ihn ersetzen konnte. Das war zwar unangenehm, aber man konnte damit leben.

Ich blickte Sklavenmeister in die Augen. »Die Bussard-Feldgeneratoren sehen wirklich böse aus. Es wird viel Arbeit kosten, bis sie wieder ihren normalen Betrieb aufnehmen können.«

»Kannst du das reparieren?« Der Blick von Sklavenmeisters Augen gestattete nur eine Antwort.

»Ja. Mit ausreichend Zeit und Ressourcen.«

»Tu es.«

»Wie lange wird deine Mannschaft dafür brauchen, eure Ausrüstung von eurem Schiff auf unseres zu schaffen, und wie viel zusätzliche Masse bedeutet das?« Mir gefiel die Vorstellung ganz und gar nicht, dass die Kzinti unser Schiff in Beschlag nahmen, aber zu wissen, wie lange sie für den Transport der Geräte brauchten, würde mir eine Vorstellung davon geben, wie viel Zeit mir für die Reparatur des Antriebs blieb.

»Helden geben ihr Schiff nicht auf. Du wirst die *Schreiender-Jäger-der-aus-dem-hohen-Gras-springt* mit deinem Schiff transportieren.«

Ich glaubte nicht, dass das ein Scherz gewesen war, doch ich wusste, dass er nicht die geringste Vorstellung davon hatte, was für ein Problem er damit schuf. Wir konnten nicht einfach ein Seil zu dem Kzintischiff hinüberwerfen und es ins Schlepptau nehmen. Außerdem gab es nichts, wo wir das Schiff mit dem überlangen Namen an der *Obler's Paradox* festmachen konnten, und massiv war es zudem wahrscheinlich auch. Diese ignorante, viel zu groß geratene Entschuldigung für eine Hauskatze hatte unser Problem soeben unnötig verkompliziert. Wir würden schon von Glück reden können, wenn meine improvisierten Reparaturen die *Obler's Paradox* heil nach Vega brachten. Ich wollte Sklavenmeister das gerade sagen und zwar genau mit diesen Worten, als ich plötzlich wieder von dem vertrauten, schrecklichen Kopfschmerz heimgesucht wurde, und ich überdachte meine Worte noch einmal.

Sklavenmeister trat näher, bis er unmittelbar vor mir aufragte. »Du kannst das nicht tun?«

Er hatte das Gesichtsfell angelegt und fuhr die Krallen aus.

Und dann bemerkte ich seine Ohren. Sie hatten sich geöffnet wie Fledermausflügel oder kleine Sonnenschirme. Das Bild war fast ... fast witzig. Beim Anblick dieser geradezu zierlichen Ohren bei dem riesigen orangefarbenen Tiger-Gorilla hätte ich eigentlich lauthals auflachen sollen; allerdings wusste ich, dass er nicht den geringsten Sinn für Humor besaß. Und der Schmerz in meinem Kopf war inzwischen so groß geworden, dass ich als Antwort nur noch grunzen konnte.

»Du verlangst zu viel. Du willst das Unmögliche. Wir werden unser Gleichgewicht verlieren; dann haben wir keine Kontrolle mehr. Und unser Antrieb ist beschädigt. Wir haben nicht genügend Energie, um beide Schiffe zu bewegen.« Ich hoffte, dass er vernünftig war.

Das war er nicht.

»Helden befehlen, sie diskutieren nicht. Wertvolle Sklaven gehorchen; die anderen sterben.« Er hielt einen Augenblick lang inne; dann fuhr er fort: »Kannst du es tun?« Er zog die Lippen hoch und entblößte eine Reihe beeindruckender Zähne. Auf der anderen Seite des Raums rollte Fritz sich zu einem kleinen orangefarbenen Ball zusammen. Ich wusste, dass ich nur eine Antwort geben konnte.

»Ich werde es ver...« Ich überdachte meine Worte noch einmal. »Ich werde es tun.«

Sklavenmeister blickte zu Fritz und knurrte etwas. Fritz knurrte respektvoll zurück, und der Schmerz in meinem Kopf verebbte. Sklavenmeister ragte noch immer über mir auf, doch sein Fell hob sich wieder, und die Krallen verschwanden in den Fingerspitzen.

»Tu es.«

Ich tat es.

Es galt, mehrere Probleme zu lösen. Erstens musste ich das Bussardfeld neu konfigurieren, um den Antrieb mit weniger Energie fahren zu können. Die Idee, den Antrieb wieder auf volle Leistung zu bringen, hatte ich bereits aufgegeben. Zweitens musste ich einen Weg finden, das Kzintischiff an der *Paradox* festzumachen, ohne die Kontrolle zu verlieren. Drittens musste der Computer eine Flugbahn berechnen, die uns mit beschädigtem Antrieb und dem Katzenschiff im Schlepptau sicher in einen Orbit um Vega IVB bringen würde. Und viertens musste ich herausfinden, was ich wegen der Kzinti unternehmen konnte. Doch dieses letzte Problem stellte sich erst gar nicht, wenn es mir nicht gelang, die ersten drei zu lösen, daher verdrängte ich die Kzinti zunächst einmal aus meinen Gedanken – zumindest so gut ich konnte.

Tatsächlich erwies sich das dritte Problem als das leichteste, weil seine Lösung nicht meiner vollen Aufmerksamkeit bedurfte. Der Schiffscomputer konnte auch ohne mich rechnen.

Zunächst brauchte ich von den Kzinti genaue Masseangaben zu ihrem Schiff. Das war eine Herausforderung an meine beschreibenden Fähigkeiten, doch nach einer Stunde intensiver Arbeit mit Sklavenmeister und Fritz gelang es mir, ihnen verständlich zu machen, was ich wollte. Hinterher fühlte ich mich, als würde mein Kopf jeden Augenblick auseinander brechen, doch nach wenigen Minuten bekam ich eine Antwort. Ich hatte Recht. Ihr Schiff besaß sogar eine ungewöhnlich hohe Masse. Es hinter uns her zu schleppen bedeutete nahezu eine Verdoppelung unserer Eigenmasse.

Ich rief die Programme zur Berechnung der Flugbahn auf und gab alles ein, was mir einfiel. Das Programm weigerte sich zunächst, meine Eingaben anzunehmen; es betrachtete die Masse eines zweiten Schiffs als Fehleingabe. Ich überbrückte die Sperrroutine und startete die Berechnung. Dann betrachtete ich die verschiedenen Flugbahnen, die der Computer überprüfen würde, und wies ihn an, die Weite des Raums stärker zu berücksichtigen. Nach ein paar Stunden, in denen ich alles einstellte, ließ ich den Computer auf das Problem los. Die Zeit, die der Computer voraussichtlich zur Lösung der Aufgabe benötigen würde, weckte nicht gerade meinen Mut.

Es war durchaus möglich, dass wir bereits an Vega vorbeigeflogen waren, bevor der Computer seine Berechnungen beendet hatte. Aber das war etwas, worüber ich mir auch später noch Gedanken machen konnte. Im Augenblick galt es, dringendere Probleme zu lösen. Zwei davon standen auf der gegenüberliegenden Seite des Raums.

Sklavenmeister besaß die unheimliche Fähigkeit, vollkommen regungslos auf einer Stelle zu verharren und mich gleichzeitig mit hungrigen Augen anzustarren, was mich an die Fähigkeit der meisten Belter erinnerte, stundenlang in der Schwerelosigkeit zu schweben, ohne sich zu rühren. (Tatsächlich war diese Fähigkeit in der Enge der vollgestopften Kabine eines

Einmannbootes sogar überlebenswichtig, denn schließlich konnte dort die kleinste falsche Bewegung das reinste Chaos verursachen.) Oder vielleicht war er einfach nur dumm und schwer zu langweilen. Aber egal ... Die Arbeit hatte mir offenbar gut getan, denn die schrecklichen Kopfschmerzen, die mir Fritz mit seinem gehetzten Blick bescherte, waren zu einem dumpfen Druck abgeklungen.

Ich weiß nicht, wie ich aussah, doch Fritz war ein Wrack. Er zitterte am ganzen Leib und wackelte mit dem Kopf.

Zwar vermochte ich Sklavenmeisters Körpersprache nicht zu verstehen, aber so nahe bei Fritz zu sein, war ihm offenbar unangenehm. Vielleicht litt der ungepflegte Kzin unter dem, was bei den Katzen als schlechter Atem galt ... oder zumindest unter so etwas Ähnlichem.

Es war nun schon acht Stunden her, seit sie mich geholt hatten, und sie hatten mir noch keine Gelegenheit gegeben, etwas zu essen. Ich fragte mich, wo ihre physischen Grenzen lagen.

Ich wusste, dass meine ihnen egal waren, mir waren meine Grenzen indes alles andere als gleichgültig. Also blickte ich Sklavenmeister unverwandt in die Augen.

»Sklavenmeister. Ich habe diesen Teil der Aufgabe erledigt. Wir müssen warten, bis das Schiff meine Fragen beantwortet hat. Das wird einige Zeit dauern. Darf ich essen, bevor ich mich wieder an die Arbeit mache?«

Als Fritz sah, wie ich Sklavenmeister anblickte, krümmte er sich unwillkürlich zusammen und rückte von dem größeren Kzin ab, als fürchte er sich vor dessen Reaktion. Was denn? Hatte ich etwas Falsches gesagt? Sklavenmeister blickte mir tief in die Augen. »Sklaven bitten nicht, sie gehorchen.«

Ich erwiderte den Blick seiner braunen Augen. »Nun, dieser Sklave wird aber nicht mehr sehr viel länger in der Lage sein zu gehorchen, wenn er nicht bald etwas zu essen bekommt.«

Sklavenmeisters dicke Muskeln zuckten wütend, doch bei diesen Kzinti wirkte eigentlich alles irgendwie zornig. Er knurrte etwas zu Fritz, der ihm mit einem Miauen antwortete. Nun wirkte Fritz nicht mehr lediglich verwahrlost, sondern zutiefst verängstigt. Und die ganze Zeit über, während er mit Sklavenmeister miaute, hielt er den Blick gesenkt, wandte sich vom Gesicht seines Vorgesetzten ab. Ich fragte mich, was er Sklavenmeister wohl sagte. Der große Kzin betrachtete mich hungrig. Ich hoffte, er hatte verstanden, dass ich ihn darum gebeten hatte, essen zu dürfen und nicht gegessen zu werden.

Dann kam mir ein Gedanke: Vielleicht sagte meine Körpersprache etwas, das meinen Worten widersprach. Ich nahm mir an Fritz ein Vorbild und blickte zu Boden.

»Sklavenmeister. Ich könnte hier essen. Der Autokoch hinter dir könnte mir Obst und Gemüse geben. Ich könnte dir besser dienen, wenn du mir erlaubst, etwas zu essen, bevor ich weiterarbeite.« Ich zählte die roten Kratzspuren auf dem Deck, während ich auf seine Antwort wartete.

Als Sklavenmeister zu sprechen begann, hob ich meinen Blick ein wenig und sah, dass die beiden Kzinti schauderten; vielleicht waren sie von irgendetwas angewidert.

Der große Kzin funkelte mich an. »Helden schauen nicht zu, wenn Sklaven sich mit Sklavenfressen entwürdigen. Geh in dein Nest zurück. Nur dort wirst du Wurzeln fressen.«

Wer war ich schon, dass ich ihm hätte widersprechen können? Wir verließen die Brücke.

Das Klicken des Türschlosses verriet mir, dass die Kzinti mir nicht vertrauten. Und? Ich traute ihnen auch nicht. Ich ging zum Autokoch und sah nach, was er herstellen konnte. Offenbar stand mir ein weiteres fleischloses Abendessen bevor. Ich machte das Beste daraus, indem ich mir eine Portion würziger Bombay-Kartoffeln bestellte sowie einen fleischlosen Vindaloo-Curry mit Knoblauchbrot, Raita und Chutney. Ich war froh, dass die Flatlander-Gesellschaft, die das Rammschiff gebaut hatte, eine Zweigstelle in Newer Delhi besaß. Flatlanderessen war das beste, das es gab, und das hier war in jedem Fall weit besser als die normale Schiffsverpflegung – von dem fehlenden Fleisch einmal abgesehen.

Nach nur wenigen Minuten ertönte ein Piepen, und ich nahm ein Tablett mit dampfenden Speisen aus dem Autokoch. Der Duft machte es mir leicht zu vergessen, dass die Rohmaterialien für dieses Essen unzählige Male durch die Körper der Schiffsbesatzung recycelt worden waren, während die *Obler's Paradox* auf Vega zugerast war. Ich beschloss, während des Essens zu arbeiten, und so drückte ich einen Knopf, und ein Plastiktisch fuhr aus der Wand.

Das Datendisplay war in die Wand über dem Tisch eingelassen. Ich setzte mich davor und begann, auf der Tastatur zu tippen. Schon bald wurde klar, dass ich die Passwörter nicht kannte, um von hier aus auf die Schiffssysteme zugreifen zu können, doch ich konnte Aufzeichnungen aus den Datenbeständen des Schiffscomputers einsehen. Nach ein paar Minuten zeigte das System Aufzeichnungen, die bis zu unserer ersten Begegnung mit den Kzinti zurückreichten, einschließlich einiger Aufnahmen der Autocams.

Ich gab ein paar weitere Kommandos ein und war schließlich in der Lage, dem Computer zu befehlen, unsere gegenwärtige Situation mit den Autocams aufzuzeichnen und zur späteren Verwendung zu speichern. Im Augenblick war es mir vielleicht noch nicht möglich, etwas gegen die Kzinti zu unternehmen, doch jetzt wusste ich zumindest, wo sie waren und was sie gerade taten.

Nachdem das erledigt war, machte ich mich über das Essen her, während der Monitor die Aufzeichnungen über den ersten Kontakt der Menschheit mit Außerirdischen abspielte. Die Bilder zeigten genau das, was Tom mir beschrieben hatte, während mir der Duft von Knoblauch und Garam Masala in die Nase stieg.

Das Kzintischiff näherte sich der *Obler's Paradox* mit hoher Geschwindigkeit und demonstrierte dabei eine schier unglaubliche Manövrierfähigkeit. Die nummerischen Einzelheiten, die in dem Fenster neben dem Video zu sehen waren, erinnerten mich an etwas aus einem phantastischen 3D-Film. Bei einer derartigen Beschleunigung hätte jedes Lebewesen zerquetscht werden müssen. Bei dem Schiff handelte es sich um eine überraschend kleine und kompakte orangefarbene Sphäre mit Dellen und hässlichen, zylinderförmigen Vorsprüngen auf der Oberfläche. Es gab keine sichtbaren Triebwerksöffnungen, und vielleicht brauchte ein derart fortschrittliches Gefährt auch keine. Ein Großteil des Rumpfes war mit Schriftzeichen bedeckt, die wie Kratzer aussahen, die mit Punkten und Kommata durchsetzt waren; ich nahm an, dass es sich dabei um den Schiffsnamen handelte.

Eilig las ich die überstürzt zusammengestellte Nachricht, die die Crew zur Erde geschickt hatte, wohl wissend, dass sie ihr Ziel erst in Jahrzehnten erreichen würde – lange nachdem unser Problem so oder so gelöst sein würde. Ich aß den letzten Rest meines würzigen Vindaloo ... Verdammt sollten diese Kzinti sein, die den letzten Rest unser Fleischvorräte aus den Lagern gestohlen hatten; ich liebte Vindaloo mit Shrimps ... Und während ich aß, las ich die Aufzeichnungen über die Mutmaßungen der Crew. Sie hatte gehofft, auf wohlwollende Außerirdische zu treffen, mit denen die Menschheit einen möglichen Wissens- und Kulturaustausch betreiben könnte. All das verriet mehr über die Crew, als sie jemals vermutet hätte. Ich hielt die Anzeige an und beendete mein Abendessen, während das Bild des Kzintischiffes vor dem Sternenhintergrund eingefroren war und Minzjogurt die Würze des Vindaloo in meinem Gaumen neutralisierte. Dann startete ich das Programm neu.

Die Bilder zeigten Schrecken, die schon vor langer Zeit aus der Erinnerung der Menschheit getilgt worden waren. Zwei kleine Boote lösten sich von dem Kzintikriegsschiff und bewegten sich mit atemberaubender Geschwindigkeit auf die *Obler's Paradox* zu. Eines machte an unserem Schiff fest. Weißer Dampf strömte in den Weltraum, als das Boot unsere Hülle durchschnitt; dann zeichneten die Innenkameras Bilder von in Raumanzügen gehüllten Kzinti auf, die in das Schiff strömten. Sie stürmten das Schiff mit erhobenen Waffen ... mit Waffen, die zum Töten gebaut worden waren; so etwas hatte es außerhalb der Pornoindustrie schon seit Jahrhunderten, vielleicht sogar seit Jahrtausenden nicht mehr gegeben.

Jetzt fiel mir ein, warum die Dinger an den Gürteln der Kzinti mir so vertraut vorgekommen waren. Vor ein paar subjektiven Jahren hatte ich mich in leichter Finanznot befunden und mich mit einem Partner zusammengetan, den ich nicht allzu gut gekannt hatte. Alles war gut verlaufen, bis wir eines Tages auf dieses Lager mit Pornovideos gestoßen waren, die nur aus einer Aneinanderreihung von Tötungsszenen zu bestehen schienen. Mein Partner fand nie heraus, warum ich unseren Bergbautrip abgebrochen und nie mehr mit ihm zusammengearbeitet hatte. Bei den Dingern an den Gürteln der Kzinti handelte es sich um Handfeuerwaffen. In den Händen von Menschen hätten diese *Hand*feuerwaffen allerdings eher wie Kanonen gewirkt, eine weitere, fast vergessene Obszönität.

Ein Mitglied des Kzinti-Entertrupps stieß in der Nähe von Notfallschleuse Drei mit Jack Smithie zusammen. Jack schlüpfte gerade in seinen Hautanzug und legte sein Biopack an. Der erste Kzin, der auf ihn traf, stellte keine Fragen; ja, er wurde noch nicht einmal langsamer, sondern schoss Jack ein Loch so groß wie ein Belterhelm durch die Brust. Tanj, ich hatte nicht gewusst, dass ein menschlicher Körper so viel Blut enthielt.

Diese Szene von Tod und Zerstörung wiederholte sich jedes Mal, wenn ein Kzin auf einen Menschen traf. Nicht ein einziges Mal versuchten sie zu kommunizieren, sondern töteten alles, was sich bewegte, und schossen geschlossene Türen auf. Im Hintergrund hörte ich das Heulen von Alarmsirenen. Das Intercom hallte von verwirrenden Nachrichten wider. Ich schaltete von Kamera zu Kamera und von einer blutigen Szene zur nächsten, immer in der Hoffnung, dass das alles nur ein Irrtum war, ein Missverständnis aufgrund der Verschiedenartigkeit von Mensch und Kzin. Doch ich wusste, dass dem nicht so war.

Das ›Vorbereiten auf Schwerelosigkeit‹-Horn ertönte gefolgt von der Beschleunigungswarnung. Ich wusste, dass die Kzinti die Signale nicht verstehen konnten, und so wurden sie ein paar Minuten später überrascht, als sie plötzlich den Halt verloren, nachdem das Modul seine Drehbewegung eingestellt hatte und die künstliche Schwerkraft damit zusammengebrochen war. Es war beinahe lustig zuzusehen, wie sie durch die Gegend taumelten. Als im Ringmodul unvermittelt Schwerelosigkeit herrschte, prallten die Kzinti gegen die Wände und schlugen hilflos mit den Armen durch die Luft. Sie sahen wie ein Haufen Flatlander-Flitterwöchler aus, die zum ersten Mal im Weltraum waren. Einigen der Kzinti wurde übel, und ich hoffte, dass sie an ihrem eigenen purpurfarbenen Erbrochenen ersticken würden. Aber so desorientiert sie auch sein mochten, sie rückten weiter vor.

Der Monitor schaltete zum Bild der Brücke um. Da war Jennifer auf der Kommandantenliege, und ihr langes Flatlanderhaar schwebte um sie herum wie ein organischer Nebel. Sie hämmerte auf die Kontrollen ein, als könne ihr Eifer die Systeme schneller aktivieren. Neben ihr saß Nathan Long mit seinem kurzgeschorenen roten Haar und seinem gestutzten Bart, und seine Finger flogen über die Tastatur, konfigurierten Systeme neu, schalteten dieses an und jenes ab und taten alles, was Jennifer wollte. Chi Lin, ein Belter, mit dem ich mehr als einen Drink im Heisenberg getrunken hatte, saß am Ingenieurspult und führte mit schier unmenschlicher Geschwindigkeit einen Systemcheck durch. Joel Peltron bearbeitete die Navigationskonsole, schaltete von einer Anzeige auf die andere, gab Daten ein und berechnete die Manöver, die Jennifer anordnete. Eine derartige Hektik war im Weltraum äußerst selten. In einem Notfall war man entweder sofort tot, oder man hatte genügend Zeit, um das Problem zu lösen. Dies hier war eine der seltenen Ausnahmen dieser Regel.

Dann flog plötzlich die Tür in den Raum, gefolgt von einer Wolke aus Rauch und Trümmern. Kzinti in orangefarbenen Anzügen stürmten mit angelegten Waffen auf die Brücke. Einige der Kzinti waren noch immer von der Schwerelosigkeit verwirrt, und sie stolperten mehr, anstatt zu stürmen, doch insgesamt waren es einfach noch zu viele Kzinti, die überdies wilde Entschlossenheit an den Tag legten. Ihre Waffen spien Feuer und Rauch. Jennifers Kopf explodierte, und ihre Liege wurde mit zähem Blut und Fleischfetzen überzogen. Nathan versuchte aufzustehen und sich zu wehren. Wer weiß, wie er sich das gedacht hatte? Keiner von uns hatte je die Faust im Zorn erhoben. (Das hieß, niemand, der in einem Autodoc geheilt werden konnte; die, bei denen das nicht möglich war, warteten in Kälteschlaftanks auf der Erde darauf, dass die Psychiker eine Heilmethode fanden.) Nathan hatte nicht den Hauch einer Chance. Er wurde von der langen, flachen Waffe eines Kzin in zwei Teile geschnitten wie ein poröser Fels von einem Laser. Blut und Fleisch der Crew füllten die Luft der Brücke, bildeten wabernde rote Kugeln und zuckende Fetzen, Körperteile, die noch vor kurzem meinen Freunden gehört hatten.

Ich konnte es nicht mehr ertragen und schlug mit

der Faust auf den Monitorschalter. Ich wollte rausrennen und die Kzinti töten. Ich wollte spüren, wie ihre Knochen unter meinen Händen zerbrachen. Ich wollte sehen, wie ein Laser ihre massigen Leiber in immer kleinere Stücke schnitt. Ich wollte ... Ich wollte ...

Ich wollte kotzen. Ich schaffte es gerade noch bis zum Waschbecken.

Einige Zeit später wachte ich wieder auf. Ich erinnerte mich nicht daran, ins Bett gegangen zu sein, aber irgendwie war ich das wohl. Ich fühlte mich schwach, und mir war kalt. Noch immer schmeckte ich den säuerlichen Geschmack des Erbrochenen im Mund, und die Luft im Raum stank. Das war ein Gestank, den das Lebenserhaltungssystem nicht so einfach eliminieren konnte, und bei Goddards Geist, die Schiffsingenieure arbeiteten schon verdammt lange an diesem Problem! Ich stand auf und ging zum Waschbecken. Das Becken sah aus, als hätte es eine Reinigung nötiger als ich. Aber das konnte warten. Im Augenblick brauchte ich nur ein paar Spritzer kalten Wassers in meinem Gesicht und einen Schluck, um mir den Mund auszuspülen.

Der Wecker summte, und ich wusste, dass es Zeit für meine Medizin war. Ich griff nach dem Pillenröhrchen, das Tom mir dagelassen hatte, und nahm zwei Tabletten. Ich glaubte, meine letzte Dosis vergessen zu haben, und so nahm ich noch zwei weitere Pillen, um das Versäumnis zu kompensieren. Die Überreste meines Abendessens, die über das ganze Waschbecken verstreut waren, erinnerten mich daran, dass das Essen mir nicht allzu gut getan hatte. Aber mir war jetzt ohnehin nicht nach Essen zumute, und so machte ich mich daran, die Schweinerei aufzuwischen, die ich fabriziert hatte.

Ich schämte mich für die Gedanken, die ich gehegt hatte, für das Verlangen, zuzuschlagen und zu töten. Sicherlich gab es auch noch einen anderen Weg. Mein ganzes Leben lang hatte man mich gelehrt, dass Gewalt nie eine Alternative sei. Ich war enttäuscht wegen meiner Unfähigkeit, eine gewaltlose Lösung für unser Problem zu finden, und meine Trauer um meine Freunde vermittelte mir ein Schuldgefühl, weil ich noch lebte. Als ich schließlich alles geputzt hatte, war ich bereits in hohem Maße dem Selbstmitleid verfallen. Ich warf den letzten verschmutzten Lappen in den Wäscherecycler und betrachtete mich im Spiegel. Mein Kopf war von einer verfilzten Masse braunen Haars bedeckt, und mein einstiger Belterschopf war nur noch als etwas längerer, dickerer Streifen zu erkennen. Ein ungepflegter Bart verhüllte mein Gesicht. Ich sah furchtbar aus, doch es kümmerte mich nicht. Nicht jetzt. Nicht nachdem ich Zeuge des sinnlosen Tods so vieler Freunde geworden war.

Jemand klopfte an die Tür. Ich wusste, dass es nicht die Kzinti waren. Sie machten sich nicht die Mühe, ihr Kommen durch Klopfen anzukündigen. Die Tür öffnete sich, und dahinter stand Tom mit einem tragbaren Medikit und einem Kzin in seinem Rücken, den ich noch nie gesehen hatte.

»Ib, bist du okay?«, fragte Tom. »Ich habe versucht, dich übers Intercom zu rufen, aber du hast nicht geantwortet. Es dauerte eine Weile, bis ich Sklavenmeister davon überzeugt hatte, nach dir sehen zu dürfen.«

»Nein. Nein, ich bin ganz und gar nicht okay.« Tom trat ein; der Kzin blieb draußen, und ich erzählte meinem Gefährten die Kurzversion von dem, was geschehen war, sowie den Grund, warum ich mich schämte.

»Mach dir deswegen keine Vorwürfe. Deine Reaktion auf das Geschehene ist vollkommen normal. Ich ... Ich denke ständig darüber nach, ob es nicht doch eine Möglichkeit gegeben hat, das Massaker zu vermeiden.« Toms Stimme zitterte. »Wir hätten unser Handeln nicht von Hoffnung bestimmen lassen dürfen.«

»Das ist wohl immer so.« Ich hielt kurz inne. »Warum das Medikit?«

Tom zögerte einen Augenblick lang, als fürchte er sich vor dem, was er nun sagen musste. »Das Medikament, das du nimmst, kann starke Nebenwirkungen haben. Eigentlich dürftest du es außerhalb des Autodocs gar nicht nehmen; aber Sklavenmeister wollte mir nicht die Erlaubnis geben, dich noch eine Weile im Doc zu behalten. Wie wär's, darf ich dich jetzt untersuchen?«

Ich beschwerte mich nicht, als er die Sensoren des Medikits an meinem Körper befestigte. Aufmerksam beobachtete er die Anzeigen, während das Medikit meinen Zustand analysierte; dann fragte er: »Hast du dir ein Urteil über den ungepflegten Kzin gebildet?«

»Meinst du den, der wie ein Programmierer aussieht?« Tom verzog das Gesicht ob meines Kommentars. Dann fiel mir ein, dass seine Frau Programmiererin war und ein Mitglied der Crew. Ich weigerte mich, darüber nachzudenken, was mit ihr geschehen war. »Ich glaube, Fritz ist ein Telepath«, beantwortete ich die Frage.

»Fritz?« Tom war kurz verwirrt, bevor er erkannte, von wem ich sprach. »Oh, du nennst ihn nur so. Ich nenne ihn Argus nach der Kreatur aus der griechischen Mythologie mit den 100 Augen, die alles sahen. Aber ja, zu diesem Schluss bin ich auch gekommen.«

»Ich glaube allerdings nicht, dass er ständig telepathisch ist, sondern nur nachdem er irgendeine Art Droge genommen hat. Ich bekomme jedes Mal höllische Kopfschmerzen, wenn er meine Gedanken liest; aber nach ein paar Stunden gehen sie wieder weg, und ich nehme an, dass er meine Gedanken dann nicht mehr lesen kann.«

»Diese Kopfschmerzen hätten mir beinahe den Schädel zerrissen.« Tom beobachtete die Anzeige des Medikits, die die Diagnosedaten ausgab. »Dann waren sie plötzlich weg. Seit zwei Wochen habe ich diese Kopfschmerzen nun nicht mehr.«

»Fritz hat aufgehört, deine Gedanken zu lesen?«

»Ich glaube, ja. Es ist ja nicht so, als würde er das aus Spaß tun. Vermutlich betrachten sie mich als harmlos. Ich bin einfach nur ein Arzt. Ich könnte noch nicht einmal eine Waffe bauen, wenn ich wüsste, wie eine aussieht. Andererseits fühlt dieser Telepath sich vielleicht irgendwie ... behindert, wenn er in meinem Kopf ist. Diese Kzinti sehen aus, als könnten sie genauso gut auf allen vieren laufen wie auf zwei Beinen. In mir zu sein, muss sich für einen von ihnen anfühlen, als verlöre er ständig das Gleichgewicht ...«

Tom schien überrascht zu sein, als das Medikit plötzlich zu piepen begann; dann drückte er ein paar Knöpfe, und das Piepen hörte auf. »Hast du schon einmal darüber nachgedacht, was es bedeutet, sich mit einem Telepathen auseinandersetzen zu müssen?«, fragte er und blickte mich an.

»Nein. So ein Problem hatte ich noch nie«, antwortete ich.

»Wenn Argus deine Gedanken liest, weiß er, was du planst.«

»Tanj! Du hast Recht.« Ich hielt kurz inne, um Toms Einwand zu verarbeiten; dann fuhr ich fort: »Vielleicht könnte ich vor ihnen fliehen, mich irgendwo im Schiff verstecken. Sie kennen es nicht so gut wie ich. Womöglich gelingt es mir dann, etwas wegen unserer Situation zu unternehmen.«

»Das würde nicht funktionieren«, erwiderte Tom. »Argus könnte deine Gedanken lesen; er würde sehen, was du siehst, und daraus könnte er dann schließen, wo du dich befindest.«

»Bist du sicher, dass er dazu in der Lage ist?«

»Absolut sicher«, antwortete Tom. »Weißt du, wie Sklavenmeister unsere Sprache gelernt hat? Er ließ mich dies und jenes ansehen, und Argus hat ihm gesagt, was ich gedacht habe. Es war ein sehr langsames Verfahren, aber es hat funktioniert. Ich bin nur nicht sicher, wie tief er in unser Unterbewusstsein vordringen kann; vielleicht ist er lediglich in der Lage *aktive* Gedanken zu empfangen.«

»Das ist egal«, erklärte ich. »Hast du je versucht, an gar nichts zu denken? Das ist unmöglich. Allein der Versuch, nicht über etwas nachzudenken, lässt dich daran denken.«

»Da hast du wohl Recht«, stimmte Tom mir zu.

»Ich werde also ohne Plan handeln und Heisenberg die Konsequenzen überlassen müssen«, schloss ich.

»Versuch das bloß nicht. Du bist ihnen sowohl körperlich als auch zahlenmäßig weit unterlegen. Wenn du irgendetwas unternehmen willst, bist du auf deinen Verstand angewiesen.« Das Medikit piepte erneut, und Tom starrte auf den Monitor. Er dachte nach.

Das Schweigen machte mich nervös. »Nun? Bin ich in Ordnung?«

Tom wählte seine Worte sorgfältig aus. »Du hast dich noch nicht vollständig von den Nachwirkungen des Kälteschlafs erholt, aber es geht dir allmählich besser.«

»Bist du sicher?«, hakte ich nach. »Diese Medikamente, die du mir gegeben hast, vermitteln mir ein ... ich weiß nicht ... ein seltsames Gefühl. So etwas habe ich noch nie gefühlt.« Ich war mehr als nur ein wenig besorgt. Niemand setzte sich freiwillig der Wirkung starker Medikamente aus, ohne ständig von einem Autodoc überwacht zu werden. Gewiss hätte ich mich nicht schlechter gefühlt, wenn Tom versucht hätte, mich mit mystischen Gesängen zu heilen und mit Pulvern, die er in ein offenes Feuer warf.

»Vertrau mir. Schon bald wirst du wieder so normal sein, wie zwei Millionen Jahre Evolution dich machen können. Aber nur um sicherzugehen, möchte ich, dass du von jetzt an *drei* Tabletten alle acht Stunden nimmst.«

Falls er glaubte, dass ich mich nach dieser Bemerkung besser fühlen würde, dann hatte er sich geirrt; doch ich beschloss, es fürs Erste darauf beruhen zu lassen. Tom blickte auf seine Armbanduhr. »Sklavenmeister traut uns nicht. Ich bin länger hier geblieben, als ich sollte. Ich muss jetzt gehen.« Er packte das Medikit zusammen und bereitete sich auf den Aufbruch vor. »Ib, nimm deine Medizin. Du wirst schon bald wieder in Ordnung sein.«

Ich lächelte schwach, als die Tür sich öffnete und den Blick auf die Kzintiwache freigab. Tom erwiderte das Lächeln und drehte sich dann um. Der Kzin sah mich kaum an, bevor er die Tür wieder schloss.

Zu Anfang des nächsten Tages versagte ich gleich zweimal: Ich fand weder die Energie, mich ordentlich zu waschen, noch ein befriedigendes, fleischloses Frühstück. Es gab nichts für mich zu tun, außer auf das unvermeidliche Erscheinen von Sklavenmeister und Fritz zu warten.

Während ich wartete, hatte ich Zeit, um über unseren Feind nachzudenken. Die Kzinti waren eine seltsame Spezies: Einerseits hatten sie eine technisch hochentwickelte Zivilisation entwickelt, andererseits vertraten sie recht primitive Werte. So viel zu der Vorstellung, dass wissenschaftlicher Fortschritt automatisch zu einer höheren Ethik führt. Und es war offensichtlich, dass ihnen Dinge vollkommen unvertraut waren, die jeder Lunie oder Belter instinktiv verstand. Vielleicht setzten die Kzinti ihre fortgeschrittene Technik schon derart lange ein, dass sie die Nuancen vergessen hatten, die das Leben auf einem Schiff wie der *Obler's Paradox* bestimmten.

Ich wurde aus meinen Gedanken gerissen, als Sklavenmeister allein den Raum betrat. War Fritz etwas zugestoßen? Man konnte nur hoffen. Sklavenmeister stand in der Tür und blickte auf mich herab.

»Setz die Schiffsarbeit fort«, befahl er.

»Sicher. Wo ist dein kleiner Freund?«

Sklavenmeister erwiderte nichts darauf, sondern hob ein kleines verchromtes Kästchen an sein Maul und knurrte etwas hinein. Verzerrtes Knurren antwortete ihm; dann kehrte das inzwischen vertraute Gefühl zurück, wenn Fritz mir den Kopf zu zerreißen drohte. Dieser gottverdammte, verlauste Fritz! Sollte ich ihn je in die Finger bekommen ... Das Chromkästchen in Sklavenmeisters Hand knurrte erneut, und Sklavenmeister blickte mich an und sprach abermals in das Kästchen, bevor er es in einem Beutel an seinem Gürtel verschwinden ließ.

»Du arbeitest jetzt.«

Eines musste man ihm lassen: Er war keine Katze vieler Worte. »Ich werde arbeiten. Ja. Heute werden wir mit den Reparaturen beginnen, und ...«

Sklavenmeister unterbrach mich. »Nicht ›wir‹. *Du*. Helden tun keine Sklavenarbeit.«

Wer war ich schon, dass ich ihm hätte widersprechen können? Ich machte mich an die Arbeit.

Das wichtigste Problem, das es zu lösen galt, war die Reparatur der Bussard-Feldgeneratoren, weil die Antriebsleistung entscheidend von der Menge ionisierten Wasserstoffs abhing, mit dem sie das Magnetfeld versorgten. Falls es mir gelang, eine genügend große Zahl an Generatoren wieder in Gang zu bringen, dann hätten wir in der Tat genug Schub erzeugen können, um das Kzintischiff nach Vega zu schleppen, und dann, dessen war ich sicher, würde Sklavenmeister oder sein Kommandant dafür sorgen, dass ich mir um nichts mehr Sorgen machen musste. Alles hing davon ab, ob es mir gelang hinauszukommen, um die Feldgeneratoren vor Ort zu reparieren.

Ich machte mich auf den Weg zu dem Teil des Schiffes, der nicht rotierte. Sklavenmeister schwieg; er folgte mir einfach. Seine Augen bohrten Löcher in meinen Hinterkopf. Als wir die erste Durchgangsschleuse erreichten, zögerte er kurz, bevor er mit mir hineinstieg. Natürlich hätten wir auch den Lift benutzen können, aber warum sollte ich es dem Kzin so leicht machen? Und außerdem konnte ich etwas Übung gut vertragen. Mit einer Geste erklärte ich ihm, dass wir die Leiter hinaufsteigen mussten, und er folgte mir.

Die Sprossen waren in einem für Menschen angenehmen Abstand angebracht, doch die langen Arme und Beine des Kzin sahen sich ständig vor die Wahl gestellt, ob sie nun ein winziges Stück nach dem anderen vorgehen sollten, oder ob es statt dessen besser war, mehrere Sprossen auf einmal zu nehmen. Während wir ›nach oben‹ kletterten, spürte ich, wie die Schwerkraft kontinuierlich nachließ, und ich blickte über die Schulter zu dem Kzin zurück. Sein Gesicht war angespannt, und er funkelte mich an, als sei ich persönlich für die Zentrifugalkraft und ihren desorientierenden Vetter, die Corioliskraft, verantwortlich.

Als wir schließlich die Rotationsachse des Drehmoduls erreichten, schwebten wir in fast vollkommener Schwerelosigkeit. Die Durchgangsschleuse, die zum sich nicht drehenden Teil des Schiffes führte, war von vier röhrenförmigen Tunneln umgeben, die die Speichen der Mannschaftssektion bildeten und langsam rotierten. Ein Luk öffnete sich in jenen Teil des Schiffs, wo tatsächlich völlige Schwerelosigkeit herrschte; dort drehte sich gar nichts mehr.

Ich packte einen Griff an der Wand und sah, wie Sklavenmeister versuchte, sich zu orientieren. Ich war zwar nicht imstande, seine Körpersprache korrekt zu deuten, doch war es offensichtlich, dass er sich unwohl fühlte. Großartig. Das geschah ihm ganz Recht. Ich deutete durch das Luk in einen Gang.

»Wir müssen durchs Fernkontrolloperationscenter. Es liegt in dieser Richtung. Direkt neben der Frachtraumschleuse.« Sklavenmeister schwieg. Offenbar war die Katze in der Schwerelosigkeit stumm geworden.

Wir trieben den Gang hinunter, bis wir an einer der

Kälteschlafkammern vorüberkamen, wo 50 unserer 200 Kolonisten in kryogener Stasis lagen. Ich warf einen Blick durch das mit Eis verkrustete Fenster in der luftdicht versiegelten Tür. Die einzelnen Kälteschlafsärge waren mit flüssigem Stickstoff gefüllt, und alle Isolierung der Welt konnte die Kälte darin nicht davon abhalten, in die Kammer zu strömen. Das Licht war gedämpft; trotzdem konnte ich die Sargreihen deutlich sehen. Eine Reihe war so ordentlich über der anderen angeordnet, als sei das Ganze eine Geometrieübung.

Dann bemerkte ich Löcher in den Sargreihen. Einige fehlten ... Nein, Moment, es waren sogar mehr als ein Dutzend. Ein Gedanke meldete sich in meinem Hinterkopf, doch er war viel zu ungeheuerlich, als dass ich ihn eingehend hätte in Erwägung ziehen wollen. Dann blickte ich zu Sklavenmeister zurück, der sehnsüchtig in die Kälteschlafkammer schaute. Hunger funkelte in seinen Augen, als enthielten die Kälteschlafkammern nichts außer ein paar tiefgefrorenen Abendessen.

Es fiel mir zunehmend leichter, die Kzinti nicht zu mögen.

Um die Ladeschleuse zu erreichen, mussten wir den Korridor und einen weiteren Gang durchqueren. Wir schwebten in den Bereitschaftsraum vor der Schleuse.

Das Fernkontrolloperationscenter nahm eine Ecke des großen, vollgestopften Raums ein, und Sklavenmeister schaute sich vorsichtig um, als erwarte er eine Falle. Wie er auf solch einen Gedanken kommen konnte, war mir vollkommen unverständlich. Mein Kopf drohte von Fritz Gedankenlesen zu zerplatzen; also musste Sklavenmeister wissen, dass ich nichts im

Schilde führte. Vielleicht war er einfach nur von Natur aus paranoid veranlagt.

An den Wänden des Bereitschaftsraums standen und hingen mehrere Arten von Fernkontrollbots. Ich ging zu einem EVA-Bot und aktivierte ein Selbstdiagnoseprogramm. Während es lief, ließ ich mich zu einem Schrank treiben und holte einen Ganzkörper-VR-Anzug heraus. Sklavenmeister ließ mich nicht eine Sekunde aus den Augen, und die ganze Zeit über ruhte seine Hand auf dem Griff der Pistole, während er den verchromten Kommunikator in der anderen Hand hielt. Ich versuchte, mich darauf zu konzentrieren, in den Anzug zu schlüpfen, während Knurren aus dem Kommunikator mich daran erinnerte, dass Fritz Sklavenmeister über alles informierte, was ich dachte oder sah.

Mit einem Piepen zeigte der Bot seine Bereitschaft an, und nachdem ich den Anzug angelegt hatte, schwebte ich zu einer VR-Kontrollstation. Dort hing ein Harnisch, der mich an Ort und Stelle festhalten würde, während er mir gleichzeitig genügend Freiheit ließe, um Arme und Beine nach Belieben zu bewegen, ohne fürchten zu müssen, gegen Geräte zu stoßen oder gar durch die Schleuse zu treiben. Der Harnisch übte einen warmen, beruhigenden Druck auf mich aus, als ich meine Hände in die Datenhandschuhe steckte, den Helm aufzog und die Fußsensoren über meine Füße stülpte.

Ich drückte die entsprechenden Schalter auf der VR-Konsole, senkte das Visier, ohne darauf zu warten, ob Sklavenmeister etwas einzuwenden hatte, und vereinigte mich mit dem Bot. Kurz verlor ich die Orientierung, als die Perspektive sich veränderte. Der Anblick war so real, dass man leicht vergessen konnte, dass das Bild von den Sensoren des Bots stammte und nicht der Realität entstammte.

Meine Augen befanden sich nun unmittelbar über dem Boden, und ich sah, wie die Spinnenbeine des Bots sich vor mir ausstreckten. Als die Force-Feedback-Schleife in den Zylinderspulen des Anzugs aktiviert wurde, spürte ich die Elastizität der Beine des Bots, als wären es meine eigenen. Ich wählte eine Gangart für den Bot und bewegte meine Beine entsprechend, worauf sich die acht Beine des Bots synchron dazu in Bewegung setzten. Ich spürte das Haften der Magnetsohlen, als würde ich über Klebstoff laufen. Es war ein seltsames, doch zugleich vertrautes und beruhigendes Gefühl.

Ich sah Sklavenmeister in der Ecke des Bereitschaftsraums und mich selbst im Harnisch der VR-Station, eine merkwürdige Gestalt in merkwürdigem Anzug, die ihre Beine synchron zu jenen des Bots bewegte. Ich bewegte meine Hand und aktivierte die Ladeschleuse. Das innere Luk schwang auf, und der Bot stieg in die Schleuse. Nachdem das innere Luk sich wieder geschlossen hatte, öffnete sich das äußere, und endlich hatte ich das Schiff verlassen – zumindest im virtuellen Sinne.

Die Sterne von außerhalb des Schiffes zu sehen erfüllt mich stets mit Ehrfurcht und Staunen. So viele aktinische Lichtpunkte im endlosen schwarzen Nichts. So viele Dinge, die nur darauf warten, entdeckt zu werden. Und dann erinnerte ich mich an die Kzinti. Tanj!

Außerhalb des Schiffes bewegte sich der Bot mit großer Leichtigkeit; immerhin hatte man ihn ja speziell dafür gebaut. Es kostete mich nur ein paar Minuten, den Bot vom Schwerelosigkeitsmodul, wo die

Ladeschleuse sich befand, zur Basis der Stützstreben zu führen. Einmal dort angelangt, klammerte ich mich an einem Transportschlitten fest, der den Bot bis zum Heck tragen konnte.

Während der Schlitten sich am Gitterwerk entlangbewegte, konnte ich die Beine ausstrecken und den Ausblick genießen. Die mit goldener Folie umspannten Wasserstofftanks ragten immer höher über mir auf, je weiter ich mich vom Crewmodul entfernte. Innerhalb weniger Minuten erreichte der Schlitten das Heck, wo sich die Feldgeneratoren und das Fusionstriebwerk befanden. Nachdem der Schlitten angehalten hatte, löste ich den Bot davon, führte ihn zu den Feldgeneratoren und begann mit der Untersuchung.

Glücklicherweise war der Schaden nicht so groß, wie es bei der VR-Inspektion den Anschein gehabt hatte. Einige Generatoren waren zwar tatsächlich so schwer beschädigt, dass man sie nicht mehr reparieren konnte, doch andere sahen aus, als könnte man sie mit Hilfe redundanter Systeme wieder in Gang bringen. Das waren gute Neuigkeiten. Ich konnte den Schiffscomputer anweisen, die Berechnung einiger der pessimistischeren Flugbahnen einzustellen.

Die Reparaturarbeiten an den noch verwendbaren Aggregaten waren langwierig, aber wie sich herausstellte nicht allzu schwer. Ich musste feststellen, welche Komponenten genau beschädigt waren, und anschließend das Ersatzteillager überprüfen. Dann musste ich die Ersatzteile nur noch aus dem Lager holen und einbauen. Sollte für eine bestimmte Reparatur kein Ersatzteil vorhanden sein, würde ich versuchen müssen, den Schaden anhand der redundanten Systeme zu umgehen oder das Feld neu zu konfigurieren.

Ich hätte den Prozess beschleunigen können, indem ich mehrere Bots aktivierte und sie anwies, die Ersatzteile zu holen, während ich an den Feldgeneratoren arbeitete; aber aus irgendeinem Grund wollte ich das nicht tun. Wann immer ich ein Ersatzteil benötigte, führte ich meinen Bot zurück zum Schlitten, fuhr damit zum Crewmodul zurück, brachte den Bot wieder herein, ging ins Ersatzteillager, holte die Einzelteile und machte mich wieder auf den Weg zu den Feldgeneratoren, um mit den Reparaturen fortzufahren. Ich genoss die Gelegenheit, mich zu entspannen, wenn der Bot am Stützgitter des Schiffes entlang fuhr.

Und es war ja nicht so, als wäre Sklavenmeister vom Raumaufsichtsamt; er konnte mir kein Bußgeld wegen Schlamperei und Faulheit auferlegen.

Die Arbeit dauerte Stunden. Ich weiß nicht wie viele. Fast gelang es mir, die Kzinti und ihre Absichten zu vergessen, bis meine Kopfschmerzen plötzlich nachließen. Ich wusste, was das bedeutete. Fritz verlor seine Fähigkeit, meine Gedanken zu lesen. Ich fragte mich, ob Sklavenmeister mich weiter arbeiten lassen würde, wenn er erfuhr, dass Fritz mich nicht mehr überwachen konnte.

Die Kopfschmerzen waren fast völlig verschwunden, als ich den Bot wieder einmal durch die Ladeschleuse hereinbrachte, um weitere Ersatzteile zu holen. Sklavenmeister schwebte rasch über den Bot, als wäre er ein lange verloren geglaubter Freund oder ein großer Brocken Katzenfutter. Er starrte auf den Bot hinab und sprach ihn an, als befände *ich* mich in ihm, anstatt schwerelos über der VR-Station zu hängen.

»Beende die Arbeit. Mach später weiter. Geh jetzt.«

Wer war ich schon, dass ich ihm hätte widersprechen können? Wir gingen.

Zurück im Transfergang ließ ich Sklavenmeister die Leiter ins Crewmodul *hinunter*steigen. Ich folgte ihm. Wenn ich Glück hatte, würde er ausrutschen und hinunterfallen, und dann hätte ich ihn unter mir und nicht auf mir. Doch dieses Glück blieb mir verwehrt. Wir erreichten den rotierenden Teil des Schiffes ohne Zwischenfälle.

Ich spürte, wie mich die Schwerkraft, die durch die Drehung erzeugt wurde, herunterdrückte, doch Sklavenmeister schien sich über die künstliche Schwerkraft überaus zu freuen. Ich vermutete, dass es bei seiner Spezies kein Äquivalent zu unseren Beltern gab. Sklavenmeister eskortierte mich in meine Kabine zurück und verließ mich mit der üblichen Ermahnung zu essen und mich auszuruhen. Als wenn er mir das noch hätte sagen müssen ...

Ich beschloss, dass eine Dusche angebracht war, bevor ich mich mit einem weiteren fleischlosen Mahl vergnügen würde. Aus irgendeinem seltsamen Grund war ich mit dem Tag und mir zufrieden. Ich hatte zwar noch immer keine Lösung für das Kzintiproblem gefunden, aber ich hatte große Fortschritte bei der Lösung eines Problems gemacht, mit dem ich zurechtkam. Ich würde die Dinge einfach eines nach dem anderen angehen, alles zu seiner Zeit. Die Kzinti kamen schon noch früh genug an die Reihe.

Als ich mich im Spiegel über dem Waschbecken betrachtete, ekelte ich mich vor mir selbst. Mein Bild war nicht das eines Belters, sondern das eines Flatlander-Kabelkopfs oder eines VR-Süchtigen. War das wirklich ich?

Ich holte eine Haarschneidemaschine aus der Schublade des Waschtischs und rasierte mir damit Gesicht und Kopf, wobei ich sorgfältig darauf achtete, einen Streifen kurzgeschorenen Haars übrig zu lassen. Nachdem das erledigt war, beseitigte ich die restlichen Stoppeln mit Enthaarungscreme; erst dann war mein verfilztes Haarkleid einem präzise zurechtgestutzten Belterschopf gewichen. So gut hatte ich mich nicht mehr gefühlt, seit ich aus dem Kälteschlaf erwacht war – vielleicht länger. Jetzt konnte ich endlich etwas gegen diese verdammten Kzinti unternehmen.

Der Wecker summte, um mich an meine Medikamente zu erinnern. Ich griff nach dem Pillenröhrchen. Wenn drei gut waren, waren mehr vielleicht noch besser. Ich beschloss, von jetzt an jeweils vier zu nehmen.

Ich musste Tom bitten, mir bei seinem nächsten Besuch noch mehr davon zu bringen, denn bei dieser Dosis würden sie mir in wenigen Tagen ausgehen. Als ich in die Dusche kletterte, dachte ich über eine Arbeit nach, die gut begonnen hatte, und über andere, die es noch zu erledigen galt.

Die nächsten Tage wurden von Routine beherrscht. Jeden Tag nahm ich meine Medizin, aß fleischlose Mahlzeiten und arbeitete. Jeden Tag verband sich Fritz mit meinem Geist und las meine Gedanken, während ich die Bussard-Feldgeneratoren reparierte, ohne an etwas anderes zu denken. Und jeden Abend, nachdem Fritz meinen Kopf verlassen hatte, suchte ich nach Informationen, die mir dabei helfen würden, irgendetwas gegen die Kzinti zu unternehmen. Ich sah die Datenbestände unserer ersten Begegnung ebenso durch wie neuere Aufzeichnungen der Autocams – einige der Autocams waren allerdings beim

Angriff der Kzinti beschädigt worden. Oft musste ich vermuten, wo die Kzinti sich aufhielten, indem ich jene Stellen ausschloss, wo sie sich definitiv nicht befanden.

Mit der Zeit lernte ich jeden Kzin kennen, der sich auf unserem Schiff herumtrieb, und vielen von ihnen gab ich Namen, nachdem ich mich eingehender mit ihren Gewohnheiten beschäftigt hatte. So gab es zum Beispiel Wackelschwanz, der einen Großteil seiner Zeit damit verbrachte, die Brücke und andere technische Räume zu untersuchen. Oder Scheißkopf mit seinem auffälligen braunen Fleck auf dem Kopf, der mehr Wache zu schieben schien als alle anderen Rattenkatzen und der ständig durch den Gang vor meinem Quartier schlich. Nur selten wagten sich die Kzinti in jene Teile des Schiffes vor, in denen Schwerelosigkeit herrschte, und wenn doch, dann blieben sie nicht lange dort. Was sie dort taten, blieb ein Geheimnis für mich. Insgesamt gab es ungefähr zwei Dutzend Kzinti auf unserem Schiff, auch wenn die meisten davon so wenig Zeit wie möglich hier verbrachten; immer wieder verschwanden sie in einem ihrer kleinen Boote oder flogen bei der erstbesten Gelegenheit zu ihrem großen orangefarbenen Kriegsschiff hinüber.

Sklavenmeister und Fritz waren jedoch anders. Sie waren in zwei ehemalige Mannschaftskabinen eingezogen und schienen sich permanent auf der *Obler's Paradox* niederlassen zu wollen. Fritz verbrachte die meiste Zeit in seinem Quartier; nur selten schlich er durch die leeren Gänge. Sklavenmeister verbrachte seine Nächte ebenfalls in seinem Quartier, und tagsüber beobachtete er mich bei der Arbeit. Es gab immer zwei Wachen auf dem Schiff, die sich gelegentlich auch in meiner Nähe aufhielten; doch alle paar Tage wurden sie durch andere von ihrem Schiff ersetzt.

In einigen Nächten benutzte ich die Autocams, um das Schiff zu erkunden, wobei ich mich ständig ermahnte, welch große Bedrohung die Kzinti darstellten. Ich blickte in die leeren Mannschaftsquartiere und versuchte, nicht an meine Freunde zu denken, die dort hätten lachen und arbeiten sollen, während wir uns Vega näherten. Als ich mich den Kälteschlafkammern zuwandte, dachte ich an jeden der 200 Kolonisten, die das Schiff mit mir teilten, und versuchte, sie in meiner Erinnerung zum Leben zu erwecken. Da war Jeff mit seiner Liebe zu alten Büchern und Musik; Louis mit seiner Schachleidenschaft und Carol mit ihrer Vorliebe für Wortspielereien. Sie und all die anderen lebten in meinen Träumen, wenn ich nicht gerade Albträume von alles vernichtenden Kzinti hatte. Sehnsüchtig blickte ich in den Vakuumhangar und auf die Einmannboote, mit denen wir Vegas Asteroidengürtel hatten erkunden wollen. Mein Boot, die *Trojanischer Vagabund*, glänzte so hell wie an jenem Tag vor 23 Jahren, da ich beobachtet hatte, wie man mein Boot auf Juno verladen und im Hangar gesichert hatte. Würde ich es je im Licht einer neuen Sonne fliegen können?

Die Kzinti und ich hatten uns stillschweigend auf einen Arbeitsrhythmus geeinigt. Das war eine Art, uns unsere Situation gegenseitig so erträglich wie möglich zu machen. Und jeden Tag wurde meine Abneigung gegen Sklavenmeister, Fritz, Scheißkopf und alle anderen Kzinti, denen ich Namen gegeben hatte oder auch nicht, immer größer. Jedes Mal, wenn ich die Aufzeichnungen über den Kzintiangriff abrief, reagierte ich aggressiver und wurde entschlossener, es den Katzen heimzuzahlen. Ich rannte nicht länger zum Waschbecken, wenn ich Szenen von Tod und Zerstörung sah, sondern dachte mir immer ausgefallenere Wege aus, Rache an den Kzinti zu üben.

Jeden Tag fiel es mir schwerer, mich mit unserem Schicksal abzufinden, anstatt meine Rachepläne sofort in die Tat umzusetzen. Aber wann immer mich diese Gedanken plagten, rief ich mir ins Gedächtnis zurück, mit welcher Leichtigkeit die Kzinti unsere Mannschaft überwältigt hatten. Und so konzentrierte ich mich auf jene Probleme, die ich lösen konnte, wie zum Beispiel das der Feldgeneratoren, und versuchte – erfolglos – jeden Gedanken an das Problem zu unterdrücken, für das es ohnehin keine Lösung gab. Doch jeden Tag wurde ich schroffer zu den Kzinti. Jeden Tag hatte ich weniger Angst, sie zu beleidigen oder ihren Zorn zu erregen. Dabei hätte ich sie fürchten sollen. Ich wusste, welche Gefahr sie darstellten; aber das kümmerte mich nicht mehr. Sie konnten mich töten, doch das war auch schon alles, was sie tun konnten. Und ich bin sicher, sie wussten, dass ich ihre einzige Hoffnung darstellte, jemals von diesem kosmischen *Fliegenden Holländer* wieder herunterzukommen.

Fritz musste meinen wachsenden Hass für die Kzinti gespürt haben; doch wenn die Rattenkatzen andere Spezies schon früher so behandelt hatten wie uns, waren sie Hass vermutlich gewöhnt.

Nach fast einer Woche Arbeit, während derer ich das meiste in der Schwerelosigkeit des Fernkontrolloperationscenters erledigt, beendete ich die letzten Reparaturen an den Feldgeneratoren. Es war mir gelungen, genügend Generatoren wieder in Betrieb zu nehmen, um den Antrieb mit 75 Prozent der üblichen Wasserstoffmenge zu versorgen. Das übertraf meine anfängliche Hoffnung, doch ich erwartete nicht, dass Sklavenmeister mich für meine Leistung lobte, und so war ich auch nicht im Geringsten enttäuscht, als er es nicht tat. Sklavenmeister nahm die Information mit einem leisen Knurren auf und fragte mich, was noch zu tun sei. Ich erklärte ihm, dass ich die Neuprogrammierung der Feldgeneratoren noch abschließen müsse, um ein stabiles Rammfeld zu gewährleisten. Er schien zufrieden zu sein, als er erfuhr, dass man das auch von der Brücke aus erledigen konnte, was bedeutete, dass ihm die Schwerelosigkeit zumindest für ein paar Tage erspart bleiben würde.

Wir waren gerade zu meinem Quartier zurückgekehrt, als der letzte Rest der üblichen Kopfschmerzen mich dazu mahnte, Sklavenmeister die bevorstehenden Tests in allen Einzelheiten zu erklären. Also erinnerte ich ihn noch einmal daran, dass alle Kzinti sich an Bord der *Obler's Paradox* befinden müssten, wenn ich die Tests startete, da sie auf ihrem Schiff nicht vor den tödlichen Strahlen des Magnetfelds geschützt wären. Er musterte mich aufmerksam, als ich ihm das erklärte; vielleicht suchte er nach dem Grund dafür, warum ich ihm eine derartige Information nicht vorenthalten hatte. Aber warum hätte ich mir so viel Mühe machen sollen? Fritz hätte es einfach in meinen Gedanken gelesen, wenn ich bereit gewesen wäre, die Tests durchzuführen. Trotzdem ... Die Art, wie er mich ansah, war irgendwie seltsam, als wäre ich mit einem Mal mehr als nur Essen auf zwei Beinen.

»Du wirst allmählich zu einem wertvollen Sklaven. Das Patriarchat wird dich belohnen.«

Ich blickte ihm in die Augen. Seine Verärgerung ob dieser Arroganz war ihm deutlich anzusehen; aber das war mir egal. »Ja, Massa. Dich zu dienen, ich am liebsten mag.« Ich fragte mich, ob er oder Fritz die Beleidigung in diesen Worten verstanden hatten. Ich vermute nicht, denn er ließ mich leben.

Die Tür schloss sich hinter Sklavenmeister, ohne dass er auf meine Arroganz und meine Beleidigung reagiert hätte, und meine Uhr summte. Es war Zeit für meine Pillen, und essen musste ich auch etwas. Anschließend würde ich mich dann wieder den Aufzeichnungen widmen. »Ein wertvoller Sklave, ja, ja«, schnaufte ich und schluckte fünf von Toms Pillen ohne Wasser hinunter. Was auch immer das für ein Zeug sein mochte, es wirkte. Ich fühlte mich besser oder zumindest anders, als ich mich je zuvor gefühlt hatte. Doch Fritz hatte mich heute mit seiner Gedankenleserei schwer getroffen, und ich war wirklich müde. Ich beschloss, mich vor dem Essen kurz hinzulegen, um mich ein paar Minuten auszuruhen ... bevor ich noch mehr Zeit damit verbrachte, über meinen Hass auf die Kzinti nachzudenken.

Stunden später wachte ich unerholt und müder auf als zu dem Zeitpunkt, da ich mich hingelegt hatte. Doch zumindest waren meine Kopfschmerzen abgeklungen. Ich wusste, dass ich einiges zu erledigen hatte, doch ich konnte mich nicht mehr daran erinnern, was das war. Ich wollte ... Ich wollte, dass das alles vorüber war. Zur Hölle, ich wollte Gott weiß wo sein, nur nicht hier; selbst ein bodenloser Abgrund wirkte von hier aus betrachtet verlockend. Ich gab eine Bestellung in den Autokoch ein, ging zum

Waschbecken und spritzte mir etwas kaltes Wasser ins Gesicht in der Hoffnung, das würde mir helfen, wieder einen klaren Gedanken zu fassen; tat es aber nicht.

Der Autokoch klingelte und gab ein Sandwich aus; doch wichtiger noch war der Becher dampfenden Kaffees, der das Essen begleitete. Halb verhungert biss ich in das Sandwich. Dann hielt ich inne. Ein Schinken-Salat-Tomaten-Sandwich ohne Schinken? Ich hatte nichts anderes erwartet, aber es ärgerte mich trotzdem.

Die Mahlzeit nahm meinem Unwohlsein die Schärfe, doch ich war frustriert, denn besonders nach dem Essen vermisste ich meine Pfeife. Sie hatte mir stets geholfen, mich zu entspannen und meine Gedanken zu ordnen. Aber die limitierten medizinischen Ressourcen einer Kolonialwelt konnten nicht auf ein solch überflüssiges Laster wie das Rauchen verschwendet werden. Ich war gezwungen gewesen, entweder meine Pfeife aufzugeben oder die Sterne. Ich hatte die Pfeife aufgegeben.

Dann erinnerte ich mich daran, was wir bei den Sternen gefunden hatten: nicht die Träume unserer Zukunft, sondern die Albträume unserer Vergangenheit. Der Kontakt mit den Kzinti hatte all meine Kindheitsträume zerstört, alle Hoffnungen darüber, was wir bei den Sternen finden mochten, und nun hinterließen sie einen bitteren Geschmack in meinem Mund. Welchen Wert hatten Träume, wenn die Wirklichkeit ein einziger Albtraum war?

Ich wollte zurückschlagen, wollte den Kzinti den gleichen Schmerz verursachen, den sie mir beschert hatten, als sie meine Träume zerstört hatten. Doch ich konnte nicht. Generationen der Sozialisation und der chemischen Anpassung durch die Psychiker und

Autodocs hatten nahezu jede gewalttätige Regung aus der Menschheit entfernt. So tat ich das Einzige, was ich tun konnte: Immer wieder sah ich mir die Aufzeichnungen von unserer ersten Begegnung mit den Kzinti an. Ich fütterte meinen Zorn, fütterte meinen Hass und suchte nach einer Lösung für unser Problem.

Als ich die Hand nach dem Anschaltknopf des Monitors ausstreckte, fiel mir das Pillenröhrchen ins Auge. Ich konnte mich nicht mehr daran erinnern, ob ich beim letzten Summen des Weckers meine Dosis genommen hatte. Aber egal, die Tabletten vermittelten mir ein gutes Gefühl. Noch ein paar mehr zu nehmen, würde mir schon nicht schaden. Ich nahm fünf Pillen und spülte sie mit Kaffee hinunter, während Tisch und Stuhl aus der Wand ausfuhren; dann setzte ich mich hin, um die Kzinti und die vergessene Kunst des Krieges zu studieren.

Ich sah mit dumpfem Entsetzen zu, während die inzwischen vertrauten Bilder vor meinen Augen entlang liefen. Ich spulte die anfängliche Verwirrung bei Erscheinen der Kzinti vor; dann schaltete ich wieder auf normale Wiedergabe, um mir genau anzusehen, was sie getan hatten und wie. Ich studierte, wie sie mit ihren Waffen zielten; sie gingen sorgfältig, nicht willkürlich zu Werke und stellten sicher, dass jeder Schuss tödlich war. Ich sah, wie die Schwerelosigkeit sie verwirrte. Einige lernten rasch, sich festzuhalten, wenn sie ihre Waffen abfeuerten, während andere es nie begriffen und bei jedem Schuss ein beredtes Beispiel für Newtons Gesetz von Aktion und Reaktion abgaben.

Sorgfältig studierte ich das Verhalten der Kzinti, als sie die Brücke der *Paradox* stürmten. Ich erkannte jedes einzelne ihrer hässlichen Gesichter. Der größte, Churl-Kommandant, betrat die Brücke als Erster. Er war auch derjenige, der Jennifer tötete. Und unmittelbar hinter ihm kam Sklavenmeister, der Chi Lin die Eingeweide herausriss und dann Joel Peltron das Gesicht wegschoss.

Ganz egal, welche Form meine Rache auch immer annehmen mochte, ich wusste, dass ich mir für Sklavenmeister etwas Besonderes ausdenken würde – für die Angst, in die er mich in der vergangenen Woche versetzt hatte, und für das, was er meinen Freunden an jenem schicksalhaften Tag angetan hatte. Ich würde ihm einen äußerst schmerzhaften Tod bereiten. Ich zitterte – entweder aus Furcht oder vor Erregung; ich wusste es nicht –, als ich mir vorstellte, wie es sein würde, einen Tiger zu töten, der es wagte, wie ein Mensch aufrecht zu gehen.

Die Gewalttätigkeit meiner Gedanken jagte mir Angst ein. Ich wusste, dass ich, sollte ich jetzt in einen Autodoc klettern, von dem Gerät für Wochen auf Eis gelegt und mit Chemie vollgepumpt werden würde, um meine aggressiven Impulse unter Kontrolle zu bekommen, damit ich wieder ausgeglichen wäre und keine Gefahr mehr für die Allgemeinheit darstellen würde. Im Augenblick jedoch wollte ich nicht ›ausgeglichen‹ sein. Ich wollte meine Aggressionen nicht verlieren. Im Augenblick wollte ich mir nur mein Schiff und meine Zukunft von diesen sternenreisenden Tigern wieder zurückholen ... mit welchen Mitteln auch immer.

Das Nachspiel des Gemetzels auf der Brücke wollte ich mir nicht ansehen, und so schaltete ich auf die Außenansicht des Schiffes an jenem schicksalhaften Tag um. Da war das Enterboot der Kzinti, das wie eine ekelhafte Geschwulst an der Hülle der *Paradox* hing. Gut 100 Meter entfernt schwebte ein zweites ähnliches Boot. Vergnügt schaute ich zu, wie das Magnetfeld das zweite Boot erfasste und vom Crewmodul wegschleuderte. Ich wusste, dass das Kzintiboot gegen die Feldgeneratoren gezogen wurde, doch das war mir egal. Ich wusste auch, dass das Magnetfeld die Katzenmannschaft tötete, und auf perverse Art fasziniert beobachtete ich, wie das Boot schließlich gegen die Feldgeneratoren am Heck der *Obler's Paradox* prallte. Die Zerstörung eines Teils unseres Schiffes war ein geringer Preis für den Tod dieser verdammten Eindringlinge. Die Kzinti in dem Boot waren tot, und der Schaden, den sie angerichtet hatten, war bereits repariert. Ja, das war in der Tat ein geringer Preis gewesen.

Diese Bilder zu sehen verstärkte noch die ungewohnten Gefühle von Zorn und Rachlust, die meinen Geist erfüllten. Mein Körper zitterte von der unbändigen Energie, die mein Verlangen hervorrief, es den Kzinti heimzuzahlen. Ich hatte noch nie etwas erlebt, was auch nur im Entferntesten mit diesen Gefühlen vergleichbar gewesen wäre. Allerdings war ich überrascht, weil ich mich noch nicht einmal ansatzweise fürchtete. Mein Verstand wusste, dass selbst der kleinste Kzin mich an Körpergewicht um gut 250 Pfund übertraf; doch meinem Körper war das egal.

Frustriert begann ich zu zittern, denn mir wollte einfach keine Möglichkeit einfallen, wie ich es den Kzinti heimzahlen konnte, ohne im selben Augenblick ebenfalls zu sterben. Ich war verzweifelt, denn ich wusste, dass ich nichts tun konnte, um unser Schicksal in eine andere Bahn zu lenken. Wir waren das Produkt von Millionen von Jahren der Evolution und Jahrtausenden der Zivilisation, und nun stahlen uns

Außerirdische, deren Technologie der unseren weit überlegen war, einfach unsere Zukunft, und wir konnten nichts dagegen unternehmen. Frustriert drehte ich mich wieder zum Monitor um und sah mir an, was die Kzinti in den letzten Stunden getrieben hatten.

Mit Hilfe der Suchalgorhythmen war es mir ein Leichtes, die Bilder der Kzinti zu finden. Auf meine Anweisung hin ignorierte der Computer Bilder, auf denen keine Katzen zu sehen waren. Tatsächlich hatte ich ihn so programmiert, dass er überhaupt nur Aufzeichnungen anfertigte, wenn ein Kzin in Reichweite der Autocams kam. So war es mehr als leicht festzuhalten, wann sich welcher Kzin wo aufhielt. Ich fand heraus, dass Sklavenmeister und Fritz sich in ihre Quartiere zurückgezogen hatten. Allerdings wusste ich nicht, was sie dort taten, denn in den Privatquartieren gab es keine Autocams. Scheißkopf patrouillierte im Gang vor meiner Kabine, doch im Augenblick sah es so aus, als wolle er auch noch andere Schiffsbereiche inspizieren. Gut. Ich mochte es nicht, wenn er vor meiner Tür lauerte. Einohr – wie hatte er wohl sein linkes Ohr verloren? – patrouillierte die Gänge vor der Zugangsschleuse zum Schwerelosigkeitsteil des Schiffes.

Ich erwartete nicht, um diese Zeit noch weitere Kzinti auf dem Schiff zu finden. Sie hielten sich im Großen und Ganzen an einen menschlichen Tagesablauf, und die meisten von ihnen verbrachten die ›Nächte‹ auf ihrem Schiff. Ich vermutete, es roch dort besser für sie, oder vielleicht lag es daran, dass unsere Geräte und Möbel zu klein für sie waren. Während des Abends bestand die normale Kzintibesatzung an Bord der *Paradox* für gewöhnlich aus Sklavenmeister, Fritz und zwei Wachen. Nur selten hielten sich hier noch andere Katzen auf, nachdem das Tagwerk erledigt war; aber ein blinkendes Licht im Computer wies darauf hin, dass eine Autocam im Schwerelosigkeitsteil eine Bewegung aufgefangen hatte. Ich drückte einen Knopf, und auf dem Monitor erschien das Bild der Autocam in Kälteschlafkammer Nummer Drei. Zwei Kzinti schwebten schwerelos über den Kälteschlafsärgen und inspizierten sie.

Vor einem hielten sie an und starrten durch den beschlagenen Deckel. Dann taten sie etwas Unvorstellbares: Sie zogen den Sarg von seinem Platz in der sorgfältig angelegten Kälteschlafkammer, aktivierten die Pumpen, um den flüssigen Stickstoff aus dem Sarginnern abzusaugen, und brachen anschließend den Deckel auf.

Ich versuchte zu erkennen, wer in dem Sarg lag. Und dann sah ich einen dicken, langen, flammendroten Belterschopf und eine schlanke Gestalt mit schier unglaublich großen Brüsten. Das war Sara d'Lambert, eine Belterin, mit der ich mehrere Monate in einem Dreimannboot verbracht hatte, während wir gemeinsam die Trojaner des Saturns nach Gasen, Mineralien und Monopolen abgesucht hatten. Ich erinnerte mich an die Aufregung, die wir ob unserer Entdeckungen empfunden hatten, sowie an die Freundschaft und Kameradschaft, die Streitereien und Versöhnungen, die unseren Flug geprägt hatten. Dann stellte ich mir die Dinge vor, die wir vielleicht noch gemeinsam hätten machen können; doch das war nun vorbei.

Nein!!! Diese gottverfluchten Katzen machten sich noch nicht einmal die Mühe, den Auftaumechanismus zu aktivieren. Sie rissen die Gurte heraus, die Sara an Ort und Stelle festhielten und zerfetzten die goldfarbenen Mylardecken, in die sie eingewickelt war. Eisbrocken und Stofffetzen schwebten durch die frostige Luft der Kälteschlafkammer.

Die Kzinti griffen in Saras Sarg und hoben sie heraus. Dampfwolken bildeten sich um Saras stickstoffgekühlten Körper, während die Reste der Haltegurte sich im Luftzug der Klimaanlage wanden wie hirnlose Schlangen. Ihre nackte Gestalt war auf eine obszöne Art vollkommen steif, während die Kzinti sie durch die Schwerelosigkeit zur Tür schoben.

Kurz bevor sie die Tür erreichten, betrat Einohr die Kälteschlafkammer. Er betrachtete Saras Körper, als wäre sie nur ein Stück Fleisch. Die Mäuler der drei Kzinti bewegten sich, doch ich hatte die Audioübertragung nicht aktiviert, und so konnte ich nicht hören, was sie sagten. (Als wenn ich diese armselige Sprache, dieses ständige Knurren und Spucken überhaupt hätte verstehen können.) Einer der beiden Kzinti, die Sara aus dem Sarg geholt hatten, drehte sich um und griff nach einer Tasche, die neben der Tür schwebte. Er schob sie zu Einohr, der sie öffnete, als wäre es ein Weihnachtsgeschenk.

Einohr holte etwas aus der Tasche, das mich mehr entsetzte als alles, was ich gesehen hatte, seit ich aus dem Kälteschlaf erwacht war. Es war ein menschliches Bein, unmittelbar unter der Hüfte abgerissen; ein Stück Knochen ragte noch aus der roten Wunde heraus. Einohr beäugte das Geschenk mit hungrigem Blick und steckte es dann wieder in die Tasche. Ohne ein weiteres Wort drehte er sich um und marschierte mit der Tasche in der Hand hinaus; was er nun tun würde, wagte ich mir noch nicht einmal vorzustellen.

Entsetzt und ungläubig beobachtete ich, wie die beiden anderen Kzinti sich mit Sara im Schlepptau auf den Weg zu einer der Ladeschleusen machten. Ich war dankbar dafür, dass dort Schwerelosigkeit herrschte; so konnten sie Sara wenigstens nicht fallen lassen. Wenn etwas mit flüssigem Stickstoff eingefroren worden ist, zerbricht es nicht lediglich, wenn man es fallen lässt; es zerspringt in Millionen Splitter. Egal welche Schrecken sie auch immer für sie bereithalten mochten, zumindest würde Sara die Demütigung erspart bleiben, in Eisregen verwandelt zu werden. Ich sah, wie die beiden Kzinti Sara in ihr Boot brachten; dann schloss sich das Schleusenluk.

Der Computer summte und schaltete auf eine externe Autocam um. Ein kleines Kzintiboot löste sich von der *Obler's Paradox,* zog sich langsam ein paar hundert Meter weit zurück, wendete dann in Richtung des Kzintikriegsschiffes und flog ohne Abgasstrahl davon. Innerhalb weniger Minuten war das Boot nur noch ein Punkt inmitten der Unendlichkeit des Alls.

Nein!

Das konnte doch nicht wahr sein!

Voller Wut und Angst schrie ich laut auf. Ich warf den Kaffeebecher gegen die Wand und sah, wie das grüne Licht des Intercoms verlosch, als der Becher daran zerbrach. Ich packte den Teller, auf dem die Überreste meines fleischlosen Sandwichs lagen – verdammt sollten diese Kzinti sein, weil sie mich zum Vegetarier gemacht hatten –, und warf ihn gegen den Spiegel über dem Waschbecken. Der Spiegel zerbrach in tausend Splitter; nur zwei größere blieben noch an der Wand hängen und reflektierten mein Bild. Ich hatte die Augen weit aufgerissen, und mein Mund war vor Zorn verzerrt. Schweiß stand mir auf der Stirn, und mein Körper zitterte erfüllt von unbändigem Hass.

Ich schrie und sprang zur Kabinentür und klopfte wild gegen die unnachgiebige Metalloberfläche. Ich spürte, wie meine Hände sich zu ungewohnten Fäusten zusammenballten, und ich schlug damit gegen die Tür, als wären sie organische Hämmer. Die Tür erbebte unter den Schlägen, doch sie blieb geschlossen, als wolle sie meinen Zorn verspotten.

Ich wirbelte herum und schaute mich um. Ich suchte etwas, das ich als Waffe verwenden konnte. Mein Rücken krümmte sich zu einem wütenden Buckel, und die Muskeln in meinen Armen spannten sich an. Ich würde die Rattenkatzen lehren, was es bedeutete, mit Menschen darum zu kämpfen, wer nun an der Spitze der Nahrungskette stand! Mein Blick huschte durch den Raum, doch ich sah nichts, was als Waffe geeignet gewesen wäre.

Dann durchsuchte ich den Raum gründlicher. Ich riss alle Schränke und Schubladen auf, um etwas zu finden, womit ich die Tür aufbrechen konnte, um diese Zukunft-stehlenden Kzinti in die Finger zu bekommen – irgendetwas, um unsere Rechnung mit ihnen zu begleichen. *Gebt mir nur eine Waffe,* dachte ich, *und ich werde diese Rattenkatzen lehren, uns zu fürchten. Gebt mir eine Chance, und ich werde die Kzinti in eine Reihe mit dem ausgestorbenen Säbelzahntiger, dem afrikanischen Löwen und dem Bengaltiger stellen. Ich bin sicher,* die *können ihnen erklären, wie gefährlich Menschen wirklich sind.*

Meine Suche nach einer Waffe führte mich zum Waschbecken, wo die Splitter des Spiegels unter meinen Füßen knirschten, und noch immer suchte ich etwas, das ich gegen die Kzinti einsetzen konnte. Als ein Splitter durch meine Schuhsohlen drang und mich in den Fuß stach, dachte ich daran, einen der größeren Splitter als Waffe zu verwenden. Die meisten waren zwar zu klein, aber die beiden großen, die noch immer im Rahmen steckten ... Die hatten Potential.

Ich machte mich daran, das Spiegelglas aus dem Rahmen zu lösen, und einen Augenblick später hatte ich zwei scharfe Splitter in der Hand, die ich wie Messer gegen meine Feinde richten konnte.

Ich hatte mir die Finger an den scharfen Kanten geschnitten, und jetzt rann Blut an meiner Hand herab, doch ich spürte keinen Schmerz. Das Gefühl, Waffen in der Hand zu halten, machte mich ganz benommen. Ich war die Verkörperung des Menschen als Jäger. Durch meine Adern strömte die Lust zu töten, und nun wusste ich, wie unsere tierischen Vorfahren empfunden haben mussten ... und es fühlte sich gut an. Jetzt musste ich nur noch einen Weg finden, durch diese geschlossene Tür zu kommen.

»Ib! Was ist los? Ich habe dich schreien gehört. Das Intercom ist kaputt. Ich wusste nicht, was ich denken sollte. Ich musste Sklavenmeister erst erklären, dass es einen medizinischen Notfall gibt, bevor er mich zu dir gelassen hat.« Die Worte stammten von Tom, der plötzlich hinter mir aufgetaucht war. Beide Splitter fest umklammert, drehte ich mich zu ihm um. Es dauerte einen Augenblick lang, bis ich ihn klar erkennen konnte, und es kostete mich zunächst einige Überwindung, nicht einfach auf diese neue Geräuschquelle loszugehen.

»Tom! Diese Kzinti holen Leute aus dem Kälteschlaf. Sie töten und fressen sie. Ich muss sie aufhalten. Geh mir aus dem Weg.« Ich versuchte, mich an Tom vorbeizudrängeln, doch er versperrte mir den Weg.

»Versuch das nicht, Ib. Sie würden dich nur töten, und dann hättest du gar nichts erreicht.«

»Geh mir aus dem Weg!«, bellte ich erneut, diesmal in barscherem Tonfall. »Ich hätte das schon lange tun sollen. Ich weiß nicht, warum ich mich bis jetzt zurückgehalten habe.«

»Weil du es nicht konntest. Niemand konnte das. Bis jetzt.«

Tom blickte mich schuldbewusst an ... oder war das Furcht in seinen Augen?

»Niemand auf diesem Schiff war geistig dazu in der Lage, sich den Kzinti zu widersetzen«, fuhr er fort. »Diese Art Mensch hätte man als psychotisch bezeichnet und niemals auf diese Reise geschickt, sondern den Psychikern auf der Erde übergeben.«

»Was? Willst du damit etwa sagen, ich sei ein Psychopath? Das kann nicht sein. Ich fühle mich großartig. Besser denn je.«

»Du warst kein Psychopath, und vielleicht bist du das auch jetzt noch nicht. Ich bin nicht sicher. Aber du warst an der Grenze. Es ist nichts Ernstes, aber nahe genug.«

»Nahe genug? Nahe genug für was?«

»Nahe genug, um das biochemische Gleichgewicht in deinem Körper mit Hilfe von Medikamenten entsprechend verändern zu können. Die Techniken, die man benutzt, um einen Psychopathen zu heilen, können auch in die andere Richtung eingesetzt werden. Zwar musste ich dafür den Autodoc umprogrammieren, aber du wärst überrascht, wozu ein Mann der Praxis mit der entsprechenden Erfahrung imstande ist.«

»Bitte? Du hast mich in einen Psychopathen verwandelt?«

»Nein. Ich habe dir doch gesagt: nicht in einen Psychopathen. Ich habe nur das chemische Gleichgewicht ein wenig in Unordnung gebracht – zumindest im Vergleich zu den Standards unserer Zeit. Zu anderen Zeiten hätte man dich als vollkommen normal betrachtet. Unsere Situation ist anormal, nicht du.«

»Aber warum?«

»Weil der Rest von uns viel zu ausgeglichen, viel zu stark konditioniert ist. Wir können noch nicht einmal darüber *nachdenken*, Gewalt zu benutzen, um irgendetwas zu erreichen. Du warst der einzige, der sich nahe genug an der Grenze befand, um hinübergestoßen zu werden. Du warst der einzige, den ich in einen Krieger verwandeln konnte.« Tom wandte den Blick ab. Er wusste, was er mir angetan hatte, und er hatte es aus dem besten aller Gründe getan; doch jetzt fürchtete er sich wie Dr. Frankenstein vor seiner eigenen Kreatur.

»Aber Ib, du kannst dich nicht einfach so unvorbereitet in den Kampf stürzen«, fuhr Tom fort. »Sie werden dich töten. Dein Körper mag ja vielleicht auf Aggressivität getrimmt worden sein, aber du bist kein ausgebildeter Kämpfer. Du musst mit deinem Verstand kämpfen, nicht mit deinen Gefühlen.«

»Tom, wenn ich zu viel nachdenke, wird Fritz die Gedanken sehen, und dann werde ich auch getötet.«

»Nun, nimm dir zumindest eine Minute Zeit, und überleg dir, was du gegen sie einsetzen könntest. Vielleicht hilft dir ja etwas dabei, was du vergangene Woche aufgeschnappt hast. Vielleicht haben sie ja irgendeine Schwäche. Vielleicht bemerken sie bestimmte Dinge ja einfach nicht. Ich weiß es nicht ... Irgendetwas. Denk aber bitte nach, bevor du handelst.« Tom blickte auf meine blutigen Hände. »Und leg die Splitter weg. Damit wirst du dich womöglich nur selbst umbringen.«

Sein Vorschlag war vernünftig. Ich ließ die Splitter fallen und dachte über seine Worte nach. Im Verhalten der Kzinti gab es tatsächlich eine Schwäche. Etwas, dass ich während meiner nächtlichen Beobachtungen bemerkt hatte. Eine Idee nahm in meinem Hinterkopf Gestalt an, während Tom sein Medikit hervorholte und sich an meinen Händen zu schaffen machte.

»Zunächst einmal müssen wir hier raus«, sagte ich, nachdem Tom mit meinen Händen fertig war. »Wir müssen einen Ort finden, wo sie uns nicht so ohne weiteres finden können.« Ich ging an Tom vorbei in die Mitte des Raums. »Aber wie kommen wir da durch?«, fragte ich und deutete auf die verschlossene Tür.

Tom blickte auf meinen blutigen Fluganzug. »Um ein verwundetes Crewmitglied zu spielen, siehst du geradezu ideal aus. Ich kann uns vermutlich an ihnen vorbei bringen, um dich zum Autodoc zu schaffen. Danach ...« Er hielt kurz inne. »Danach bist du gefragt.«

Ein Plan nahm in meinem Kopf Gestalt an und gewann zunehmend an Substanz. Vielleicht war es nicht der großartigste Plan, aber es war zumindest etwas. »Dann los«, sagte ich, bevor meine höheren Gehirnfunktionen sich melden und mich vom Unsinn meines Vorhabens überzeugen konnten.

Tom ging zur Tür und klopfte zweimal. Die Tür glitt auf, und Scheißkopf starrte zu uns herein. Tom sprach mit Händen und Füßen und deutete auf mich, während ich mein Bestes tat, einen Mann in Schmerzen zu spielen. Der Kzin blickte mich an und knurrte etwas, während er den Kommunikator vom Gürtel nahm und ihn Tom reichte. Ich schnappte einige Bruchstücke von Toms Gespräch mit Sklavenmeister auf: Kommentare über einen imaginären Unfall und dass ich dringend in den Autodoc müsste, wenn ich morgen am Antriebssystem weiterarbeiten sollte. Tom musste Sklavenmeister überzeugt haben, denn ein Knurren und Spucken ertönte aus dem Kommunikator, und Scheißkopf trat beiseite und winkte uns in den Gang.

Ich stützte mich auf Tom, während wir mit dem Spin Richtung Medcenter wanderten. Ausgebrannte Lampen, zerbrochene Türen und Brandspuren gaben beredtes Zeugnis von der Natur der Kzinti ab. Es dauerte nicht lange, bis wir an einem Wandschrank mit Notfallausrüstung vorüberkamen.

Der Schrank schien niemals benutzt worden sein. Er war verschlossen, und wichtiger noch: Er war unbeschädigt.

Ich zählte meine schleppenden, doch schnellen Schritte, als wir an ihm vorübergingen. Dann drehte ich den Kopf und sah, dass Scheißkopf noch immer dicht hinter uns war. Und dann warf ich mich mit einem – so hoffte ich – überzeugenden Schmerzensschrei zu Boden und riss Tom mit mir. Unsere Kzintiwache konnte nicht mehr rechtzeitig anhalten, und ihre Füße verfingen sich in unseren Körpern – dass ich mit den Armen um mich schlug, half ihm auch nicht gerade, das Gleichgewicht zu bewahren. Der Kzin fiel.

Nach der schnellsten Erholungsphase in der Geschichte der Medizin sprang ich auf, rannte zum Notfallschrank und riss die Tür auf. Der Schrank enthielt ein vollständiges Werkzeugsortiment, mit dessen Hilfe man die unterschiedlichsten Notfälle bewältigen konnte, doch er enthielt nichts für das Problem, dem wir uns nun gegenübersahen. Ich musste improvisieren.

Scheißkopf stand im selben Augenblick auf, als ich ein Dreimannvakuumfloß herausholte. Bei dem Floß handelte es sich um eine Stoffkugel, die drei Mann genügend Atemluft spenden konnte, bis jemand kam, um die Insassen zu befreien; doch in ungeöffnetem Zustand war es nur ein hartes, zusammengepresstes Stück Stoff. Ich öffnete das Vakuumfloß und warf es nach Scheißkopf. Ich hatte Glück. Seine Arme verfingen sich in der Öffnung und den unzähligen Handgriffen im Innern des Floßes.

Mit seinen Krallen begann er, es in Stücke zu fetzen. Ich warf einen weiteren Blick in den Schrank und fand eine Atemmaske mitsamt Sauerstoffflasche. Auch das warf ich nach Scheißkopf, doch er schlug es beiseite; allerdings verlor er dabei abermals das Gleichgewicht und fiel erneut zu Boden.

Die Sauerstoffflasche rollte den Gang hinunter. Tom hob sie auf und warf sie nach dem Kopf des Kzins. Tatsächlich traf er die Katze auch. Die Katze schlug mit ihrem freien Arm zu und riss Tom eine tiefe Wunde in die Brust, der daraufhin zu Boden sackte.

Nur noch einen Augenblick, dann würde Scheißkopf sich befreit haben. Ich zog gerade ein weiteres Vakuumfloß heraus, als ich ein schweres Brecheisen entdeckte, das dafür gedacht war, versiegelte Türen bei Stromausfall zu öffnen. Es war über einen Meter lang und besaß am einen Ende einen dicken Kopf.

Ich drehte mich wieder zu Scheißkopf um und sah, dass er sein Kommunikationsgerät vom Gürtel nahm. Er durfte keine Verstärkung rufen. Ich packte die Brechstange und schwang sie mit beiden Händen. Als sie den Arm der Katze traf, ertönte ein merkwürdiges

Knacken wie zerbrechendes Glas unter Wasser, und das Kommunikationsgerät fiel zu Boden und rutschte den Gang hinunter. Tom trat auf das Gerät und verwandelte es in einen Haufen elektronischen Müll.

Ich versuchte, unserer Wache die Brechstange auf den Kopf zu schlagen, doch der Kzin stand auf und rückte gegen mich vor; der verletzte Arm hing schlaff an seiner Seite. Ich hatte nicht genügend Platz, um mit der Brechstange richtig auszuholen, und so stach ich damit nach dem Kzin. Als sie seinen Brustkorb traf, trieb ihm das die Luft aus den Lungen, und ich wäre von der Wucht des Aufpralls fast zurückgeworfen worden. Scheißkopf schlug mit dem gesunden Arm nach dem Werkzeug und riss es mir aus der Hand.

Rasch bückte ich mich, schnappte mir wieder das zweite Vakuumfloß, wirbelte herum und rannte los in der Hoffnung, dass Scheißkopf Tom ignorieren und mir folgen würde. Das tat er auch.

Ich rannte gegen den Spin und spürte deutlich, wie mein Gewicht zunahm. Der Effekt war allerdings nicht sonderlich schwerwiegend, und ich konnte ihn mit Leichtigkeit kompensieren. Allerdings glaubte ich nicht, dass der Kzin mit diesem Effekt ausreichend vertraut war, um es mir gleichzutun.

Scheißkopf duckte sich bei der Jagd. Jeden Augenblick rechnete ich damit, dass er plötzlich auf allen vieren laufen würde. Er war unmenschlich schnell und holte rasch auf.

Ich hielt noch immer das zweite Vakuumfloß in der Hand. Meine Waffe. Ich tat das Einzige, was ich tun konnte. Ich öffnete das Aufblasventil und warf das Floß hinter mich. Es blies sich auf, bis es fast den gesamten Gang füllte. Scheißkopf gegen das Floß und prallte davon ab wie ein Gummiball. Dann schlug er mit den Krallen seiner unverwundeten Hand zu, und das Floß zerplatzte mit einem lauten ›Plop‹. Wieder duckte er sich, und der Abstand zwischen uns verringerte sich. Das zerstörte Floß hing noch in seinen Krallen, und er schleppte es ein paar Meter hinter sich her; erst dann konnte er es abschütteln. Und dann schrie und sprang er und streckte den unverletzten Arm aus.

Doch er hatte nicht mit dem Effekt gerechnet, den das Rennen auf seine zentripetale Beschleunigung haben würde, und auch nicht mit der Tatsache, dass der Gang nicht wirklich flach, sondern leicht gekrümmt war. Jene zwei kleinen, doch feinen Unterschiede zwischen unserem Schiff und einer Planetenoberfläche reichten aus, um ihn schneller wieder zu Boden fallen zu lassen, als er erwartet hatte. Er landete hinter mir. Der Kzin mochte vielleicht ignorant sein, aber dumm war er bestimmt nicht. Er würde den gleichen Fehler nicht noch einmal begehen. Ich musste mir etwas einfallen lassen.

Vor mir sah ich den Eingang einer der Zugangsröhren zur Rotationsachse. Ich rannte hinein. Die Röhre war ein hohler Zylinder von über sechs Metern Durchmesser, die sich 100 Meter vom rotierenden Teil des Schiffes bis zum Hauptmodul erstreckte, wo Schwerelosigkeit herrschte. Eine Leiter mit Sicherheitskäfig erstreckte sich die gesamte Röhre entlang. Der Lift war im schwerelosen Teil des Schiffs geparkt, und ich hatte keine Zeit, darauf zu warten, dass er mich abholte. Also rannte ich zur Leiter und begann, sie hinaufzuklettern, als hinge mein Leben davon ab ... was ja tatsächlich der Fall war.

Ich war noch nie so schnell eine Leiter emporgeklettert wie in diesem Augenblick. Ich hoffte nur, dass Einohr den Tumult nicht gehört hatte und herunterkam, um die Angelegenheit zu untersuchen. Der Gedanke, zwischen zwei wütenden Kzinti gefangen zu sein, ist der Stoff, aus dem Albträume sind.

Während ich die Leiter hinaufstieg, spürte ich, wie mein Gewicht abnahm, je näher ich der Rotationsachse kam, beziehungsweise je weiter ich mich vom Crewmodul und seiner Zentrifugalkraft entfernte. Die effektive Schwerkraft war bereits auf die Hälfte ihres Normalwertes gesunken, als ich hörte, wie Scheißkopf die Röhre betrat.

Ich riskierte es, einen Blick zurückzuwerfen, ohne jedoch langsamer zu werden. Scheißkopf sah mich, und im selben Augenblick war er auf der Leiter und folgte mir nach oben. Seinen verletzten Arm benutzte er, um das Gleichgewicht zu behalten. Ich hoffte, das tat ihm weh – *sehr* weh.

Als ich mich dem Ende der Leiter näherte, wog ich effektiv so gut wie nichts, und ich zog mich in einer fließenden Bewegung das letzte Stück hinauf. Meine lebenslange Erfahrung mit Schwerelosigkeit half mir dabei, den Abstand zwischen mir und dem hungrigen Fleischfresser wieder ein wenig zu vergrößern. Ich dachte an die Zeiten zurück, da ich mit meinen Freunden Fangen in der Schwerelosigkeit gespielt hatte, damals in unseren Habitaten im Belt. Jene Spiele waren uns Kindern so wichtig erschienen, doch damals stand nie so viel auf dem Spiel wie jetzt.

Dann erinnerte ich mich an etwas. *Spindiving*: ein Belter-Kinderspiel, bei dem es darum ging, seinen Mut zu beweisen, indem man die Zugangsröhre eines sich drehenden Habitats hinuntersprang, so weit man sich traute. Wenn man auf Sicherheit spielte, gewann man nicht, wenn man sich jedoch zu weit vorwagte, riskierte man, den ganzen Weg bis zum Habitat hinunterzustürzen, sobald die Schwerkraft hoch genug war. Gelegentlich hatte ich Nachrichtenbeiträge über *Spindiver* gesehen, die bei dem Spiel ums Leben gekommen waren.

Nachdem ich den Sicherheitskäfig der Leiter verlassen hatte, blickte ich zu Scheißkopf zurück. Er kam rasch näher, doch dank der immer niedriger werdenden Schwerkraft hatte er Probleme mit der Körperbeherrschung. Seine Geschwindigkeit war nicht höher als weiter unten im Crewmodul, wo die Schwerkraft 1 g betrug. Ich warf einen Blick zu dem großen Luk, das zu den Außenschleusen führte, und erleichtert stellte ich fest, dass Einohr nirgends zu sehen war. Finagle musste ein Belter sein, denn im Augenblick stand er definitiv auf meiner Seite.

Scheißkopf näherte sich dem Ende der Leiter, und seine Konzentration war zwischen mir und der Leiter aufgeteilt, die er noch immer umklammert hielt, als hätte die Schwerkraft keinen Deut nachgelassen.

Ich positionierte meinen fast vollkommen schwerelosen Körper über der Röhre und brachte mich in Hockstellung, während ich in Gedanken den bevorstehenden Sprung durchging. Rasch warf ich noch einen Blick auf die Sicherheitsschilder an der Wand, um sicherzustellen, dass ich tatsächlich *in* den Spin sprang. Scheißkopf erreichte das obere Ende der Leiter im selben Augenblick, da ich mich mit aller Kraft abstieß und kopfüber die Röhre hinunterraste.

Ein Ausdruck der Überraschung huschte über Scheißkopfs Gesicht, als ich an ihm vorbei zum anderen Ende der 100 Meter langen Röhre stürzte. Er beobachtete mich, während mein Körper gemäß der Geradlinigkeit meines Sprungs und der Drehung der Röhre subjektiv eine leichte Kurve beschrieb.

Kurz unterhalb des Punktes, wo ich hatte landen wollen, schlug ich gegen den Sicherheitskäfig und hielt mich daran fest. Verdammt! Ich war wohl nicht mehr so gut im *Spindiving* wie damals in meiner Jugend. Eine effektive Schwerkraft von einem halben g zog an meinen Armen, als ich mich in den Käfig und auf die Leiter schwang. Ich drehte den Kopf und blickte zu Scheißkopf. Er hatte den Sicherheitskäfig verlassen und beobachtete mich aufmerksam, unschlüssig, was er als Nächstes tun sollte.

Ich rutschte die glatte Aluminiumleiter so schnell hinunter, dass meine Hände von der Reibung brannten und meine Füße von der ständigen Berührung der Sprossen kribbelten, die ich nutzte, um meinen Fall zu kontrollieren. Ich spürte deutlich, wie mein Gewicht mit jeder Sekunde zunahm. Inzwischen hatte ich fast zwei Drittel der Röhre hinter mich gebracht.

Scheißkopf musste wissen, dass er die Leiter nicht schnell genug herunterklettern konnte, um mich zu fangen. Also tat er, was ihm am Logischsten erschien: Er machte es mir nach; doch *er* hatte als Kätzchen kein *Spindiving* gespielt.

Scheißkopf sprang von oben herab und zielte genau auf mich. Seine Reflexe waren die Schwerelosigkeit nicht gewöhnt, und so begann sein Körper, sich zu drehen, und er trudelte mit jedem Meter schneller. Doch wichtiger noch: Er wusste nicht, dass und wie er den Spin des Schiffes kompensieren musste. Er war gegen den Spin gesprungen, und so drehte das Schiff die Leiter zunächst immer weiter von ihm weg. Das Ergebnis war, dass er in einer eleganten Kurve nach unten stürzte, doch nicht auf die Stelle zu, auf die er gezielt hatte. Rasch erkannte er, dass er in Schwierigkeiten steckte, auch wenn ich sicher bin, dass er nicht wusste, warum. Er begann, mit den Armen zu rudern, aber das half ihm nicht.

Mit dem Rücken voran schlug er unmittelbar unter mir gegen den Sicherheitskäfig und prallte sogleich wieder ab. Er stürzte nach unten wie Galileis sprichwörtliche Kanonenkugel. Das Trudeln verwirrte ihn vermutlich; dennoch versuchte er, sich so zu drehen, dass er mit den Füßen voran stürzte. Doch alles, was er tat, verschlimmerte seine Lage noch.

Nach nur wenigen Sekunden war alles vorbei. Der zappelnde Kzin schlug mit dem Kopf zuerst und mit einem Übelkeit erregenden Krachen auf dem Boden auf. Dort lag er dann regungslos und mit verrenkten Gliedern, während sich um ihn herum eine Lache purpurfarbenen Blutes sammelte.

Leise ließ ich mich die letzten paar Meter der Leiter hinuntergleiten und ging zu meinem nun reglosen Peiniger. Der Geruch feuchten Ingwers und Blutes, gemischt mit dem ekelhaften Gestank, der entstanden war, als er die Kontrolle über seine Schließmuskeln verloren hatte, erfüllte die Luft. Ich blickte die Leiter hinauf und erinnerte mich an Einohr. Nur für den Fall, dass Einohr etwas gehört hatte und nachsehen kam, sollte ich Scheißkopf lieber fortschaffen.

Ich packte den toten Kzin an den Armen, zog ihn außer Sichtweite und hinterließ eine Spur rasch trocknenden Katzenblutes. Nachdem ich mich weit genug von der Röhre entfernt hatte, ließ ich ihn wieder los. Seine Arme fielen schlaff aufs Deck; das blutverschmierte Fell hatte an mir geklebt wie Leim. Ich starrte auf den leblosen Körper hinab und dachte darüber nach, was ich gerade getan hatte.

Ich kam mir obszön vor. Ich wollte weglaufen und mich verstecken. Nie wieder wollte ich von irgendjemandem gesehen werden. Zwar hatte ich keinen Menschen getötet, aber das war lediglich philosophische Haarspalterei. Dieser Kzin war ein intelligentes Lebewesen gewesen mit eigenen Hoffnungen, Träumen und Sehnsüchten. War es richtig gewesen, dass ich ihm seine Zukunft genommen hatte? Ich schämte mich, zumal Tom Zeuge meiner Tat gewesen war.

Und dann wurde mir klar, was ich gerade *wirklich* getan hatte. Ich hatte gegen ein Wesen gekämpft, das wesentlich größer war als ich und das Menschen nur als Sklaven oder Frischfleisch betrachtete, und ich hatte den Kampf gewonnen. Diese verdammten Rattenkatzen waren also doch nicht unbesiegbar. Sie waren durchaus zu schlagen. Einer erledigt ... Wie viele waren noch übrig? Egal. Jetzt gab es einen Kzin weniger auf unserem Schiff als noch vor ein paar Minuten, und schon bald würde es noch weniger geben.

Ich nahm Scheißkopf alles ab, was irgendwie nützlich aussah wie zum Beispiel sein langes, scharfes Messer und seine Handfeuerwaffe. Ich erinnerte mich daran, einmal Sportler in einem Film gesehen zu haben, die im Wettkampf versucht hatten, sich gegenseitig mit sogenannten ›Schwertern‹ zu berühren; offenbar hatten die Ursprünge dieser Sportart nichts mit Punkten und Medaillen zu tun. Die Handfeuerwaffe war mir ein Rätsel. Ich hatte nicht die leiseste Ahnung, wie man sie benutzte, auch wenn ich gesehen hatte, welche Zerstörung sie anrichten konnte. Trotzdem nahm ich sie mit in der Hoffnung, es zu gegebener Zeit herauszufinden.

Tom kam mit dem Medikit in der Hand durch den Gang gewankt. Sein Hemd hing in blutigen Fetzen an ihm herunter, und eine Hand presste er auf die tiefen

Kratzwunden in seiner Brust. Ich hatte geglaubt, Scheißkopf hätte mich durchs halbe Schiff gejagt; doch vor lauter Aufregung hatte ich offenbar nicht bemerkt, wie kurz die Jagd in Wirklichkeit gewesen war.

»Ist er ... tot?«, fragte Tom zögernd und ließ sich zu Boden sinken.

Ich nickte nur. »Wie geht es dir?«, erkundigte ich mich, obwohl ich die Antwort fürchtete.

»Die Wunden tun weh, sind aber nicht sonderlich tief«, antwortete Tom langsam. »Ib, geh ohne mich weiter. Ich würde dich nur aufhalten.«

»Niemals. Wir stecken gemeinsam in der Sache drin. Was brauchst du, um weitermachen zu können?«

»Gib mir einfach ein Schmerzmittel und tu was auf diese Schnitte, um die Blutung zu stoppen. Aber beeil dich. Wir müssen weg von hier, bevor die Kzinti herausfinden, was geschehen ist.«

»Okay. Aber du musst mir helfen. Ich weiß nicht, wie man das Zeug hier benutzt«, erwiderte ich, setzte mich neben Tom und öffnete das Medikit. Tom blinzelte vor Schmerz, während er mir den Inhalt des Medikits erklärte.

Seinen Anweisungen folgend holte ich ein analgetisches Hypospray heraus und gab es ihm. Dann verteilte ich eine Salbe zur Förderung der Blutgerinnung auf seinen Wunden und verband ihn schließlich. Ich hatte nicht die Zeit, seine Brust vorher zu rasieren, und ich wollte gar nicht erst daran denken, wie sehr es schmerzen würde, wenn die verklebten Verbände später wieder entfernt wurden – falls wir denn so lange überleben sollten.

Ich griff Tom unter den Arm, um ihn zu stützen,

und gemeinsam machten wir uns gegen den Spin auf den Weg zur Brücke. Von mir selbst angewidert sagte ich: »Ich kann nicht glauben, was ich gerade getan habe. Ich fühle mich so ... so schmutzig.«

»Du hast getan, was du tun musstest, und nicht was du wolltest. Vergiss das nie.«

Schweigend marschierten wir, so schnell wir konnten, die leeren Gänge entlang. Die Herzen schlugen uns bis zum Hals, denn jeden Augenblick rechneten wir damit, in eine zweite Kzintiwache zu rennen. Wir entfernten uns von den Quartieren, wo Sklavenmeister und Fritz sich aufhielten. Einohr befand sich in einem anderen Teil des Schiffs; trotzdem zuckten wir bei jedem Geräusch und jedem plötzlich auftauchenden Schatten unwillkürlich zusammen. Nach ein paar Minuten traten wir durch die zerstörte Brückentür. Tom schaute sich wehmütig um und betrachtete dann die Tür. »Ich fürchte, die wird sie nicht allzu lange aufhalten.«

»Das hat auch schon beim ersten Mal nicht funktioniert«, erwiderte ich. »Jetzt aber schnell. Ich werde dich auf die Kommandantenliege setzen, damit du von dort aus unsere Freunde überwachen kannst.« Ich half Tom, sich auf die zerfetzte Liege zu setzen. Er verzog das Gesicht, vielleicht vor Schmerz, vielleicht aber auch ob der Erinnerung, wie es dem letzten Okkupanten dieser Liege ergangen war. Ich gab ein paar Befehle in den Computer ein, und die Monitore zeigten die Bilder der Autocams, die nach Kzinti suchten. Sklavenmeister und Fritz waren nirgends zu sehen; also hielten sie sich wahrscheinlich noch immer in ihren Privatquartieren auf. Einohr befand sich noch immer in den Kälteschlafkammern und trug die Tasche mit sich herum, die die beiden Kzinti ihm gegeben hatten. Die Form der Tasche ließ ihren schrecklichen Inhalt noch nicht einmal erahnen. Vielleicht suchte Einohr sich gerade sein morgiges Abendessen aus, oder er führte einfach nur eine Routineprüfung durch.

Ich setzte mich an die Ingenieursstation. Jeden Augenblick rechnete ich mit den schrecklichen Kopfschmerzen, die mich jedes Mal überkamen, wenn Fritz meine Gedanken las; sie kamen aber nicht. Vielleicht bedeutete das, dass wir noch immer die Überraschung auf unserer Seite hatten. Meine Hände tanzten über die Kontrolltafel, um das Bussard-Feld zu aktivieren. Der Computer startete ein Diagnoseprogramm nach dem anderen, doch ich hielt die Programme jedes Mal an und befahl ihm weiterzumachen. Zeit war von größter Wichtigkeit für unser Vorhaben. Alles musste einwandfrei und auf Anhieb funktionieren. Falls nicht, waren wir tot. Wir hatten keine Zeit, um uns zu vergewissern, dass die Geräte einsatzbereit waren. Mir blieb nichts anderes übrig, als meinen Reparaturkünsten zu vertrauen.

»Es hat sich niemand gerührt. Ich glaube, sie wissen noch immer nicht, was geschehen ist.«

»Gut. Beobachte nur weiter alles. Wir sind fast soweit; aber wenn es erst einmal losgeht, müssen wir schnell sein.«

Nachdem ich auch die letzte Überprüfung der Generatoren abgebrochen hatte, griff ich nach dem VR-Helm und den Datenhandschuhen. Ich glaubte, alles sei bereit; was hätte ich auch sonst glauben sollen? Ich umging die Sicherheitssperre, die der Aktivierung der Generatoren vorgeschaltet war. Sollte es ein Problem geben, würden wir es nicht erfahren, bis unser Schiff sich in eine kleine Nova verwandelte. Ich zog Handschuhe und Helm an, verband alles mit der VR-Konsole, klappte dann das Visier herab und aktivierte schließlich das VR-System.

Plötzlich veränderte sich meine Perspektive. Ich hatte mich in ein körperloses Wesen verwandelt, das durch den Weltraum trieb, und ich sah die *Obler's Paradox* regungslos unter mir vor dem Hintergrund der Sterne schweben. Ein paar schnelle Befehle, und Datenfenster erschienen rings um die Darstellung. Noch einige weitere Eingaben, und das Schiff war von den neonblauen elektromagnetischen Feldlinien der Bussard-Generatoren umgeben. Die Linien waren schwach und dicht am Schiff, was nicht anders zu erwarten war, da sich die Generatoren im abgeschalteten Zustand befanden. Dann erschienen die gelben Konturen, die die Dichte des Wasserstoffflusses anzeigten, doch ich ignorierte sie. Im Augenblick war ich ausschließlich am Antrieb interessiert.

Ich erhöhte die Energiezufuhr zu den Feldgeneratoren. Die neonblauen Feldlinien wurden heller, dehnten sich aber nicht aus. So weit, so gut. Ich bewegte meine Hände und formte das Feld. Es wurde größer und heller. Besser. Die Reparatur war mir gelungen. Es gab zwar einige Unregelmäßigkeiten im Feld, doch waren sie durchaus kontrollierbar. Ich verkleinerte die Darstellung, bis die *Paradox* nur noch ein dünner, blau umrahmter Stift vor dem Hintergrund der Sterne war und man auch das Kzintikriegsschiff nur noch als kleinen orangefarbenen Punkt wahrnehmen konnte.

Ich bewegte die Hände, um das Magnetfeld der Bussard-Generatoren zu kontrollieren. Die blaue Linie rings um die *Paradox* wuchs an. Ich formte sie weiter und ließ sie so weit wachsen, wie ich es wagte. Plötzlich piepte ein Sicherheitsalarm, doch ich zwang den

Computer, die Warnung zu ignorieren und die Energiezufuhr der Generatoren aufrechtzuerhalten.

Die neonblauen Linien wurden größer und heller. Ich zwang sie in eine asymmetrische, elliptische Form, die auf das Kzintischiff gerichtet war. Ich ließ das Feld wachsen und wachsen, bis es das feindliche Schiff fast berührte; dann, mit einer raschen Bewegung der Hand, umschloss es die Kzinti. Ich fuhr den Antrieb so weit hoch, wie es die Generatoren erlaubten, und dämmte das Feld ein, damit es sich nicht über Hunderte von Kilometern ausdehnte, sondern sich mit all seiner tödlichen Macht auf das Kzintischiff konzentrierte.

Ich wusste nicht, wie lange es dauern würde, bis das Feld die Kzinti auf ihrem Schiff getötet hätte. Menschen wären fast sofort gestorben, doch wer wusste schon, wie zäh die Kzinti waren? Ich ließ die Feldstärke innerhalb tödlicher Grenzen fluktuieren, während ich darauf achtete, die Feldlinien weiter auf das Kzintischiff gerichtet zu halten.

Das sich verändernde Magnetfeld sollte nun eigentlich Strom durch sämtliche Konduktoren an Bord des Feindes leiten. Ich hoffte, dass auf diese Art auch die restliche elektronische Ausrüstung der Katzen zerstört wurde, bevor sie eine Warnung absetzen konnten. Beim ersten Mal war das Feld nur kurz eingesetzt worden, was nicht ausgereicht hatte, um alles zu zerstören.

Ich fühlte mich wie ein Gott, der die Kzinti allein kraft seines Willens vernichtete, und das mit einer einzigen Handbewegung. Ich ließ das Magnetfeld schneller und wilder fluktuieren, vom kleinsten bis zum größten Feld, das die Generatoren in wenigen Sekunden aufbauen konnten. Das Kzintischiff begann im Licht elektrischer Entladungen zu glühen. Ich stellte das Feld auf Maximum ein und ließ es so.

Und dann blinkte ein Warnlicht am Computer auf, das ich nicht mehr ignorieren konnte. Nach meiner Misshandlung der Bussard-Generatoren litten einige von ihnen unter Überanstrengung. Ich würde das Feld abschalten müssen, wollte ich die Generatoren nicht vollständig zerstören. Als ich es tat, hoffte ich, dass das Magnetfeld auf die Kzinti ebenso tödlich gewirkt hatte, wie es für uns Menschen gewesen wäre. Die neonblauen Linien schrumpften wieder zu einer matten Kontur zusammen. Das Kzintikriegsschiff schwebte dunkel und regungslos vor den Sternen. Ich schaltete das VR-System aus und hob das Helmvisier.

»So! Das müsste alle Kzinti auf dem Schiff getötet haben«, erklärte ich hoffnungsvoll, obwohl ich nicht ganz sicher war. »Falls nicht, dann weiß ich nicht, wie wir sie sonst noch umbringen könnten.«

»Uh-oh«, keuchte Tom nervös. »Kzinwächter hat sich in Bewegung gesetzt. Ich glaube, sie haben irgendeine Art Warnung erhalten.

»Dann war's das wohl von wegen subtiler Vorgehensweise«, erwiderte ich und drückte den Notfallknopf, mit dem man die Schwerkraft erzeugende Rotation des Crewmoduls anhalten konnte. Sofort ertönte das Kreischen mechanischer Bremsen, und das dumpfe Pochen von Schwingungsdämpfern hallte durch das Schiff. Alles, was nicht niet- und nagelfest war, wurde durch die Luft geschleudert, als das Crewmodul unvermittelt anhielt, und im selben Augenblick umgab uns das vertraute Gefühl der Schwerelosigkeit wie ein beruhigendes warmes Bad. »So, jetzt haben wir schon etwas bessere Karten«, sagte ich und löste die VR-Geräte von der Konsole. Ich verschwendete keine Zeit damit, sie auszuziehen, sondern stieß mich von der Liege ab und schwebte auf Tom zu.

»Komm! Wir müssen von hier verschwinden. Hier werden sie zuerst nachsehen.« Ich blickte auf die Monitore und suchte nach Einohr. Er war auf dem Weg zu einer der Zugangsröhren, die ins Crewmodul führten; offenbar wollte er hierher auf die Brücke. Wir mussten uns beeilen. Ich gab Tom keine Chance, mit mir zu diskutieren, sondern drängte ihn in den Gang hinaus.

Viermal stießen wir uns ab, um zu beschleunigen, und steuerten unsere Sprünge, indem wir uns dann und wann gegen Decke und Wände prallen ließen. In der Schwerelosigkeit stellte Toms fehlendes Bein kein Hindernis mehr für ihn dar, und schon bald näherten wir uns einer der Röhren, die zur Rotationsachse führten. Ich wies Tom an zurückzubleiben, während ich die Handfeuerwaffe zog, die ich Scheißkopf abgenommen hatte.

Mit einer einzigen schnellen Bewegung schob ich mich in die Röhre und blickte hinauf. Da war Einohr, der sichtlich mit der Schwerelosigkeit kämpfte. Sein Blick war konzentriert auf die Leiter gerichtet, an der er sich langsam herunterhangelte. Er hatte mich nicht bemerkt.

Ich hob die große Kzintiwaffe; dann erinnerte ich mich daran, wie einige der Kzinti in der Schwerelosigkeit durch die Gegend gewirbelt worden waren, wenn sie ihre Waffen abgefeuert hatten.

Also drückte ich mich an den ›Boden‹ der Schleuse und blickte die Röhre hinauf. Einohr kam näher. Nicht mehr lange, und er würde hinunterschauen und mich sehen. Ich musste rasch handeln. Ich hielt die Waffe vor meinen Bauch, richtete den Lauf die Röhre hinauf und betätigte den Abzug.

Nichts geschah.

Ich starrte die Waffe an. Was machte ich nur falsch? An der Seite der Waffe befanden sich zwei kleine Hebel. Ich legte beide um, und zielte erneut auf Einohr, der im selben Augenblick zu mir hinunterblickte.

Seine Augen wurden größer und größer. Ich vermute, er hatte nicht damit gerechnet, einen Menschen mit einer Kzintiwaffe am Boden der Röhre zu sehen. Langsam drehte er sich zu mir um, während er nach wie vor die Leiter umklammert hielt. Ich wusste, dass er sich jeden Augenblick auf mich stürzen würde. Wieder hielt ich die Waffe vor meinen Bauch und betätigte den Abzug.

Dann brach die Hölle los. Die Waffe donnerte wieder und wieder in kakophonischem Lärm, während eine Folge von Explosionen durch die Röhre hallte, die mich taub werden ließen. Dicke Wolken ätzenden Rauchs stiegen die Röhre empor. Die Waffe schoss schnell und ohne anzuhalten; ich konnte nichts dagegen tun, geschweige denn, mit dem Ding zielen. Ich versuchte, sie nach ›oben‹ zu richten, und hoffte, Einohr zu treffen. Die Waffe buckelte und stieß gegen meinen Bauch, sodass ich mich vor Schmerz und Druck fast übergeben hätte. Querschläger sprangen mit lautem ›Zing‹ durch die Röhre, begleitet von Einohrs Schreien; doch ich vermochte nicht zu sagen, ob dieses Schreien bedeutete, dass er getroffen war, oder ob er sich in mörderischer Wut zu mir herabstürzte. Und dann hörte die Waffe auf zu feuern. Nur noch ein leeres Klicken war von ihr zu hören; ansonsten herrschte Stille.

Einohr flog aus dem Rauch, der die Röhre erfüllte,

auf mich zu. Ich stieß mich im selben Augenblick ab, als er mit mir zusammenprallte. Ich erwartete, von seinen Krallen in Stücke gerissen zu werden, doch sein Leib drückte den meinen nur schlaff zu Boden und schwebte dann zur Seite weg. Er war tot. Dass mir das gelungen war, hatte ich nur dem Glück zu verdanken, nicht meinen Fähigkeiten, doch das war mir egal. Ein weiterer Kzin erledigt, blieben noch zwei. Ich schaute mich nach Einohrs Waffe um, aber er hatte sie nicht bei sich, und ich hatte nicht die Zeit, danach zu suchen.

Ich duckte mich in den Gang zurück und packte Tom am Arm.

»Komm! Wir müssen in Bewegung bleiben. Wir müssen einen Teil des Schiffes erreichen, mit dem sie nicht vertraut sind.« Ich stieß Tom vor mir her in die Röhre, sodass er in Richtung der Rotationsachse trieb. Weitere Ermutigung brauchte er nicht. Er zog sich derart schnell die Leiter hinauf, dass ich Mühe hatte, ihn einzuholen. Kurz darauf schwebten wir in den Gängen an der Rotationsachse.

»Ich werde dich an einem sicheren Ort verstecken«, sagte ich, während ich Tom durch Gänge führte, die vom roten Licht der Notfallbeleuchtung erhellt wurden. »Ich werde dich in einen Raumanzug stopfen und in einer Schleuse verstecken, die nach außen hin offen ist. Zumindest werden sie so eine Zeit lang nicht an dich herankommen.«

»Aber was ist mit dir?«, fragte Tom keuchend.

»Das werde ich dir nicht sagen. Fritz kann nicht lesen, was du nicht weißt.« Es dauerte nicht mehr lange, und wir erreichten die Notfallausstiegsschleuse Nummer Zwei. Ich öffnete einen der Schränke, holte einen Raumanzug heraus, der für Lunieproportionen geeignet war, und reichte ihn Tom. »Zieh das an. Schnell.«

Der Anzug war für Notfälle, nicht für Arbeiten im All gedacht. Er bot ein Minimum an Lebenserhaltungssystemen und ließ seinem Träger nur wenig Bewegungsfreiheit; bequem war er nicht. Während ich Tom half, den Anzug anzulegen, sagte er: »Wo du von Argus sprichst: Warum haben wir seine Gegenwart noch nicht gespürt?« Tom verzog das Gesicht; er hatte Mühe, mit dem rechten Arm in den Anzugärmel zu schlüpfen.

»Ich weiß es nicht«, antwortete ich. »Er scheint nicht imstande zu sein, meine Gedanken für mehr als ein paar Stunden am Stück zu lesen – jedenfalls war das bis jetzt immer so. Vielleicht hat das irgendwas mit der Droge zu tun, die er ständig nimmt. Vielleicht ist er im Augenblick einfach nicht in der Verfassung, unsere Gedanken zu lesen.«

Tom nickte.

»Vielleicht ist er aber dazu in der Lage, seine Auszeit mit einer Extradosis zu verkürzen. Vielleicht liest er deine Gedanken für gewöhnlich nur einmal, um sich nicht zu überanstrengen. Ich würde mich nicht darauf verlassen, dass er deine Gedanken im Augenblick nicht lesen kann.« Ich nickte ihm zu, während ich ihm den Helm mit integriertem Biopack überstülpte und die Vakuumsiegel schloss.

»Mach dir keine Sorgen. Ich verlass mich darauf.« Tom sah verwirrt aus, als ich ihn in die Schleuse schob, und sollte er noch irgendetwas gesagt haben, hörte ich es durch den Helm hindurch zumindest nicht. Ich beobachtete die Lichter, die mich über den Verlauf des Dekompressionsvorgangs informierten; dann öffnete sich das äußere Schleusenluk. Ich stieß mich von der Wand ab und trieb von der Schleuse weg.

Das Fernkontrolloperationscenter, wo ich in der vergangenen Woche den größten Teil meiner Zeit verbracht hatte, befand sich nur ein kurzes Stück den Gang hinunter. Während ich durch den Gang schwebte, kribbelte mein ganzer Körper vor nervöser Anspannung. Jeden Augenblick rechnete ich mit einem riesigen orangefarbenen Fellknäuel, das sich voller Wut auf mich stürzte, um mich mit Zähnen und Krallen in Stücke zu reißen. Jedes Mal, wenn ich an eine Abzweigung kam, erwartete ich, Sklavenmeister im anderen Gang zu sehen. Seit wir die Brücke verlassen hatten, wusste ich nicht mehr, wo er sich befand, und jetzt sah ich ihn überall. Ich fragte mich, wie viel Zeit mir noch blieb, bis Fritz in meinen Kopf eindringen und herausfinden würde, wo ich war; das wäre dann mein Todesurteil. Hätte ich mich mit Menschen angelegt, wäre ich im Fall einer Niederlage schlimmstenfalls in einer Organbank gelandet. Doch ich hatte Kzinti als Gegner, und das bedeutete, dass ich vermutlich im Magen einer Katze enden würde.

Ich schwebte in den Bereitschaftsraum vor der Ladeluke. Da war die vertraute Wand voller Bots. Als ich an ihnen vorüberglitt, wurde ich ein wenig langsamer und betätigte ihre Notfallschalter; dann sah ich zu, wie sie einer nach dem anderen zum Leben erwachten. Ihre Statusleuchten blinkten auf, und Beine und Manipulatoren zuckten. Ich schnappte mir einen der Bots und trug ihn zur VR-Station, während er sich selbst aktivierte. Dort angekommen, band ich ihn in den Harnisch, wobei ich sorgfältig darauf achtete, dass seine Linsen sich in der gleichen Höhe befanden wie normalerweise meine Augen. Anschließend genügten ein wenig Klebeband und Improvisationstalent, und die Beine und Manipulatoren des Bots waren nicht mehr zu sehen.

Ich war fast fertig; dennoch ermahnte ich mich, schneller zu arbeiten. Wenn Fritz jetzt in meinen Geist eindrang, wäre alles umsonst gewesen. Ich musste meine Vorbereitungen rasch beenden. Ich griff zwei Bots, schwebte mit ihnen zur Tür und presste sie dort gegen die Wand, bis sie sich mit ihren Magnetfüßen selbst dort festhielten. Dann schnappte ich mir zwei weitere, drehte sie um und schob sie vorsichtig zur Decke, wo sie mit ihren Magneten hängen blieben. Die anderen Bots würden warten müssen. Ich griff mir jedoch noch zwei von ihnen und eilte mit ihnen zur Tür hinaus. Fast hätte ich die VR-Konsole vergessen, doch rasch duckte ich mich wieder in den Bereitschaftsraum und schnappte mir eine der tragbaren Einheiten auf der Werkbank. Nachdem auch das erledigt war, kehrte ich zu meinen beiden Bots zurück und schwebte mit ihnen den Gang entlang. Wenn Fritz nur noch ein paar Minuten aus meinem Kopf bleiben und Sklavenmeister nicht so schnell auftauchen würde .... Wenn, wenn, wenn ...

Ich öffnete die Augen und sah mich im Bereitschaftsraum der Ladeschleuse um. Ich konnte mein Glück kaum glauben. Es war mir gelungen, alles vorzubereiten, ohne dass Fritz in meinen Kopf eingedrungen wäre.

Der Wanduhr zufolge waren weniger als 15 Minuten vergangen, seit ich die Rotation des Crewmoduls angehalten und alles in Schwerelosigkeit versetzt hatte. Durch diese Handlung hatte ich jedermann deutlich gezeigt, dass ich frei und hinter den Kzinti her war.

Die *Obler's Paradox* war ein großes Schiff, und wir hatten uns in einem Schiffsbereich versteckt, der den Kzinti nicht vertraut war; aber wie lange brauchten sie noch, um uns zu finden? Wie lange würde es noch dauern, bis Fritz seine Droge nahm, meine Gedanken las, sah, was ich sah, und wissen würde, wo ich mich versteckte? Hoffentlich nicht mehr allzu lange. Ich wollte nicht länger warten. Ich wollte, dass das Ganze endlich ein Ende nahm – so oder so. Mir lief ein Schauder über den Rücken, und ich sagte mir, dass das mehr mit meiner Aufregung, denn mit den eisigen Temperaturen zu tun hatte.

Ich rief ein Anzeigefenster auf, das mir die Aufnahmen der Autocams zeigte. Wenn die Kzinti mich nicht finden konnten, dann konnte ich ihnen vielleicht ein wenig helfen. Der Computer entdeckte Fritz und Sklavenmeister fast sofort. Sie befanden sich auf der Brücke. Der große Kzin wirkte wütend, was normal für ihn war, aber Fritz ... Fritz sah hundeelend aus. Normalerweise war er schlicht ungepflegt, doch nun sah er aus, als wäre er gerade von den Toten auferstanden. Nein, das musste ich zurücknehmen. Ich hatte Leichen gesehen, die man aus dem Vakuum gefischt hatte und die weit besser ausgesehen hatten als er in diesem Augenblick.

Das Fell des kleinen Kzins war matt, und die einzelnen Haare sträubten sich in wirren Winkeln. Seine Augen waren von purpurfarbenen Ringen umgeben, und sein schlaffer Körper schwebte lustlos in der Schwerelosigkeit. Er sah aus, als würde er jeden Augenblick sterben oder zumindest einschlafen.

Die beiden Kzinti versuchten, den Brückenanzeigen

und dem Schweigen von ihrem Schiff einen Sinn zu entnehmen. Vielleicht benötigten sie ein wenig Hilfe. Ich aktivierte das Intercom und stellte es so ein, dass meine Stimme aus jedem Schiffslautsprecher zu hören war.

»Was ist los, Sklavenmeister? Begreifst du nicht, was geschehen ist?« Meine Worte hallten durch das Schiff, selbst hier unten an der Rotationsachse. Meine Stimme klang wie die eines zornigen Gottes, der überall zugleich war. Das war äußerst irritierend und genau das, was ich erreichen wollte. »Sie sind tot. Ich habe sie alle umgebracht, und euch werde ich auch noch töten.«

Sklavenmeister stieß ein furchterregendes Knurren aus, und trotzig wedelte er mit den Armen. Fritz kauerte in einer Ecke und versuchte, sowohl vor seinem wütenden Vorgesetzten als auch vor meiner Stimme zu fliehen. Sklavenmeister riss einen Monitor aus seiner Halterung und warf ihn gegen die Wand. Das änderte auch nichts.

»Sklave-von-Menschen. So wird man dich von nun an nennen. Alle Kzinti zusammen waren nicht in der Lage, zwei Menschen zu besiegen, von denen einer zudem noch ein Krüppel ist. Was ist das für ein Gefühl, von einem verkrüppelten Pflanzenfresser besiegt zu werden?«

Sklavenmeister tobte durch die Brücke. Sein Zorn half ihm nicht gerade, mit der Schwerelosigkeit zurechtzukommen. Er drehte sich zu Fritz um und knurrte ihm etwas zu. Fritz wimmerte nur als Antwort, und Sklavenmeister schlug ihm mit dem Handrücken so kräftig ins Gesicht, dass der kleine Kzin durch die Brücke taumelte. »Bald, Mensch«, brüllte Sklavenmeister. »Bald wirst du sterben. Ich werde dich zusehen lassen, während ich jeden auf diesem Schiff hier töte, und dann wirst du zusehen, wie ich dich fresse, ein Stück nach dem anderen, bis du stirbst.«

»Das glaube ich kaum, Feigling. Das einzige, was du fressen wirst, ist meine Scheiße. Es wird dir gefallen. Sie besteht aus Wurzeln und Gemüse.«

Sklavenmeister brüllte vor Wut und Frustration, während er alles losriss, was sich irgendwie losreißen ließ, und es gegen die Wände schleuderte. Fritz musste sich mehrmals ducken, um nicht von umherfliegenden Gegenständen getroffen zu werden. Er wimmerte wieder, doch als Sklavenmeister daraufhin auf ihn zu schwebte, griff Fritz in seinen Beutel und holte eine Spritze heraus, die er sich auch sofort in den Arm rammte. Seine Körpersprache zeigte deutlich, dass er sich davor fürchtete, was die Droge ihm antun würde; doch offenbar hatte er noch mehr Angst vor dem, was Sklavenmeister ihm antun würde, sollte Fritz die Spritze verweigern. In Erwartung der Kopfschmerzen, die mir verraten würden, dass Fritz sich in meinen Kopf eingeklingt hatte, beobachtete ich das Ganze; doch nichts geschah.

»Sklave-von-Menschen«, fuhr ich fort, »ich werde es müde, auf dich zu warten. Warum tötest du deinen Telepathen nicht? Er kann meine Gedanken nicht mehr lesen. Muss ich dir erst sagen, wo du mich finden kannst?«

Sklavenmeister funkelte Fritz an, der am ganzen Leib zitterte und erratisch spuckte und wimmerte. Ich hörte Sklavenmeister knurren, und seine Körpersprache verriet Wut. Fritz zögerte. Sklavenmeister sprang zu ihm hinüber, griff in Fritz Beutel und holte eine weitere Spritze hervor. Fritz versuchte, sich aus Sklavenmeisters Griff zu befreien, während dieser ihm die Droge injizierte.

Und dann war er da. Der Schmerz war nicht so groß wie sonst, aber ich konnte ihn deutlich spüren. Fritz drang in meinen Geist ein. Hervorragend. Nun zum letzten Teil des Plans. Ich schaltete alle virtuellen Anzeigen aus – mit Ausnahme jener, auf der die beiden Kzinti zu sehen waren. Dann konzentrierte ich mich auf den Bereitschaftsraum vor der Ladeluke und dem Fernkontrolloperationscenter. Sorgfältig achtete ich darauf, nur Dinge anzusehen, mit denen wir in der vergangenen Woche gearbeitet hatten – vertraute Dinge.

Dinge, die Fritz verraten würden, wo genau ich mich befand.

»Sklave-von-Menschen. Du tust gut daran, Angst um dein Leben zu haben. Ich werde dich töten und aus deinem Fell einen Teppich machen, um mir die Füße damit zu wärmen.« Ich wollte ihn so wütend machen, dass er nicht mehr klar denken konnte. Ich wollte, dass er mich angriff, sich blind auf mich stürzte. Ich wollte ihn über den Rand des Wahnsinns stoßen. Der Weg dahin war nicht weit.

Sklavenmeister knurrte Fritz etwas zu, der daraufhin mit einem Zischen antwortete. Sklavenmeister warf den Kopf zurück und stieß ein furchtbares Brüllen aus. Dann packte er Fritz und schleppte ihn aus dem Raum. Er wusste, wo ich war. Er kam zu mir.

Gut.

Aufgeregt beobachtete ich das Bild der Autocams, die Sklavenmeister und Fritz auf ihrem Weg durchs Schiff verfolgten. Unbeholfen prallten die beiden Kzinti in der Schwerelosigkeit von Decken und Wänden ab; sie suchten nach der nächstgelegenen Röhre, die zur Achse führte. Dort angekommen, hangelten sie sich die Leiter empor, stießen allerdings immer wieder gegeneinander, sodass sie oft den Halt verloren.

Doch unbeholfen hin oder her, sie kamen voran. Sklavenmeister eilte Fritz voraus und stürmte zur Ladeluke. Ich wartete auf ihn.

Der große Kzin schwebte mit gezücktem Messer in den Raum und brüllte eine Herausforderung, deren Wortlaut und Bedeutung ich nicht verstand. Warum er das Messer, und nicht seine Feuerwaffe gezogen hatte, werde ich wohl nie erfahren.

Vielleicht hatte das etwas mit Ehre zu tun, oder vielleicht hatte er es in der Aufregung auch nur vergessen. Auf jeden Fall flog er mit weit aufgerissenen Augen und gefletschten Zähnen auf die VR-Station zu.

Ich beobachtete, wie sich sein Gesichtsausdruck von Wut zu Verwirrung änderte, als er erkannte, dass nicht ich vor der VR-Station schwebte, sondern der EVA-Bot, den ich dort angeschnallt hatte.

Fritz mochte vielleicht wissen, *was* ich sah; aber er wusste nicht genau von *wo*.

Sklavenmeister prallte gegen die VR-Station und schlug sie in Stücke. Nachdem er auch den Bot zerstört hatte, war auf dem Monitor nur noch Rauschen zu sehen. Ich schaltete auf einen anderen Bot um.

Der Raum stand auf dem Kopf. Ich überprüfte, welchen Bot ich aktiviert hatte. Es war einer der Schwerlast-Wartungs-Bots, den ich unter der Decke befestigt hatte. Ich ließ meinen Blick durch den Raum schweifen. Da war Fritz. Er kauerte neben der Tür unmittelbar über dem Bot, den ich kontrollierte, während Sklavenmeister wütend durch den Raum schnüffelte in dem hoffnungslosen Versuch, mich zu finden. Er würde gleich an die Reihe kommen.

Ich bewegte meine Beine, und der Bot sprang von der Decke auf Fritz Rücken. Mit den Manipulatoren krallte ich mich in Fritz Fell fest. Der Telepath wand sich hierhin und dorthin und versuchte verzweifelt, mich abzuschütteln; doch er erreichte damit lediglich, dass er den Kontakt zum Boden und somit die Balance verlor. Er verwandelte sich in ein rotierendes, orangefarbenes Fellknäuel in der Mitte des Raums, das vor Schmerz und Angst laut schrie. Und die ganze Zeit über hielt sich mein Bot an seinem Rücken fest.

Sklavenmeister sah das und kam herbeigeeilt, doch er war nicht schnell genug. Der Bot fuhr seinen Schneidelaser aus. Ich zielte auf Fritz Hinterkopf und stellte den Laser auf Maximalleistung ein. Mit dem Strahl konnte man durch Aluminium schneiden wie mit einer Flamme durch Trockeneis. Ich schaltete den Laser ein. Fritz hatte keine Chance.

Der Laser zielte auf sein Gehirn. In Fritz' Hinterkopf öffnete sich ein bleistiftdünner Tunnel, der an der Stirn wieder austrat. Die Hitze des Laserstrahls kauterisierte die Wunde, sodass kein Blut zu sehen war; kaum etwas deutete auf den enormen Schaden hin, den der Strahl angerichtet hatte. Im selben Augenblick waren die Kopfschmerzen verschwunden, die mich die ganze Woche über geplagt hatten, und wurden durch eine unerwartet traurige Leere ersetzt.

Und dann erreichte Sklavenmeister Fritz, riss ihm den Bot vom Rücken und warf die Maschine gegen die Wand. Wieder sah ich nur Rauschen auf dem Monitor. Ein Bot weniger, aber ich hatte ja noch genug.

Ich rief ein Optionsfenster auf und wählte einen weiteren Bot, den ich an der Wand neben der Tür platziert hatte. Dann schaltete ich das Intercom aus und leitete die Sprachausgabe auf die Botlautsprecher um. »Hey, Sklave-von-Menschen. Hier bin ich.« Meine Stimme hallte durch den Bereitschaftsraum. Sklavenmeister wirbelte herum und war einen Augenblick lang verwirrt.

Ich bewegte die Beine, und der Bot flog auf Sklavenmeister zu. Rasch zog sich der Kzin an einer Werkbank aus der Flugbahn. Eines musste man ihm lassen: Er hatte rasch gelernt, in der Schwerelosigkeit zu kämpfen.

Ich wechselte zu einem anderen Bot, aktivierte dessen Magnetfüße und ließ ihn mit Hilfe der autonomen Navigationssysteme über den Boden auf Sklavenmeister zulaufen. Erneut leitete ich meine Stimme um. »Hier bin ich. Hi-ier.«

Und wieder wechselte ich den Bot. Diesmal wählte ich ein kleines IVA-Modell, das noch immer in seiner Wandhalterung hing, ein Bot, der dazu gedacht war, Reparaturen in für Menschen unzugänglichen Schiffsteilen durchzuführen. »Nicht da! Hier!« Als Sklavenmeister sich zu der neuen Geräuschquelle umdrehte, aktivierte ich den Propellerantrieb des Bots und ließ ihn auf den Kzin zufliegen.

Dann schaltete ich wieder zu dem Bot um, der auf Sklavenmeister zumarschierte. »Hier bin ich. Fang mich doch, du gemüsefressender Feigling.« Sklavenmeister wirbelte herum und brüllte bei dieser Beleidigung, und in diesem Augenblick prallte der propellergetriebene IVA-Bot gegen seinen Rücken. Ich wechselte wieder zu dem IVA-Bot und ließ ihn sich mit seinen winzigen Manipulatoren ins Fell der Katze krallen. Dann regelte ich die Propellergeschwindigkeit hoch, und das Fell verfing sich in den Propellerblättern. Sklavenmeister schrie und wand sich und versuchte erfolglos, den lästigen Angreifer vom Rücken zu bekommen.

Während er abgelenkt war, aktivierte ich noch weitere Bots und ließ sie mit ihren Magnetfüßen auf den riesigen, brüllenden Berg aus orangefarbenem Fell in der Mitte des Raumes zumarschieren. Dann wechselte ich zu einem schweren EVA-Bot, ähnlich dem, der Fritz getötet hatte, und marschierte mit ihm an der Decke entlang auf Sklavenmeister zu.

Ich schaltete zu dem leichten EVA-Bot um, der Sklavenmeister am nächsten war. »Hier bin ich, Sklave-von-Menschen.« Der Kzin drehte sich zu dem neuen Angreifer um.

Ich wechselte zu einem Bot auf der anderen Seite. »Nein! Hier bin ich.«

Wieder wechseln. »Nein, hier.«

Sklavenmeister drehte sich verwirrt hierhin und dorthin. Er orientierte sich stets an meiner Stimme, doch sobald er sich umdrehte, übernahm ich den nächsten Bot. Und die ganze Zeit über marschierte eine Horde von Bots an Decke und Boden entlang auf ihn zu.

Ich schaltete zu dem Bot um, der sich unmittelbar vor Sklavenmeister befand, deaktivierte die Magnetfüße und sprang dem Kzin vor die Brust. Die Manipulatoren krallten sich ins Fell der Katze.

Ich wechselte wieder zu dem IVA-Bot auf dem Rücken des Kzins, wählte einen Bohrer und heulte vor Blutdurst, als ich den Bohrer aktivierte und auf Sklavenmeister richtete.

Sklavenmeister schrie vor Schmerzen auf, als der

Bohrkopf seine Haut durchdrang. Der Schmerzensschrei klang überraschend menschlich; der Schreck war groß.

Meine eigenen Taten ängstigten mich. Was für ein Monster war nur aus mir geworden? Dann erinnerte ich mich an die Geräusche, die die Brückenmannschaft gemacht hatte, als sie von den Kzinti ermordet worden war, und all meine Skrupel und Zweifel waren wie weggewischt. Ich dachte an all die Menschen, die die Kzinti getötet hatten, und an all die anderen, die sie noch töten würden, sollten sie die Chance dazu bekommen. Ich wusste, dass ich das für diese Menschen tun musste, denn sie selbst konnten es nicht tun. Ich wusste, meine Taten würden meine Freunde ebenso sehr entsetzen wie das, was die Kzinti getan hatten, doch rasch vertrieb ich diesen Gedanken aus meinem Kopf; jetzt musste es erst einmal *getan* werden.

Inzwischen war Sklavenmeister ein einziges blutverschmiertes Fellknäuel. Kugeln aus purpurrotem Blut schwebten durch den Bereitschaftsraum wie kleine Planeten. Wenn die zitternden Kugeln gegen die Wand prallten, verteilten sie sich wie rote Amöben. Ein dünner Film aus Kzintiblut bedeckte die Wände.

Sklavenmeister kämpfte gegen die Angreifer, doch für jeden Bot, den er entfernte, schickte ich ihm einen anderen. Unter normalen Umständen hätte ich sicherlich Mitleid mit ihm gehabt, doch ich erinnerte mich an Sara und Jennifer, an Nathan und Joel und an all die anderen. Die Kzinti hatten kein Mitleid verdient. Ich aktivierte weitere Bots.

Sklavenmeister wusste nie, welche Bots autonom agierten und welche direkt von mir kontrolliert wurden. Einzelne Bots konnte er zerstören, doch es gab genug davon, und zu mir kam er einfach nicht durch. Er schrie vor Zorn, Frustration oder vielleicht auch vor Schmerz. Aus Furcht brüllte er gewiss nicht – das wusste ich. Sein Mut war in der Tat bewundernswert.

Der schwere Wartungsbot hatte seinen Marsch die Decke entlang beendet und befand sich nun unmittelbar über Sklavenmeister. Ich wechselte zu dem Wartungsbot und leitete auch die Sprachausgabe zu ihm um. Der Bot aktivierte seinen Laser, der jedoch nur auf Gegenstände Wirkung ausübte, die wenige Meter entfernt waren. War ein Ziel weiter weg, zerstreute sich der Strahl.

Sklavenmeister war ein wenig weiter entfernt, als wünschenswert gewesen wäre, doch nahe genug, dass ich tun konnte, was getan werden musste. Ich zielte mit dem Laser auf die Stirn des Kzin. Nach ein, zwei Sekunden würde die automatische Zielerkennung abgeschlossen sein und der Laser auf sein Ziel gerichtet bleiben, so lange es sich in Reichweite befand.

»Sklavenmeister«, sagte meine Stimme über ihm. Die Anrede war mein Abschiedsgeschenk an seine Würde. Er hob den Blick. »Das ist für Sara und all die anderen.«

Ich feuerte den Laser ab. Ein Loch öffnete sich in der Stirn des Kzin, und das Licht des Lasers ging durch ihn hindurch und brannte ein Loch in den Boden. Sklavenmeisters massiger Leib zuckte und trieb dann durch den Bereitschaftsraum. Der einst so mächtige Kzin war nur noch ein lebloses Relikt vom ersten Kontakt der Menschheit mit Außerirdischen.

Ich schwebte in einem leeren Sarg in der eisigen Luft der Kälteschlafkammer, und die Drähte und Kabel meiner VR-Ausrüstung wanden sich unter dem halb geschlossenen Deckel hinaus in die Kammer. Ich fragte mich, ob Sara die Geste zu würdigen wissen würde.

Gleich musste ich Tom aus der Schleuse holen. Ich musste ihn wissen lassen, dass die Gefahr vorüber und er in Sicherheit war. (Aber würde er sich je wieder wirklich sicher fühlen? Schließlich wusste er, in was er mich verwandelt hatte.) Und dann mussten wir die Überlebenden auftauen, um uns gemeinsam auf den Weg zu einer neuen Zukunft zu machen, einer Zukunft, die keiner von uns erwartet hatte.

Doch bevor ich mich sicher fühlen durfte, musste ich noch einen Blick auf das Kzintikriegsschiff werfen. Ich musste sichergehen, dass sie wirklich alle tot waren. Ich wählte eine externe VR-Ansicht und zoomte an das Kzintischiff heran. Es war leblos und dunkel. Ich wusste, dass dort nichts Lebendiges mehr zu finden war. Ja, der Kampf war wirklich vorbei, und diese Runde hatte die Menschheit gewonnen.

Doch nun, da der Albtraum vorüber war, fragte ich mich, was aus uns werden würde. Nun, da unsere Träume von einem Feind gestohlen worden waren, der uns die Herzen aus dem Leib reißen und uns fressen wollte. Ich wusste, in was ich mich verwandelt hatte, und dass der Autodoc mich heilen konnte … Und ich wusste ebenso, dass das nicht sein durfte.

Ich blickte zu den Sternen hinaus; sie waren nicht länger Lichtpunkte, die freudige Entdeckungen versprachen. Jeder Einzelne konnte die Heimat eines Feindes sein. Ich fürchtete, dass einige dieser Feinde die Kzinti wie zahme Hauskatzen wirken lassen würden. Auf jeden Fall war dies das Ende einer gezähmten, friedfertigen Menschheit. Für einige mochte das Leben vielleicht noch ein gewisses Maß an Ruhe und Frieden bereithalten, doch nicht für mich und andere wie mich – nicht für jene, die von der Natur dazu auserwählt waren, als Krieger den Rest der Menschheit zu beschützen.

Nacheinander schaltete ich alle Elemente der VR-Anzeige aus. Ich beobachtete, wie die neonblauen elektromagnetischen Feldlinien des Bussard-Felds und die gelben Flusslinien der Wasserstoffdichte verschwanden. Dann verschwand auch die Darstellung der *Obler's Paradox* und des Kzintischiffes, und schließlich waren nur noch die Sterne übrig, Millionen kalter, weißer Lichtpunkte ... und alles, was ich empfand, war Kälte.

ENDE

HEINLEINS GESCHICHTE DER ZUKUNFT
komplett in einem Band

In den vierundzwanzig Jahren zwischen 1939 und 1962 entstanden vier Romane und siebzehn Erzählungen, die zu dem gewaltigen erzählerischen Corpus gehören, in dem der Autor ein Panorama der Zukunft bis weit hinein ins 23. Jahrhundert entstehen läßt. Es liegt hier in ungekürzter Übersetzung vor. Das Werk wird ergänzt durch eine Zeittafel des Autors, in der er nicht nur die Handlung der einzelnen Erzählungen, sondern auch seine Charaktere und die Ereignisse vor einem fiktiven politischen, sozialen und kulturellen historischen Hintergrund zeitlich eingebunden hat. Später hat der Autor begonnen, auch seine anderen Romane in diesen Entwurf einzufügen.

ISBN 3-404-24280-7

BASTEI
LÜBBE

David Weber
HONOR HARRINGTON
Die Ehre der Königin
Roman
BASTEI

David Weber
HONOR HARRINGTON
Ein schneller Sieg
Roman
BASTEI LÜBBE

David Weber
HONOR HARRINGTON
Mit Schimpf und Schande
Roman
BASTEI LÜBBE

David Weber
HONOR HARRINGTON
Im Exil
Roman
BASTEI LÜBBE